Código Civil

Código Civil

22ª Edición anotada y concordada

FRANCISCO DE P. BLASCO GASCÓ
Catedrático de Derecho civil
Universitat de València. Abogado

tirant lo b||anch
Valencia, 2018

© TIRANT LO BLANCH
EDITA: TIRANT LO BLANCH
C/ Artes Gráficas, 14 - 46010 - Valencia
TELFS.: 96/361 00 48 - 50
FAX: 96/369 41 51
Email:tlb@tirant.com
www.tirant.com
Librería virtual: www.tirant.es
DEPÓSITO LEGAL: V-2141-2018
ISBN: 978-84-9190-636-0
MAQUETA: Tink Factoría de Color

Si tiene alguna queja o sugerencia envíenos un mail a: *atencioncliente@tirant.com*. En caso de no ser atendida su sugerencia por favor lea en *www.tirant.net/index.php/empresa/politicas-de-empresa* nuestro Procedimiento de quejas.

Responsabilidad Social Corporativa: http://www.tirant.net/Docs/RSCTirant.pdf

Índice

ABREVIATURAS

Ad.	Adicional.
B.I.M.J.	Boletín Informativo del Ministerio de Justicia.
B.O.E.	Boletín Oficial del Estado.
C. Arag.	Código de Aragón. RD-Leg. 1/2011, de 22 de marzo, del gobierno de Aragón, por el que se aprueba con el título "Código de Aragón", el Texto Refundido de las Leyes civiles aragonesas.
C.C.	Código Civil, R.D. de 24 de julio de 1889.
C. de c.	Código de Comercio, de 22 de agosto de 1885.
C.D.A.	Compilación de Derecho civil de Aragón.
C.D.B.	Compilación de Derecho civil de Baleares.
C.C.C.	Código civil de Cataluña.
C.D.Can.	Código de Derecho Canónico.
C.D.N.	Compilación de Derecho civil foral de Navarra o Fuero Nuevo.
C.E.	Constitución Española de 27 de diciembre de 1978.
C.E.E.	Comunidad Económica Europea.
C.P.	Código penal, Ley Orgánica 10/1995, de 23 de noviembre.
D.G.R.N.	Dirección General de los Registros y del Notariado.
Disp.	Disposición.
D.U.D.H.	Declaración Universal de los Derechos Humanos de 10 de diciembre de 1948
E.T.	Estatuto de los Trabajadores. Real Decreto Legislativo 1/1995, de 24 de marzo, por el que se aprueba el texto refundido de la Ley del Estatuto de los Trabajadores.
L.A.	Ley de Aguas (Real Decreto Legislativo 1/2001, de 20 de julio, que aprueba el Texto Refundido de la Ley de Aguas).
L.A.R.	Ley 49/2003, de 26 de noviembre, de Arrendamientos Rústicos.

L. Arb.	Ley 60/2003, de 23 de diciembre, de Arbitraje. Modificada por Ley 11/2011, de 20 de mayo, de reforma de la Ley 60/2003, de arbitraje y de regulación del arbitraje institucional en la Administración General del Estado.
L.A.U. (1964)	Decreto núm. 4104/1964, de 24 de diciembre 1964, por el que se aprueba el Texto refundido de la Ley de Arrendamientos Urbanos
L.A.U. (1994)	Ley 29/1994, de 24 de noviembre, de Arrendamientos Urbanos.
L.C.	Ley 22/1988, de 28 de julio, de Costas.
L.C.A.	Ley 12/1992, de 27 de mayo, sobre Contrato de Agencia.
L.C.C.	Ley 16/2011, de 24 de junio, de contratos de Crédito al consumo.
L. C. Ch.	Ley 19/1985, de 16 de julio, Cambiaria y del Cheque.
L.C.D.	Ley 3/1991, de 10 de enero, de Competencia Desleal.
L.C.G.C.	Ley 7/1998, de 13 de abril, de Condiciones Generales de la Contratación.
L.C.I.	Ley 48/2002, de 23 de diciembre, del Catastro Inmobiliario.
L.Con.	Ley 22/2003, de 9 de julio, Concursal. Reformada por Ley 38/20011, de 10 de octubre.
L.C.S.	Ley 50/1980, de 8 de octubre, de Contrato de Seguro.
L.C.S.P.	Real Decreto Legislativo 3/2011, de 14 de noviembre, por el que se aprueba el texto refundido de la Ley de Contratos del Sector Público.
L.C.U.	RD-Leg. 1/2007, de 16 de noviembre, por el que se aprueba el texto refundido de la Ley General para la Defensa de los Consumidores y Usuarios y otras leyes complementarias.
L.Coop.	Ley 27/1999, de 16 de julio, de Cooperativas
L.D.C.	Ley 16/1989, de 17 de julio, de Defensa de la Competencia, reformada por Ley 52/1999, de 28 de diciembre.
L.D.C.G.	Ley de Derecho civil de Galicia.

L.D.C.P.V.	Ley de Derecho civil foral del País Vasco.
L.E.C.	Ley 1/2000, de 7 de enero, de Enjuiciamiento Civil.
L.E.C. (1881)	Ley de Enjuiciamiento Civil de 3 de febrero de 1881.
L.E.Crim.	Ley de Enjuiciamiento Criminal, de 14 de septiembre de 1882.
L.E.F.	Ley de Expropiación Forzosa de 16 de diciembre de 1954.
L. Fund.	Ley 50/2002, de 26 de diciembre, de Fundaciones.
L.G.P.	Ley 47/2003, de 26 de noviembre, General Presupuestaria.
L.G.Publ.	Ley 34/1988, de 11 de noviembre, General de Publicidad.
L.G.S.S.	Real Decreto Legislativo 1/1994, de 20 de junio, por el que se aprueba el Texto Refundido de la Ley General de la Seguridad Social.
L.G.T.	Ley 58/2003, de 17 de diciembre, General Tributaria.
L.H.	Ley Hipotecaria, Texto Refundido de 8 de febrero de 1946.
L.H.M.	Ley de Hipoteca mobiliaria y prenda sin desplazamiento, de 16 de diciembre de 1954.
L.H.N.	Ley de Hipoteca naval, de 21 de agosto de 1893.
L.J.C.A.	Ley 29/1998, de 13 de julio, reguladora de la Jurisdicción Contencioso-Administrativa.
L.J.V.	Ley 15/2015, de 2 de julio, de la Jurisdicción Voluntaria.
L.M.	Ley 22/1973, de 21 de julio, de Minas.
L. Mar.	Ley 17/2001, de 7 de diciembre, de Marcas.
L. Mont.	Ley 43/2003, de 21 de noviembre, de Montes.
L.O.	Ley Orgánica.
L.O.C.M.	Ley 1/1996, de 15 de enero, de Ordenación del Comercio Minorista.
L.O.D.A.	Ley Orgánica 1/2002, de 22 de marzo, reguladora del derecho de asociación.
L.O.E.	Ley 38/1999, de 5 de noviembre, de Ordenación de la Edificación.

L.O.P.J.	Ley Orgánica 6/1985, de 1 de julio, del Poder Judicial.
L.O.T.C.	Ley Orgánica 2/1979, de 30 de octubre, del Tribunal Constitucional.
L.O.T.T.	Ley 16/1987, de 30 de julio, de Ordenación del Transporte Terrestre.
L. Pat.	Ley 11/1986, de 20 de marzo, de Patentes.
L.P.H.	Ley 46/1960, de 21 de julio, de Propiedad Horizontal, reformada por Ley 8/1999, de 6 de abril.
L.P.H.E.	Ley 16/1985, de 25 de julio, de Patrimonio Histórico Español.
L.P.I.	Ley de Propiedad Intelectual. T.R. que aprueba el R.D.-Leg. 1/1996, de 12 de abril. Modificada por Ley 23/2006, de 7 de julio, u por Ley 19/2006, de 5 de mayo, por la que se amplían los medios de tutela de los derechos de propiedad intelectual e industrial y se establecen las normas procesales para facilitar la aplicación de los diversos reglamentos comunitarios.
L.P.J.M.	Ley Orgánica 1/1996, de 1 de enero, de Protección Jurídica del Menor.
L.P.N.	Ley 23/1982, de 16 de junio, del Patrimonio Nacional.
L.P.D.P.	Ley Orgánica 15/1999, de 13 de diciembre, de Protección de Datos de Carácter Personal. Desarrollada por RD 1720/2007, de 21 de diciembre, por el que se aprueba el Reglamento de desarrollo de la LO 15/1999.
L.R.C.	Ley del Registro civil, de 8 de junio de 1957.
L.R.D.A.	Ley de Reforma y Desarrollo Agrario, Texto Refundido aprobado por Decreto 118/1973, de 12 de enero.
L.R.J.A.P.	Ley 30/1992, de 26 de noviembre, de Régimen Jurídico de las Administraciones Públicas y del Procedimiento Administración Común.
L.R.L.	Ley 7/1985, de 2 de abril, Reguladora de las Bases del Régimen Local.
L.S.	Real Decreto Legislativo 2/2008, de 20 de junio, por el que se aprueba el Texto Refundido de la Ley de Suelo.

L.S.C.	Ley de Sociedades de Capital. RD-Leg. 1/2010, de 2 de julio. Modificada por la Ley 25/2011, de 1 de agosto, de reforma parcial de la LSC y de incorporación de la Directiva 2007/36/CE, del Parlamento Europeo y del Consejo, de 11 de julio, sobre el ejercicio de determinados derechos de los accionistas de las sociedades cotizadas.
L.S.L.	Ley 4/1997, de 24 de marzo, de Sociedades Laborales.
L.T.R.A	Ley 14/2006, de 26 de mayo, sobre Técnicas de Reproducción Asistida.
L.V.P.B.M.	Ley 28/1998, de 13 de julio, de Ventas a Plazos de Bienes Muebles.
L.V.Pec.	Ley 3/1995, de 23 de marzo, de Vías Pecuarias.
L.V.P.O.	Real Decreto-ley 31/1978, de 31 de octubre, sobre política de viviendas de protección oficial.
R.D.	Real Decreto.
R.D.P.H.	Reglamento de Dominio Público Hidráulico. Real Decreto 849/1986, de 11 de abril, por el que se aprueba el Reglamento del Dominio Público Hidráulico que desarrolla los títulos preliminar, I, IV, V, VI, VII y VIII del texto refundido de la Ley de Aguas, aprobado por el Real Decreto Legislativo 1/2001, de 20 de julio.
R.E.F.	Reglamento de Expropiación Forzosa, de 26 de abril de 1959.
R.H.	Reglamento Hipotecario, de 14 de febrero de 1947.
R.N.	Reglamento Notarial, aprobado por Decreto de 2 de junio de 1944.
R.R.C.	Reglamento del Registro Civil, de 14 de noviembre de 1958.
R.R.M.	Reglamento del Registro Mercantil.
S.T.C.	Sentencia del Tribunal Constitucional.
T.C.	Tribunal Constitucional.
T.C.E.E.	Tratado de la Comunidad Económica Europea.
Trans.	Transitoria.

LEY DE BASES DE 11 DE MAYO DE 1888, POR LA QUE SE AUTORIZA AL GOBIERNO PARA PUBLICAR UN CÓDIGO CIVIL, CON ARREGLO A LAS CONDICIONES Y BASES ESTABLECIDAS EN LA MISMA

(*Gaceta de Madrid* de 22 de mayo de 1888)

DON ALFONSO XIII, por la gracia de Dios y la Constitución, Rey de España, y en su nombre y durante su menor edad la REINA Regente del Reino:

A todos los que la presente vieren y entendieren, sabed: que las Cortes han decretado y Nos sancionado lo siguiente:

Artículo 1.º Se autoriza al Gobierno para publicar un Código civil con arreglo a las condiciones y bases establecidas en esta Ley.

Art. 2.º La redacción de este cuerpo legal se llevará acabo por la Comisión de Códigos, cuya Sección de Derecho civil formulará el texto del proyecto, oyendo, en los términos que crea más expeditos y fructuosos, a todos los individuos de la Comisión, y con las modificaciones que el Gobierno crea necesarias, se publicará en la *Gaceta de Madrid*.

Art. 3.º El Gobierno, una vez publicado el Código, dará cuenta a las Cortes, si estuvieren reunidas, o en la primera reunión que celebren, con expresión clara de todos aquellos puntos en que haya modificado, ampliado o alterado en algo el proyecto redactado por la Comisión, y no empezará a regir como ley ni producirá efecto alguno legal hasta cumplirse los sesenta días siguientes a aquel en que se haya dado cuenta a las Cortes de su publicación.

Art. 4.º Por razones justificadas de utilidad pública, el Gobierno, al dar cuenta del Código a las Cortes, o por virtud de la proposición que en éstas se formule, podrá declarar prorrogado ese plazo de sesenta días.

Art. 5.º Las provincias y territorios en que subsiste derecho foral, lo conservarán por ahora en toda su integridad, sin que sufra alteración su actual régimen jurídico por la publicación del Código, que regirá tan sólo como supletorio en defecto del que lo sea en cada una de aquéllas por sus leyes especiales. El título preliminar del Código, en cuanto establezca los efectos de las leyes y de los estatutos y las reglas generales para su aplicación, será obligatorio para todas las provincias del Reino. También lo serán las disposiciones que se dicten para el desarrollo de la base 3.ª, relativa a las formas de matrimonio.

Art. 6.º El Gobierno, oyendo a la Comisión de Códigos, presentará a las Cortes, en uno o en varios proyectos de ley, los apéndices del Código civil, en los que se contengan las instituciones forales que conviene conservar en cada una de las provincias o territorios donde hoy existen.

Art. 7.º No obstante lo dispuesto en el artículo anterior, el Código civil empezará a regir en Aragón y en las Islas Baleares al mismo tiempo que en las provincias no aforadas, en cuanto no se oponga a aquellas de sus disposiciones forales y consuetudinarias que actualmente estén vigentes.

El Gobierno, previo informe de las Diputaciones provinciales de Zaragoza, Huesca, Teruel e Islas Baleares y de los Colegios de Abogados de las capitales de las mencionadas provincias, y oyendo a la Comisión general de Codificación, presentará a la aprobación de las Cortes, en el plazo más breve posible, a contar desde la publicación del nuevo

Código, el proyecto de ley en que han de contenerse las instituciones civiles de Aragón e Islas Baleares que convenga conservar.

Iguales informes deberá oír el Gobierno en lo referente a las demás provincias de legislación foral.

Art. 8.º Tanto el Gobierno como la Comisión se acomodarán en la redacción del Código civil a las siguientes bases:

Base 1.ª

El Código tomará por base el proyecto de 1851 en cuanto se halla contenido en éste el sentido y capital pensamiento de las instituciones civiles del derecho histórico patrio, debiendo formularse, por tanto, este primer cuerpo legal de nuestra codificación civil sin otro alcance y propósito que el de regularizar, aclarar y armonizar los preceptos de nuestras leyes, recoger las enseñanzas de la doctrina en la solución de las dudas suscitadas por la práctica, y atender a algunas necesidades nuevas con soluciones que tengan un fundamento científico o un precedente autorizado en legislaciones propias o extrañas, y obtenido ya común asentimiento entre nuestros jurisconsultos, o que resulten bastante justificadas, en vista de las exposiciones de principios o de método hechas en la discusión de ambos Cuerpos Colegisladores.

Base 2.ª

Los efectos de las leyes y de los estatutos, así como la nacionalidad, la naturalización y el reconocimiento y condiciones de existencia de las personas jurídicas, se ajustarán a los preceptos constitucionales y legales hoy vigentes, con las modificaciones precisas para descartar formalidades y prohibiciones ya desusadas, aclarando esos conceptos jurídicos universalmente admitidos en sus capitales fundamentos y fijando los necesarios, así para dar algunas bases seguras a las relaciones internacionales civiles, como para facilitar el enlace y aplicación del nuevo Código y de las legislaciones forales, en cuanto a las personas y bienes de los españoles en sus relaciones y cambios de residencia o vecindad en provincias de derecho diverso, inspirándose hasta donde sea conveniente en el principio y doctrina de la personalidad de los estatutos.

Base 3.ª

Se establecerán en el Código dos formas de matrimonio: el canónico, que deberán contraer todos los que profesen la religión católica, y el civil, que se celebrará del modo que determine el mismo Código, en armonía con lo prescrito en la Constitución del Estado.

El matrimonio canónico producirá todos los efectos civiles respecto de las personas y bienes de los cónyuges y sus descendientes, cuando se celebre en conformidad con las disposiciones de la Iglesia católica, admitidas en el Reino por la ley 13, título I, libro I de la Novísima Recopilación. Al acto de su celebración asistirá el Juez municipal u otro funcionario del Estado, con el solo fin de verificar la inmediata inscripción del matrimonio en el Registro Civil.

Base 4.ª

Las relaciones jurídicas derivadas del matrimonio en cuanto a las personas y bienes de los cónyuges y de sus descendientes, paternidad y filiación, patria potestad sucesiva del marido y de la mujer sobre sus hijos no emancipados, efectos civiles del contrato, y en suma, cuantas constituyen el derecho de familia, se determinarán de conformidad con los principios esenciales en que se funda el estado legal presente, sin perjuicio de lo dispuesto en las bases 17, 18, 22 y 25.

Base 5.ª

No se admitirá la investigación de la paternidad sino en los casos de delito o cuando exista escrito del padre en el que conste su voluntad indubitada de reconocer por suyo al hijo, deliberadamente expresada con ese fin, o cuando medie posesión de estado. Se permitirá la investigación de la maternidad, y se autorizará la legitimación bajo sus dos formas de subsiguiente matrimonio y concesión Real, limitando ésta a los casos en que medie imposibilidad absoluta de realizar la primera, y reservando a terceros perjudicados el derecho de impugnar, así los reconocimientos como las legitimaciones, cuando resulten realizados fuera de las condiciones de la ley. Se autorizará también la adopción por escritura pública, y con autorización judicial, fijándose las condiciones de edad, consentimiento y prohibiciones que se juzguen bastantes a prevenir los inconvenientes que el abuso de ese derecho pudiera traer consigo para la organización natural de la familia.

Base 6.ª

Se caracterizarán y definirán los casos de ausencia y presunción de muerte, estableciendo las garantías que aseguren los derechos del ausente y de sus herederos, y que permitan en su día el disfrute de ellos por quien pudiera adquirirlos por sucesión testamentaria o legítima, sin que la presunción de muerte llegue en ningún caso a autorizar al cónyuge presente para pasar a segundas nupcias.

Base 7.ª

La tutela de los menores no emancipados, dementes y los declarados pródigos o en interdicción civil, se podrá deferir por testamento, por la ley o por el consejo de familia, y se completará con el restablecimiento en nuestro derecho de ese consejo y con la institución del productor.

Base 8.ª

Se fijará la mayor edad en los veintitrés años para los efectos de la legislación civil, estableciendo la emancipación por matrimonio y la voluntaria por actos entre vivos a contar desde los diez y ocho años de edad en el menor.

Base 9.ª

El Registro del estado civil comprenderá las inscripciones de nacimientos, matrimonios, reconocimientos y legitimaciones, defunciones y naturalizaciones, y estará a cargo de los Jueces municipales u otros funcionarios del orden civil en España y de los Agentes consulares o diplomáticos en el extranjero.

Las actas del Registro serán la prueba del estado civil, y sólo podrá ser suplida por otras en el caso de que no hayan existido o hubieren desaparecido los libros del Registro, o cuando ante los Tribunales se suscite contienda.

Se mantendrá la obligación, garantida con sanción penal, de inscribir los actos o facilitar las noticias necesarias para su inscripción los actos o facilitar las noticias necesarias para su inscripción tan pronto como sea posible. No se dará efecto alguno legal a las naturalizaciones mientras no aparezcan inscritas en el Registro, cualquiera que sea la prueba con que se acrediten y la fecha en que hubieren sido concedidas.

Base 10

Se mantendrán el concepto de la propiedad y la división de las cosas, el principio de la accesión y de copropiedad con arreglo a los fundamentos capitales del derecho patrio, y se incluirán en el Código las bases en que descansan los conceptos especiales de determinadas propiedades como las aguas, las minas y las producciones científicas, literarias y artísticas, bajo el criterio de respetar las leyes particulares por que hoy se rigen en su sentido y disposiciones, y deducir de cada una de ellas lo que pueda estimarse como fundamento orgánico de derechos civiles y sustantivos para incluirlo en el Código.

Base 11

La posesión se definirá en sus dos conceptos, absoluto o emanado del dominio y unido a él, y limitado y nacido de una tenencia de la que se deducen hechos independientes y separados del dominio, manteniéndose las consecuencias de esa distinción en las normas y medios de adquirirla, estableciendo los peculiares a los bienes hereditarios, la unidad personal en la posesión fuera del caso de indivisión, y determinando los efectos en cuanto al amparo del hecho por la Autoridad pública, las presunciones a su favor, la percepción de frutos, según la naturaleza de éstos, el abono de expensas y mejoras y las condiciones a que debe ajustarse la pérdida del derecho posesorio en las diversas clases de bienes.

Base 12

El usufructo, el uso y la habitación se definirán y regularán como limitaciones del dominio y formas de su división, regidas en primer término por el título que las constituya, y en su defecto por la ley como supletoria a la determinación individual; se declararán los derechos del usufructuario en cuanto a la percepción de frutos, según sus clases y situación en el momento de empezar y de terminarse el usufructo, fijando los principios que pueden servir a la resolución de las principales dudas en la práctica respecto al usufructo y uso de minas, montes, plantíos y ganados, mejoras, desperfectos, obligaciones de inventario y fianza, inscripción, pago de contribuciones, defensa de sus derechos y los del propietario en juicio y fuera de él, y modos naturales y legítimos de extinguirse todos esos derechos, con sujeción todo ello a los principios y prácticas del derecho de Castilla, modificado en algunos importantes extremos por los principios de la publicidad y de la inscripción contenidos en la legislación hipotecaria novísima.

Base 13

El título de las servidumbres contendrá su clasificación y división en continuas y discontinuas, positivas y negativas, aparentes y no aparentes por sus condiciones de ejercicio y disfrute, y legales y voluntarias por el origen de su constitución, respetándose las doctrinas hoy establecidas en cuanto a los modos de adquirirlas, derechos y obligaciones de los propietarios de los predios dominante y sirviente y modo de extinguirlas. Se definirán también en capítulos especiales las principales servidumbres fijadas por la ley en materia de aguas, en el régimen de la propiedad rústica y urbana, y se procurará, a tenor de lo establecido en la base 1.ª, la incorporación al Código del mayor número posible de disposiciones de las legislaciones de Aragón, Baleares, Cataluña, Galicia, Navarra y Provincias Vascas.

Base 14

Como uno de los medios de adquirir, se definirá la ocupación, regulando los derechos sobre los animales domésticos, hallazgo casual de tesoro y apropiación de las cosas muebles abandonadas. Les servirán de complemento las leyes especiales de Caza y Pesca, haciéndose referencia expresa a ellas en el Código.

Base 15

El traslado de las sucesiones se ajustará en sus principios capitales a los acuerdos que la Comisión general de codificación reunida en pleno con asistencia de los señores Vocales correspondientes y de los señores Senadores y Diputados, adoptó en las reuniones celebradas en noviembre de 1882, y con arreglo a ellos se mantendrá en su esencia la legislación vigente sobre los testamentos en general, su forma y solemnidades, sus diferentes clases de abierto, cerrado, militar, marítimo y hecho en país extranjero, añadiendo el ológrafo, así como todo lo relativo a la capacidad para disponer y adquirir por testamento, a la institución de heredero, la desheredación, las mandas y legados, la institución condicional o a término, los albaceas y la revocación o ineficacia de las disposiciones testamentarias, ordenando y metodizando lo existente, y completándolo con cuanto tienda a asegurar la verdad y facilitad de expresión de las últimas voluntades.

Base 16

Materia de las reformas indicadas serán en primer término las sustituciones fideicomisarias, que no pasarán, ni aun en la línea directa, de la segunda generación, a no ser que se hagan en favor de personas que todas vivan al tiempo del fallecimiento del testador.

El haber hereditario se distribuirá en tres partes iguales: una que constituirá la legítima de los hijos, otra que podrá asignar el padre a su arbitrio como mejora entre los mismos, y otra de que podrá disponer libremente. La mitad de la herencia en propiedad, adjudicada por proximidad del parentesco y sin perjuicio de las reservas, constituirá, en defecto de descendientes legítimos, la legítima de los ascendientes, quienes podrán optar entre ésta y los alimentos. Tendrán los hijos naturales reconocidos derecho a una porción hereditaria, que, si concurren con hijos legítimos, nunca podrá exceder de la mitad de lo que por su legítima corresponda a cada uno de éstos; pero podrá aumentarse esta porción cuando sólo quedaren ascendientes.

Base 17

Se establecerá a favor del viudo o viuda el usufructo que algunas de las legislaciones especiales le conceden, pero limitándolo a una cuota igual a lo que por su legítima hubiera de percibir cada uno de los hijos, si los hubiere, y determinando los casos en que ha de cesar el usufructo.

Base 18

A la sucesión intestada serán llamados: 1.º Los descendientes. 2.º Los ascendientes. 3.º Los hijos naturales. 4.º Los hermanos e hijos de éstos. 5.º El cónyuge viudo. No pasará esta sucesión del sexto grado en la línea colateral. Desaparecerá la diferencia que nuestra legislación establece respecto a los hijos naturales entre el padre y la madre, dándoseles igual derecho en la sucesión intestada de uno y otro. Sustituirán al Estado en esta sucesión, cuando a ella fuere llamado, los establecimientos de Beneficencia e instrucción gratuita del domicilio del testador; en su defecto, de los de la provincia; a falta de unos y otros, los generales. Respecto de las reservas, el derecho de acrecer, la aceptación y repudiación de la herencia, el beneficio de inventario, la colación y partición, y el pago de las deudas hereditarias, se desenvolverán con la mayor precisión posible las doctrinas de la legislación vigente, explicadas y completadas por la jurisprudencia.

Base 19

La naturaleza y efectos de las obligaciones serán explicados con aquella generalidad que corresponda a una relación jurídica cuyos orígenes son muy diversos. Se mantendrá el concepto histórico de la mancomunidad, resolviendo por principios generales las cuestiones que nacen de la solidaridad de acreedores y deudores, así cuando el objeto de la obligación es una cosa divisible, como cuando es indivisible, y fijando con precisión los efectos del vínculo legal en las distintas especies de obligaciones, alternativas, condicionales, a plazo y con cláusula penal. Se simplificarán los modos de extinguirse las obligaciones, reduciéndolos a aquellos que tienen esencia diferente, y sometiendo los demás a las doctrinas admitidas respecto de los que como elementos entran en su composición. Se fijarán, en fin, principios generales sobre la prueba de las obligaciones, cuidando de armonizar esta parte del Código con las disposiciones de la moderna Ley de Enjuiciamiento Civil, respetando los preceptos formales de la legislación notarial vigente, y fijando un máximum, pasado el cual, toda obligación de dar o de restituir, de constitución de derechos, de arriendo de obras o de prestación de servicios, habrá de constar por escrito para que pueda pedirse en juicio su cumplimiento o ejecución.

Base 20

Los contratos, como fuente de las obligaciones, serán considerados como meros títulos de adquirir en cuanto tengan por objeto la traslación del dominio o de cualquier otro derecho a él semejante, y continuarán sometidos al principio de que la simple coincidencia de voluntades entre los contratantes establece el vínculo, aun en aquellos casos en que se exigen solemnidades determinadas para la transmisión de las cosas, o el otorgamiento de escritura a los efectos expresados en la base precedente. Igualmente se cuidará de fijar bien las condiciones del consentimiento, así en cuanto a la capacidad como en cuanto a la libertad de los que lo presten, estableciendo los principios consagrados por las legislaciones modernas sobre la naturaleza y el objeto de las convenciones, su causa, forma e interpretación, y sobre los motivos que las anulan y rescinden.

Base 21

Se mantendrá el concepto de los cuasi contratos, determinando las responsabilidad que puedan surgir de los distintos hechos voluntarios que les dan causa, conforme a los altos principios de justicia en que descansaba la doctrina del antiguo derecho, unánimemente seguido por los modernos Códigos, y se fijarán los efectos de la culpa y negligencia, que no constituyan delito ni falta, aun respecto de aquellos bajo cuyo cuidado o dependencia estuvieren los culpables o negligentes, siempre que sobrevenga perjuicio a tercera persona.

Las obligaciones procedentes de delito o falta quedarán sometidas a las disposiciones del Código penal, ora la responsabilidad civil deba exigirse a los reos, ora a las personas bajo cuya custodia y autoridad estuviesen constituidos.

Base 22

El contrato sobre bienes con ocasión del matrimonio tendrá por base la libertad de estipulación entre los futuros cónyuges, sin otras limitaciones que las señaladas en el Código, entendiéndose que cuando falte el contrato o sea deficiente, los esposos han querido establecerse bajo el régimen de la sociedad legal de gananciales.

Base 23

Los contratos sobre bienes con ocasión del matrimonio se podrán otorgar por los menores en aptitud de contraerlo, debiendo concurrir a su otorgamiento y completando su capacidad las personas que según el Código deben prestar su consentimiento a las nupcias; deberán constar en escritura pública si exceden de cierta suma, y en los casos que no llegue al máximum que se determine, en documento que reúna alguna garantía de autenticidad.

Base 24

Las donaciones de padres a hijos se colacionarán en los cómputos de las legítimas, y se determinarán las reglas a que hayan de sujetarse las donaciones entre esposos durante el matrimonio.

Base 25

La condición de la dote y de los bienes parafernales podrá estipularse a la constitución de la sociedad conyugal, habiendo de considerarse aquélla inestimada a falta de pacto o capitulación que otra cosa establezca. La administración de la dote corresponderá al marido, con las garantías hipotecarias para asegurar los derechos de la mujer y las que se juzguen más eficaces en la práctica para los bienes muebles y valores, a cuyo fin se fijarán reglas precisas para las enajenaciones y pignoraciones de los bienes dotales, su usufructo y cargas a que está sujeto, admitiendo en el Código los principios de la Ley Hipotecaria en todo lo que tiene de materia propiamente orgánica y legislativa, quedando a salvo los derechos de la mujer durante el matrimonio, para acudir en defensa de sus bienes y los de sus hijos contra la prodigalidad del marido, así como también los que puedan establecerse respecto al uso, disfrute y administración de cierta clases de bienes por la mujer, constante el matrimonio.

Base 26

Las formas, requisitos y condiciones de cada contrato en particular se desenvolverán y definirán con sujeción al cuadro general de las obligaciones y sus efectos, dentro del criterio de mantener por base la legislación vigente y los desenvolvimientos que sobre ella ha consagrado la jurisprudencia, y los que exija la incorporación al Código de las doctrinas propias a la Ley Hipotecaria, debidamente aclaradas en lo que ha sido materia de dudas para los Tribunales de justicia y de inseguridad para el criterio territorial. La donación se definirá fijando su naturaleza y efectos, personas que pueden dar y recibir por medio de ella, sus limitaciones, revocaciones y reducciones, las formalidades con que deben ser hechas, los respectivos deberes del donante y donatario y cuanto tienda a evitar los perjuicios que de las donaciones pudieran seguirse a los hijos del donante o sus legítimos acreedores o a los derechos de tercero. Una ley especial desarrollará el principio de la reunión de los dominios en los foros, subforos, derechos de superficie y cualesquiera otros gravámenes semejantes, constituidos sobre la propiedad inmueble.

Base 27

La disposición final derogatoria será general para todos los cuerpos legales, usos y costumbres que constituyan el derecho civil llamado de Castilla, en todas las materias que son objeto del Código, y aunque no sean contrarias a él, y quedarán sin fuerza legal alguna, así en su concepto de leyes directamente obligatorias, como en el de derecho supletorio. Las variaciones que perjudiquen derechos adquiridos no tendrán efecto retroactivo. Se establecerán, con el carácter de disposiciones adicionales, las bases orgánicas necesarias para que en períodos de diez años formule la Comisión de Códigos y eleve al Gobierno las reformas que convenga introducir como resultados definitivamente adquiridos por la experiencia en la aplicación del Código, por los progresos realizados en otros países y utilizables en el nuestro, y por la jurisprudencia del Tribunal Supremo.

Por tanto:

Mandamos a todos los Tribunales, Justicias, Jefes, Gobernadores y demás Autoridades, así civiles como militares y eclesiásticos, de cualquier clase y dignidad, que guarden y hagan guardar, cumplir y ejecutar la presente ley en todas sus partes.

Dado en Palacio a 11 de mayo de 1888.

YO LA REINA REGENTE

El Ministro de Gracia y Justicia,

MANUEL ALONSO MARTÍNEZ

REAL ORDEN DE 29 DE JULIO DE 1889, POR LA SE SIGNIFICA EL REAL AGRADO A LOS MIEMBROS DE LA SECCIÓN PRIMERA DE LA COMISIÓN GENERAL DE CODIFICACIÓN QUE REDACTARON LAS ENMIENDAS Y ADICIONES DE LA EDICIÓN REFORMADA DEL CÓDIGO CIVIL, Y POR LA QUE SE DISPONE LA PUBLICACIÓN EN LA GACETA DE MADRID DE LA «EXPOSICIÓN» EN LA QUE SE EXPRESAN LOS FUNDAMENTOS DE LAS MISMAS

(*Gaceta de Madrid* de 30 de julio de 1889)

REAL ORDEN

Excmo. Sr.: He dado cuenta a Su Majestad la REINA (Q.D.G.), del importantísimo servicio que la Sección primera de la Comisión general de Codificación acaba de prestar, redactando, en cumplimiento de la ley de 26 de mayo último, las enmiendas y adiciones consignadas en la edición oficial del Código civil, recientemente publicado.

Enterada S. M., no sólo del relevante mérito de los trabajos de la Sección, sino del diligente celo y extraordinaria actividad con que en el breve plazo establecido en la mencionada ley ha realizado tan difícil tarea, correspondiendo a la confianza depositada en los ilustres Jurisconsultos que la componen;

En nombre de su Augusto Hijo el REY Don Alfonso XIII (Q.D.G.), se ha servido disponer que se signifique su Real agrado, tanto a V.E., que en su calidad de Presidente de la Sección ha dirigido sus trabajos, como a los Vocales de la misma D. Francisco de Cárdenas. D. Salvador de Albacete, D. Germán Gamazo, D. Hilario de Igón, D. Santos Isasa, D. José María Manresa y D. Eduardo García Goyena, y que a continuación de esta Real orden se publique en la *Gaceta de Madrid* la luminosa exposición en que se expresan los fundamentos de las adiciones y enmiendas consignadas en la nueva edición del Código civil, publicado en cumplimiento de la ley de 26 de mayo último.

De Real orden lo digo a V.E. para su conocimiento y satisfacción. Dios guarde a V.E. muchos años. Madrid, 29 de julio de 1889.

JOSÉ CANALEJAS Y MÉNDEZ

Sr. D. Manuel Alonso Martínez, Presidente de la Sección primera de la Comisión general de Codificación.

EXPOSICIÓN

EXCMO. SEÑOR:

V.E. se sirvió comunicar a esta Comisión, para su cumplimiento, la ley de 26 de mayo último, que manda hacer una edición del Código civil, con las enmiendas y adiciones que, a juicio de la Sección de lo civil de la Comisión general de Codificación, sean necesarias o convenientes según el resultado de la discusión habida en ambos Cuerpos Colegisladores. Cumpliendo este mandato, la Sección ha revisado detenidamente todo el Código, y en particular las disposiciones que han sido objeto de controversia y de crítica entre los Senadores y Diputados en los últimos debates parlamentarios. Ha hecho tan prolijo examen sin más propósito que el de mejorar la obra en todo lo que pareciese defectuosa, y sin otro criterio que el de la más severa imparcialidad. Fruto de este estudio es el trabajo que adjunto tiene el honor de presentar a V.E.

Todas las observaciones expuestas en el Parlamento han sido atentamente examinadas y discutidas en el seno de la Sección, recayendo sobre cada una el acuerdo que se ha juzgado procedente. Son éstas de diversas clases, según el espíritu que las informa, el fin a que tienden, la suposición más o menos fundada de que parten, la vana interpretación de algunos artículos, la diversidad de opiniones individuales sobre determinados problemas jurídicos y la oscuridad de expresión o defectos de estilo que se ha creído encontrar en algunos textos. La Sección, que no pretende haber hecho una obra perfecta, porque si no lo es ninguna de las humanas, mucho menos puede serlo un Código civil, que afecta a tantos y a tan diversos y acaso tan contradictorios intereses, hábitos y costumbres, ha reconocido, con la sinceridad y la imparcialidad que le son propias, la justicia o la conveniencia de algunas de las enmiendas y reformas indicadas en los Cuerpos colegisladores. Pero al mismo tiempo ha tenido que prescindir de muchas de ellas que, por causas diversas, no le han parecido necesarias ni justificadas.

Hay, efectivamente, en el Código varios artículos cuya reforma parece justa o conveniente, ya para la mayor claridad del concepto, ya para que no parezcan en disonancia con otros a que se refieren, ya para prevenir las dudas a que pudiera dar lugar la suspicacia o la malicia de los que litiguen sobre su aplicación, ya, en fin, para corregir los errores de imprenta o de copia de que adolecen. Hay también artículos que contienen principios indiscutibles de justicia o conveniencia, pero que necesitan ampliarse y desarrollarse para su aplicación, a fin de que no den lugar a una jurisprudencia varia y aun contradictoria. La Sección, teniendo todo esto en cuenta, ha procurado el remedio, prestándose a todas las modificaciones de concepto y expresión que ha podido exigir la más severa crítica.

La verdad es que, fuera de muy pocos puntos en que por diversidad de escuela o de propósito no puede convenir la Sección con algunos de sus censores, en todos los demás las diferencias consisten, más bien que en el fondo, en la expresión del concepto. Se han expuesto ciertamente consideraciones generales muy importantes sobre las novedades introducidas por el Código en el orden de la familia, en las relaciones jurídicas entre sus individuos y en las sucesiones hereditarias; pero la Sección se ha abstenido de controvertirlas, tanto porque casi todas ellas proceden de la ley de bases para redactar el Código, a las cuales ha tenido que sujetarse, cuanto por no ser éste ya el momento oportuno de exponer los motivos de toda aquella obra. Pasada su oportunidad, cumple sólo a la Sección manifestar el orden y método con que ha verificado su revisión, la extensión y los límites de su labor y los fundamentos de las principales enmiendas y adiciones adoptadas.

Expuesto queda el método seguido: respecto a la extensión de su trabajo, se ha limitado la Sección a revisar solamente aquellos artículos que han sido objeto de discusión y de crítica en las Cortes; pero como algunos de ellos tenían relación con otros pasados en silencio, no ha sido posible prescindir en absoluto de éstos. Por eso advertirá V. E. que no sólo aparecen retocados algunos de los artículos censurados por oradores del Parlamento, sino otros que no fueron criticados por ellos; todo sin perjuicio de corregir al paso los errores de copia o de imprenta que han encontrado en el texto dado a luz.

Una de las cuestiones más viva y extensamente discutidas en ambas Cámaras fue la de la subsistencia del derecho foral, en las relaciones entre los habitantes de las provincias y territorios que lo conservan y los de los territorios y provincias en que rige el derecho común. Los primeros recelaron, aunque sin razón, que el título preliminar del Código, obligatorio para todas las provincias del Reino, contenía disposiciones contrarias a sus fueros, por cuanto el artículo 12, que consagra la *subsistencia del actual régimen foral en toda su integridad,* no comprendía expresamente el derecho foral consuetudinario; como si éste no formara parte de dicho régimen. Atentado aún más grave contra los fueros creyeron hallar en el artículo 15, por cuanto declaraba sujetos al Código a los nacidos en provincias de derecho común, del mismo modo que la Constitución del Estado declara españoles a los nacidos en España. Interpretada esta disposición sin tener en cuenta la del artículo 12. que manda conservar el régimen foral en toda su integridad, razón habría para estimarla contraria a los Fueros, que no reconocen en los hijos otra condición que la de sus padres. Pero como las disposiciones de un Código no se deben interpretar aisladamente, sino en combinación con todas las otras que tienen relación con ellas, habría debido entenderse el artículo 15 sin perjuicio de lo dispuesto en el 12, el cual consagra la integridad del régimen jurídico foral, en justo acatamiento al precepto claro y terminante del artículo 5.° de la ley de 11 de mayo de 1888.

Ya que esta interpretación no tranquilizó bastante a los que entendían de otro modo el artículo 15, la Sección ha procurado aclararlo y fijar su verdadero sentido, de suerte que no pueda quedar duda al más suspicaz de que por él no se Introduce novedad alguna en el régimen jurídico de las provincias forales.

También ha modificado la Sección, no el concepto, sino la forma del artículo 29, que declara la condición y los derechos de los póstumos. Decía este artículo, en su redacción primitiva, que aunque el nacimiento determina la personalidad humana, la ley retrotrae en muchos casos a una fecha anterior los derechos del nacido. Hallándose estos casos señalados en diversos lugares del Código, y siendo todos aquellos en que podía optar el póstumo a algún beneficio, esta disposición no alteraba el precepto de nuestra antigua legislación, que consideraba al póstumo como nacido para todo lo que le fuera favorable Mas para que no pueda quedar duda de que este mismo es el sentido del artículo 29, se ha variado su redacción, adoptando la fórmula genérica y tradicional de nuestro antiguo derecho.

Ha sido igualmente objeto de interpretación equivocada el artículo 54 suponiendo que, según él, la posesión de estado, con las actas del nacimiento de los hijos en concepto de legítimos, era por sí sola prueba bastante del matrimonio. No hubo de entenderse que ésta no se admitía sino como prueba supletoria en defecto de la principal, contenida en el artículo 53, en el cual se declara que los matrimonios futuros se probarán por las actas del Registro civil, y que faltando éste, podría abrirse paso a otra especie de pruebas. Sólo en este caso, y como una de estas pruebas supletorias, admitía la posesión de estado el artículo

54. Mas para que nadie pueda abrigar duda sobre este punto, la Sección presenta modificado el artículo, refiriéndolo expresamente al que le antecede, y haciendo constar que la posesión de estado, con las demás circunstancias expresadas, no será más que uno de los medios de prueba que podrán emplearse, cuando por cualquier causa falte absolutamente el Registro civil.

La omisión de dos palabras, cometida en la copia o en la impresión del Código, dio lugar a que se creyera que el artículo 85 autorizaba al Código para dispensar en el matrimonio civil el impedimento de afinidad en línea recta. De aquí la necesidad de añadir las palabras omitidas, quedando así restablecido el texto verdadero y desvanecido el error a que había dado lugar este artículo.

Cuando la Sección trajo de la Ley del Matrimonio civil al Código el artículo 102, que declaraba pública la acción para pedir la nulidad del matrimonio entendía. como entiende hoy, que la acción pública no es la que puede ejercitar todo ciudadano, sino la que corresponde al Ministerio fiscal. Pero como alguien creyese que los términos en que apareció redactado dicho artículo autorizaban a cualquiera para promover demandas de nulidad por malevolencia o interés ilícito, la Sección lo ha redactado de nuevo, limitando el derecho de ejercitar dicha acción a los cónyuges. a los que tengan algún interés en ella y, con señaladas limitaciones, al Ministerio público.

Aunque el Código no ha adoptado la antigua denominación de alimentos *naturales y* civiles a reconocido la diferencia que estos nombres significaban, en cuanto a los servicios comprendidos en la obligación de alimentar. El Código había tomado bastante en cuenta esta diferencia con relación a la diversidad de personas, a quienes, ya confirmando las leyes o la jurisprudencia antigua, ya completándola o fijándola, se concede el derecho a alimentos. Así la Sección, después de darlos en toda su extensión a los cónyuges, a los descendientes y ascendientes legítimos y a los padres y los hijos naturales, legitimados o reconocidos, los restringe entre padres e hijos ilegítimos no naturales y entre hermanos consanguíneos o uterinos, cuando alguno de éstos no pueda procurarse la subsistencia por causas que no le sean imputables.

La clasificación que se hacía en el capitulo 3º, titulo 1.º, libro II, de los bienes de dominio público, o no era bastante comprensiva, o podía dar lugar a dudas en casos especiales. Por ello, ha parecido oportuno a la Sección definir estos bienes, teniendo en cuenta su destino más bien que su denominación y sus analogías, señalando después tan sólo como ejemplo los que antes aparecían como reguladores exclusivos de la clasificación. El Estado posee bienes destinados al uso común y bienes que, sin ser de uso común, están destinados a algún servicio público. Unos y otros son bienes de dominio público, y se distinguen de los patrimoniales en que, si bien éstos pertenecen también al Estado, carecen de aquellas circunstancias. Igual distinción se observa en los bienes de los pueblos y provincias, sin más diferencia que la de pertenecer su propiedad a las provincias o a los pueblos.

El artículo 570, que declara subsistentes las servidumbres pecuarias establecidas, necesitaba alguna ampliación a fin de determinar claramente su régimen en lo futuro, tanto para que no se creyera que iban a desaparecer las anchuras señaladas por la legislación anterior a algunas de estas servidumbres, cuanto para fijar la medida de las forzosas que en adelante se establezcan, con destino al paso y abrevadero de los ganados. Para cumplir estos fines, guardando profundo respeto a los derechos adquiridos, ha refundido la Sección el expresado artículo.

El artículo 591 no permitía plantar árboles altos cerca de una heredad ajena a menos distancia de tres metros, ni árboles bajos y arbustos a menos de dos de la línea divisora entre ambas heredades. Estas distancias hubieron de parecer excesivas y no bastante justificadas a los que creían que con otras mucho menores no sufriría tampoco usurpación ni perjuicio el dominio ajeno. La Sección lo ha creído así también, y en su consecuencia ha reducido aquellas distancias a dos metros y a 50 centímetros, respectivamente, salvo lo que dispongan en todo caso las Ordenanzas rurales, o lo que se halle autorizado por la costumbre de la localidad.

Por no apartarse la Sección de nuestro antiguo derecho, había aceptado la prohibición de heredar y de hacer testamento impuesta a los religiosos ligados con votos solemnes de pobreza en las Órdenes monásticas. El derecho canónico les había privado de la facultad de poseer, aunque no de la de adquirir, disponiendo que lo que adquiriesen lo transfirieran a los Monasterios. La ley civil, ya para reforzar la observancia de este precepto, ya para contener en parte los progresos de la amortización de los bienes raíces, privó a los religiosos del derecho de adquirir lo que no debían retener y había necesariamente de pasar al dominio de las Comunidades respectivas. Pero esta prohibición suponía la absoluta capacidad de los Monasterios para adquirir y poseer bienes inmuebles. Así es que desde el momento en que las leyes civiles no sólo les privaron de esta facultad, sino que los suprimieron en su mayor parte, quedó sin efecto, de hecho, el precepto canónico y sin justificación suficiente las leyes que prohibían a los religiosos testar y adquirir bienes por testamento y abintestato. Por eso fueron derogadas más de una vez las prohibiciones antiguas, mientras prevalecieron en toda su crudeza las leyes desamortizadoras y las que negaron su reconocimiento a las Corporaciones religiosas.

Pero han cambiado, con provecho de todos, las relaciones entre el Estado y la Iglesia: las Ordenes monásticas han sido permitidas o toleradas; y al punto ha surgido la duda de si, con ellas, debían estimarse restablecidas las antiguas incapacidades para testar y adquirir por sucesión y herencia. La Sección, como queda dicho, optó por la afirmativa, considerando que esta solución sería más conforme con el derecho canónico. Pero Obispos respetables, que han levantado su voz en el Senado, y otros oradores insignes, pertenecientes a partidos diversos, y por diferentes y aun contradictorios motivos, han pedido la solución contraria, estimando que restituida la facultad de adquirir y poseer a las Comunidades religiosas, se cumplirá en todos sus puntos el derecho canónico, y habrá la igualdad debida entre todos los ciudadanos, sin distinción de profesión y estado, de eclesiásticos y seglares. La Sección, prestando atento oído a estas consideraciones, y deseando marchar siempre de acuerdo con los dignos Prelados de la Iglesia, después de reconocer a los Monasterios el derecho de adquirir, ha suprimido entre las incapacidades para testar y para suceder, la de los religiosos ligados con votos solemnes.

Algunas otras pequeñas variaciones ha introducido también la Sección en el capítulo de los testamentos, encaminadas todas a determinar mejor las condiciones necesarias para asegurar su autenticidad y alejar el peligro de las falsedades. Con esta mira, y aceptando indicaciones hechas en las Cortes, ha restringido la facultad de hacer testamento ológrafo, concediéndola tan sólo a los mayores de edad, aunque baste la de catorce años para testar en otra forma.

Ha reducido también a términos más adecuados a la práctica el acto de otorgar testamento abierto. garantizando además con nuevos requisitos el de las personas desconocidas, y fijando a la vez los justos límites de la responsabilidad de los Notarios que autorizan estos actos. Con el mismo fin de asegurar el cumplimiento de la última voluntad de los testadores, se han estrechado algún tanto las condiciones necesarias para determinar la validez y la nulidad de los testamentos cerrados. La condición impuesta a la mujer casada, en el artículo 995, de no aceptar herencia sino a beneficio de inventario, era en verdad excesiva e injustificada. Obligar a la hija a no recibir la herencia de sus padres, ni la de sus hijos, sino con aquella protesta, era en muchos casos. y aun en los más, lastimar sus sentimientos de filial respeto y cariño, sin razón valedera que lo justificase. Si en algunas circunstancias puede ser esta precaución necesaria, podrán utilizarla las mujeres a quienes favorezca, sin que sea menester obligarlas a ello.

La Comisión ha entendido que con esta facultad, y con no responder en todo caso de las deudas hereditarias los bienes de la sociedad conyugal existentes al ser aceptada la herencia, quedarán suficientemente protegidos los intereses matrimoniales.

El artículo 1.280 determina los contratos que deben hacerse constar en documento público por razón de los objetos sobre que versen o de su naturaleza jurídica, cualquiera que sea su cuantía. Esta disposición podía ofrecer el inconveniente de dificultar los contratos de poca entidad, por temor a los gastos que ocasionara su reducción a documento público. Para evitar este peligro, una adición al artículo 1.280 exime de aquella formalidad los contratos no comprendidos en los seis números del mismo artículo, y permite hacerlos valer, aunque su importe exceda de cierta suma, si constan sólo por escrito privado, quedando libres de toda solemnidad los mismos contratos de inferior cuantía.

También ha rectificado el artículo 1.296, que eximia de la rescisión las capitulaciones matrimoniales de los menores celebradas con intervención de sus tutores, porque ni en tales capitulaciones intervienen los tutores, ni podía ser, por tanto, este género de contratos el que tenia por objeto dicho artículo. Una referencia equivocada al número 1.° del artículo 1.291, que debía ser el número 2º. del mismo, ha podido dar lugar a este error. En este último número se mencionan los contratos celebrados en representación de personas ausentes, con autorización judicial, y estas circunstancias bastan para que en ellos no tenga lugar la rescisión. Pero las capitulaciones matrimoniales de los menores, aunque otorgadas con la intervención de sus ascendientes o la del consejo de familia, no tienen en su apoyo tantas garantías de equidad que basten para declararlas irrescindibles.

Fue igualmente objeto de controversia en las Cortes la cabida señalada en el artículo 1.523 a las heredades que, en caso de venta, pueden ser objeto del retracto de colindantes. La Sección, para facilitar, con el transcurso del tiempo, algún remedio a la división excesiva de la propiedad territorial, allí donde este exceso ofrece obstáculo insuperable al desarrollo de la riqueza, y siguiendo el ejemplo de otras naciones, concedió a los propietarios aledaños el derecho de retraer por el tanto las heredades de dos hectáreas o menos, limítrofes a las suyas. Esta cabida hubo de parecer excesiva a algunos señores Diputados, que pretendían reducirla a 50 centiarias. También había establecido la Sección que cuando dos o más propietarios solicitaran el retracto, fuera preferido aquel cuya finca tuviese menos cabida, y no el dueño de la mayor, según propuso después alguno de los impugnadores del artículo. En vista de las observaciones expuestas, ha accedido la Sección a reducir a la mitad la cabida de las heredades sujetas a aquel derecho; pero también ha creído que debía mantener la preferencia a favor del dueño de la finca menor, considerando que esta solución es la más conforme con el fin del retracto. En cambio, ha aceptado con gusto la idea de suprimir la formalidad del requerimiento ante Notario.

El Código nada dispone respecto a los foros y subforos constituidos bajo la antigua legislación, remitiendo lo que se refiere a ellos a una ley especial, anunciada repetidas veces y en elaboración hace tiempo. Pero como cl artículo 1.611 señala el tipo para la redención de los censos impuestos antes de la promulgación del Código, hubo de dudarse si esta disposición seda aplicable a la redención de los foros. Aunque la duda no parezca bastante fundada, porque el artículo citado trata únicamente de los censos, la Sección se ha prestado a resolverla mediante una adición al mismo, en que se declaran excluidos de él los foros.

Algunos Sres. Senadores y Diputados echaron de menos en el Código las disposiciones transitorias que habían de determinar, con regularidad y justicia, el paso de la antigua legislación a la nueva, de modo que ésta no tuviera efecto retroactivo y quedaran a salvo todos los derechos legítimamente adquiridos bajo el anterior régimen jurídico. La observación de estos oradores era muy fundada. No bastaba decir en el artículo 1.976 que las variaciones en la legislación que perjudicaran derechos adquiridos no tendrán efecto retroactivo, pues la definición y la determinación de estos derechos es hoy uno de los problemas más difíciles de la ciencia de la legislación.

Tal vez habría sido mejor hacer esto en una ley separada, como se verificó en Italia y en otros países, donde, bien directamente por el Poder legislativo, bien por el Gobierno mediante autorización constitucional, se dictaron estas disposiciones transitorias. Pero no habiéndose dado, ni siquiera iniciado, dicha ley, y teniendo la Sección el encargo de hacer en el Código las enmiendas y adiciones que creyese necesarias y convenientes según el resultado de la discusión habida en ambos Cuerpos Colegisladores, se ha creído en el deber de establecer también las reglas según las cuales deben aplicarse las nuevas disposiciones que varíen en algún punto el derecho anteriormente constituido.

Dos sistemas podían seguirse para el desempeño de esta difícil obra: uno, señalar minuciosamente todas aquellas variaciones, determinando en cada caso la aplicación del derecho correspondiente; otro, establecer reglas generales aplicables a todos los casos que puedan ocurrir de aquella especie. El primero de estos sistemas daría lugar a un casuismo indefinido y tal vez deficiente; el segundo respondería mejor a su objeto; pero, sobre ser de difícil ejecución, no daría un resultado tan comprensivo que excluyera en absoluto la necesidad de reglas especiales para casos determinados.

Era, pues, necesario determinar cuáles son las variaciones de ley que perjudican derechos anteriormente adquiridos y que no deben, por tanto, aplicarse con efecto retroactivo. Para ello, no basta decir que son aquellas disposiciones legales que privan de la posesión actual de algún beneficio, interés o acción jurídica; pues si la existencia, efectividad o extensión del derecho dependen de eventualidades independientes de la voluntad del que lo posee, podrá éste tener una esperanza, pero no un verdadero derecho adquirido. Por eso los herederos legítimos y los instituidos, así como los legatarios de las personas que viven, no tienen derecho alguno adquirido hasta la muerte de éstas, porque la existencia del que en lo futuro podrán disfrutar, depende, ya de la eventualidad de su propia muerte, ya de las vicisitudes de la fortuna, o de la libre v variable voluntad de los testadores.

Fundada en estas consideraciones, la Comisión, que estima peligrosa la definición abstracta de los derechos adquiridos, ha preferido desenvolver las doctrinas más comúnmente admitidas en algunas prescripciones generales y en una serie de reglas concretas, que puedan ofrecer solución en los casos más frecuentes y servir de criterio en todos los análogos.

Lo primero que debía resolver era el punto de partida de los derechos, a fin de determinar cuáles quedaban al amparo de la legislación antigua y cuáles sometidos a la nueva. Y como todo derecho nace necesariamente de un hecho voluntario o independiente de la humana voluntad, la fecha de este hecho, que puede ser anterior o posterior a la promulgación del Código, es la que debe determinar la legislación que ha de aplicarse al derecho que de aquel hecho naciera. Ni es necesario que el derecho originado por un hecho ocurrido bajo la legislación anterior se halle en ejercicio para que merezca respeto, pues si existía legítimamente según la ley bajo la cual tuvo origen, si dependía solamente de la voluntad del que lo poseyera ponerlo o no en ejercicio, es un derecho tan adquirido como el que hubiera ya producido o estuviera produciendo su debido efecto. Pero si se trata de un derecho nuevo, declarado por primera vez en el Código y no reconocido por la legislación anterior, deberá regirse por el mismo Código, aunque el hecho que lo origine hubiera tenido lugar bajo aquella legislación, a menos que perjudique a otro derecho adquirido bajo la misma; porque en este caso es más digno de respeto el que va a sufrir el daño que el que va a recibir un beneficio gratuito.

Establecido este principio en la regla 1ª., no se podrá hacer novedad alguna en el estado legal de las madres que, siendo viudas y ejerciendo la patria potestad, hubiesen contraído nuevo matrimonio antes de regir el Código, aunque éste prive de aquel derecho a las madres viudas que se casen después. Por igual razón, las incapacidades para heredar, así absolutas como relativas, deberán calificarse con arreglo a la legislación vigente a la muerte del testador o causante de la herencia. Por idéntico motivo, y conforme a la misma regla 1., no deberá entenderse que han perdido el beneficio de la restitución *in integrum* las personas que lo tuvieran por la legislación anterior, cuando el hecho que haya ocasionado el perjuicio que deba repararse hubiera tenido lugar bajo aquel régimen; y sólo cuando hubiese ocurrido después, deberán aplicarse las disposiciones del capítulo 5.°, titulo 2.°, libro IV del Código. De la misma regla 1ª. emana la 7ª., que no permite a los padres, madres y abuelos retirar las fianzas que tengan constituidas por la curatela que se hallen ejerciendo de sus descendientes. Esta garantía es un derecho adquirido por los menores e incapacitados, del cual no se les puede privar sin injusticia, aunque la nueva ley dispense para lo sucesivo de la obligación de afianzar a las personas anteriormente nombradas, cuando las llama a la tutela de sus descendientes.

De esta regla general se derivan otras varias, que la Sección ha consignado también, aunque sea por vía de ejemplo. Así pues, conforme a la regla 2ª., lo actos y contratos celebrados bajo el régimen de la legislación anterior, que fueran válidos según ella, deben serlo también después de promulgado el Código aunque con las limitaciones, en cuanto a su ejecución, establecidas en las disposiciones transitorias. Por eso deben valer los testamentos otorgados bajo aquella legislación, con arreglo a la misma, estén o no otorgados en forma autorizada después. Por eso serán válidos, aunque el Código no los permite, siempre que procedan del tiempo en que regían las leyes que los autorizaban, los testamentos mancomunados, las cláusulas llamadas *ad cautelam* los fideicomisos en que el testador encarga al fiduciario dar a sus bienes un destino desconocido. Lo que no podrá hacerse es alterarlos ni modificarlos en manera alguna después de regir el Código, sino testando con arreglo al mismo; porque lo que pudo hacerse legítimamente bajo el régimen anterior, no es lícito repetirlo bajo el nuevo régimen.

Por efecto de la misma regla 2 a no podrá alterarse el estado legal en que se hallen los que, por pacto anterior a la promulgación del Código, estén dando o recibiendo alimentos; ni el hijo adoptado bajo la legislación anterior habrá perdido su derecho a heredar abintestato al padre adoptante, aunque el Código no reconozca este derecho a los adoptados después. En el mismo caso se hallan las reglas que determinan la colación de las dotes y las donaciones de cualquiera especie otorgadas bajo el régimen anterior, en todo aquello en que difieran de las consignadas en el Código. También es consecuencia de la misma regla 2ª. la 6ª., que permite al padre continuar disfrutando los derechos que se haya reservado sobre los bienes adventicios del hijo, a quien hubiese emancipado con esta condición. Todos estos derechos, como originados de pactos o convenios celebrados bajo la legislación precedente, son dignos del mayor respeto, aunque el Código no los reconozca o los estime de modo diverso. En el mismo caso se hallarán cualesquiera otros derechos nacidos de contratos lícitos en su tiempo, aunque no sean permitidos después.

Por lo mismo que deben respetarse y surtir su efecto los derechos nacidos de hechos pasados bajo la legislación anterior, los que, según ésta, no producían penalidad civil o pérdida de derechos, y se ejecutaron en aquella época, no deberán producirla, aunque el Código después la establezca. En este caso podrán hallarse los matrimonios contraídos antes, sin la licencia o el consejo de quien corresponda.

Pero si es justo respetar los derechos adquiridos bajo la legislación anterior, aunque no hayan sido ejercitados, ninguna consideración de justicia exige que su ejercicio posterior, su duración y los procedimientos para hacerlos valer, se eximan de los preceptos del Código. Todas estas disposiciones tienen carácter adjetivo, y sabido es que las leyes de esta especie pueden tener efecto retroactivo. Así, pues, según la regla 4ª., los derechos adquiridos y no ejercitados todavía cuando el Código empezó a regir, deberán hacerse valer por los procedimientos en el mismo establecidos, y sólo cuando éstos se hallen pendientes en dicha época, podrán optar los interesados por ellos o por los nuevos.

Consecuencia es también de esta regla la 8ª., que mantiene en su cargo a los tutores y curadores nombrados antes de regir el Código y a los poseedores y administradores interinos de bienes de ausentes, pero sometiéndolos, en cuanto a su ejercicio, a la nueva legislación.

También emana de la misma regla 2ª. lo dispuesto en la 9ª., que manda constituir, bajo el régimen de la legislación anterior, las tutelas y curatelas cuya constitución esté pendiente de la resolución de los Tribunales; pero entendiéndose esto sin perjuicio de que los curadores ya en ejercicio tomen el nombre genérico de tutores, y de que todos ellos se sometan, en cuanto al desempeño de su cargo, a las disposiciones del Código.

De la regla 2ª. procede igualmente la 11ª., que manda sigan su curso los expedientes de adopción, emancipación voluntaria y dispensa de ley, pendientes ante el Gobierno o los Tribunales.

Pero el rigor de la regla fundamental en esta materia, o sea la de atender a la legislación vigente al tiempo de adquirirse el derecho, exige también ciertas excepciones, aunque de corta trascendencia. Los efectos de la patria potestad respecto a los bienes de los hijos, según el Código, no siempre convienen con los mismos efectos según la legislación anterior. En su consecuencia, aquello en que difieran debería regirse por dicha legislación, cuando los padres estuvieren, conforme a ella, ejerciendo su potestad. Pero la patria potestad en el moderno derecho no tiene, ni ha tenido a los ojos de los autores del Código, el sentido que le dio la legislación romana. Concédase a los padres el poder tuitivo a que se llama patria potestad, no para su personal provecho, sino para el más fácil cumplimiento de los altos deberes que la naturaleza y la ley les imponen respecto a sus hijos. A este fin se encaminan, de un lado, el reconocimiento de la autoridad paterna, y de otro, el disfrute y administración de los peculios. Por lo mismo, sólo se pueden mantener y asegurar al padre estas facultades, en cuanto subsistan los deberes para cuyo cumplimiento fueron otorgadas. Si, pues, los hijos, al salir de la patria potestad, prefieren vivir bajo la autoridad y en el domicilio de sus padres y seguir, como en tales casos es presumible, la dirección y los consejos de éstos, parece natural que subsistan la administración y el usufructo de los peculios por todo el tiempo que la anterior legislación los mantenía No será entonces el legislador, sino la voluntad tácita del hijo, quien prorrogue la autoridad y las facultades paternas. Y por la misma razón, desde que el hijo mayor de veintitrés años salga de la casa de su padre, cesará la presunción en que descansa la regla 5.ª, y con ella los derechos de administración y usufructo que al padre corresponden sobre los bienes del peculio.

Pero cuando los derechos del padre procedan de un acto suyo, legítimo y voluntario, otorgado, con condiciones recíprocas, bajo el antiguo régimen jurídico, la justicia manda respetarlo y mantenerlo, sin limitación alguna. Así, el padre que voluntariamente hubiese emancipado a un hijo, reservándose algún derecho sobre sus bienes adventicios, podrá continuar disfrutándolo hasta el tiempo en que el hijo debería salir de la patria potestad según la legislación anterior.

También tiene carácter en cierto modo excepcional del principio que domina en esta materia la regla 10ª., que establece ciertas restricciones a la introducción inmediata del consejo de familia cuando la tutela estaba ya constituida o constituyéndose al empezar a regir el Código. Siendo esta nueva institución enteramente desconocida en España, su establecimiento requiere temperamentos de lentitud y prudencia si no ha de comprometerse su éxito. Por eso, aunque el Código, legislando para lo porvenir, dispone que los Jueces y Fiscales municipales procedan de oficio al nombramiento del consejo de familia si supieren que hay en su territorio alguna persona sujeta a tutela, la Sección entiende que este precepto no es aplicable sino a los menores o incapacitados cuya tutela no estuviese definitivamente constituida al empezar a regir el Código, sin perjuicio de que, tanto en este caso como en el de estar funcionando el tutor, deberá nombrarse el consejo cuando lo solicita persona interesada, y siempre que deba ejecutarse algún acto que requiera su intervención Mientras no vaya entrando en las costumbres la nueva institución, la iniciativa fiscal para promover su uso podría más bien perjudicarla que favorecerla. Por la misma razón cuando la tutela estuviese ya constituida bajo el régimen de la legislación anterior no se deberá proceder al nombramiento del consejo sino a instancia de cualquiera de las personas que tengan derecho a formar parte de él, o del tutor; y seguramente no faltarán estas instancias, siendo tantos los casos en que los actos del menor o de la administración de su patrimonio no pueden verificarse legalmente sin la intervención del consejo de familia. A estos casos, más que a la espontánea acción fiscal, se deberán con el tiempo la realidad y la práctica de la nueva institución.

Algo de excepcional ofrece también la regla 12ª., la cual, después de prescribir que los derechos a la herencia de los fallecidos, con testamento o sin él, antes de estar en vigor el Código, se rijan por la legislación anterior, y que la de los fallecidos después se reparta y adjudique con arreglo a aquél, dispone que se respeten las legitimas, las mejoras y los legados, pero reduciendo su cuantía si de otro modo no se pudiese dar a cada partícipe en la herencia lo que le corresponda según la nueva ley. La legislación anterior no reconocía porción legítima a los cónyuges ni a los hijos naturales, como lo hace la vigente, ni permitía al padre disponer libremente del tercio de su haber. El que hizo testamento válido bajo el régimen de aquella legislación, no pudo disponer, teniendo hijos, más que del quinto de sus bienes, ni mejorar a cualquiera de aquéllos en más del tercio de éstos. Pero si murió después, rigiendo el Código, como por razón del tiempo en que ha ocurrido su muerte resultará aumentada la parte disponible del testador y reducida por tanto la legítima y acrecentadas en su caso las mejoras, el testamento habrá de cumplirse reduciendo o aumentando las porciones hereditarias si así fuere necesario, para que todos los partícipes forzosos en la herencia, según el nuevo derecho, reciban lo que les corresponda conforme al mismo.

Aunque la Sección ha buscado detenidamente en el Código todos los casos de conflicto que pueden ocurrir entre sus disposiciones y las del antiguo derecho, y cree que todos los conocidos podrán resolverse por las reglas transitorias que quedan expuestas, le ha parecido conveniente prever otros casos, que puedan ocurrir en la práctica y no se hallen directamente comprendidos en aquéllas. Si esto ocurriere, toca a los Tribunales decidir lo que a su juicio corresponda, pero no a su libre arbitrio, sino aplicando, según la regla 13ª., los principios que sirven de fundamento a las demás transitorias.

Fuera de las enmiendas y adiciones que quedan indicadas; nada más ha tenido que hacer la Sección sino algunas correcciones de estilo, o de erratas de imprenta o de copia, cometidas en la primera edición del Código. Fácil será advertirlas comparando los textos adjuntos con los publicados, y así se verá que sus diferencias son tan poco importantes y sus motivos tan evidentes, que no es necesario llamar la atención sobre ellas.

Expuestas las consideraciones que preceden, y dado a conocer en ellas lo que principalmente merece notarse en los trabajos a que se refieren y en el espíritu que los ha animado, cree la Sección deber dar aquí por terminado el encargo recibido.

Dios guarde a V. E. muchos años. Madrid, 30 de junio de 1889. MANUEL ALONSO MARTÍNEZ, *Presidente,* FRANCISCO DE CÁRDENAS, SALVADOR DE ALBACETE, GERMÁN GAMAZO, HILARIO DE IGÓN, SANTOS DE ISASA, JOSÉ MARÍA MANRESA, Vocales, EDUARDO GARCÍA GOYENA, *Vocal auxiliar*. Excmo. Sr. Ministro de Gracia y Justicia.

CÓDIGO CIVIL

ÍNDICE

TÍTULO PRELIMINAR
DE LAS NORMAS JURÍDICAS, SU APLICACIÓN Y EFICACIA

LIBRO PRIMERO
DE LAS PERSONAS

LIBRO SEGUNDO
DE LOS BIENES, DE LA PROPIEDAD Y DE SUS MODIFICACIONES

LIBRO TERCERO
DE LOS DIFERENTES MODOS DE ADQUIRIR LA PROPIEDAD

LIBRO CUARTO
DE LAS OBLIGACIONES Y CONTRATOS

TÍTULO PRELIMINAR. DE LAS NORMAS JURÍDICAS, SU APLICACIÓN Y EFICACIA

(Redactado por Decreto 1.836/1974, de 31 de mayo. B.O.E. de 9 de julio).
Vid. C.C.C.; L.C.Arg.; C.D.A.; C.D.B.; C.D.N.; L.D.C.P.V.; L.D.C.G.

Capítulo I. Fuentes del derecho

Artículo 1. 1. Las fuentes del ordenamiento jurídico español son la ley, la costumbre y los principios generales del derecho.

Arts. 9,3; 37,1; 81 a 96; 149, 1, 8º y 164 C.E.; arts. 100, 189 a 192 Tratado Constitutivo de la C.E.E. de 25 de marzo de 1957 (B.O.E. 1 de enero de 1986).

2. Carecerán de validez las disposiciones que contradigan otra de rango superior.

Art. 9,3 C.E.; Art. 2,2 C.C.

3. La costumbre sólo regirá en defecto de ley aplicable, siempre que no sea contraria a la moral o al orden público y que resulte probada.

Los usos jurídicos que no sean meramente interpretativos de una declaración de voluntad tendrán la consideración de costumbre.

Arts. 548; 570; 571; 587; 590; 591; 1041; 1258; 1287; 1319; 1328; 1496; 1520; 1552; 1555, 2º; 1574; 1580; 1599; 1695, 2º; 1750; 1924, 2º, b; 1976 (disposición final derogatoria) C.C.

4. Los principios generales del derecho se aplicarán en defecto de ley o costumbre, sin perjuicio de su carácter informador del ordenamiento jurídico.

5. Las normas jurídicas contenidas en los tratados internacionales no serán de aplicación directa en España en tanto no hayan pasado a formar parte del ordenamiento interno mediante su publicación íntegra en el Boletín Oficial del Estado.

Arts. 63,2; 93 a 96 C.E. Arts. 2,1 y 78 L.O.T.C.

6. La jurisprudencia complementará el ordenamiento jurídico con la doctrina que, de modo reiterado, establezca el Tribunal Supremo al

interpretar y aplicar la ley, la costumbre y los principios generales del derecho.

Arts. 161 y 164 C.E.; arts. 38 a 40 L.O.T.C.; arts. 477 y sigs. L.E.C.; art. 20-4 L.C.G.C.

7. Los Jueces y Tribunales tienen el deber inexcusable de resolver en todo caso los asuntos de que conozcan, ateniéndose al sistema de fuentes establecido.

Arts. 9 y 149,1-8º C.E.; 11,3 L.O.T.C.; arts. 5, 6, 8 y 12 L.O.P.J.; art. 2 C. de c.

Art. 2. 1. Las leyes entrarán en vigor a los veinte días de su completa publicación en el Boletín Oficial del Estado, si en ellas no se dispone otra cosa.

Arts. 9,3; 93 y 96 C.E.

2. Las leyes sólo se derogan por otras posteriores. La derogación tendrá el alcance que expresamente se disponga y se extenderá siempre a todo aquello que en la ley nueva, sobre la misma materia, sea incompatible con la anterior. Por la simple derogación de una ley no recobran vigencia las que ésta hubiere derogado.

Art. 1º, 2 C.C.

3. Las leyes no tendrán efecto retroactivo si no dispusieren lo contrario.

Arts. 9, 3; 93 y 96 C.E.; art. 4, 1 C.C.

Capítulo II. Aplicación de las normas jurídicas

Art. 3. 1. Las normas se interpretarán según el sentido propio de sus palabras, en relación con el contexto, los antecedentes históricos y legislativos y la realidad social del tiempo en que han de ser aplicadas, atendiendo fundamentalmente al espíritu y finalidad de aquéllas.

2. La equidad habrá de ponderarse en la aplicación de las normas, si bien las resoluciones de los Tribunales sólo podrán descansar de manera exclusiva en ella cuando la ley expresamente lo permita.

Arts. 1103; 1128; y 1154 C.C.; Ley 60/2003, de 23 de diciembre, de Arbitraje. Vid. art. 5 L.O.P.J.; art. 47 L.P.I.

Art. 4. 1. Procederá la aplicación analógica de las normas cuando éstas no contemplen un supuesto específico, pero regulen otro semejante entre los que se aprecie identidad de razón.

Vid. L.A.U. (1994).

2. Las leyes penales, las excepcionales y las de ámbito temporal no se aplicarán a supuestos ni en momentos distintos de los comprendidos expresamente en ellas.

Art. 9,3 C.E. Vid. C.P.

3. Las disposiciones de este Código se aplicarán como supletorias en las materias regidas por otras leyes.

Art. 149,3 C.E.; art. 13 C.C.; arts. 2 y 50 C. de c.; art.; Vid. L.A.U. (1994).

Art. 5. 1. Siempre que no se establezca otra cosa, en los plazos señalados por días, a contar de uno determinado, quedará éste excluido del cómputo, el cual deberá empezar en el día siguiente; y si los plazos estuviesen fijados por meses o años se computarán de fecha a fecha. Cuando en el mes del vencimiento no hubiere día equivalente al inicial del cómputo, se entenderá que el plazo expira el último del mes.

2. En el cómputo civil de los plazos no se excluyen los días inhábiles.

Art. 60 C. de c.; arts. 41 y 42 L.C.Ch.; arts. 130 a 136 L.E.C.; arts. 197 y sigs. L.E.Crim.; art. 121 L.J.C.A.; art. 185 L.O.P.J.; L. Arb.; art. 48 L.R.J.A.P., de 26 de noviembre de 1992.

Capítulo III. Eficacia general de las normas jurídicas

Art. 111-6 a 111-9 C-C.C.

Art. 6. 1. La ignorancia de las leyes no excusa de su cumplimiento. El error de derecho producirá únicamente aquellos efectos que las leyes determinen.

Arts. 1266; 1895 a 1901 C.C.

2. La exclusión voluntaria de la ley aplicable y la renuncia a los derechos en ella reconocidos sólo serán válidas cuando no contraríen el interés o el orden público ni perjudiquen a terceros.

Art. 1.102 C.C.; art. 6 L.A.U. (1964); arts. 4 y 6 L.A.U. (1994). art. 2 L.A.R.; art. 10 L.T.R.A.; art. 2 L.C.U. art. 3 L.C.S.

3. Los actos contrarios a las normas imperativas y a las prohibitivas son nulos de pleno derecho, salvo que en ellas se establezca un efecto distinto para el caso de contravención.

Arts. 1116; 1328; 1476; 1884 C.C.

4. Los actos realizados al amparo del texto de una norma que persigan un resultado prohibido por el ordenamiento jurídico, o contrario a él, se considerarán ejecutados en fraude de ley y no impedirán la debida aplicación de la norma que se hubiere tratado de eludir.

Arts. 9,2 y 12,4 L.A.U. (1964).

Art. 7. 1. Los derechos deberán ejercitarse conforme a las exigencias de la buena fe.

2. La ley no ampara el abuso del derecho o el ejercicio antisocial del mismo. Todo acto u omisión que por la intención de su autor, por su objeto o por las circunstancias en que se realice sobrepase manifiestamente los límites normales del ejercicio de un derecho, con daño para tercero, dará lugar a la correspondiente indemnización y a la adopción de las medidas judiciales o administrativas que impidan la persistencia en el abuso.

Art. 9 L.A.U. (1964); arts. 10 y 11 L.C.U.; arts. 4, 6 y 7 L.G.Publ.; Vid. Ley 7/1998, de 13 de abril, de Condiciones Generales de la Contratación.

Capítulo IV. Normas de derecho internacional privado

Art. 8. 1. Las leyes penales, las de policía y las de seguridad pública obligan a todos los que se hallen en territorio español.

2. Derogado

Art. 13 C.E.; Ley Orgánica 7/1985, de 1 de julio, sobre derechos y libertades de los extranjeros en España (B.O.E. de 3 de julio).
Apartado 2 derogado por Ley 1/2000, de 7 de enero, de Enjuiciamiento civil.

Art. 9. 1. La ley personal correspondiente a las personas físicas es la determinada por su nacionalidad. Dicha ley regirá la capacidad y el estado civil, los derechos y deberes de familia y la sucesión por causa de muerte.

El cambio de ley personal no afectará a la mayoría de edad adquirida de conformidad con la ley personal anterior.

Convenio de la Haya n. XXIV sobre la ley aplicable a las obligaciones alimenticias, de 2 de octubre de 1973 (B.O.E. de 16 de septiembre de 1986); Convenio referente al reconocimiento y ejecución de las resoluciones relativas a las obligaciones alimenticias de 2 de octubre de 1973 (B.O.E. de 12 de agosto de 1987).

2. Los efectos del matrimonio se regirán por la ley personal común de los cónyuges al tiempo de contraerlo; en defecto de esta ley, por la ley personal o de la residencia habitual de cualquiera de ellos, elegida por ambos en documento auténtico otorgado antes de la celebración del matrimonio; a falta de esta elección, por la ley de la residencia habitual común inmediatamente posterior a la celebración, y, a falta de dicha residencia, por la del lugar de celebración del matrimonio.

La nulidad, la separación y el divorcio se regirán por la ley que determina el artículo 107.

Redactado conforme Ley Orgánica 11/2003, de 29 de septiembre, de medidas concretas en materia de seguridad ciudadana, violencia doméstica e integración social de los extranjeros (B.O.E. de 30 de septiembre de 2003).

3. Los pactos o capitulaciones por los que se estipule, modifique o sustituya el régimen económico del matrimonio serán válidos cuando sean conformes bien a la ley que rija los efectos del matrimonio, bien a la ley de la nacionalidad o de la residencia habitual de cualquiera de las partes al tiempo del otorgamiento.

Redacción por Ley 11/1990, de 15 de octubre (B.O.E. de 18 de octubre). Arts. 9.2; 17 y sigs.; 40 y sigs. C.C.

4. La determinación y el carácter de la filiación por naturaleza se regirán por la ley de la residencia habitual del hijo en el momento del establecimiento de la filiación. A falta de residencia habitual del hijo, o si esta ley no permitiere el establecimiento de la filiación, se aplicará la ley nacional del hijo en ese momento. Si esta ley no permitiere el establecimiento de la filiación o si el hijo careciere de residencia habitual y de nacionalidad, se aplicará la ley sustantiva española. En lo relativo al establecimiento de la filiación por adopción, se estará a lo dispuesto en el apartado 5.

La ley aplicable al contenido de la filiación, por naturaleza o por adopción, y al ejercicio de la responsabilidad parental, se determinará con arreglo al Convenio de La Haya, de 19 de octubre de 1996, relativo a la competencia, la ley aplicable, el reconocimiento, la ejecución y la cooperación en materia de responsabilidad parental y de medidas de protección de los niños.

Redacción dada por Ley 26/2015, de 28 de julio, de modificación del sistema de protección a la infancia y a la adolescencia (B.O.E. nº. 180, de 29 de julio).

5. La adopción internacional se regirá por las normas contenidas en la Ley de Adopción Internacional. Igualmente, las adopciones constituidas por autoridades extranjeras surtirán efectos en España con arreglo a las disposiciones de la citada Ley de Adopción Internacional.

Redacción dada por la Disposición Final Primera de la Ley 54/2007, de 28 de diciembre, de Adopción internacional.

6. La ley aplicable a la protección de menores se determinará de acuerdo con el Convenio de La Haya, de 19 de octubre de 1996, a que se hace referencia en el apartado 4 de este artículo.

La ley aplicable a la protección de las personas mayores de edad se determinará por la ley de su residencia habitual. En el caso de cambio de la residencia a otro Estado, se aplicará la ley de la nueva residencia habitual, sin perjuicio del reconocimiento en España de las medidas de protección acordadas en otros Estados. Será de aplicación, sin embargo, la ley española para la adopción de medidas provisionales o urgentes de protección.

Redacción dada por Ley 26/2015, de 28 de julio, de modificación del sistema de protección a la infancia y a la adolescencia (B.O.E. nº. 180, de 29 de julio).
Arts. 172,1; 215 a 313 C.C.; Convenio de La Haya n. X sobre competencia de las autoridades y la ley aplicable en materia de protección de menores, de 5 de octubre de 1961 (B.O.E. de 20 de agosto de 1987); Convenio sobre los aspectos civiles de la Sustracción Internacional de Menores, de 20 de octubre de 1980 (B.O.E. de 24 de agosto de 1987).

7. La ley aplicable a las obligaciones de alimentos entre parientes se determinará de acuerdo con el Protocolo de La Haya, de 23 de noviembre de 2007, sobre la ley aplicable a las obligaciones alimenticias o texto legal que lo sustituya.

Redacción dada por Ley 26/2015, de 28 de julio, de modificación del sistema de protección a la infancia y a la adolescencia (B.O.E. nº. 180, de 29 de julio).
Art. 9.1 C.C. Reglamento (CE) nº 4/2009 del Consejo, de 18 de diciembre de 2008, relativo a la competencia, la ley aplicable, el reconocimiento y la ejecución de las resoluciones y la cooperación en materia de obligaciones de alimentos

8. La sucesión por causa de muerte se regirá por la Ley nacional de causante en el momento de su fallecimiento, cualesquiera que sean la naturaleza de los bienes y el país donde se encuentren. Sin embargo, las disposiciones hechas en testamento y los pactos sucesorios ordenados conforme a la Ley nacional del testador o del disponente en el momento de su otorgamiento conservarán su validez, aunque sea otra la ley que rija la sucesión, si bien las legítimas se ajustarán, en su caso, a esta última. Los derechos que por ministerio de la ley se atribuyan al cónyuge supérstite se regirán por la misma ley que regule los efectos del matrimonio, a salvo siempre las legítimas de los descendientes.

Redacción por Ley 11/1990, de 15 de octubre (B.O.E. de 18 de octubre). Art. 9.2 C.C.; Convenio relativo al establecimiento de un sistema de inscripción de testamentos, de 16 de mayo de 1972 (B.O.E. de 5 de octubre de 1985).

9. A los efectos de este capítulo, respecto de las situaciones de doble nacionalidad previstas en las leyes españolas se estará a lo que determinen los tratados internacionales y, si nada estableciesen, será preferida la nacionalidad coincidente con la última residencia habitual y, en su defecto, la última adquirida.

Prevalecerá en todo caso la nacionalidad española del que ostente además otra no prevista en nuestras leyes o en los tratados internacionales. Si ostentare dos o más nacionalidades y ninguna de ellas fuera la española, se estará a lo que establece el apartado siguiente.

Art. 11,3 C.E.; art. 23 C.C.; Convenio de Estrasburgo sobre reducción de los casos de pluralidad de nacionalidades y sobre las obligaciones militares en el caso de pluralidad de nacionalidades, de 6 de mayo de 1963 (B.O.E. de 25 de octubre de 1987); Instrucción D.G.R.N. de 16 de mayo de 1986 sobre nacionalidad española (B.O.E. de 29 de mayo), apartado III.

10. Se considerará como ley personal de los que carecieren de nacionalidad o la tuvieren indeterminada, la ley del lugar de su residencia habitual.

Real Decreto 203/1995, de 10 de febrero, por el que se aprueba el Reglamento de Aplicación de la Ley 5/1984, de 26 de marzo, reguladora del Derecho de Asilo y de la Condición de Refugiado;.Convenio de Ginebra sobre el Estatuto de los Refugiados de 20 de julio de 1951 y Protocolo de Nueva York de 31 de enero de 1967 (B.O.E. de 21 de octubre de 1978).

11. La ley personal correspondiente a las personas jurídicas es la determinada por su nacionalidad y regirá en todo lo relativo a capacidad, constitución, representación, funcionamiento, transformación, disolución y extinción.

En la fusión de sociedades de distinta nacionalidad se tendrán en cuenta las respectivas leyes personales.
Art. 28 C.C.

Art. 10. 1. La posesión, la propiedad y los demás derechos sobre bienes inmuebles, así como su publicidad, se regirán por la ley del lugar donde se hallen.

La misma ley será aplicable a los bienes muebles.

A los efectos de la constitución o cesión de derechos sobre bienes en tránsito, éstos se considerarán situados en el lugar de su expedición, salvo que el remitente y el destinatario hayan convenido, expresa o tácitamente, que se consideren situados en el lugar de su destino.

2. Los buques, las aeronaves y los medios de transporte por ferrocarril, así como todos los derechos que se constituyan sobre ellos, quedarán sometidos a la ley del lugar de su abanderamiento, matrícula o registro. Los automóviles y otros medios de transporte por carretera quedarán sometidos a la ley del lugar donde se hallen.

3. La emisión de los títulos-valores se atendrá a la ley del lugar en que se produzca.

Arts. 98 a 105; 162 a 167 L.C.Ch.

4. Los derechos de propiedad intelectual e industrial se protegerán dentro del territorio español de acuerdo con la ley española, sin perjuicio de lo establecido por los convenios y tratados internacionales en los que España sea parte.

Vid. Ley de Propiedad Intelectual, Texto Refundido que aprueba el RD-Leg. 1/1996, de 12 de abril (B.O.E. de 22 de abril).

5. Se aplicará a las obligaciones contractuales la ley a que las partes se hayan sometido expresamente, siempre que tenga alguna conexión con el negocio de que se trate; en su defecto, la ley nacional común a las partes; a falta de ella, la de la residencia habitual común, y en último término, la ley del lugar de celebración del contrato.

No obstante lo dispuesto en el párrafo anterior, a falta de sometimiento expreso, se aplicará a los contratos relativos a bienes inmuebles la ley del lugar donde estén sitos, y a las compraventas de muebles corporales realizadas en establecimientos mercantiles, la ley del lugar en que éstos radiquen.

6. A las obligaciones derivadas del contrato de trabajo, en defecto de sometimiento expreso de las partes y sin perjuicio de lo dispuesto

en el apartado 1 del artículo 8, les será de aplicación la ley del lugar donde se presten los servicios.

7. Las donaciones se regirán, en todo caso, por la ley nacional del donante.

8. Serán válidos, a efectos del ordenamiento jurídico español, los contratos onerosos celebrados en España por extranjero incapaz según su ley nacional, si la causa de la incapacidad no estuviese reconocida en la legislación española. Esta regla no se aplicará a los contratos relativos a inmuebles situados en el extranjero.

9. Las obligaciones no contractuales se regirán por la ley del lugar donde hubiere ocurrido el hecho de que deriven.

La gestión de negocios se regulará por la ley del lugar donde el gestor realice la principal actividad.

En el enriquecimiento sin causa se aplicará la ley en virtud de la cual se produjo la transferencia del valor patrimonial en favor del enriquecido.

10. La ley reguladora de una obligación se extiende a los requisitos del cumplimiento y a las consecuencias del incumplimiento, así como a su extinción. Sin embargo, se aplicará la ley del lugar de cumplimiento a las modalidades de la ejecución que requieren intervención judicial o administrativa.

11. A la representación legal se aplicará la ley reguladora de la relación jurídica de la que nacen las facultades del representante, y a la voluntaria, de no mediar sometimiento expreso, la ley del país en donde se ejerciten las facultades conferidas.

Art. 11. 1. Las formas y solemnidades de los contratos, testamentos y demás actos jurídicos se regirán por la ley del país en que se otorguen. No obstante, serán también válidos los celebrados con las formas y solemnidades exigidas por la ley aplicable a su contenido, así como los celebrados conforme a la ley personal del disponente o la común de los otorgantes. Igualmente serán válidos los actos y contratos relativos a bienes inmuebles otorgados con arreglo a las formas y solemnidades del lugar en que éstos radiquen.

Si tales actos fueren otorgados a bordo de buques o aeronaves durante su navegación, se entenderán celebrados en el país de su abanderamiento, matrícula o registro. Los navíos y las aeronaves militares se consideran como parte del territorio del Estado al que pertenezcan.

Arts. 3,1 y 2 C.E.; arts. 98 a 105; 162 a 167 L.C.Ch.

2. Si la ley reguladora del contenido de los actos y contratos exigiere para su validez una determinada forma o solemnidad, será siempre aplicada, incluso en el caso de otorgarse aquéllos en el extranjero.

Convenio de 5 de octubre de 1961 por el que se suprime la exigencia de legalización para los documentos públicos extranjeros (B.O.E. de 25 de septiembre de 1978); R. D. 2433/1978, de 2 de octubre, por el que se determinan los funcionarios competentes para realizar la legalización única o apostilla prevista en el Convenio último citado (B.O.E. de 17 de octubre) y Orden de 30 de diciembre de 1978 (B.O.E. de 19 de enero de 1979).

3. Será de aplicación la ley española a los contratos, testamentos y demás actos jurídicos autorizados por funcionarios diplomáticos o consulares de España en el extranjero.

Reglamento para la organización y régimen del Notariado, de 2 de junio de 1944, en el que se regula el ejercicio de la fe pública por los Agentes diplomáticos y consulares de España en el extranjero.

Art. 12. 1. La calificación para determinar la norma de conflicto aplicable se hará con arreglo a la ley española.

2. La remisión al derecho extranjero se entenderá hecha a su ley material, sin tener en cuenta el reenvío que sus normas de conflicto puedan hacer a otra ley que no sea la española.

3. En ningún caso tendrá aplicación la ley extranjera cuando resulte contraria al orden público.

4. Se considerará como fraude de ley la utilización de una norma de conflicto con el fin de eludir una ley imperativa española

5. Cuando una norma de conflicto remita a la legislación de un Estado en el que coexistan diferentes sistemas legislativos, la determinación del que sea aplicable entre ellos se hará conforme a la legislación de dicho Estado.

6. Los Tribunales y autoridades aplicarán de oficio las normas de conflicto del derecho español.

La persona que invoque el derecho extranjero deberá acreditar su contenido y vigencia por los medios de prueba admitidos en la ley española. Sin embargo, para su aplicación, el juzgador podrá valerse además de cuantos instrumentos de averiguación considere necesarios, dictando al efecto las providencias oportunas.

Párrafo segundo derogado por Ley 1/2000, de 7 de enero, de Enjuiciamiento civil.

Capítulo V. Ámbito de aplicación de los regímenes jurídicos civiles coexistentes en el territorio nacional

Art. 13. 1. Las disposiciones de este título preliminar, en cuanto determinan los efectos de las leyes y las reglas generales para su aplicación, así como las del título IV del libro I, con excepción de las normas de este último relativas al régimen económico matrimonial, tendrán aplicación general y directa en toda España.

2. En lo demás, y con pleno respeto a los derechos especiales o forales de las provincias o territorios en que están vigentes, regirá el Código Civil como derecho supletorio, en defecto del que lo sea en cada una de aquéllas, según sus normas especiales.

Art. 149, 1, 8º y 3 C.E.

Art. 14. 1. La sujeción al derecho civil común o al especial o foral se determina por la vecindad civil.

Redacción por Ley 11/1990, de 15 de octubre, sobre reforma del Código civil, en aplicación del principio de no discriminación por razón del sexo (B.O.E. de 18 de octubre).

2. Tienen vecindad civil en territorio de derecho común, o en uno de los de derecho especial o foral, los nacidos de padres que tengan tal vecindad.

Por la adopción el adoptado no emancipado adquiere la vecindad civil de los adoptantes.

3. Si al nacer el hijo, o al ser adoptado, los padres tuvieren distinta vecindad civil, el hijo tendrá la que corresponda a aquel de los dos respecto del cual la filiación haya sido determinada antes; en su defecto, tendrá la del lugar del nacimiento y, en último término, la vecindad de derecho común.

Sin embargo, los padres, o el que de ellos ejerza o le haya sido atribuida la patria potestad, podrán atribuir al hijo la vecindad civil de cualquiera de ellos en tanto no trascurran los seis meses siguientes al nacimiento o a la adopción.

La privación o suspensión en el ejercicio de la patria potestad, o el cambio de vecindad de los padres, no afectarán a la vecindad civil de los hijos.

En todo caso el hijo desde que cumpla catorce años y hasta que transcurra un año después de su emancipación, podrá optar bien por la vecindad civil del lugar de su nacimiento, bien por la última vecindad de cualquiera de sus padres. Si no estuviera emancipado, habrá de ser asistido en la opción por el representante legal.

Arts. 64, 65, y 68 L.R.C., 225 a 229, 231, 236 y 237 R.R.C. Disp. Trans. Ley 11/1990, de 15 de octubre, sobre reforma del Código Civil en aplicación del principio de no discriminación por razón de sexo (B.O.E. de 18 de octubre).

4. El matrimonio no altera la vecindad civil. No obstante, cualquiera de los cónyuges no separados, ya sea legalmente o de hecho, podrá, en todo momento, optar por la vecindad civil del otro.

5. La vecindad civil se adquiere:

1.º Por residencia continuada durante dos años, siempre que el interesado manifiesta ser esa su voluntad.

2.º Por residencia continuada de diez años sin declaración en contrario durante este plazo.

Ambas declaraciones se harán constar en el Registro Civil y no necesitan ser reiteradas.

6. En caso de duda prevalecerá la vecindad civil que corresponda al lugar de nacimiento.

Art. 15. 1. El extranjero que adquiera la nacionalidad española deberá optar, al inscribir la adquisición de la nacionalidad, por cualquiera de las vecindades siguientes:

a) La correspondiente al lugar de residencia.

b) La del lugar del nacimiento.

c) La última vecindad de cualquiera de sus progenitores o adoptantes.

d) La del cónyuge.

Esta declaración de opción se formulará, atendiendo a la capacidad del interesado para adquirir la nacionalidad, por el propio optante, por sí o asistido de su representante legal, o por este último. Cuando la adquisición de la nacionalidad se haga por declaración o a petición del representante legal, la autorización necesaria deberá determinar la vecindad civil por la que se ha de optar.

2. El extranjero que adquiera la nacionalidad por carta de naturaleza tendrá la vecindad civil que el Real Decreto de concesión determine, teniendo en cuenta la opción de aquél, de acuerdo con lo que dispone el apartado anterior u otras circunstancias que concurran en el peticionario.

3. La recuperación de la nacionalidad española lleva consigo la de aquella vecindad civil que ostentara el interesado al tiempo de su pérdida.

4. La dependencia personal respecto a una comarca o localidad con especialidad civil propia o distinta, dentro de la legislación especial o

foral del territorio correspondiente, se regirá por las disposiciones de este artículo y las del anterior.

Art. 225 R.R.C.
Redacción por Ley 18/1990, de 17 de diciembre, sobre reforma del Código civil en materia de nacionalidad (B.O.E. de 18 de diciembre).

Art. 16. 1. Los conflictos de leyes que puedan surgir por la coexistencia de distintas legislaciones civiles en el territorio nacional se resolverán según las normas contenidas en el capítulo IV con las siguientes particularidades:

1.ª Será ley personal la determinada por la vecindad civil.

2.ª No será aplicable lo dispuesto en los apartados 1, 2 y 3 del artículo 12 sobre calificación, remisión y orden público.

2. El derecho de viudedad regulado en la Compilación aragonesa corresponde a los cónyuges sometidos al régimen económico matrimonial de dicha Compilación, aunque después cambie su vecindad civil, con exclusión en este caso de la legítima que establezca la ley sucesoria.

El derecho expectante de viudedad no podrá oponerse al adquirente a título oneroso y de buena fe de los bienes que no radiquen en territorio donde se reconozca tal derecho, si el contrato se hubiera celebrado fuera de dicho territorio, sin haber hecho constar el régimen económico matrimonial del transmitente.

El usufructo vidual corresponde también al cónyuge supérstite cuando el premuerto tuviese vecindad civil aragonesa en el momento de su muerte.

3. Los efectos del matrimonio entre españoles se regularán por la ley española que resulte aplicable según los criterios del artículo 9 y, en su defecto, por el Código Civil.

En este último caso se aplicará el régimen de separación de bienes del Código Civil si conforme a una y otra ley personal de los contrayentes hubiera de regir un sistema de separación.

Redacción por Ley 11/1990, de 15 de octubre (B.O.E. de 18 de octubre). Arts. 149.1.8ª C.E.

LIBRO PRIMERO
DE LAS PERSONAS

Título Primero. De los españoles y extranjeros

(Redactado por Ley 18/1990, de 17 de diciembre sobre reforma del Código civil en materia de nacionalidad. B.O.E. de 18 de diciembre. Parcialmente redactado por Ley 36/2002, de 8 de octubre, de modificación del Código civil en materia de nacionalidad).

Arts. 10 a 38; 53 a 55; 149.2; 162.1 b) C.E. y 2 y 41 a 58 L.O.T.C.; Ley 62/1978, de 26 de diciembre de protección jurisdiccional de los derechos fundamentales de la persona; L.O. 7/1985 de 1 de julio sobre derechos y libertades de los extranjeros. R.D. 1.119/1986 de 26 de mayo (B.O.E. de 12 de junio) por el que se aprueba el reglamento que desarrolla la ley anterior, modificado por R.D. 116/1988 de 5 de febrero (B.O.E. de 19 de febrero; corrección de errores en B.O.E. de 25 de febrero). L.O. 1/1982, de 5 de mayo, de protección civil al honor, a la intimidad personal y familiar y a la propia imagen. L.O. 9/1983, de 15 de julio reguladora del derecho de reunión. Convenio para la protección de las personas con respecto al tratamiento automatizado de datos de carácter personal, celebrado en Estrasburgo el 28 de enero de 1981 (B.O.E. núm. 274, de 15 de noviembre). Ley Orgánica 15/1999, de 13 de diciembre, de Protección de Datos de Carácter Personal; R.D. 1332/1994, de 20 de junio; R.D. 994/1999, de 11 de junio; R.D. 428/1993, de 26 de marzo, que aprueba el Estatuto de la Agencia de Protección de Datos; Ley Orgánica 4/2000, de 11 de enero, sobre derechos y libertades de los extranjeros en España y su integración social.

Disposición adicional primera, Ley 36/2002. Las solicitudes de adquisición por residencia y de dispensa del requisito de residencia legal para recuperar la nacionalidad española habrán de ser resueltas en el plazo máximo de un año desde que hubieran tenido entrada en el órgano competente para resolver, transcurrido el cual, sin que hubiera recaído resolución expresa, habrán de entenderse desestimadas, de acuerdo con lo dispuesto en la disposición adicional segunda de la Ley de Registro Civil.

Art. 17. 1. Son españoles de origen:

a) Los nacidos de padre o madre españoles.

b) Los nacidos en España de padres extranjeros si, al menos, uno de ellos hubiera nacido también en España. Se exceptúan los hijos de funcionario diplomático o consultar acreditado en España.

c) Los nacidos en España de padres extranjeros, si ambos carecieren de nacionalidad o si la legislación de ninguno de ellos atribuye al hijo una nacionalidad.

d) Los nacidos en España cuya filiación no resulte determinada. A estos efectos, se presumen nacidos en territorio español los menores de edad cuyo primer lugar conocido de estancia sea territorio español.

2. La filiación o el nacimiento en España, cuya determinación se produzca después de los dieciocho años de edad, no son por sí solos causa de adquisición de la nacionalidad española. El interesado tiene entonces derecho a optar por la nacionalidad española de origen en el plazo de dos años a contar desde aquella determinación.

Arts. 11.2 C.E.; 9, 6, 7, 10; 18.2; 112; 113; 115; 120; 135; 154; 180.3 C.C. y 68 L.R.C. Instrucción de la D.G.R.N. de 16 de mayo de 1983 (B.O.E. de 2 de mayo de 1983). Resolución de la D.G.R.N. de 8 de abril de 1987 (B.I.M.J. núm. 1.458 de 15 de junio).

Art. 18. La posesión y utilización continuada de la nacionalidad española durante diez años, con buena fe y basada en un título inscrito en el Registro Civil, es causa de consolidación de la nacionalidad, aunque se anule el título que la originó.

Art. 19. 1. El extranjero menor de dieciocho años adoptado por un español adquiere, desde la adopción, la nacionalidad española de origen.

2. Si el adoptado es mayor de dieciocho años, podrá optar por la nacionalidad española de origen en el plazo de dos años a partir de la constitución de la adopción.

3. Sin perjuicio de lo dispuesto en el apartado 1, si de acuerdo con el sistema jurídico del país de origen el menor adoptado mantiene su nacionalidad, ésta será reconocida también en España.

Redacción dada por Ley 26/2015, de 28 de julio, de modificación del sistema de protección a la infancia y a la adolescencia (B.O.E. nº. 180, de 29 de julio).
Arts. 175.2 y 176.4 C.C.

Art. 20. 1. Tienen derecho a optar por la nacionalidad española:

a) Las personas que estén o hayan estado sujetas a la patria potestad de un español.

b) Aquellas cuyo padre o madre hubiera sido originariamente español y nacido en España.

c) Las que se hallen comprendidas en el segundo apartado de los artículos 17 y 19.

2. La declaración de opción se formulará:

a) Por el representante legal del optante, menor de catorce años o incapacitado. En este caso, la opción requiere autorización del encargado del Registro Civil del domicilio del declarante, previo dictamen del Ministerio Fiscal. Dicha autorización se concederá en interés del menor o incapaz.

b) Por el propio interesado, asistido por su representante legal, cuando aquél sea mayor de catorce años o cuando, aun estando incapacitado, así lo permita la sentencia de incapacitación.

c) Por el interesado, por sí solo, si está emancipado o es mayor de dieciocho años. La opción caducará a los veinte años de edad, pero si el optante no estuviera emancipado según su ley personal al llegar a los dieciocho años, el plazo para optar se prolongará hasta que transcurran dos años desde la emancipación.

d) Por el interesado, por sí sólo, dentro de los dos años siguientes a la recuperación de la plena capacidad. Se exceptúa el caso en que haya caducado el derecho de opción conforme al apartado c).

3. No obstante lo dispuesto en el apartado anterior, el ejercicio del derecho de opción previsto en el apartado 1.b) de este artículo no estará sujeto a límite alguno de edad.

Redactado conforme a la Ley 36/2002, de 8 de octubre (B.O.E. 9 de octubre), de modificación del Código civil en materia de nacionalidad.

Art. 21. 1. La nacionalidad española se adquiere por carta de naturaleza, otorgada discrecionalmente mediante Real Decreto, cuando en el interesado concurran circunstancias excepcionales.

2. La nacionalidad española también se adquiere por residencia en España, en las condiciones que señala el artículo siguiente y mediante

la concesión otorgada por el Ministro de Justicia, que podrá denegarla por motivos razonados de orden público o interés nacional.

3. En uno y otro caso la solicitud podrá formularla:

a) El interesado emancipado o mayor de dieciocho años.

b) El mayor de catorce años asistido por su representante legal.

c) El representante legal del menor de catorce años.

d) El representante legal del incapacitado o el incapacitado, por sí sólo o debidamente asistido, según resulte de la sentencia de incapacitación.

En este caso y en el anterior, el representante legal sólo podrá formular la solicitud si previamente ha obtenido autorización conforme a lo previsto en la letra a) del apartado 2 del artículo anterior.

4. Las concesiones por carta de naturaleza o por residencia caducan a los ciento ochenta días siguientes a su notificación, si en este plazo no comparece el interesado ante funcionario competente para cumplir los requisitos del artículo 23.

Arts. 9.9; 14.4; 20; 21; 330 C.C.; 220 a 224; 226 y disposición final primera R.R.C. D.L. 29 de diciembre de 1975 (B.O.E. de 9 de enero de 1976) sobre nacionalidad española a sefardíes de Egipto y Grecia. Circular D.G.R.N. de 22 de mayo de 1975.

Art. 22. 1. Para la concesión de la nacionalidad por residencia se requiere que ésta haya durado diez años. Serán suficientes cinco años para los que hayan obtenido la condición de refugiado y dos años cuando se trate de nacionales de origen de países iberoamericanos, Andorra, Filipinas, Guinea Ecuatorial o Portugal o de sefardíes.

2. Bastará el tiempo de residencia de un año para:

a) El que haya nacido en territorio español.

b) El que no haya ejercitado oportunamente la facultad de optar.

c) El que haya estado sujeto legalmente a la tutela, guarda o acogimiento de un ciudadano o institución españoles durante dos años consecutivos, incluso si continuare en esta situación en el momento de la solicitud.

d) El que al tiempo de la solicitud llevare un año casado con español o española y no estuviere separado legalmente o de hecho.

e) El viudo o viuda de española o español, si a la muerte del cónyuge no existiera separación legal o de hecho.

f) El nacido fuera de España de padre o madre, abuelo o abuela, que originariamente hubieran sido españoles.

3. En todos los casos, la residencia habrá de ser legal, continuada e inmediatamente anterior a la petición.

A los efectos de lo previsto en el párrafo d) del apartado anterior, se entenderá que tiene residencia legal en España el cónyuge que conviva con funcionario diplomático o consular español acreditado en el extranjero.

4. El interesado deberá justificar, en el expediente regulado por la legislación del Registro Civil, buena conducta cívica y suficiente grado de integración en la sociedad española.

5. La concesión o denegación de la nacionalidad por residencia deja a salvo la vía judicial contencioso-administrativa.

Redactado conforme a la Ley 36/2002, de 8 de octubre (B.O.E. 9 de octubre), de modificación del Código civil en materia de nacionalidad.

Art. 23. Son requisitos comunes para la validez de la adquisición de la nacionalidad española por opción, carta de naturaleza o residencia:

a) Que el mayor de catorce años y capaz para prestar una declaración por sí jure o prometa fidelidad al Rey y obediencia a la Constitución y a las leyes.

b) Que la misma persona declare que renuncia a su anterior nacionalidad. Quedan a salvo de este requisito los naturales de países mencionados en el apartado 1 del artículo 24 y los sefardíes originarios de España.

c) Que la adquisición se inscriba en el Registro Civil español.

Redacción dada por la Ley 12/2015, de 24 de junio, en materia de concesión de la nacionalidad española a los sefardíes originarios de España (BOE núm. 151, de 25 de junio de 2015). Ha entrado en vigor el 1 de octubre de 2015.

Art. 24. 1. Pierden la nacionalidad española los emancipados que, residiendo habitualmente en el extranjero, adquieran voluntariamente otra nacionalidad o utilicen exclusivamente la nacionalidad extranjera que tuvieran atribuida antes de la emancipación. La pérdida se producirá una vez que transcurran tres años, a contar, respectivamente, desde la adquisición de la nacionalidad extranjera o desde la emancipación. No obstante, los interesados podrán evitar la pérdida si dentro del plazo indicado declaran su voluntad de conservar la nacionalidad española al encargado del Registro Civil.

La adquisición de la nacionalidad de países iberoamericanos, Andorra, Filipinas, Guinea Ecuatorial o Portugal no es bastante para producir, conforme a este apartado, la pérdida de la nacionalidad española de origen.

2. En todo caso, pierden la nacionalidad española los españoles emancipados que renuncien expresamente a ella, si tienen otra nacionalidad y residen habitualmente en el extranjero.

3. Los que habiendo nacido y residiendo en el extranjero ostenten la nacionalidad española por ser hijos de padre o madre españoles, también nacidos en el extranjero, cuando las leyes del país donde residan les atribuyan la nacionalidad del mismo, perderán, en todo caso, la nacionalidad española si no declaran su voluntad de conservarla ante el encargado del Registro Civil en el plazo de tres años, a contar desde su mayoría de edad o emancipación.

4. No se pierde la nacionalidad española, en virtud de lo dispuesto en este precepto, si España se hallare en guerra.

Redactado conforme a la Ley 36/2002, de 8 de octubre (B.O.E. 9 de octubre), de modificación del Código civil en materia de nacionalidad.

DA 2ª, Ley 36/2002: La causa de pérdida prevista en el artículo 24.3 del Código Civil sólo será de aplicación a quienes lleguen a la mayoría de edad o emancipación después de la entrada en vigor de la presente Ley.

Art. 25. 1. Los españoles que no lo sean de origen perderán la nacionalidad:

a) Cuando durante un período de tres años utilicen exclusivamente la nacionalidad a la que hubieran declarado renunciar al adquirir la nacionalidad española.

b) Cuando entren voluntariamente al servicio de las armas o ejerzan cargo político en un Estado extranjero contra la prohibición expresa del Gobierno.

2. La sentencia firme que declare que el interesado ha incurrido en falsedad, ocultación o fraude en la adquisición de la nacionalidad española produce la nulidad de tal adquisición, si bien no se derivarán de ella efectos perjudiciales para terceros de buena fe. La acción de nulidad deberá ejercitarse por el Ministerio Fiscal de oficio o en virtud de denuncia, dentro del plazo de quince años.

Redactado conforme a la Ley 36/2002, de 8 de octubre (B.O.E. 9 de octubre), de modificación del Código civil en materia de nacionalidad.

Art. 26. 1. Quien haya perdido la nacionalidad española podrá recuperarla cumpliendo los siguientes requisitos:

a) Ser residente legal en España. Este requisito no será de aplicación a los emigrantes ni a los hijos de emigrantes. En los demás casos podrá ser dispensado por el Ministro de Justicia cuando concurran circunstancias excepcionales.

b) Declarar ante el encargado del Registro Civil su voluntad de recuperar la nacionalidad española.

c) Inscribir la recuperación en el Registro Civil.

2. No podrán recuperar o adquirir, en su caso, la nacionalidad española sin previa habilitación concedida discrecionalmente por el Gobierno, los que se encuentren incursos en cualquiera de los supuestos previstos en el artículo anterior.

Redactado conforme a la Ley 36/2002, de 8 de octubre (B.O.E. 9 de octubre), de modificación del Código civil en materia de nacionalidad.

Art. 27. Los extranjeros gozan en España de los mismos derechos civiles que los españoles, salvo lo dispuesto en las leyes especiales y en los Tratados.

Arts. 13 C.E.; art. 7 del Estatuto de los Refugiados, celebrado en Ginebra el 28 de julio de 1951 y Protocolo en Nueva York de 31 de enero de 1967 (B.O.E. 21 de octubre de 1978), 94 y 609 C de C., 181 R.N., 9-4 L.A.R., 50 LPI, 7 c) E.T., y L.O. 7/85, de 1 de julio, sobre derechos y libertades de los extranjeros en España. RRDD 1099/86, de 26 de mayo, sobre entrada, permanencia y trabajo en España, de ciudadanos de estados miembros de las Comunidades Europeas, y 1119/86, de 26 de mayo, aprobando el Reglamento ejecutivo de la L.O. 7/85 modificado por R.D. 116/88 de 5 de febrero.

Art. 28. Las corporaciones, fundaciones y asociaciones, reconocidas por la ley y domiciliadas en España, gozarán de la nacionalidad española, siempre que tengan el concepto de personas jurídicas con arreglo a las disposiciones del presente Código.

Las asociaciones domiciliadas en el extranjero tendrán en España la consideración y los derechos que determinen los tratados o leyes especiales.

Arts. 52 a 66 Tratado Constitutivo de la C.E.E. Arts. 35 a 39 y 41 C.C. Vid. L.S.C.

Título II. Del nacimiento y la extinción de la personalidad civil

Capítulo Primero. De las personas naturales

Art. 29. El nacimiento determina la personalidad; pero el concebido se tiene por nacido para todos los efectos que le sean favorables, siempre que nazca con las condiciones que expresa el artículo siguiente.

Arts. 627; 959 a 967 C.C.

Art. 30. La personalidad se adquiere en el momento del nacimiento con vida, una vez producido el entero desprendimiento del seno materno.

Redactado conforme a la Ley 20/2011, de 21 de julio, del Registro Civil (B.O.E. 22 de julio); arts. 40 y 48 L.R.C.; arts. 165 a 174 R.R.C.

Art. 31. La prioridad del nacimiento, en el caso de partos dobles, da al primer nacido los derechos que la ley reconozca al primogénito.

Art. 184,2º y 4º C.C.; art. 170, 1 R.R.C.

Art. 32. La personalidad civil se extingue por la muerte de las personas.

Arts. 193 a 197 C.C.; arts. 81 a 87 L.R.C.; arts. 273 a 282 R.R.C.

Art. 33. Si se duda, entre dos o más personas llamadas a sucederse, quién de ellas ha muerto primero, el que sostenga la muerte anterior de una o de otra, debe probarla; a falta de prueba, se presumen muertas al mismo tiempo y no tiene lugar la transmisión de derechos de uno a otro.

Art. 327 C.C.

Art. 34. Respecto a la presunción de muerte del ausente y sus efectos se estará a lo dispuesto en el título VIII de este libro.

Arts. 193 a 197 C.C.

Capítulo II. De las personas jurídicas

Vid. C.D.N.; Ley 12/2006, de 1 de diciembre, de fundaciones de interés gallego; Ley 2/1998, de 6 de abril, de Fundaciones canarias; Ley 8/1998, de 9 de diciembre, de Fundaciones, de la Comunidad Valenciana; Ley 7/2007, de 22 de junio, de asociaciones de Euskadi; Ley 27/1999, de 16 de julio, de Cooperativas; Ley 1/2003, de 20 de marzo, de Cooperativas de las Islas Baleares; Ley 8/2003, de 12 de abril, de Cooperativas de la Comunidad Valenciana; Libro III C.C.C.; Real Decreto Legislativo 1091/1988, de 23 de Septiembre, por el que se aprueba el Texto Refundido de la Ley General Presupuestaria

Art. 35. Son personas jurídicas:

1º. Las corporaciones, asociaciones y fundaciones de interés público reconocidas por la ley.

Su personalidad empieza desde el instante mismo en que, con arreglo a derecho, hubiesen quedado válidamente constituidas.

Arts. 6; 7; 22; 28; 36; 137; 140; y 141 C.E.; Ley Orgánica 1/2002, de 22 de marzo, reguladora del derecho de asociación; Ley 2/1974, de 13 de febrero, sobre Colegios Profesionales; Ley Orgánica 6/2002, de 27 de junio, de Partidos Políticos; Ley 23/1986, de 24 de diciembre, de Cámaras Agrarias; Ley 10/1990, de 15 de octubre, del Deporte; R.D. 1084/1991, de 5 de junio sobre Sociedades Anónimas Deportivas; Ley 3/1993, de 22 de marzo, Básica de las Cámaras Oficiales de Comercio, Industria y Navegación; Acuerdo entre el Estado español y la Santa Sede sobre asuntos jurídicos, de 3 de enero de 1979 (B.O.E. de 15 de diciembre); Leyes 24/1992, 25/1992 y 26/1992, de 10 de noviembre, de Acuerdos de Cooperación del Estado Español con la Federación de Entidades Religiosas Evangélicas, con la Federación de Comunidades Israelitas y con la comisión Islámica de España; Ley 21/1976, de 14 de junio, sobre derecho de asociación política (B.O.E. de 16 de junio); Ley 19/1977, de 1 de abril, sobre derecho de asociación sindical (B.O.E. de 4 de abril); R. D. 589/1984, de 8 de febrero, sobre Fundaciones Religiosas de la Iglesia Católica (B.O.E. 28 de marzo); Ley 50/2002, de 26 de diciembre de Fundaciones; R.D. 316/1996, de 23 de febrero que aprueba el Reglamento de Fundaciones de Competencia Estatal; R.D. 384/1996, de 1 de marzo, Reglamento del Registro de Fundaciones de Competencia Estatal.

2º. Las asociaciones de interés particular, sean civiles, mercantiles o industriales, a las que la ley conceda personalidad propia, independiente de la de cada uno de los asociados.

Arts. 1665 y sigs., en concreto, art. 1669 C.C.; arts. 17; 24; 116; 118; y 119 C. de c.; Ley 10/1990, de 15 de octubre, del Deporte; R.D. 1084/1991, de 5 de junio sobre Sociedades Anónimas Deportivas; Ley Orgánica 1/2002, de 22 de marzo, reguladora del derecho de asociación.

Art. 36. Las asociaciones a que se refiere el número 2º. del artículo anterior se regirán por las disposiciones relativas al contrato de sociedad, según la naturaleza de éste.

Arts. 1665 a 1708 C.C.; Real Decreto Legislativo 1/2010, de 2 de julio, por el que se aprueba el texto refundido de la Ley de Sociedades de Capital; Ley 15/1986, de 25 abril, reguladora de las Sociedades Anónimas Laborales (B.O.E. de 30 de abril); Ley 27/1999, de 16 de julio, de Cooperativas (B.O.E. de 17 de julio); Ley 10/1990, de 15 de octubre, del Deporte; Ley 1/1994, de 11 de marzo, de Régimen Jurídico de las Sociedades de Garantía Recíproca.

Art. 37. La capacidad civil de las corporaciones se regulará por las leyes que las hayan creado o reconocido; la de las asociaciones por sus estatutos, y la de las fundaciones por las reglas de su institución, debidamente aprobadas por disposición administrativa, cuando este requisito fuere necesario.

Art. 38. Las personas jurídicas pueden adquirir y poseer bienes de todas clases, así como contraer obligaciones y ejercitar acciones civiles o criminales, conforme a las leyes y reglas de su constitución.

La Iglesia se regirá en este punto por lo concordado entre ambas potestades, y los establecimientos de instrucción y beneficencia por lo que dispongan las leyes especiales.

Arts. 242; 251; 254; 515; 744; 745, 2º; 746; 748; 993; 944; 956 a 958 y 1812 C.C.; art. 7,3 L.O.P.J.; Acuerdos entre el Estado español y la Santa Sede sobre Asuntos jurídicos, de 3 de enero de 1979 (B.O.E. de 15 de diciembre); Ley General de Beneficencia de 20 de junio de 1849, y su Reglamento de 14 de mayo de 1852; R. D. de 6 de julio de 1853 sobre clasificación de los establecimientos públicos y particulares; R. D. de 27 de enero de 1885, que aprueba la Instrucción de la Beneficencia General (sustituye en la práctica totalidad al R.D. de 22 de abril de 1873 de Instrucción General de los establecimientos benéficos); R. D. de 20 de julio de 1926, sobre Instrucciones y fundaciones benéfico-docentes particulares de enseñanza agrícola, pecuaria o minera; Decreto de 21 de julio de 1972, que aprueba el Reglamento de las Fundaciones Culturales Privadas (B.O.E. de 30 de octubre) (modifica el R.D. de 14 de mayo de 1889 de reorganización de los servicios de beneficencia particular).

Art. 39. Si por haber expirado el plazo durante el cual funcionaban legalmente, o por haber realizado el fin para el cual se constituyeron, o por ser ya imposible aplicar a éste la actividad y los medios de que disponían, dejasen de funcionar las corporaciones, asociaciones y fundaciones, se dará a sus bienes la aplicación que las leyes, o los estatutos, o las cláusulas fundacionales, les hubiesen en esta previsión asignado. Si nada se hubiere establecido previamente, se aplicarán esos bienes a la realización de fines análogos, en interés de la región, provincia o municipio que principalmente debieran recoger los beneficios de las instituciones extinguidas.

Art. 1666 C.C.; arts. 221 a 223 C. de c.; Ley 4/1986, de 8 de enero, de cesión bienes del Patrimonio sindical acumulado, (B.O.E de 14 de enero). Vid. L.O.D.A. arts. 1 y 3.

Título III. Del domicilio

Art. 40. Para el ejercicio de los derechos y el cumplimiento de las obligaciones civiles, el domicilio de las personas naturales es el lugar de su residencia habitual y, en su caso, el que determine la Ley de Enjuiciamiento Civil.

El domicilio de los diplomáticos residentes por razón de su cargo en el extranjero, que gocen del derecho de extraterritorialidad, será el último que hubieren tenido en territorio español.

Arts. 18,2 y 19 C.E.; art. 70 C.C.; arts. 50 y sigs. L.E.C.

Art. 41. Cuando ni la ley que las haya creado o reconocido, ni los estatutos o las reglas de fundación fijaren el domicilio de las personas jurídicas, se entenderá que lo tienen en el lugar en que se halle establecida su representación legal, o donde ejerzan las principales funciones de su instituto.

Art. 58 Tratado Constitutivo de la C.E.E.; art. 28 C.C.; L.S.C.; art. 92 L.C.Ch.; art. 3 L.Coop.; arts. 7; 87; 88; 89; 102; 120, 5º R.R.M.; art. 51 L.E.C.; art. 6 L.F.

Título IV. Del matrimonio

Redacción por Ley 30/1981, de 7 de julio (B.O.E. de 20 de julio). Vid. Libro II C.C.C.; RD Legislativo 1/2011, de 22 de marzo, del gobierno de Aragón, por el que se aprueba con el título "Código Foral de Aragón", el Texto Refundido de la Leyes civiles aragonesas; Ley 6/2000, de 3 de julio, para la igualdad jurídica de las parejas estables, de Navarra; Ley 1/2001, de 6 de abril, por la que se regulan las uniones de hecho, de la Comunidad Valenciana; Ley 7/2003, de 7 de mayo, reguladora de las parejas de hecho, del País Vasco. *Ley 13/2005, de 1 de julio, por la que se modifica el Código civil en materia de derecho a contraer matrimonio*, Disposición Adicional primera: Las disposiciones legales y reglamentarias que contengan alguna referencia al matrimonio se entenderán aplicables con independencia del sexo de sus integrantes; Ley Foral Navarra 3/2011, de 17 de marzo, sobre custodia de los hijos e hijas en los casos de ruptura de la convivencia de los padres; Ley 5/2011, de 1 de abril, de la Generalitat Valenciana, de relaciones familiares de los hijos e hijas cuyos progenitores no conviven.

Capítulo Primero. De la promesa de matrimonio

Art. 42. La promesa de matrimonio no produce obligación de contraerlo ni de cumplir lo que se hubiere estipulado para el supuesto de su no celebración.

No se admitirá a trámite la demanda en que se pretenda su cumplimiento.

Arts. 1334, 1341 y 1342 C.C.; Canon 1062 C.D.Can.

Art. 43. El incumplimiento sin causa de la promesa cierta de matrimonio hecha por persona mayor de edad o por menor emancipado sólo producirá la obligación de resarcir a la otra parte de los gastos hechos y las obligaciones contraídas en consideración al matrimonio prometido.

Esta acción caducará al año contado desde el día de la negativa a la celebración del matrimonio.

Arts. 1107; 1334; 1342; 1902; 1903; 1968 C.C.

Capítulo II. De los requisitos del matrimonio

Art. 44. El hombre y la mujer tienen derecho a contraer matrimonio conforme a las disposiciones de este Código.

Arts. 14; 32 C.E.; art. 793 C.C.; Ley de 22 de julio de 1961 (B.O.E. de 24 de julio) para diplomáticos; RDGRN de 8 de enero de 2001, sobre matrimonio de transexuales.

El matrimonio tendrá los mismos requisitos y efectos cuando ambos contrayentes sean del mismo o de diferente sexo.

Párrafo introducido por la Ley 13/2005, de 1 de julio, por la que se modifica el Código civil en materia de derecho a contraer matrimonio.

Art. 45. No hay matrimonio sin consentimiento matrimonial.

La condición, término o modo del consentimiento se tendrá por no puestos.

Arts. 73, 1º, 4º y 5º; 1116; 1125; 1255 y 1261 C.C.

Art. 46. No pueden contraer matrimonio:

1º. Los menores de edad no emancipados.

2º. Los que estén ligados con vínculo matrimonial.

Art. 32,2 C.E.; arts. 48,2; 73,2; 75; 88,2; 314,2; 316; 319; 320; 1263, n.1 C.C.; DT 1ª de la Ley 30/1981, de 7 de julio; Circular D.G.R.N. de 16 de julio de 1984 (B.O.E de 23 de julio), sobre duplicidad de matrimonios. Para el delito de bigamia, vid. C.P.

Art. 47. Tampoco pueden contraer matrimonio entre sí:

1. Los parientes en línea recta por consanguinidad o adopción.
2. Los colaterales por consanguinidad hasta el tercer grado.
3. Los condenados por haber tenido participación en la muerte dolosa del cónyuge o persona con la que hubiera estado unida por análoga relación de afectividad a la conyugal.

Redacción dada por la Disposición final 1ª-2 de la Ley 15/2015, de 2 de julio, de la Jurisdicción Voluntaria (B.O.E. nº. 158 de 3 de julio). (B.O.E. nº. 158 de 3 de julio).

Art. 48. El Juez podrá dispensar, con justa causa y a instancia de parte, mediante resolución previa dictada en expediente de jurisdicción voluntaria, los impedimentos de muerte dolosa del cónyuge o persona con la que hubiera estado unida por análoga relación de afectividad a la conyugal y de parentesco de grado tercero entre colaterales. La dispensa ulterior convalida, desde su celebración, el matrimonio cuya nulidad no haya sido instada judicialmente por alguna de las partes.

Redacción dada por la Disposición final 1ª-2 de la Ley 15/2015, de 2 de julio, de la Jurisdicción Voluntaria (B.O.E. nº. 158 de 3 de julio). (B.O.E. nº. 158 de 3 de julio).

Capítulo III. De la forma de celebración del matrimonio

Sección Primera. Disposiciones generales

Art. 49. Cualquier español podrá contraer matrimonio dentro o fuera de España:

1.º Ante el Juez, Alcalde o funcionario señalado por este Código.

2.º En la forma religiosa legalmente prevista.

También podrá contraer matrimonio fuera de España con arreglo a la forma establecida por la Ley del lugar de celebración.

Modificado por la disposición final 1ª-3 de la Ley 15/2015, de 2 de julio, de la Jurisdicción Voluntaria, en los siguientes términos:
"Art. 49. Cualquier español podrá contraer matrimonio dentro o fuera de España:
1.º En la forma regulada en este Código.
2.º En la forma religiosa legalmente prevista.
También podrá contraer matrimonio fuera de España con arreglo a la forma establecida por la ley del lugar de celebración".

La Disposición final primera de la Ley 5/2018, de 11 de junio, de modificación de la Ley 1/2000, de 7 de enero, de Enjuiciamiento Civil, en relación a la ocupación ilegal de viviendas (BOE de 12 de julio), modifica la Disposición final décima de la Ley 20/2011, de 21 de julio, del Registro Civil, dándole nueva redacción en los términos siguientes:

"Disposición final décima. Entrada en vigor.
La presente ley entrará en vigor el 30 de junio de 2020, excepto las disposiciones adicionales séptima y octava y las disposiciones finales tercera y sexta, que entrarán en vigor el día siguiente al de su publicación en el "Boletín Oficial del Estado", y excepto los artículos 49.2 y 53 del mismo texto legal, que entrarán en vigor el día 30 de junio de 2017.
Lo dispuesto en el párrafo anterior se entiende sin perjuicio de la entrada en vigor el 15 de octubre de 2015 de los artículos 44, 45, 46, 47, 49.1 y 4, 64, 66, 67.3 y disposición adicional novena, en la redacción dada por el artículo segundo de la Ley 19/2015, de 13 de julio, de medidas de reforma administrativa en el ámbito de la Administración de Justicia y del Registro Civil.
Hasta la completa entrada en vigor de esta ley, el Gobierno adoptará las medidas y los cambios normativos necesarios que afecten a la organización y funcionamiento de los Registros Civiles".

Art. 50. Si ambos contrayentes son extranjeros, podrá celebrarse el matrimonio en España con arreglo a la forma prescrita para los españoles o cumpliendo la establecida por la ley personal de cualquiera de ellos.

Art. 9.1 C.C.

Sección Segunda. De la celebración del matrimonio

La rúbrica de la Sección Segunda ha sido modificada por la la Disposición final 1ª-4 LJV. Aunque la modificación de los artículos 51, 52, 53, 55, 56, 57 y 58 CC introducida por la LJV entraban en vigor el 30 de junio de 2017 (DF 21ª LJV), de acuerdo con la DF 1ª y la DT 4ª LJV, según interpretación que dio por la Circular 1/2015 de 18 de julio, del Consejo General del Notariado, los Notarios no pueden tramitar el expediente matrimonial, pero sí recibir el consentimiento matrimonial. Por tanto, los artículos 51, 52, 53, 55, 56, 57 y 58 CC deben entenderse integrados por la citada Circular 1/2015 en cuanto a la competencia del Notario para la celebración del matrimonio.

No obstante, la disposición final 21.3 de la Ley 15/2015, en la redacción dada por la Ley 4/2017, de 28 de junio, estableció que las citadas disposiciones entrarán en vigor en la fecha de la completa entrada en vigor de la Ley 20/2011, de 21 de julio, del Registro Civil, que la citada Ley 4/2017 establece en 30 de junio de 2018, para los preceptos que aún no han entrado en vigor; es decir, excepto las disposiciones adicionales séptima y octava y las disposiciones finales tercera y sexta de la Ley 20/2011, de 21 de julio, del Registro Civil, que entran en vigor el día siguiente al de su publicación en el «Boletín Oficial del Estado», y los artículos 49.2 y 53 del mismo texto legal, que han entrado en vigor el día 30 de junio de 2017. Y sin perjuicio de la entrada en vigor el 15 de octubre de 2015 de los artículos 44, 45, 46, 47, 49.1 y 4, 64, 66, 67.3 y disposición adicional novena, en la redacción dada por el artículo segundo de la Ley 19/2015, de 13 de julio, de medidas de reforma administrativa en el ámbito de la Administración de Justicia y del Registro Civil.

Actualmente, la Disposición final primera de la Ley 5/2018, de 11 de junio, de modificación de la Ley 1/2000, de 7 de enero, de Enjuiciamiento Civil, en relación a la ocupación ilegal de viviendas" (BOE de 12 de julio), modifica la Disposición final décima de la Ley 20/2011, de 21 de julio, del Registro Civil, dándole nueva redacción en los términos siguientes:

"Disposición final décima. Entrada en vigor.
La presente ley entrará en vigor el 30 de junio de 2020, excepto las disposiciones adicionales séptima y octava y las disposiciones finales tercera y sexta, que entrarán en vigor el día siguiente al de su publicación en el "Boletín Oficial del Estado", y excepto los artículos 49.2 y 53 del mismo texto legal, que entrarán en vigor el día 30 de junio de 2017.
Lo dispuesto en el párrafo anterior se entiende sin perjuicio de la entrada en vigor el 15 de octubre de 2015 de los artículos 44, 45, 46, 47, 49.1 y 4, 64, 66, 67.3 y disposición adicional novena, en la redacción dada por el artículo segundo de la Ley 19/2015, de 13 de julio, de medidas de reforma administrativa en el ámbito de la Administración de Justicia y del Registro Civil.
Hasta la completa entrada en vigor de esta ley, el Gobierno adoptará las medidas y los cambios normativos necesarios que afecten a la organización y funcionamiento de los Registros Civiles".

Art. 51. Será competente para autorizar el matrimonio:

1°. El Juez encargado del Registro Civil y el Alcalde del municipio donde se celebre el matrimonio o concejal en quien delegue.

2°. En los municipios en que no resida dicho Juez, el Alcalde o el delegado designado reglamentariamente.

3º. El funcionario diplomático o consular encargado del Registro Civil en el extranjero.

Vid. DF 1ª y la DT 4ª LJV y Circular 1/2015 de 18 de julio, del Consejo General del Notariado,
Redactado conforme a la Ley 35/1994, de 23 de diciembre, de modificación del Código civil en materia de autorización del matrimonio civil por los Alcaldes. Arts. 11,3 y 73,3 C.C.; arts. 12 a 22 y 69 a 80 L.R.C.; arts. 66 a 79; 238 a 259; 267 a 272; 339; 341 a 366 RRC; Resolución DGRN de 26 de abril de 1986, sobre competencia del alcalde para autorizar el matrimonio.

Modificado por la Disposición final 1ª-5 de la Ley 15/2015, de 2 de julio en los siguientes términos:
"Art. 51. 1. La competencia para constatar mediante acta o expediente el cumplimiento de los requisitos de capacidad de ambos contrayentes y la inexistencia de impedimentos o su dispensa, o cualquier género de obstáculos para contraer matrimonio corresponderá al Secretario judicial, Notario o Encargado del Registro Civil del lugar del domicilio de uno de los contrayentes o al funcionario diplomático o consular Encargado del Registro Civil si residiesen en el extranjero.
2. Será competente para celebrar el matrimonio:
1.º El Juez de Paz o Alcalde del municipio donde se celebre el matrimonio o concejal en quien éste delegue.
2.º El Secretario judicial o Notario libremente elegido por ambos contrayentes que sea competente en el lugar de celebración.
3.º El funcionario diplomático o consular Encargado del Registro Civil en el extranjero".

La Disposición final primera de la Ley 5/2018, de 11 de junio, de modificación de la Ley 1/2000, de 7 de enero, de Enjuiciamiento Civil, en relación a la ocupación ilegal de viviendas" (BOE de 12 de julio), modifica la Disposición final décima de la Ley 20/2011, de 21 de julio, del Registro Civil, dándole nueva redacción en los términos siguientes:

"Disposición final décima. Entrada en vigor.
La presente ley entrará en vigor el 30 de junio de 2020, excepto las disposiciones adicionales séptima y octava y las disposiciones finales tercera y sexta, que entrarán en vigor el día siguiente al de su publicación en el "Boletín Oficial del Estado", y excepto los artículos 49.2 y 53 del mismo texto legal, que entrarán en vigor el día 30 de junio de 2017.
Lo dispuesto en el párrafo anterior se entiende sin perjuicio de la entrada en vigor el 15 de octubre de 2015 de los artículos 44, 45, 46, 47, 49.1 y 4, 64, 66, 67.3 y disposición adicional novena, en la redacción dada por el artículo segundo de la Ley 19/2015, de 13 de julio, de medidas de reforma administrativa en el ámbito de la Administración de Justicia y del Registro Civil.
Hasta la completa entrada en vigor de esta ley, el Gobierno adoptará las medidas y los cambios normativos necesarios que afecten a la organización y funcionamiento de los Registros Civiles".

Art. 52. Podrá autorizar el matrimonio del que se halle en peligro de muerte:

1º. El Juez encargado del Registro Civil, el delegado o el Alcalde, aunque los contrayentes no residan en la circunscripción respectiva

2º. En defecto del Juez, y respecto de los militares en campaña, el Oficial o Jefe superior inmediato.

3º. Respecto de los matrimonios que se celebren a bordo de nave o aeronave, el capitán o comandante de la misma.

Este matrimonio no requerirá para su autorización la previa formación de expediente, pero sí la presencia, en su celebración, de dos testigos mayores de edad, salvo imposibilidad acreditada.

Vid. DF 1ª y la DT 4ª LJV y Circular 1/2015 de 18 de julio, del Consejo General del Notariado,
Redactado conforme a la Ley 35/1994, de 23 de diciembre, de modificación del Código civil en materia de autorización del matrimonio civil por los Alcaldes. Art. 73,3 C.C.; arts. 72 y 80 L.R.C.; arts. 231; 253; y 256,1º R.R.C.; Ley 85/1978, de 28 de diciembre (B.O.E. de 12 de enero de 1979), que aprueba las Reales Ordenanzas de las Fuerzas Armadas.

Modificado por la Disposición final 1ª-6 de la Ley 15/2015, de 2 de julio en los siguientes términos:
"Art. 52. Podrán celebrar el matrimonio del que se halle en peligro de muerte:
1.º El Juez de Paz, Alcalde o Concejal en quien delegue, Secretario judicial, Notario o funcionario a que se refiere el artículo 51.
2.º El Oficial o Jefe superior inmediato respecto de los militares en campaña.
3.º El Capitán o Comandante respecto de los matrimonios que se celebren a bordo de nave o aeronave.
El matrimonio en peligro de muerte no requerirá para su celebración la previa tramitación del acta o expediente matrimonial, pero sí la presencia, en su celebración, de dos testigos mayores de edad y, cuando el peligro de muerte derive de enfermedad o estado físico de alguno de los contrayentes, dictamen médico sobre su capacidad para la prestación del consentimiento y la gravedad de la situación, salvo imposibilidad acreditada, sin perjuicio de lo establecido en el artículo 65".

La Disposición final primera de la Ley 5/2018, de 11 de junio, de modificación de la Ley 1/2000, de 7 de enero, de Enjuiciamiento Civil, en relación a la ocupación ilegal de viviendas" (BOE de 12 de julio), modifica la Disposición final décima de la Ley 20/2011, de 21 de julio, del Registro Civil, dándole nueva redacción en los términos siguientes:

"Disposición final décima. Entrada en vigor.
La presente ley entrará en vigor el 30 de junio de 2020, excepto las disposiciones adicionales séptima y octava y las disposiciones finales tercera y sexta, que entrarán en vigor el día siguiente al de su publicación en el "Boletín Oficial del Estado", y excepto los artículos 49.2 y 53 del mismo texto legal, que entrarán en vigor el día 30 de junio de 2017.
Lo dispuesto en el párrafo anterior se entiende sin perjuicio de la entrada en vigor el 15 de octubre de 2015 de los artículos 44, 45, 46, 47, 49.1 y 4, 64, 66, 67.3 y disposición adicional novena, en la redacción dada por el artículo segundo de la Ley 19/2015, de 13 de julio, de medidas de reforma administrativa en el ámbito de la Administración de Justicia y del Registro Civil.
Hasta la completa entrada en vigor de esta ley, el Gobierno adoptará las medidas y los cambios normativos necesarios que afecten a la organización y funcionamiento de los Registros Civiles".

Art. 53. La validez del matrimonio no quedará afectada por la incompetencia o falta de nombramiento legítimo del Juez, Alcalde o funcionario que lo autorice, siempre que al menos uno de los cónyuges hubiera procedido de buena fe y aquéllos ejercieran sus funciones públicamente.

Vid. DF 1ª y la DT 4ª LJV y Circular 1/2015 de 18 de julio, del Consejo General del Notariado,
Redactado conforme a la Ley 35/1994, de 23 de diciembre, de modificación del Código civil en materia de autorización del matrimonio civil por los Alcaldes. Arts. 73-3 y 78 CC.

Modificado por la Disposición final 1ª-7 de la Ley 15/2015, de 2 de julio en los siguientes términos:
"Art. 53. La validez del matrimonio no quedará afectada por la incompetencia o falta de nombramiento del Juez de Paz, Alcalde, Concejal, Secretario judicial, Notario o funcionario ante quien se celebre, siempre que al menos uno de los cónyuges hubiera procedido de buena fe y aquellos ejercieran sus funciones públicamente".
La Disposición final primera de la Ley 5/2018, de 11 de junio, de modificación de la Ley 1/2000, de 7 de enero, de Enjuiciamiento Civil, en relación a la ocupación ilegal de viviendas" (BOE de 12 de julio), modifica la Disposición final décima de la Ley 20/2011, de 21 de julio, del Registro Civil, dándole nueva redacción en los términos siguientes:

"Disposición final décima. Entrada en vigor.
La presente ley entrará en vigor el 30 de junio de 2020, excepto las disposiciones adicionales séptima y octava y las disposiciones finales tercera y sexta, que entrarán en vigor el día siguiente al de su publicación en el "Boletín Oficial del Estado", y excepto los artículos 49.2 y 53 del mismo texto legal, que entrarán en vigor el día 30 de junio de 2017.

Lo dispuesto en el párrafo anterior se entiende sin perjuicio de la entrada en vigor el 15 de octubre de 2015 de los artículos 44, 45, 46, 47, 49.1 y 4, 64, 66, 67.3 y disposición adicional novena, en la redacción dada por el artículo segundo de la Ley 19/2015, de 13 de julio, de medidas de reforma administrativa en el ámbito de la Administración de Justicia y del Registro Civil.
Hasta la completa entrada en vigor de esta ley, el Gobierno adoptará las medidas y los cambios normativos necesarios que afecten a la organización y funcionamiento de los Registros Civiles".

Art. 54. Cuando concurra causa grave suficientemente probada, el ministro de Justicia podrá autorizar el matrimonio secreto. En este caso, el expediente se tramitará reservadamente, sin la publicación de edictos o proclamas.

Arts. 64 y 65 C.C.; arts. 72; 78 y 79 L.R.C.; arts. 260; 261; 267 a 270 R.R.C.

Art. 55. Podrá autorizarse en el expediente matrimonial que el contrayente que no resida en el distrito o demarcación del Juez, Alcalde o funcionario autorizante celebre el matrimonio por apoderado a quien haya concedido poder especial en forma auténtica, pero siempre será necesaria la asistencia personal del otro contrayente.

En el poder se determinará la persona con quien ha de celebrarse el matrimonio, con expresión de las circunstancias personales precisas para establecer su identidad.

El poder se extinguirá por la revocación del poderdante, por la renuncia de apoderado o por la muerte de cualquiera de ellos. En caso de revocación por el poderdante bastará su manifestación en forma auténtica antes de la celebración del matrimonio. La revocación se notificará de inmediato al Juez, Alcalde o funcionario autorizante.

Vid. DF 1ª y la DT 4ª LJV y Circular 1/2015 de 18 de julio, del Consejo General del Notariado.
Redactado conforme a la Ley 35/1994, de 23 de diciembre, de modificación del Código civil en materia de autorización del matrimonio civil por los Alcaldes. Arts. 1732 a 1739 C.C.; art. 258.2º RRC.

Modificado por la Disposición final 1ª-8 de la Ley 15/2015, de 2 de julio en los siguientes términos:

"Art. 55. Uno de los contrayentes podrá contraer matrimonio por apoderado, a quien tendrá que haber concedido poder especial en forma auténtica, siendo siempre necesaria la asistencia personal del otro contrayente.

En el poder se determinará la persona con quien ha de celebrarse el matrimonio, con expresión de las circunstancias personales precisas para establecer su identidad, debiendo apreciar su validez el Secretario judicial, Notario, Encargado del Registro Civil o funcionario que tramite el acta o expediente matrimonial previo al matrimonio.

El poder se extinguirá por la revocación del poderdante, por la renuncia del apoderado o por la muerte de cualquiera de ellos. En caso de revocación por el poderdante bastará su manifestación en forma auténtica antes de la celebración del matrimonio. La revocación se notificará de inmediato al Secretario judicial, Notario, Encargado del Registro Civil o funcionario que tramite el acta o expediente previo al matrimonio, y si ya estuviera finalizado a quien vaya a celebrarlo".

La Disposición final primera de la Ley 5/2018, de 11 de junio, de modificación de la Ley 1/2000, de 7 de enero, de Enjuiciamiento Civil, en relación a la ocupación ilegal de viviendas" (BOE de 12 de julio), modifica la Disposición final décima de la Ley 20/2011, de 21 de julio, del Registro Civil, dándole nueva redacción en los términos siguientes:

"Disposición final décima. Entrada en vigor.

La presente ley entrará en vigor el 30 de junio de 2020, excepto las disposiciones adicionales séptima y octava y las disposiciones finales tercera y sexta, que entrarán en vigor el día siguiente al de su publicación en el "Boletín Oficial del Estado", y excepto los artículos 49.2 y 53 del mismo texto legal, que entrarán en vigor el día 30 de junio de 2017.

Lo dispuesto en el párrafo anterior se entiende sin perjuicio de la entrada en vigor el 15 de octubre de 2015 de los artículos 44, 45, 46, 47, 49.1 y 4, 64, 66, 67.3 y disposición adicional novena, en la redacción dada por el artículo segundo de la Ley 19/2015, de 13 de julio, de medidas de reforma administrativa en el ámbito de la Administración de Justicia y del Registro Civil".

Art. 56. Quienes deseen contraer matrimonio acreditarán previamente, en expediente tramitado conforme a la legislación del Registro Civil, que reúnen los requisitos de capacidad establecidos en este Código.

Si alguno de los contrayentes estuviere afectado por deficiencias o anomalías psíquicas, se exigirá dictamen médico sobre su aptitud para prestar el consentimiento.

Vid. DF 1ª y la DT 4ª LJV y Circular 1/2015 de 18 de julio, del Consejo General del Notariado,

Arts. 63; 65; 200; 663 y 1.263 CC; art. 73 LRC; arts. 240; 245; 246 y 247 RRC; Instrucción de 22 de marzo de 1974 (B.O.E. de 15 de abril), sobre expediente previo al matrimonio civil (en cuanto todavía vigente).

Modificado por la Disposición final 1ª-9 de la Ley 15/2015, de 2 de julio, en la redacción dada por el art. único 2 de la Ley 4/2017, de 28 de junio, en los siguientes términos:
"Art. 56. Quienes deseen contraer matrimonio acreditarán previamente en acta o expediente tramitado conforme a la legislación del Registro Civil, que reúnen los requisitos de capacidad o la inexistencia de impedimentos o su dispensa, de acuerdo con lo previsto en este Código.
El Letrado de la Administración de Justicia, Notario, Encargado del Registro Civil o funcionario que tramite el acta o expediente, cuando sea necesario, podrá recabar de las Administraciones o entidades de iniciativa social de promoción y protección de los derechos de las personas con discapacidad, la provisión de apoyos humanos, técnicos y materiales que faciliten la emisión, interpretación y recepción del consentimiento del o los contrayentes. Solo en el caso excepcional de que alguno de los contrayentes presentare una condición de salud que, de modo evidente, categórico y sustancial, pueda impedirle prestar el consentimiento matrimonial pese a las medidas de apoyo, se recabará dictamen médico sobre su aptitud para prestar el consentimiento".

La Disposición final primera de la Ley 5/2018, de 11 de junio, de modificación de la Ley 1/2000, de 7 de enero, de Enjuiciamiento Civil, en relación a la ocupación ilegal de viviendas" (BOE de 12 de julio), modifica la Disposición final décima de la Ley 20/2011, de 21 de julio, del Registro Civil, dándole nueva redacción en los términos siguientes:

"Disposición final décima. Entrada en vigor.
La presente ley entrará en vigor el 30 de junio de 2020, excepto las disposiciones adicionales séptima y octava y las disposiciones finales tercera y sexta, que entrarán en vigor el día siguiente al de su publicación en el "Boletín Oficial del Estado", y excepto los artículos 49.2 y 53 del mismo texto legal, que entrarán en vigor el día 30 de junio de 2017.
Lo dispuesto en el párrafo anterior se entiende sin perjuicio de la entrada en vigor el 15 de octubre de 2015 de los artículos 44, 45, 46, 47, 49.1 y 4, 64, 66, 67.3 y disposición adicional novena, en la redacción dada por el artículo segundo de la Ley 19/2015, de 13 de julio, de medidas de reforma administrativa en el ámbito de la Administración de Justicia y del Registro Civil.
Hasta la completa entrada en vigor de esta ley, el Gobierno adoptará las medidas y los cambios normativos necesarios que afecten a la organización y funcionamiento de los Registros Civiles".

Art. 57. El matrimonio deberá celebrarse ante el Juez, Alcalde o funcionario correspondiente al domicilio de cualquiera de los contrayentes y dos testigos mayores de edad.

La prestación del consentimiento podrá también realizarse, por delegación del instructor del expediente, bien a petición de los contrayentes o bien de oficio, ante Juez, Alcalde o funcionario de otra población distinta.

Vid. DF 1ª y la DT 4ª LJV y Circular 1/2015 de 18 de julio, del Consejo General del Notariado,
Redactado conforme a la Ley 35/1994, de 23 de diciembre, de modificación del Código civil en materia de autorización del matrimonio civil por los Alcaldes. Arts. 49.1º y 73.3º C.C.; arts. 238 y 250 R.R.C.; Instrucción de 28 de octubre de 1985 (B.O.E. de 4 de diciembre), sobre lugar de celebración de los matrimonios civiles.

Modificado por la Disposición final 1ª-10 de la Ley 15/2015, de 2 de julio en los siguientes términos:
"Art. 57. El matrimonio tramitado por el Secretario judicial o por funcionario consular o diplomático podrá celebrarse ante el mismo u otro distinto, o ante el Juez de Paz, Alcalde o Concejal en quien éste delegue, a elección de los contrayentes. Si se hubiere tramitado por el Encargado del Registro Civil, el matrimonio deberá celebrarse ante el Juez de Paz, Alcalde o Concejal en quien éste delegue, que designen los contrayentes.
Finalmente, si fuera el Notario quien hubiera extendido el acta matrimonial, los contrayentes podrán otorgar el consentimiento, a su elección, ante el mismo Notario u otro distinto del que hubiera tramitado el acta previa, el Juez de Paz, Alcalde o Concejal en quien éste delegue".

La Disposición final primera de la Ley 5/2018, de 11 de junio, de modificación de la Ley 1/2000, de 7 de enero, de Enjuiciamiento Civil, en relación a la ocupación ilegal de viviendas" (BOE de 12 de julio), modifica la Disposición final décima de la Ley 20/2011, de 21 de julio, del Registro Civil, dándole nueva redacción en los términos siguientes:

"Disposición final décima. Entrada en vigor.
La presente ley entrará en vigor el 30 de junio de 2020, excepto las disposiciones adicionales séptima y octava y las disposiciones finales tercera y sexta, que entrarán en vigor el día siguiente al de su publicación en el "Boletín Oficial del Estado", y excepto los artículos 49.2 y 53 del mismo texto legal, que entrarán en vigor el día 30 de junio de 2017.
Lo dispuesto en el párrafo anterior se entiende sin perjuicio de la entrada en vigor el 15 de octubre de 2015 de los artículos 44, 45, 46, 47, 49.1 y 4, 64, 66, 67.3 y disposición adicional novena, en la redacción dada por el artículo segundo de la Ley 19/2015, de 13 de julio, de medidas de reforma administrativa en el ámbito de la Administración de Justicia y del Registro Civil.
Hasta la completa entrada en vigor de esta ley, el Gobierno adoptará las medidas y los cambios normativos necesarios que afecten a la organización y funcionamiento de los Registros Civiles".

Art. 58. El Juez, Alcalde o funcionario, después de leídos los artículos 66, 67 y 68, preguntará a cada uno de los contrayentes si consienten en contraer matrimonio con el otro y si efectivamente lo contraen en dicho acto y, respondiendo ambos afirmativamente, declarará que los mismos quedan unidos en matrimonio y extenderá la inscripción o el acta correspondiente.

Redactado conforme a la Ley 35/1994, de 23 de diciembre, de modificación del Código civil en materia de autorización del matrimonio civil por los Alcaldes. Arts. 45; 61 y 62 CC; art. 225 RRC.

Modificado por la Disposición final 1ª-11 de la Ley 15/2015, de 2 de julio en los siguientes términos:
"Art. 58. El Juez de Paz, Alcalde, Concejal, Secretario judicial, Notario o funcionario, después de leídos los artículos 66, 67 y 68, preguntará a cada uno de los contrayentes si consiente en contraer matrimonio con el otro y si efectivamente lo contrae en dicho acto y, respondiendo ambos afirmativamente, declarará que los mismos quedan unidos en matrimonio y extenderá el acta o autorizará la escritura correspondiente".
La Disposición final primera de la Ley 5/2018, de 11 de junio, de modificación de la Ley 1/2000, de 7 de enero, de Enjuiciamiento Civil, en relación a la ocupación ilegal de viviendas" (BOE de 12 de julio), modifica la Disposición final décima de la Ley 20/2011, de 21 de julio, del Registro Civil, dándole nueva redacción en los términos siguientes:

"Disposición final décima. Entrada en vigor.
La presente ley entrará en vigor el 30 de junio de 2020, excepto las disposiciones adicionales séptima y octava y las disposiciones finales tercera y sexta, que entrarán en vigor el día siguiente al de su publicación en el "Boletín Oficial del Estado", y excepto los artículos 49.2 y 53 del mismo texto legal, que entrarán en vigor el día 30 de junio de 2017.
Lo dispuesto en el párrafo anterior se entiende sin perjuicio de la entrada en vigor el 15 de octubre de 2015 de los artículos 44, 45, 46, 47, 49.1 y 4, 64, 66, 67.3 y disposición adicional novena, en la redacción dada por el artículo segundo de la Ley 19/2015, de 13 de julio, de medidas de reforma administrativa en el ámbito de la Administración de Justicia y del Registro Civil.
Hasta la completa entrada en vigor de esta ley, el Gobierno adoptará las medidas y los cambios normativos necesarios que afecten a la organización y funcionamiento de los Registros Civiles".

Sección Tercera. De la celebración en forma religiosa

Art. 59. El consentimiento matrimonial podrá prestarse en la forma prevista por una confesión religiosa inscrita, en los términos acordados con el Estado o, en su defecto, autorizados por la legislación de éste.

Art. 32,2 C.E.; art. 63 C.C.; R. D. 142/1981, de 9 de enero (B.O.E. de 31 de enero, corrección de errores de 16 de febrero), sobre organización y funcionamiento del Registro de Entidades Religiosas; Resolución de la Dirección General de Asuntos Religiosos de 11 de marzo de 1982 (B.O.E. de 30 de marzo). Acuerdos de Cooperación del Estado español con la Federación de Entidades Religiosas Evangélicas de España, con la Federación de Comunidades Israelitas de España y con la Comisión Islámica de España, Leyes 24, 25 y 26/1992, de 10 de noviembre, respectivamente.

Art. 60. 1. El matrimonio celebrado según las normas del Derecho canónico o en cualquiera de otras formas religiosas previstas en los acuerdos de cooperación entre el Estado y las confesiones religiosas produce efectos civiles.

2. Igualmente, se reconocen efectos civiles al matrimonio celebrado en la forma religiosa prevista por las iglesias, confesiones, comunidades religiosas o federaciones de las mismas que, inscritas en el Registro de Entidades Religiosas, hayan obtenido el reconocimiento de notorio arraigo en España.

En este supuesto, el reconocimiento de efectos civiles requerirá el cumplimiento de los siguientes requisitos:

a) La tramitación de un acta o expediente previo de capacidad matrimonial con arreglo a la normativa del Registro Civil.

b) La libre manifestación del consentimiento ante un ministro de culto debidamente acreditado y dos testigos mayores de edad.

La condición de ministro de culto será acreditada mediante certificación expedida por la iglesia, confesión o comunidad religiosa que haya obtenido el reconocimiento de notorio arraigo en España, con la conformidad de la federación que, en su caso, hubiere solicitado dicho reconocimiento.

3. Para el pleno reconocimiento de los efectos civiles del matrimonio celebrado en forma religiosa se estará a lo dispuesto en el Capítulo siguiente.

Redacción dada por la Disposición final 1ª-12 de la Ley 15/2015, de 2 de julio, de la Jurisdicción Voluntaria (B.O.E. nº. 158 de 3 de julio).

Capítulo IV. De la inscripción en el Registro Civil

Art. 61. El matrimonio produce efectos civiles desde su celebración.

Para el pleno reconocimiento de los mismos será necesaria su inscripción en el Registro Civil.

El matrimonio no inscrito no perjudicará los derechos adquiridos de buena fe por terceras personas.

Arts. 69 a 81. Vid. 70, 71 y 73 L.R.C.; arts. 255 a 259 R.C.C.

Art. 62. El Juez, Alcalde o funcionario ante quien se celebre el matrimonio extenderá, inmediatamente después de celebrado, la inscripción o el acta correspondiente con su firma y la de los contrayentes y testigos.

Asimismo, practicada la inscripción o extendida el acta, el Juez, Alcalde o funcionario entregará a cada uno de los contrayentes documento acreditativo de la celebración del matrimonio

Redactado conforme a la Ley 35/1994, de 23 de diciembre, de modificación del Código civil en materia de autorización del matrimonio civil por los Alcaldes. Art. 255 RRC.

Modificado por la Disposición final 1ª-13 de la Ley 15/2015, de 2 de julio en los siguientes términos:
"Art. 62. La celebración del matrimonio se hará constar mediante acta o escritura pública que será firmada por aquél ante quien se celebre, los contrayentes y dos testigos. Extendida el acta o autorizada la escritura pública, se remitirá por el autorizante copia acreditativa de la celebración del matrimonio al Registro Civil competente, para su inscripción, previa calificación por el Encargado del mismo".

La Disposición final primera de la Ley 5/2018, de 11 de junio, de modificación de la Ley 1/2000, de 7 de enero, de Enjuiciamiento Civil, en relación a la ocupación ilegal de viviendas" (BOE de 12 de julio), modifica la Disposición final décima de la Ley 20/2011, de 21 de julio, del Registro Civil, dándole nueva redacción en los términos siguientes:

"Disposición final décima. Entrada en vigor.
La presente ley entrará en vigor el 30 de junio de 2020, excepto las disposiciones adicionales séptima y octava y las disposiciones finales tercera y sexta, que entrarán en vigor el día siguiente al de su publicación en el "Boletín Oficial del Estado", y

excepto los artículos 49.2 y 53 del mismo texto legal, que entrarán en vigor el día 30 de junio de 2017.
Lo dispuesto en el párrafo anterior se entiende sin perjuicio de la entrada en vigor el 15 de octubre de 2015 de los artículos 44, 45, 46, 47, 49.1 y 4, 64, 66, 67.3 y disposición adicional novena, en la redacción dada por el artículo segundo de la Ley 19/2015, de 13 de julio, de medidas de reforma administrativa en el ámbito de la Administración de Justicia y del Registro Civil.
Hasta la completa entrada en vigor de esta ley, el Gobierno adoptará las medidas y los cambios normativos necesarios que afecten a la organización y funcionamiento de los Registros Civiles".

Art. 63. La inscripción del matrimonio celebrado en España en forma religiosa se practicará con la simple presentación de la certificación de la iglesia, o confesión, comunidad religiosa o federación respectiva, que habrá de expresar las circunstancias exigidas por la legislación del Registro Civil.

Se denegará la práctica del asiento cuando de los documentos presentados o de los asientos del Registro conste que el matrimonio no reúne los requisitos que para su validez se exigen en este Título.

Redacción dada por la Disposición final 1ª-14 de la Ley 15/2015, de 2 de julio, de la Jurisdicción Voluntaria (B.O.E. nº. 158 de 3 de julio).

Art. 64. Para el reconocimiento del matrimonio secreto basta su inscripción en el libro especial del Registro Civil Central, pero no perjudicará los derechos adquiridos de buena fe por terceras personas sino desde su publicación en el Registro Civil ordinario.

Art. 70.2º L.R.C.; arts. 256; 260; 261; 267 a 270 R.R.C.

Art. 65. Salvo lo dispuesto en el artículo 63, en todos los demás casos en que el matrimonio se hubiere celebrado sin haberse tramitado el correspondiente expediente, el Juez o funcionario encargado del Registro, antes de practicar la inscripción, deberá comprobar si concurren los requisitos legales para su celebración.

Redactado por Ley 30/1981, 7 julio («B.O.E.» 20 julio), por la que se modifica la regulación del matrimonio en el Código Civil y se determina el procedimiento a seguir en las causas de nulidad, separación y divorcio.
Arts. 256 y 257 RRC.

Modificado por la Disposición final 1ª-15 de la Ley 15/2015, de 2 de julio en los siguientes términos:
"Art. 65. En los casos en que el matrimonio se hubiere celebrado sin haberse tramitado el correspondiente expediente o acta previa, si éste fuera necesario, el Secretario judicial, Notario, o el funcionario diplomático o consular Encargado del Registro Civil que lo haya celebrado, antes de realizar las actuaciones que procedan para su inscripción, deberá comprobar si concurren los requisitos legales para su validez, mediante la tramitación del acta o expediente al que se refiere este artículo.
Si la celebración del matrimonio hubiera sido realizada ante autoridad o persona competente distinta de las indicadas en el párrafo anterior, el acta de aquélla se remitirá al Encargado del Registro Civil del lugar de celebración para que proceda a la comprobación de los requisitos de validez, mediante el expediente correspondiente. Efectuada esa comprobación, el Encargado del Registro Civil procederá a su inscripción".

La Disposición final primera de la Ley 5/2018, de 11 de junio, de modificación de la Ley 1/2000, de 7 de enero, de Enjuiciamiento Civil, en relación a la ocupación ilegal de viviendas" (BOE de 12 de julio), modifica la Disposición final décima de la Ley 20/2011, de 21 de julio, del Registro Civil, dándole nueva redacción en los términos siguientes:

"Disposición final décima. Entrada en vigor.
La presente ley entrará en vigor el 30 de junio de 2020, excepto las disposiciones adicionales séptima y octava y las disposiciones finales tercera y sexta, que entrarán en vigor el día siguiente al de su publicación en el "Boletín Oficial del Estado", y excepto los artículos 49.2 y 53 del mismo texto legal, que entrarán en vigor el día 30 de junio de 2017.
Lo dispuesto en el párrafo anterior se entiende sin perjuicio de la entrada en vigor el 15 de octubre de 2015 de los artículos 44, 45, 46, 47, 49.1 y 4, 64, 66, 67.3 y disposición adicional novena, en la redacción dada por el artículo segundo de la Ley 19/2015, de 13 de julio, de medidas de reforma administrativa en el ámbito de la Administración de Justicia y del Registro Civil.
Hasta la completa entrada en vigor de esta ley, el Gobierno adoptará las medidas y los cambios normativos necesarios que afecten a la organización y funcionamiento de los Registros Civiles".

Capítulo V. De los derechos y deberes de los cónyuges

Art. 66. Los cónyuges son iguales en derechos y deberes.

Redacción dada por la Ley 13/2005, de 1 de julio, por la que se modifica el Código civil en materia de derecho a contraer matrimonio.

Art. 67. Los cónyuges deben respetarse y ayudarse mutuamente y actuar en interés de la familia.

Redacción dada por la Ley 13/2005, de 1 de julio, por la que se modifica el Código civil en materia de derecho a contraer matrimonio.

Art. 68. Los cónyuges están obligados a vivir juntos, guardarse fidelidad y socorrerse mutuamente. Deberán, además, compartir las responsabilidades domésticas y el cuidado y atención de ascendientes y descendientes y otras personas dependientes a su cargo.

Redacción dada por Ley 15/2005, de 8 de julio, por la que se modifican el Código Civil y la Ley de Enjuiciamiento Civil en materia de separación y divorcio.

Art. 69. Se presume, salvo prueba en contrario, que los cónyuges viven juntos.

Arts. 82; 86; 87; 102, 1º y 105 C.C.

Art. 70. Los cónyuges fijarán de común acuerdo el domicilio conyugal y, en caso de discrepancia, resolverá el Juez, teniendo en cuenta el interés de la familia.

Art. 769 L.E.C.

Art. 71. Ninguno de los cónyuges puede atribuirse la representación del otro sin que le hubiere sido conferida.

Art. 32,1 C.E.; arts. 102,2; 1259; 1709 a 1739; y 1887 a 1894 C.C.

Art. 72. (Suprimido).

Capítulo VI. De la nulidad del matrimonio

Art. 73. Es nulo, cualquiera que sea la forma de su celebración:

1º. El matrimonio celebrado sin consentimiento matrimonial.

Arts. 45; 59 y 1261 CC.; Disp. Ad. 7ª Ley 30/1981, de 7 de julio.

2º. El matrimonio celebrado entre las personas a que se refieren los artículos 46 y 47, salvo los casos de dispensa conforme al artículo 48.

Art. 75 CC.; Disp. Ad. 5ª Ley 30/1981, de 7 de julio (B.O.E. de 20 de julio).

3º. El que se contraiga sin la intervención del Juez de Paz, Alcalde o funcionario ante quien deba celebrarse, o sin la de los testigos.

Modificado por la Disposición final 1ª-16 de la Ley 15/2015, de 2 de julio en los siguientes términos:
"3º. El que se contraiga sin la intervención del Juez de Paz, Alcalde o Concejal, Secretario judicial, Notario o funcionario ante quien deba celebrarse, o sin la de los testigos".
La Disposición final primera de la Ley 5/2018, de 11 de junio, de modificación de la Ley 1/2000, de 7 de enero, de Enjuiciamiento Civil, en relación a la ocupación ilegal de viviendas" (BOE de 12 de julio), modifica la Disposición final décima de la Ley 20/2011, de 21 de julio, del Registro Civil, dándole nueva redacción en los términos siguientes:

"Disposición final décima. Entrada en vigor.
La presente ley entrará en vigor el 30 de junio de 2020, excepto las disposiciones adicionales séptima y octava y las disposiciones finales tercera y sexta, que entrarán en vigor el día siguiente al de su publicación en el "Boletín Oficial del Estado", y excepto los artículos 49.2 y 53 del mismo texto legal, que entrarán en vigor el día 30 de junio de 2017.

Lo dispuesto en el párrafo anterior se entiende sin perjuicio de la entrada en vigor el 15 de octubre de 2015 de los artículos 44, 45, 46, 47, 49.1 y 4, 64, 66, 67.3 y disposición adicional novena, en la redacción dada por el artículo segundo de la Ley 19/2015, de 13 de julio, de medidas de reforma administrativa en el ámbito de la Administración de Justicia y del Registro Civil.

Hasta la completa entrada en vigor de esta ley, el Gobierno adoptará las medidas y los cambios normativos necesarios que afecten a la organización y funcionamiento de los Registros Civiles".

4º. El celebrado por error en la identidad de la persona del otro contrayente o en aquellas cualidades personales que, por su entidad, hubieren sido determinantes de la prestación del consentimiento.

Arts. 1.265 y 1.266 CC.; Disposición Ad. 7ª Ley 30/1981, de 7 de julio.

5º. El contraído por coacción o miedo grave.

Arts. 45; 76 y 1267 a 1270 CC.; Disposición Ad. 7ª Ley 30/1981, de 7 de julio.

Art. 74. La acción para pedir la nulidad del matrimonio corresponde a los cónyuges, al Ministerio Fiscal y a cualquier persona que tenga interés directo y legítimo en ella, salvo lo dispuesto en los artículos siguientes.

Arts. 1300 a 1302 C.C.

Art. 75. Si la causa de nulidad fuere la falta de edad, mientras el contrayente sea menor, sólo podrá ejercitar la acción cualquiera de sus padres, tutores o guardadores y, en todo caso, el Ministerio Fiscal.

Al llegar a la mayoría de edad sólo podrá ejercitar la acción el contrayente menor, salvo que los cónyuges hubieren vivido juntos durante un año después de alcanzada aquélla.

Arts. 46; 162; 215 y sigs.; 1300 y sigs. C.C.

Art. 76. En los casos de error, coacción o miedo grave solamente podrá ejercitar la acción de nulidad el cónyuge que hubiera sufrido el vicio.

Caduca la acción y se convalida el matrimonio si los cónyuges hubieran vivido juntos durante un año después de desvanecido el error o de haber cesado la fuerza o la causa del miedo.

Art. 77. (Suprimido).

Art. 78. El Juez no acordará la nulidad de un matrimonio por defecto de forma, si al menos uno de los cónyuges lo contrajo de buena fe, salvo lo dispuesto en el número 3 del artículo 73.

Art. 53 C.C.

Art. 79. La declaración de nulidad del matrimonio no invalidará los efectos ya producidos respecto de los hijos y del contrayente o contrayentes de buena fe.

La buena fe se presume.

Arts. 6,3 y 98 C.C.

Art. 80. Las resoluciones dictadas por los tribunales eclesiásticos sobre nulidad de matrimonio canónico o las decisiones pontificias sobre matrimonio rato y no consumado tendrán eficacia en el orden civil, a solicitud de cualquiera de las partes, si se declaran ajustadas al Derecho del Estado en resolución dictada por el Juez civil competente conforme a las condiciones a las que se refiere el artículo 954 de la Ley de Enjuiciamiento Civil.

Acuerdo entre el Estado español y la Santa Sede de 3 de enero de 1979, Instrumento de ratificación de 4 de diciembre (B.O.E. de 15 de diciembre) Art. IV, 2.; arts. 778 L.E.C. y LJV; arts. 263 a 265 R.R.C.

Capítulo VII. De la separación

Art. 81. Se decretará judicialmente la separación cuando existan hijos menores no emancipados o con la capacidad modificada judicialmente que dependan de sus progenitores, cualquiera que sea la forma de celebración del matrimonio:

Redacción dada por la Disposición final 1ª-17 de la Ley 15/2015, de 2 de julio, de la Jurisdicción Voluntaria

1.º A petición de ambos cónyuges o de uno con el consentimiento del otro, una vez transcurridos tres meses desde la celebración del matrimonio. A la demanda se acompañará una propuesta de convenio regulador redactada conforme al artículo 90 de este Código.

2.º A petición de uno solo de los cónyuges, una vez transcurridos tres meses desde la celebración del matrimonio. No será preciso el transcurso de este plazo para la interposición de la demanda cuando se acredite la existencia de un riesgo para la vida, la integridad física, la libertad, la integridad moral o libertad e indemnidad sexual del cónyuge demandante o de los hijos de ambos o de cualquiera de los miembros del matrimonio.

A la demanda se acompañará propuesta fundada de las medidas que hayan de regular los efectos derivados de la separación.

Redacción dada por Ley 15/2005, de 8 de julio, por la que se modifican el Código Civil y la Ley de Enjuiciamiento Civil en materia de separación y divorcio.

Art. 82. 1. Los cónyuges podrán acordar su separación de mutuo acuerdo transcurridos tres meses desde la celebración del matrimonio mediante la formulación de un convenio regulador ante el Secretario judicial o en escritura pública ante Notario, en el que, junto a la voluntad inequívoca de separarse, determinarán las medidas que hayan de regular los efectos derivados de la separación en los términos establecidos en el artículo 90. Los funcionarios diplomáticos o consulares, en ejercicio de las funciones notariales que tienen atribuidas, no podrán autorizar la escritura pública de separación.

Los cónyuges deberán intervenir en el otorgamiento de modo personal, sin perjuicio de que deban estar asistidos por Letrado en ejercicio, prestando su consentimiento ante el Secretario judicial o Notario. Igualmente los hijos mayores o menores emancipados deberán otorgar el consentimiento ante el Secretario judicial o Notario respecto de las medidas que les afecten por carecer de ingresos propios y convivir en el domicilio familiar.

2. No será de aplicación lo dispuesto en este artículo cuando existan hijos menores no emancipados o con la capacidad modificada judicialmente que dependan de sus progenitores.

Redacción dada por la Disposición final 1ª-18 de la Ley 15/2015, de 2 de julio, de la Jurisdicción Voluntaria

Art. 83. La sentencia o decreto de separación o el otorgamiento de la escritura pública del convenio regulador que la determine producen la suspensión de la vida común de los casados y cesa la posibilidad de vincular bienes del otro cónyuge en el ejercicio de la potestad doméstica.

Los efectos de la separación matrimonial se producirán desde la firmeza de la sentencia o decreto que así la declare o desde la manifestación del consentimiento de ambos cónyuges otorgado en escritura pública conforme a lo dispuesto en el artículo 82. Se remitirá testimonio de la sentencia o decreto, o copia de la escritura pública al

Registro Civil para su inscripción, sin que, hasta que esta tenga lugar, se produzcan plenos efectos frente a terceros de buena fe.

Redacción dada por la Disposición final 1ª-19 de la Ley 15/2015, de 2 de julio, de la Jurisdicción Voluntaria (B.O.E. nº. 158 de 3 de julio).

Art. 84. La reconciliación pone término al procedimiento de separación y deja sin efecto ulterior lo resuelto en él, pero ambos cónyuges separadamente deberán ponerlo en conocimiento del Juez que entienda o haya entendido en el litigio. Ello no obstante, mediante resolución judicial, serán mantenidas o modificadas las medidas adoptadas en relación a los hijos, cuando exista causa que lo justifique.

Cuando la separación hubiere tenido lugar sin intervención judicial, en la forma prevista en el artículo 82, la reconciliación deberá formalizase en escritura pública o acta de manifestaciones.

La reconciliación deberá inscribirse, para su eficacia frente a terceros, en el Registro Civil correspondiente.

Redacción dada por la Disposición final 1ª-20 de la Ley 15/2015, de 2 de julio, de la Jurisdicción Voluntaria (B.O.E. nº. 158 de 3 de julio).

Capítulo VIII. De la disolución del matrimonio

Art. 85. El matrimonio se disuelve, sea cual fuere la forma y el tiempo de su celebración, por la muerte o la declaración de fallecimiento de uno de los cónyuges y por el divorcio.

Art. 32,2 C.E.; arts. 193 a 197 C.C.; Disposición Trans. 1ª y 2ª Ley 30/1981, de 7 de julio (B.O.E. de 20 de julio); arts. 769 y sigs. L.E.C.

Art. 86. Se decretará judicialmente el divorcio, cualquiera que sea la forma de celebración del matrimonio, a petición de uno solo de los cónyuges, de ambos o de uno con el consentimiento del otro, cuando concurran los requisitos y circunstancias exigidos en el artículo 81.

Redacción dada por Ley 15/2005, de 8 de julio, por la que se modifican el Código Civil y la Ley de Enjuiciamiento Civil en materia de separación y divorcio.

Art. 87. Los cónyuges también podrán acordar su divorcio de mutuo acuerdo mediante la formulación de un convenio regulador ante el Secretario judicial o en escritura pública ante Notario, en la forma y con el contenido regulado en el artículo 82, debiendo concurrir los mismos requisitos y circunstancias exigidas en él. Los funcionarios diplomáticos o consulares, en ejercicio de las funciones notariales que tienen atribuidas, no podrán autorizar la escritura pública de divorcio.

Redacción dada por la Disposición final 1ª-21 de la Ley 15/2015, de 2 de julio, de la Jurisdicción Voluntaria (B.O.E. nº. 158 de 3 de julio).

Art. 88. La acción de divorcio se extingue por la muerte de cualquiera de los cónyuges y por su reconciliación, que deberá ser expresa cuando se produzca después de interpuesta la demanda.

La reconciliación posterior al divorcio no produce efectos legales, si bien los divorciados podrán contraer entre sí nuevo matrimonio.

Arts. 84,1º; 85 y 87 C.C.

Art. 89. Los efectos de la disolución del matrimonio por divorcio se producirán desde la firmeza de la sentencia o decreto que así lo declare o desde la manifestación del consentimiento de ambos cónyuges otorgado en escritura pública conforme a lo dispuesto en el artículo 87. No perjudicará a terceros de buena fe sino a partir de su respectiva inscripción en el Registro Civil.

Redacción dada por la Disposición final 1ª-22 de la Ley 15/2015, de 2 de julio, de la Jurisdicción Voluntaria (B.O.E. nº. 158 de 3 de julio).

Capítulo IX. De los efectos comunes a la nulidad, separación y divorcio

Art. 90. 1. El convenio regulador a que se refieren los artículos 81, 82, 83, 86 y 87 deberá contener, al menos y siempre que fueran aplicables, los siguientes extremos:

a) El cuidado de los hijos sujetos a la patria potestad de ambos, el ejercicio de ésta y, en su caso, el régimen de comunicación y estancia de los hijos con el progenitor que no viva habitualmente con ellos.

b) Si se considera necesario, el régimen de visitas y comunicación de los nietos con sus abuelos, teniendo en cuenta, siempre, el interés de aquéllos.

c) La atribución del uso de la vivienda y ajuar familiar.

d) La contribución a las cargas del matrimonio y alimentos, así como sus bases de actualización y garantías en su caso.

e) La liquidación, cuando proceda, del régimen económico del matrimonio.

f) La pensión que conforme al artículo 97 correspondiere satisfacer, en su caso, a uno de los cónyuges.

2. Los acuerdos de los cónyuges adoptados para regular las consecuencias de la nulidad, separación y divorcio presentados ante el órgano judicial serán aprobados por el Juez salvo si son dañosos para los hijos o gravemente perjudiciales para uno de los cónyuges.

Si las partes proponen un régimen de visitas y comunicación de los nietos con los abuelos, el Juez podrá aprobarlo previa audiencia de los abuelos en la que estos presten su consentimiento. La denegación de los acuerdos habrá de hacerse mediante resolución motivada y en este caso los cónyuges deberán someter, a la consideración del Juez, nueva propuesta para su aprobación, si procede.

Cuando los cónyuges formalizasen los acuerdos ante el Secretario judicial o Notario y éstos considerasen que, a su juicio, alguno de ellos pudiera ser dañoso o gravemente perjudicial para uno de los cónyuges o para los hijos mayores o menores emancipados afectados, lo advertirán a los otorgantes y darán por terminado el expediente. En este caso, los cónyuges sólo podrán acudir ante el Juez para la aprobación de la propuesta de convenio regulador.

Desde la aprobación del convenio regulador o el otorgamiento de la escritura pública, podrán hacerse efectivos los acuerdos por la vía de apremio.

3. Las medidas que el Juez adopte en defecto de acuerdo o las convenidas por los cónyuges judicialmente, podrán ser modificadas ju-

dicialmente o por nuevo convenio aprobado por el Juez, cuando así lo aconsejen las nuevas necesidades de los hijos o el cambio de las circunstancias de los cónyuges. Las medidas que hubieran sido convenidas ante el Secretario judicial o en escritura pública podrán ser modificadas por un nuevo acuerdo, sujeto a los mismos requisitos exigidos en este Código.

4. El Juez o las partes podrán establecer las garantías reales o personales que requiera el cumplimiento del convenio.

Redacción dada por la Disposición final 1ª-23 de la Ley 15/2015, de 2 de julio, de la Jurisdicción Voluntaria (B.O.E. nº. 158 de 3 de julio).

Art. 91. En las sentencias de nulidad, separación o divorcio, o en ejecución de las mismas, el Juez, en defecto de acuerdo de los cónyuges o en caso de no aprobación del mismo, determinará conforme a lo establecido en los artículos siguientes las medidas que hayan de sustituir a las ya adoptadas con anterioridad en relación con los hijos, la vivienda familiar, las cargas del matrimonio, liquidación del régimen económico y las cautelas o garantías respectivas, estableciendo las que procedan si para alguno de estos conceptos no se hubiera adoptado ninguna. Estas medidas podrán ser modificadas cuando se alteren sustancialmente las circunstancias.

Art. 106 C.C.

Art. 92. 1. La separación, la nulidad y el divorcio no eximen a los padres de sus obligaciones para con los hijos.

2. El Juez, cuando deba adoptar cualquier medida sobre la custodia, el cuidado y la educación de los hijos menores, velará por el cumplimiento de su derecho a ser oídos.

3. En la sentencia se acordará la privación de la patria potestad cuando en el proceso se revele causa para ello.

4. Los padres podrán acordar en el convenio regulador o el Juez podrá decidir, en beneficio de los hijos, que la patria potestad sea ejercida total o parcialmente por unos de los cónyuges.

5. Se acordará el ejercicio compartido de la guarda y custodia de los hijos cuando así lo soliciten los padres en la propuesta de convenio regulador o cuando ambos lleguen a este acuerdo en el transcurso del procedimiento. El Juez, al acordar la guarda conjunta y tras fundamentar su resolución, adoptará las cautelas procedentes para el eficaz cumplimiento del régimen de guarda establecido, procurando no separar a los hermanos.

6. En todo caso, antes de acordar el régimen de guarda y custodia, el Juez deberá recabar informe del Ministerio Fiscal, y oír a los menores que tengan suficiente juicio cuando se estime necesario de oficio o a petición del Fiscal, partes o miembros del Equipo Técnico Judicial, o del propio menor, valorar las alegaciones de las partes vertidas en la comparecencia y la prueba practicada en ella, y la relación que los padres mantengan entre sí y con sus hijos para determinar su idoneidad con el régimen de guarda.

7. No procederá la guarda conjunta cuando cualquiera de los padres esté incurso en un proceso penal iniciado por atentar contra la vida, la integridad física, la libertad, la integridad moral o la libertad e indemnidad sexual del otro cónyuge o de los hijos que convivan con ambos. Tampoco procederá cuando el Juez advierta, de las alegaciones de las partes y las pruebas practicadas, la existencia de indicios fundados de violencia doméstica.

8. Excepcionalmente, aun cuando no se den los supuestos del apartado cinco de este artículo, el Juez, a instancia de una de las partes, con informe favorable del Ministerio Fiscal, podrá acordar la guarda y custodia compartida fundamentándola en que sólo de esta forma se protege adecuadamente el interés superior del menor.

9. El Juez, antes de adoptar alguna de las decisiones a que se refieren los apartados anteriores, de oficio o a instancia de parte, podrá recabar dictamen de especialistas debidamente cualificados, relativo a la idoneidad del modo de ejercicio de la patria potestad y del régimen de custodia de los menores.

Redacción dada por Ley 15/2005, de 8 de julio, por la que se modifican el Código Civil y la Ley de Enjuiciamiento Civil en materia de separación y divorcio.

Art. 93. El Juez, en todo caso, determinará la contribución de cada progenitor para satisfacer los alimentos y adoptará las medidas convenientes para asegurar la efectividad y acomodación de las prestaciones a las circunstancias económicas y necesidades de los hijos en cada momento.

Si convivieran en el domicilio familiar hijos mayores de edad o emancipados que carecieran de ingresos propios, el Juez, en la misma resolución, fijará los alimentos que sean debidos conforme a los artículos 142 y siguientes de este Código.

Arts. 103,3; 142; 146; 147; 154; 156; 158; 1318; 1362, 1º y 1438 C.C. Segundo párrafo introducido por Ley 11/1990, de 15 de octubre. *Disposición adicional única de la Ley 15/2005, de 8 de julio, por la que se modifican el Código Civil y la Ley de Enjuiciamiento Civil en materia de separación y divorcio:* El Estado garantizará el pago de alimentos reconocidos e impagados a favor de los hijos e hijas menores de edad en convenio judicialmente aprobado o en resolución judicial, a través de una legislación específica que concretará el sistema de cobertura en dichos supuestos. Reglamento (CE) nº 4/2009 del Consejo, de 18 de diciembre de 2008, relativo a la competencia, la ley aplicable, el reconocimiento y la ejecución de las resoluciones y la cooperación en materia de obligaciones de alimentos

Art. 94. El progenitor que no tenga consigo a los hijos menores o incapacitados gozará del derecho de visitarlos, comunicar con ellos y tenerlos en su compañía. El Juez determinará el tiempo, modo y lugar del ejercicio de este derecho, que podrá limitar o suspender si se dieren graves circunstancias que así lo aconsejen o se incumplieren grave o reiteradamente los deberes impuestos por la resolución judicial.

Arts. 160 y 161 C.C.

Igualmente podrá determinar, previa audiencia de los padres y de los abuelos, que deberán prestar su consentimiento, el derecho de comunicación y visita de los nietos con los abuelos, conforme al artículo 160 de este Código, teniendo siempre presente el interés del menor.

Redactado conforme Ley 42/2003, de 21 de noviembre, de modificación del Código civil y de la Ley de Enjuiciamiento Civil en materia de relaciones familiares de los nietos con los abuelos (B.O.E. 22 de noviembre de 2003).

Art. 95. La sentencia firme, el decreto firme o la escritura pública que formalicen el convenio regulador, en su caso, producirán, respecto de los bienes del matrimonio, la disolución o extinción del régimen económico matrimonial y aprobará su liquidación si hubiera mutuo acuerdo entre los cónyuges al respecto.

Redacción dada por la Disposición final 1ª-24 de la Ley 15/2015, de 2 de julio, de la Jurisdicción Voluntaria (B.O.E. nº. 158 de 3 de julio).

Si la sentencia de nulidad declarara la mala fe de uno solo de los cónyuges, el que hubiere obrado de buena fe podrá optar por aplicar en la liquidación del régimen económico matrimonial las disposiciones relativas al régimen de participación y el de mala fe no tendrá derecho a participar en las ganancias obtenidas por su consorte.

Arts. 78, párr. 2º; 79; 98; 1392; 1395; 1411; 1417 a 1434 y 1435 C.C.

Art. 96. En defecto de acuerdo de los cónyuges aprobado por el Juez, el uso de la vivienda familiar y de los objetos de uso ordinario en ella corresponden a los hijos y al cónyuge en cuya compañía queden.

Cuando algunos de los hijos queden en la compañía de uno y los restantes en la del otro, el Juez resolverá lo procedente.

No habiendo hijos, podrá acordarse que el uso de tales bienes, por el tiempo que prudencialmente se fije, corresponda al cónyuge no titular, siempre que, atendidas las circunstancias, lo hicieran aconsejable y su interés fuera el más necesitado de protección.

Para disponer de la vivienda y bienes indicados cuyo uso corresponda al cónyuge no titular se requerirá el consentimiento de ambas partes o, en su caso, autorización judicial.

Arts. 103, 2º; 1320; 1406 y 1407 C.C.

Art. 97. El cónyuge al que la separación o el divorcio produzca un desequilibrio económico en relación con la posición del otro, que implique un empeoramiento en su situación anterior en el matrimonio, tendrá derecho a una compensación que podrá consistir en una pensión temporal o por tiempo indefinido, o en una prestación única, según se determine en el convenio regulador o en la sentencia.

A falta de acuerdo de los cónyuges, el Juez, en sentencia, determinará su importe teniendo en cuenta las siguientes circunstancias:

1.ª Los acuerdos a que hubieran llegado los cónyuges.

2.ª La edad y el estado de salud.

3.ª La cualificación profesional y las probabilidades de acceso a un empleo.

4.ª La dedicación pasada y futura a la familia.

5.ª La colaboración con su trabajo en las actividades mercantiles, industriales o profesionales del otro cónyuge.

6.ª La duración del matrimonio y de la convivencia conyugal.

7.ª La pérdida eventual de un derecho de pensión.

8.ª El caudal y los medios económicos y las necesidades de uno y otro cónyuge.

9.ª Cualquier otra circunstancia relevante.

En la resolución judicial o en el convenio regulador formalizado ante el Secretario judicial o el Notario se fijarán la periodicidad, la forma de pago, las bases para actualizar la pensión, la duración o el momento de cese y las garantías para su efectividad.

Redacción dada por Ley 15/2015, de 2 de julio, de la Jurisdicción Voluntaria (B.O.E. nº. 158 de 3 de julio).

Arts. 90,E; 98; 142 a 147; 1344; 1392 a 1410 y 1438 C.C.

Art. 98. El cónyuge de buena fe cuyo matrimonio haya sido declarado nulo tendrá derecho a una indemnización si ha existido convivencia conyugal, atendidas las circunstancias previstas en el artículo 97.

Arts. 78; 79; 95; 97; 1395 y 1902 y sigs. C.C.

Art. 99. En cualquier momento podrá convenirse la sustitución de la pensión fijada judicialmente o por convenio regulador formalizado conforme al artículo 97 por la constitución de una renta vitalicia, el usufructo de determinados bienes o la entrega de un capital en bienes o en dinero.

Redacción dada por Ley 15/2015, de 2 de julio, de la Jurisdicción Voluntaria (B.O.E. nº. 158 de 3 de julio).

Art. 100. Fijada la pensión y las bases de su actualización en la sentencia de separación o de divorcio, sólo podrá ser modificada por alteraciones en la fortuna de uno u otro cónyuge que así lo aconsejen.

La pensión y las bases de actualización fijadas en el convenio regulador formalizado ante el Secretario judicial o Notario podrán modificarse mediante nuevo convenio, sujeto a los mismos requisitos exigidos en este Código.

Redacción dada por Ley 15/2015, de 2 de julio, de la Jurisdicción Voluntaria (B.O.E. nº. 158 de 3 de julio).

Art. 101. El derecho a la pensión se extingue por el cese de la causa que lo motivó, por contraer el acreedor nuevo matrimonio o por vivir maritalmente con otra persona.

El derecho a la pensión no se extingue por el solo hecho de la muerte del deudor. No obstante, los herederos de éste podrán solicitar del Juez la reducción o supresión de aquélla, si el caudal hereditario no pudiera satisfacer las necesidades de la deuda o afectara a sus derechos en la legítima.

Arts. 806 a 822; 834; 835; 855 y 945 C.C.

Capítulo X. De las medidas provisionales por demanda de nulidad, separación y divorcio

Art. 102. Admitida la demanda de nulidad, separación o divorcio, se producen, por ministerio de la Ley, los efectos siguientes:

1º. Los cónyuges podrán vivir separados y cesa la presunción de convivencia conyugal.

Arts. 68; 69 y 83 C.C.

2º. Quedan revocados los consentimientos y poderes que cualquiera de los cónyuges hubiera otorgado al otro.

Asimismo, salvo pacto en contrario, cesa la posibilidad de vincular los bienes privativos del otro cónyuge en el ejercicio de la potestad doméstica.

A estos efectos, cualquiera de las partes podrá instar la oportuna anotación en el Registro Civil y, en su caso, en los de la Propiedad y Mercantil.

Arts. 71; 89; 106 y 1319 C.C.

Art. 103. Admitida la demanda, el Juez, a falta de acuerdo de ambos cónyuges aprobado judicialmente, adoptará, con audiencia de éstos, las medidas siguientes:

Arts. 773. L.E.C.

1.ª Determinar, en interés de los hijos, con cuál de los cónyuges han de quedar los sujetos a la patria potestad de ambos y tomar las disposiciones apropiadas de acuerdo con lo establecido en este Código y, en particular, la forma en que el cónyuge que no ejerza la guarda y custodia de los hijos podrá cumplir el deber de velar por éstos y el tiempo, modo y lugar en que podrá comunicar con ellos y tenerlos en su compañía.

Redacción dada por Ley 15/2005, de 8 de julio, por la que se modifican el Código Civil y la Ley de Enjuiciamiento Civil en materia de separación y divorcio.

Excepcionalmente, los hijos podrán ser encomendados a los abuelos, parientes u otras personas que así lo consintieren y, de no haberlos, a una institución idónea, confiriéndoseles las funciones tutelares que ejercerán bajo la autoridad del juez.

Redactado conforme Ley 42/2003, de 21 de noviembre, de modificación del Código civil y de la Ley de Enjuiciamiento Civil en materia de relaciones familiares de los nietos con los abuelos (B.O.E. 22 de noviembre de 2003).

Cuando exista riesgo de sustracción del menor por alguno de los cónyuges o por terceras personas podrán adoptarse las medidas necesarias y, en particular, las siguientes:

a) Prohibición de salida del territorio nacional, salvo autorización judicial previa.

b) Prohibición de expedición del pasaporte al menor o retirada del mismo si ya se hubiere expedido.

c) Sometimiento a autorización judicial previa de cualquier cambio de domicilio del menor.

Párrafo introducido por la Ley Orgánica 2/2002, de 10 de diciembre de modificación de la Ley Orgánica 5/1995, de 23 de noviembre, del Código Penal y del Código civil, sobre sustracción de menores.

2ª. Determinar, teniendo en cuenta el interés familiar más necesitado de protección, cuál de los cónyuges ha de continuar en el uso de la vivienda familiar y asimismo, previo inventario, los bienes y objetos del ajuar que continuarán en ésta y los que se ha de llevar el otro cónyuge, así como también las medidas cautelares convenientes para conservar el derecho de cada uno.

Arts. 90,B; 96; 1320 C.C.

3ª. Fijar la contribución de cada cónyuge a las cargas del matrimonio, incluidas, si procede, las litis expensas, establecer las bases para la actualización de cantidades y disponer las garantías, depósitos, retenciones u otras medidas cautelares convenientes, a fin de asegurar la efectividad de lo que por estos conceptos un cónyuge haya de abonar al otro.

Se considerará contribución a dichas cargas el trabajo que uno de los cónyuges dedicará a la atención de los hijos comunes sujetos a patria potestad.

Arts. 67; 90,C; 97;4º; 1318 y 1438 C.C.

4ª. Señalar, atendidas las circunstancias, los bienes gananciales o comunes que, previo inventario, se hayan de entregar a uno u otro cónyuge y las reglas que deban observar en la administración y disposición, así como en la obligatoria rendición de cuentas sobre los bienes comunes o parte de ellos que reciban y los que adquieran en lo sucesivo.

Arts. 90, D; 1319; 1375 a 1391; 1412; 1413; 1437 a 1441 y 1443 C.C.

5ª. Determinar, en su caso, el régimen de administración y disposición de aquellos bienes privativos que por capitulaciones o escritura pública estuvieran especialmente afectados a las cargas del matrimonio.

Art. 104. El cónyuge que se proponga demandar la nulidad, separación o divorcio de su matrimonio puede solicitar los efectos y medidas a que se refieren los dos artículos anteriores.

Estos efectos y medidas sólo subsistirán si, dentro de los treinta días siguientes a contar de que fueron inicialmente adoptados, se presenta la demanda ante el Juez o tribunal competente.

Arts. 771 y 772 L.E.C.

Art. 105. No incumple el deber de convivencia el cónyuge que sale del domicilio conyugal por una causa razonable y en el plazo de treinta días presenta la demanda o solicitud a que se refieren los artículos anteriores.

Arts. 68; 73; 81; 82; 86, 3, b C.C.; para el delito de abandon de hogar, vid. C.P.

Art. 106. Los efectos y medidas previstos en este capítulo terminan, en todo caso, cuando sean sustituidos por los de la sentencia estimatoria o se ponga fin al procedimiento de otro modo.

La revocación de consentimientos y poderes se entiende definitiva.

Arts. 774 y sigs. L.E.C.

Capítulo XI. Ley aplicable a la nulidad, la separación y el divorcio

Título del Capítulo redactado conforme Ley Orgánica 11/2003, de 29 de septiembre, de medidas concretas en materia de seguridad ciudadana, violencia doméstica e integración social de los extranjeros (B.O.E. de 30 de septiembre de 2003).

Art. 107. 1. La nulidad del matrimonio y sus efectos se determinarán de conformidad con la ley aplicable a su celebración.

2. La separación y el divorcio legal se regirán por las normas de la Unión Europea o españolas de Derecho internacional privado.

Redacción dada por Ley 15/2015, de 2 de julio, de la Jurisdicción Voluntaria (B.O.E. nº. 158 de 3 de julio).

Título V. De la paternidad y filiación

Vid. Ley 14/2006, de 26 de mayo, sobre técnicas de reproducción humana asistida; Libro II, del C.C.C.; C.D.N.

Capítulo Primero. De la filiación y sus efectos

Art. 108. La filiación puede tener lugar por naturaleza y por adopción. La filiación por naturaleza puede ser matrimonial y no matrimonial. Es matrimonial cuando el padre y la madre están casados entre sí.

La filiación matrimonial y la no matrimonial, así como la adoptiva, surten los mismos efectos, conforme a las disposiciones de este Código.

Arts. 14 y 39 C.E.; arts. 172 a 180 C.C.; Art. 87. Párrafo segundo, conforme a la Ley Orgánica 1/1996, de 15 de enero de Protección Jurídica del Menor.

Art. 109. La filiación determina los apellidos con arreglo a lo dispuesto en la Ley. Si la filiación está determinada por ambas líneas, el padre y la madre de común acuerdo podrán decidir el orden de tranmisión de su respectivo primer apellido, antes de la inscripción registral. Si no se ejercita esta opción, regirá lo dispuesto en la ley.

El orden de apellidos inscrito para el mayor de los hijos regirá en las inscripciones de nacimiento posteriores de sus hermanos del mismo vínculo. El hijo, al alcanzar la mayor edad, podrá solicitar que se altere el orden de los apellidos.

Redactado por la Ley 40/1999, de 5 de noviembre, sobre apellidos y orden de los mismos. Arts. 54 y 55 L.R.C.

Art. 110. El padre y la madre, aunque no ostenten la patria potestad, están obligados a velar por los hijos menores y a prestarles alimentos.

Art. 39,3 C.E.; arts. 92; 93; 103, 1º; 111 in fine; 142 y 143; 154; 169; 170; 178 y 1362 C.C.

Art. 111. Quedará excluido de la patria potestad y demás funciones tuitivas y no ostentará derechos por ministerio de la Ley respecto del hijo o de sus descendientes, o en sus herencias, el progenitor:

1º. Cuando haya sido condenado a causa de las relaciones a que obedezca la generación, según sentencia penal firme.

2º. Cuando la filiación haya sido judicialmente determinada contra su oposición.

En ambos supuestos el hijo no ostentará el apellido del progenitor en cuestión más que si lo solicita él mismo o su representante legal.

Dejarán de producir efecto estas restricciones por determinación del representante legal del hijo aprobada judicialmente, o por voluntad del propio hijo una vez alcanzada la plena capacidad.

Quedarán siempre a salvo las obligaciones de velar por los hijos y prestarles alimentos.

Arts. 110; 113; 115; 120; 170 C.C.;. Reglamento (CE) nº 4/2009 del Consejo, de 18 de diciembre de 2008, relativo a la competencia, la ley aplicable, el reconocimiento y la ejecución de las resoluciones y la cooperación en materia de obligaciones de alimentos.

Capítulo II. De la determinación y prueba de la filiación

Sección Primera. Disposiciones generales

Art. 112. La filiación produce sus efectos desde que tiene lugar. Su determinación legal tiene efectos retroactivos siempre que la retroactividad sea compatible con la naturaleza de aquéllos y la ley no dispusiere lo contrario.

En todo caso, conservarán su validez los actos otorgados, en nombre del hijo menor o incapaz, por su representante legal, antes de que la filiación hubiere sido determinada.

Art. 180.4 C.C.; Disposición Trans. 1ª y 12º C.C.; Disposición Trans. 1ª a 11ª Ley 11/1981, de 13 de mayo (B.O.E. de 19 de mayo).

Art. 113. La filiación se acredita por la inscripción en el Registro Civil, por el documento o sentencia que la determina legalmente, por la presunción de paternidad matrimonial y, a falta de los medios anteriores, por la posesión de estado. Para la admisión de pruebas distintas a la inscripción se estará a lo dispuesto en la Ley de Registro Civil.

No será eficaz la determinación de una filiación en tanto resulte acreditada otra contradictoria.

Arts. 115; 134; 135; 139 y 327 C.C.; arts. 2; 3; 4; y 47 a 52 L.R.C.; arts. 165 a 191 y 314 R.R.C.; Ley 14/2006, de 26 de mayo, sobre Técnicas de Reproducción Asistida (B.O.E. de 27 de mayo) art. 7º, 2; Circular D.G.R.N. de 2 de junio de 1981 (B.O.E. de 5 de junio); Instrucción sobre prueba de nacimiento y filiación a falta de inscripción, de 26 de marzo de 1963 (B.I.M.J. de 5 de abril).

Art. 114. Los asientos de filiación podrán ser rectificados conforme a la Ley de Registro Civil, sin perjuicio de lo especialmente dispuesto en el presente título sobre acciones de impugnación.

Podrán también rectificarse en cualquier momento los asientos que resulten contradictorios con los hechos que una sentencia penal declare probados.

Arts. 127 y 141 C.C.; arts. 3 y 92 a 97 L.R.C.; arts. 293 y sigs. y 341 y sigs. R.R.C.

Sección Segunda. De la determinación de la filiación matrimonial

Art. 115. La filiación matrimonial materna y paterna quedará determinada legalmente:

1º. Por la inscripción del nacimiento junto con la del matrimonio de los padres.

2º. Por sentencia firme.

Cf. Ley 14/2006, de 26 de mayo, sobre Técnicas de Reproducción asistida (B.O.E. de 27 de mayo), art. 8º; arts. 42 a 45 y 47 y 48 L.R.C.; arts. 167 a 170 y 181 a 184 R.R.C.; Circular D.G.R.N. de 2 de junio de 1981, (B.O.E. de 5 de junio).

Art. 116. Se presumen hijos del marido los nacidos después de la celebración del matrimonio y antes de los trescientos días siguientes a su disolución o a la separación legal o de hecho de los cónyuges.

Arts. 83; 136; 139; 1250 y 1251 C.C.; Disposición Trans. 1ª Ley 11/1981 de 13 de mayo (B.O.E. de 19 de mayo); art. 48 L.R.C.; arts. 183 y 314 R.R.C.; Ley 14/2006, de 26 de mayo, sobre Técnicas de Reproducción asistida (B.O.E. de 27 de mayo), Art. 9º.; Circular D.G.R.N. de 2 de junio de 1981, (B.O.E. de 5 de junio).

Art. 117. Nacido el hijo dentro de los ciento ochenta días siguientes a la celebración del matrimonio, podrá el marido destruir la presunción mediante declaración auténtica en contrario formalizada dentro de los seis meses siguientes al conocimiento del parto. Se exceptúan los casos en que hubiere reconocido la paternidad expresa o tácitamente o hubiese conocido el embarazo de la mujer con anterioridad a la celebración del matrimonio, salvo que, en este último supuesto, la declaración auténtica se hubiera formalizado, con el consentimiento de ambos, antes del matrimonio o, después del mismo, dentro de los seis meses siguientes al nacimiento del hijo.

Art. 138 C.C.; arts. 184 y 314 R.R.C.; Circular D.G.R.N. de 2 de junio de 1981, (B.O.E. de 5 de junio).

Art. 118. Aun faltando la presunción de paternidad del marido por causa de la separación legal o de hecho de los cónyuges, podrá inscribirse la filiación como matrimonial si concurre el consentimiento de ambos.

Art. 138 C.C.

Art. 119. La filiación adquiere el carácter de matrimonial desde la fecha del matrimonio de los progenitores cuando éste tenga lugar con posterioridad al nacimiento del hijo siempre que el hecho de la filiación quede determinado legalmente conforme a lo dispuesto en la sección siguiente.

Lo establecido en el párrafo anterior aprovechará, en su caso, a los descendientes del hijo fallecido.

Circular D.G.R.N. de 2 de junio de 1981 (B.O.E. de 5 de junio).

Sección Tercera. De la determinación de la filiación no matrimonial

Art. 120. La filiación no matrimonial quedará determinada legalmente:

1º. En el momento de la inscripción del nacimiento, por la declaración conforme realizada por el padre en el correspondiente formulario oficial a que se refiere la legislación del Registro Civil.

2º. Por el reconocimiento ante el Encargado del Registro Civil, en testamento o en otro documento público.

3º. Por resolución recaída en expediente tramitado con arreglo a la legislación del Registro Civil.

4º. Por sentencia firme.

5º. Respecto de la madre, cuando se haga constar la filiación materna en la inscripción de nacimiento practicada dentro de plazo, de acuerdo con lo dispuesto en la Ley del Registro Civil.

Redacción dada por la Ley 19/2015, de 13 de julio, de medidas de reforma administrativa en el ámbito de la Administración de Justicia y del Registro Civil. Ha entrado en vigor el 15 de octubre de 2015.

Art. 121. El reconocimiento otorgado por los incapaces o por quienes no puedan contraer matrimonio por razón de edad necesitará para su validez aprobación judicial con audiencia del Ministerio Fiscal.

Arts. 154,2; 162 y 1200 C.C.; Disp. Trans. 10ª Ley 11/1981 de 13 de mayo (B.O.E. de 19 de mayo).

Art. 122. Cuando un progenitor hiciere el reconocimiento separadamente, no podrá manifestar en él la identidad del otro a no ser que esté ya determinada legalmente.

Arts. 113 y 120 C.C.; art. 47 L.R.C.; art. 181 R.R.C.; Circular D.G.R.N. de 2 de junio de 1981 (B.O.E. de 5 de junio).

Art. 123. El reconocimiento de un hijo mayor de edad no producirá efectos sin su consentimiento expreso o tácito.

Art. 137 C.C.; art. 187 R.R.C.; Circular D.G.R.N. de 2 de junio de 1981 (B.O.E. de 5 de junio).

Art. 124. La eficacia del reconocimiento del menor o incapaz requerirá el consentimiento expreso de su representante legal o la aprobación judicial con audiencia del Ministerio Fiscal y del progenitor legalmente conocido.

No será necesario el consentimiento o la aprobación si el reconocimiento se hubiere efectuado en testamento o dentro del plazo establecido para practicar la inscripción del nacimiento. La inscripción de paternidad así practicada podrá suspenderse a simple petición de la madre durante el año siguiente al nacimiento. Si el padre solicitara la confirmación de la inscripción, será necesaria la aprobación judicial con audiencia del Ministerio Fiscal.

Arts. 137; 138 y 140 C.C.; Disposición Trans. 10ª Ley 11/1981 de 13 de mayo (B.O.E. de 19 de mayo); art. 188 R.R.C.; Circular D.G.R.N. de 2 de junio de 1981 (B.O.E. de 5 de junio).

Art. 125. Cuando los progenitores del menor o incapaz fueren hermanos o consanguíneos en línea recta, legalmente determinada la filiación respecto de uno, sólo podrá quedar determinada legalmente respecto del otro, previa autorización judicial que se otorgará, con audiencia del Ministerio Fiscal, cuando convenga al menor o incapaz.

Alcanzada por éste la plena capacidad, podrá, mediante declaración auténtica, invalidar esta última determinación si no la hubiere consentido.

Disposición Trans. 10ª Ley 11/1981 de 13 de mayo (B.O.E. de 19 de mayo); Circular D.G.R.N. de 2 de junio de 1981 (B.O.E. de 5 de junio).

Art. 126. El reconocimiento del ya fallecido sólo surtirá efecto si lo consintieren sus descendientes por sí o por sus representantes legales.

Art. 176,3 C.C.; Circular D.G.R.N. de 2 de junio de 1981 (B.O.E. de 5 de junio).

Capítulo III. De las acciones de filiación

Sección Primera. Disposiciones generales

Los artículos 127 a 130, el párrafo segundo del art. 134 y el art. 135 han sido derogados por la Disposición Derogatoria Única, 2-1º L.E.C.
Vid. arts. 748 a 755 y 764 a 768 L.E.C., así como 39 C.E.

Art. 127.

Derogado por la Disposición Derogatoria Única, 2-1º L.E.C.

Art. 128.

Derogado por la Disposición Derogatoria Única, 2-1º L.E.C.

Art. 129.

Derogado por la Disposición Derogatoria Única, 2-1º L.E.C.

Art. 130.

Derogado por la Disposición Derogatoria Única, 2-1º L.E.C.

Sección Segunda. De la reclamación

Art. 131. Cualquier persona con interés legítimo tiene acción para que se declare la filiación manifestada por la constante posesión de estado.

Se exceptúa el supuesto en que la filiación que se reclame contradiga otra legalmente determinada.

Arts. 113; 180,4 C.C.; art. 50 L.R.C.; Circular D.G.R.N. de 2 de junio de 1981 (B.O.E. de 5 de junio).

Art. 132. A falta de la correspondiente posesión de estado, la acción de reclamación de la filiación matrimonial, que es imprescriptible, corresponde al padre, a la madre o al hijo.

Si el hijo falleciere antes de transcurrir cuatro años desde que alcanzase plena capacidad, o durante el año siguiente al descubrimiento de las pruebas en que se funde la demanda, su acción corresponde a sus herederos por el tiempo que faltare para completar dichos plazos.

Arts. 130; 1930 y 1932 C.C.

Art. 133. 1. La acción de reclamación de filiación no matrimonial, cuando falte la respectiva posesión de estado, corresponderá al hijo durante toda su vida.

Si el hijo falleciere antes de transcurrir cuatro años desde que alcanzare mayoría de edad o recobrare capacidad suficiente a tales efectos, o durante el año siguiente al descubrimiento de las pruebas en que se funde la demanda, su acción corresponderá a sus herederos por el tiempo que faltare para completar dichos plazos.

2. Igualmente podrán ejercitar la presente acción de filiación los progenitores en el plazo de un año contado desde que hubieran tenido conocimiento de los hechos en que hayan de basar su reclamación.

Esta acción no será transmisible a los herederos quienes solo podrán continuar la acción que el progenitor hubiere iniciado en vida.

Redacción dada por Ley 26/2015, de 28 de julio, de modificación del sistema de protección a la infancia y a la adolescencia (B.O.E. nº. 180, de 29 de julio).

Art. 134. El ejercicio de la acción de reclamación, conforme a los artículos anteriores, por el hijo o el progenitor, permitirá en todo caso la impugnación de la filiación contradictoria.

Arts. 113; 131; 1251; 1252; art. 50 L.R.C.; Disposición Trans. 6º Ley 11/1981 de 13 de mayo (B.O.E. de 19 de mayo).

Art. 135.

Derogado por la Disposición Derogatoria Única, 2-1º L.E.C.

Sección Tercera. De la impugnación

Art. 136. 1. El marido podrá ejercitar la acción de impugnación de la paternidad en el plazo de un año contado desde la inscripción de la filiación en el Registro Civil. Sin embargo, el plazo no correrá mientras el marido ignore el nacimiento. Fallecido el marido sin conocer el nacimiento, el año se contará desde que lo conozca el heredero.

2. Si el marido, pese a conocer el hecho del nacimiento de quien ha sido inscrito como hijo suyo, desconociera su falta de paternidad biológica, el cómputo del plazo de un año comenzará a contar desde que tuviera tal conocimiento.

3. Si el marido falleciere antes de transcurrir el plazo señalado en los párrafos anteriores, la acción corresponderá a cada heredero por el tiempo que faltare para completar dicho plazo.

Redacción dada por Ley 26/2015, de 28 de julio, de modificación del sistema de protección a la infancia y a la adolescencia (B.O.E. nº. 180, de 29 de julio).
Arts. 117; 130; 661; 1969 C.C.; Disposición Trans. 4ª Ley 11/1981 de 13 de mayo (B.O.E. 19 de mayo).

Art. 137. 1. La paternidad podrá ser impugnada por el hijo durante el año siguiente a la inscripción de la filiación. Si fuere menor o tuviere la capacidad modificada judicialmente, el plazo contará desde que alcance la mayoría de edad o recobrare capacidad suficiente a tales efectos.

El ejercicio de la acción, en interés del hijo que sea menor o tuviere la capacidad modificada judicialmente, corresponderá, asimismo, durante el año siguiente a la inscripción de la filiación, a la madre que ostente la patria potestad, a su representante legal o al Ministerio Fiscal.

2. Si el hijo, pese a haber transcurrido más de un año desde la inscripción en el registro, desde su mayoría de edad o desde la recuperación de la capacidad suficiente a tales efectos, desconociera la falta de paternidad biológica de quien aparece inscrito como su progenitor, el cómputo del plazo de un año comenzará a contar desde que tuviera tal conocimiento.

3. Cuando el hijo falleciere antes de transcurrir los plazos establecidos en los párrafos anteriores, su acción corresponderá a sus herederos por el tiempo que faltare para completar dichos plazos.

4. Si falta en las relaciones familiares la posesión de estado de filiación matrimonial, la demanda podrá ser interpuesta en cualquier tiempo por el hijo o sus herederos.

Redacción dada por Ley 26/2015, de 28 de julio, de modificación del sistema de protección a la infancia y a la adolescencia (B.O.E. nº. 180, de 29 de julio).
Arts. 129; 132; 154; 162 C.C.

Art. 138. El reconocimiento y demás actos jurídicos que determinen conforme a la ley una filiación matrimonial o no matrimonial podrán ser impugnados por vicio de consentimiento según lo dispuesto en el artículo 141. La impugnación de la paternidad por otras causas se atendrá a las normas contenidas en esta sección.

Redacción dada por Ley 26/2015, de 28 de julio, de modificación del sistema de protección a la infancia y a la adolescencia (B.O.E. nº. 180, de 29 de julio).
Arts. 108; 117; 118; 119; 135; 141; 1265 a 1270 C.C.

Art. 139. La mujer podrá ejercitar la acción de impugnación de su maternidad justificando la suposición del parto o no ser cierta la identidad del hijo.

Arts. 108; 135; 960 C.C.

Art. 140. Cuando falte en las relaciones familiares la posesión de estado, la filiación paterna o materna no matrimonial podrá ser impugnada por aquellos a quienes perjudique.

Cuando exista posesión de estado, la acción de impugnación corresponderá a quien aparece como hijo o progenitor y a quienes por la filiación puedan resultar afectados en su calidad de herederos forzosos. La acción caducará pasados cuatro años desde que el hijo, una vez inscrita la filiación, goce de la posesión de estado correspondiente.

Los hijos tendrán en todo caso acción durante un año después de alcanzar la mayoría de edad o de recobrar capacidad suficiente a tales efectos.

Arts. 113; 131; 132; 133 C.C.
Último párrafo, redacción dada por Ley 26/2015, de 28 de julio, de modificación del sistema de protección a la infancia y a la adolescencia (B.O.E. nº. 180, de 29 de julio).

Art. 141. La acción de impugnación del reconocimiento realizado mediante error, violencia o intimidación corresponde a quien lo hubiere otorgado. La acción caducará al año del reconocimiento o desde que cesó el vicio de consentimiento, y podrá ser ejercitada o continuada por los herederos de aquél, si hubiere fallecido antes de transcurrir el año.

Arts. 120, 1º; 138 y conc.; 673 y 741 C.C.

Título VI. De los alimentos entre parientes

Vid. Libro II C.C.C.; C.D.A.: L.C.Arg.; C.D.N. Reglamento (CE) nº 4/2009 del Consejo, de 18 de diciembre de 2008, relativo a la competencia, la ley aplicable, el reconocimiento y la ejecución de las resoluciones y la cooperación en materia de obligaciones de alimentos

Art. 142. Se entiende por alimentos todo lo que es indispensable para el sustento, habitación, vestido y asistencia médica.

Los alimentos comprenden también la educación e instrucción del alimentista mientras sea menor de edad y aun después, cuando no haya terminado su formación por causa que no le sea imputable.

Entre los alimentos se incluirán los gastos de embarazo y parto, en cuanto no estén cubiertos de otro modo.

Art. 39,3 C.E.; arts. 9,7 y 1.894.2 C.C.

Art. 143. Están obligados recíprocamente a darse alimentos en toda la extensión que señala el artículo precedente:

1º. Los cónyuges.

2º. Los ascendientes y descendientes.

Los hermanos sólo se deben los auxilios necesarios para la vida, cuando los necesiten por cualquier causa que no sea imputable al alimentista, y se extenderán en su caso a los que precisen para su educación.

Art. 39,3 C.E.; arts. 154; 269; 275; 1089; 1090 C.C.

Art. 144. La reclamación de alimentos cuando proceda y sean dos o más los obligados a prestarlos, se hará por el orden siguiente:

1º. Al cónyuge.

2º. A los descendientes de grado más próximo.

3º. A los ascendientes, también de grado más próximo.

4º. A los hermanos, pero estando obligados en último lugar los que sólo sean uterinos o consanguíneos.

Entre los descendientes y ascendientes se regulará la gradación por el orden en que sean llamados a la sucesión legítima de la persona que tenga derecho a los alimentos.

Arts. 90,C); 93; 97; 98; 930 a 942 C.C.

Art. 145. Cuando recaiga sobre dos o más personas la obligación de dar alimentos, se repartirá entre ellas el pago de la pensión en cantidad proporcional a su caudal respectivo.

Sin embargo, en caso de urgente necesidad y por circunstancias especiales, podrá el Juez obligar a una sola de ellas a que los preste provisionalmente, sin perjuicio de su derecho a reclamar de los demás obligados la parte que les corresponda.

Cuando dos o más alimentistas reclamaren a la vez alimentos de una misma persona obligada legalmente a darlos, y ésta no tuviere fortuna bastante para atender a todos, se guardará el orden establecido en el artículo anterior, a no ser que los alimentistas concurrentes fuesen el cónyuge y un hijo sujeto a la patria potestad, en cuyo caso éste será preferido a aquél.

Art. 1137 C.C.

Art. 146. La cuantía de los alimentos será proporcionada al caudal o medios de quien los da y a las necesidades de quien los recibe.

Arts. 152, 2º y 3º C.C.

Art. 147. Los alimentos, en los casos a que se refiere el artículo anterior, se reducirán o aumentarán proporcionalmente según el aumento o disminución que sufran las necesidades del alimentista y la fortuna del que hubiere de satisfacerlos.

Arts. 90,C); 91; 93; 152, 2º y 3º C.C.

Art. 148. La obligación de dar alimentos será exigible desde que los necesitare, para subsistir, la persona que tenga derecho a percibirlos, pero no se abonarán sino desde la fecha en que se interponga la demanda.

Se verificará el pago por meses anticipados, y, cuando fallezca el alimentista, sus herederos no estarán obligados a devolver lo que éste hubiese recibido anticipadamente.

El Juez, a petición del alimentista o del Ministerio Fiscal, ordenará con urgencia las medidas cautelares oportunas para asegurar los anticipos que haga una entidad pública u otra persona y proveer a las futuras necesidades.

Arts. 880; 1096; 1158; 1159; 1924, 2º F y G. C.C.

Art. 149. El obligado a prestar alimentos podrá, a su elección, satisfacerlos, o pagando la pensión que se fije, o recibiendo y manteniendo en su propia casa al que tiene derecho a ellos.

Esta elección no será posible en cuanto contradiga la situación de convivencia determinada para el alimentista por las normas aplicables o por resolución judicial. También podrá ser rechazada cuando concurra justa causa o perjudique el interés del alimentista menor de edad.

Arts. 93; 103, 3º C.C.; Párrafo segundo redactado conforme Ley Orgánica 1/1996, de 15 de enero, de Protección Jurídica del Menor.

Art. 150. La obligación de suministrar alimentos cesa con la muerte del obligado, aunque los prestase en cumplimiento de una sentencia firme.

Art. 152, 1º C.C.

Art. 151. No es renunciable ni transmisible a un tercero el derecho a los alimentos. Tampoco pueden compensarse con lo que el alimentista deba al que ha de prestarlos.

Pero podrán compensarse y renunciarse las pensiones alimenticias atrasadas, y transmitirse a título oneroso o gratuito el derecho a demandarlas.

Art. 6, 2º; 1187; 1195 a 1202 (en especial, art. 1200); 1814; 1966, 1º C.C.

Art. 152. Cesará también la obligación de dar alimentos:

1º. Por muerte del alimentista.

2º. Cuando la fortuna del obligado a darlos se hubiere reducido hasta el punto de no poder satisfacerlos sin desatender sus propias necesidades y las de su familia.

3º. Cuando el alimentista pueda ejercer un oficio, profesión o industria, o haya adquirido un destino o mejorado de fortuna, de suerte que no le sea necesaria la pensión alimenticia para su subsistencia.

4º. Cuando el alimentista, sea o no heredero forzoso, hubiese cometido alguna falta de las que dan lugar a la desheredación.

5º. Cuando el alimentista sea descendiente del obligado a dar alimentos, y la necesidad de aquél provenga de mala conducta o de falta de aplicación al trabajo, mientras subsista esta causa.

Art. 146; 147; 852 a 855 C.C.

Art. 153. Las disposiciones que preceden son aplicables a los demás casos en que por este Código, por testamento o por pacto se tenga derecho a alimentos, salvo lo pactado, lo ordenado por el testador o lo dispuesto por la ley para el caso especial de que se trate.

Arts. 90,C); 96; 149; 1408 C.C.

Título VII. De las relaciones paterno-filiales

Vid. Ley Orgánica 1/1996, de 15 de febrero, de protección jurídica del menor, de modificación parcial del Código civil y de la Ley de enjuiciamiento civil; Disp. Trans. 6ª; Ley Orgánica 5/2000, de 12 de enero, Reguladora de la Responsabilidad Penal de los Menores; Libro II C.C.C; C.D.N. L.C.Arg, Ley Foral Navarra 3/2011, de 17 de marzo, sobre custodia de los hijos e hijas en los casos de ruptura de la convivencia de los padres; Ley 2/2001, de 1 de abril, de la Generalitat Valenciana, de relaciones familiares de los hijos e hijas cuyos progenitores no conviven; Ley 12/2001, de 2 de julio, de la infancia y adolescencia en Aragón; Ley Foral Navarra 15/2005, de 5 de diciembre, de promoción, atención y protección a la infancia y a la adolescencia; Ley 8/1997, de 18 de diciembre, de atribución de competencias a los consejos insulares en materia de tutela, acogimiento y adopción de menores; Decreto 46/2000, de 1 de junio, por el que se aprueba el reglamento de acogimiento familiar y de adopción de menores del Principado de Asturias. Reglamento (CE) nº 4/2009 del Consejo, de 18 de diciembre de 2008, relativo a la competencia, la ley aplicable, el reconocimiento y la ejecución de las resoluciones y la cooperación en materia de obligaciones de alimentos

Capítulo Primero. Disposiciones generales

Art. 154. Los hijos no emancipados están bajo la patria potestad de los progenitores.

La patria potestad, como responsabilidad parental, se ejercerá siempre en interés de los hijos, de acuerdo con su personalidad, y con respeto a sus derechos, su integridad física y mental.

Esta función comprende los siguientes deberes y facultades:

1.º Velar por ellos, tenerlos en su compañía, alimentarlos, educarlos y procurarles una formación integral.

2.º Representarlos y administrar sus bienes.

Si los hijos tuvieren suficiente madurez deberán ser oídos siempre antes de adoptar decisiones que les afecten.

Los progenitores podrán, en el ejercicio de su función, recabar el auxilio de la autoridad.

Redacción dada por la Disposición Final Primera de la Ley 54/2007, de 28 de diciembre, de Adopción internacional y modificada por Ley 26/2015, de 28 de julio, de modificación del sistema de protección a la infancia y a la adolescencia (B.O.E. nº. 180, de 29 de julio).

Art. 155. Los hijos deben:

1º. Obedecer a sus padres mientras permanezcan bajo su potestad y respetarles siempre.

2°. Contribuir equitativamente, según sus posibilidades, al levantamiento de las cargas de la familia mientras convivan con ella.

Arts. 164 a 168; 268 C.C.

Art. 156. La patria potestad se ejercerá conjuntamente por ambos progenitores o por uno solo con el consentimiento expreso o tácito del otro. Serán válidos los actos que realice uno de ellos conforme al uso social y a las circunstancias o en situaciones de urgente necesidad.

Dictada una sentencia condenatoria y mientras no se extinga la responsabilidad penal o iniciado un procedimiento penal contra uno de los progenitores por atentar contra la vida, la integridad física, la libertad, la integridad moral o la libertad e indemnidad sexual de los hijos o hijas comunes menores de edad, o por atentar contra el otro progenitor, bastará el consentimiento de éste para la atención y asistencia psicológica de los hijos e hijas menores de edad, debiendo el primero ser informado previamente. Si la asistencia hubiera de prestarse a los hijos e hijas mayores de dieciséis años se precisará en todo caso el consentimiento expreso de éstos.

Párrafo segundo añadido por la Disposición Final Segunda del Real Decreto-ley 9/2018, de 3 de agosto, de medidas urgentes para el desarrollo del Pacto de Estado contra la violencia de género (BOE 4 de agosto de 2018).

En caso de desacuerdo, cualquiera de los dos podrá acudir al Juez, quien, después de oír a ambos y al hijo si tuviera suficiente madurez y, en todo caso, si fuera mayor de doce años, atribuirá la facultad de decidir al padre o a la madre. Si los desacuerdos fueran reiterados o concurriera cualquier otra causa que entorpezca gravemente el ejercicio de la patria potestad, podrá atribuirla total o parcialmente a uno de los padres o distribuir entre ellos sus funciones. Esta medida tendrá vigencia durante el plazo que se fije, que no podrá nunca exceder de dos años.

Redacción dada por Ley 15/2015, de 2 de julio, de la Jurisdicción Voluntaria (B.O.E. nº. 158 de 3 de julio). (B.O.E. nº. 158 de 3 de julio).

En los supuestos de los párrafos anteriores, respecto de terceros de buena fe, se presumirá que cada uno de los progenitores actúa en el ejercicio ordinario de la patria potestad con el consentimiento del otro.

En defecto o por ausencia, incapacidad o imposibilidad de uno de los padres, la patria potestad será ejercida exclusivamente por el otro.

Si los padres viven separados, la patria potestad se ejercerá por aquel con quien el hijo conviva. Sin embargo, el Juez, a solicitud fundada del otro progenitor, podrá, en interés del hijo, atribuir al solicitante la patria potestad para que la ejerza conjuntamente con el otro progenitor, o distribuir entre el padre y la madre las funciones inherentes a su ejercicio.

Arts. 90 a 94; 103; 159; 161 C.C.; Ley 11/1981 de 13 de mayo (BOE de 19 de mayo), Disposición Trans. 10ª.

Art. 157. El menor no emancipado ejercerá la patria potestad sobre sus hijos con la asistencia de sus padres, y a falta de ambos, de su tutor; en casos de desacuerdo o imposibilidad, con la del Juez.

Art. 121 C.C.

Art. 158. El Juez, de oficio o a instancia del propio hijo, de cualquier pariente o del Ministerio Fiscal, dictará:

1º. Las medidas convenientes para asegurar la prestación de alimentos y proveer a las futuras necesidades del hijo, en caso de incumplimiento de este deber por sus padres.

2º. Las disposiciones apropiadas a fin de evitar a los hijos perturbaciones dañosas en los casos de cambio del titular de la potestad de guarda.

3º. Las medidas necesarias para evitar la sustracción de los hijos menores por alguno de los progenitores o por terceras personas y, en particular, las siguientes:

a) Prohibición de salida del territorio nacional, salvo autorización judicial previa.

b) Prohibición de expedición del pasaporte al menor o retirada del mismo si ya se hubiera expedido.

c) Sometimiento a autorización judicial previa de cualquier cambio de domicilio del menor.

Introducido por Ley Orgánica 2/2002, de 10 de diciembre de modificación de la Ley Orgánica 5/1995, de 23 de noviembre, del Código Penal y del Código civil, sobre sustracción de menores.

4.º La medida de prohibición a los progenitores, tutores, a otros parientes o a terceras personas de aproximarse al menor y acercarse a su domicilio o centro educativo y a otros lugares que frecuente, con respeto al principio de proporcionalidad.

5.º La medida de prohibición de comunicación con el menor, que impedirá a los progenitores, tutores, a otros parientes o a terceras personas establecer contacto escrito, verbal o visual por cualquier medio de comunicación o medio informático o telemático, con respeto al principio de proporcionalidad.

6.º En general, las demás disposiciones que considere oportunas, a fin de apartar al menor de un peligro o de evitarle perjuicios en su entorno familiar o frente a terceras personas. Se garantizará por el Juez que el menor pueda ser oído en condiciones idóneas para la salvaguarda de sus intereses.

En caso de posible desamparo del menor, el Juzgado comunicará las medidas a la Entidad Pública.

Todas estas medidas podrán adoptarse dentro de cualquier proceso civil o penal o bien en un expediente de jurisdicción voluntaria.

Número 4º, 5º y 6º redactados conforme Ley 26/2015, de 28 de julio, de modificación del sistema de protección a la infancia y a la adolescencia (B.O.E. nº. 180, de 29 de julio).

Art. 159. Si los padres viven separados y no decidieren de común acuerdo, el Juez decidirá, siempre en beneficio de los hijos, al cuidado de qué progenitor quedarán los hijos menores de edad. El Juez oirá, antes de tomar esta medida, a los hijos que tuvieran suficiente juicio y, en todo caso, a los que fueran mayores de doce años.

Redacción por Ley 11/1990, de 15 de octubre, sobre reforma del Código civil, en aplicación del principio de no discriminación por razón de sexo (B.O.E. de 18 de octubre). Arts. 90.A; 91; 92; 94; 96 y 103.1.º C.C.

Art. 160. 1. Los hijos menores tienen derecho a relacionarse con sus progenitores aunque éstos no ejerzan la patria potestad, salvo que se disponga otra cosa por resolución judicial o por la Entidad Pública en los casos establecidos en el artículo 161. En caso de privación de libertad de los progenitores, y siempre que el interés superior del menor recomiende visitas a aquellos, la Administración deberá facilitar el traslado acompañado del menor al centro penitenciario, ya sea por un familiar designado por la administración competente o por un profesional que velarán por la preparación del menor a dicha visita. Asimismo la visita a un centro penitenciario se deberá realizar fuera de horario escolar y en un entorno adecuado para el menor.

Los menores adoptados por otra persona, solo podrán relacionarse con su familia de origen en los términos previstos en el artículo 178.4.

2. No podrán impedirse sin justa causa las relaciones personales del menor con sus hermanos, abuelos y otros parientes y allegados.

En caso de oposición, el Juez, a petición del menor, hermanos, abuelos, parientes o allegados, resolverá atendidas las circunstancias. Especialmente deberá asegurar que las medidas que se puedan fijar para favorecer las relaciones entre hermanos, y entre abuelos y nietos, no faculten la infracción de las resoluciones judiciales que restrinjan o suspendan las relaciones de los menores con alguno de sus progenitores.

Redacción dada por Ley 26/2015, de 28 de julio, de modificación del sistema de protección a la infancia y a la adolescencia (B.O.E. nº. 180, de 29 de julio).
Arts. 90; 94; 178 a 180 C.C.; Ley 11/1981 de 13 de mayo (B.O.E. de 19 de mayo), Disposición Trans. 10ª.

Art. 161. La Entidad Pública a la que, en el respectivo territorio, esté encomendada la protección de menores regulará las visitas y comunicaciones que correspondan a los progenitores, abuelos, hermanos y demás parientes y allegados respecto a los menores en situación de desamparo, pudiendo acordar motivadamente, en interés del menor, la suspensión temporal de las mismas previa audiencia de los afectados y del menor si tuviere suficiente madurez y, en todo caso, si fuera mayor de doce años, con inmediata notificación al Ministerio Fiscal. A tal efecto, el Director del centro de acogimiento residencial o la familia acogedora u otros agentes o profesionales implicados informarán a la Entidad Pública de cualquier indicio de los efectos nocivos de estas visitas sobre el menor.

El menor, los afectados y el Ministerio Fiscal podrán oponerse a dichas resoluciones administrativas conforme a la Ley de Enjuiciamiento Civil.

Redacción dada por Ley 26/2015, de 28 de julio, de modificación del sistema de protección a la infancia y a la adolescencia (B.O.E. nº. 180, de 29 de julio).

Capítulo II. De la representación legal de los hijos

Art. 162. Los padres que ostenten la patria potestad tienen la representación legal de sus hijos menores no emancipados.

Se exceptúan:

1.º Los actos relativos a los derechos de la personalidad que el hijo, de acuerdo con su madurez, pueda ejercitar por sí mismo.

No obstante, los responsables parentales intervendrán en estos casos en virtud de sus deberes de cuidado y asistencia.

2.º Aquellos en que exista conflicto de intereses entre los padres y el hijo.

3.º Los relativos a bienes que estén excluidos de la administración de los padres.

Para celebrar contratos que obliguen al hijo a realizar prestaciones personales se requiere el previo consentimiento de éste si tuviere suficiente juicio, sin perjuicio de lo establecido en el artículo 158.

Redacción dada por Ley 26/2015, de 28 de julio, de modificación del sistema de protección a la infancia y a la adolescencia (B.O.E. nº. 180, de 29 de julio).
Arts. 163; 164; 244, 4º; 299 a 302 C.C.; art. 13 Ley Orgánica 1/1982, de 5 de mayo, de protección civil del derecho al honor, a la intimidad personal y familiar y a la propia imagen (B.O.E. de 14 de mayo); arts. 6 y 7 E.T.; art. 30 Ley 30/1992, de 26 de noviembre, de Régimen Jurídico de las Administraciones Públicas y del Procedimiento Administrativo Común.

Art. 163. Siempre que en algún asunto el padre y la madre tengan un interés opuesto al de sus hijos no emancipados, se nombrará a éstos un defensor que los represente en juicio y fuera de él. Se procederá también a este nombramiento cuando los padres tengan un interés opuesto al del hijo menor emancipado cuya capacidad deban completar.

Si el conflicto de intereses existiera sólo con uno de los progenitores, corresponde al otro por Ley y sin necesidad de especial nombramiento representar al menor o completar su capacidad.

Arts. 234; 299 a 302 C.C.; art. 749 L.E.C.

Capítulo III. De los bienes de los hijos y de su administración

Art. 164. Los padres administrarán los bienes de los hijos con la misma diligencia que los suyos propios, cumpliendo las obligaciones generales de todo administrador y las especiales establecidas en la Ley Hipotecaria.

Se exceptúan de la administración paterna:

1. Los bienes adquiridos por título gratuito cuando el disponente lo hubiere ordenado de manera expresa. Se cumplirá estrictamente la voluntad de éste sobre la administración de estos bienes y destino de sus frutos.

2. Los adquiridos por sucesión en que uno o ambos de los que ejerzan la patria potestad hubieran sido justamente desheredados o no hubieran podido heredar por causa de indignidad, que serán administrados por la persona designada por el causante y, en su defecto y sucesivamente, por el otro progenitor o por un administrador judicial especialmente nombrado.

3. Los que el hijo mayor de dieciséis años hubiera adquirido con su trabajo o industria. Los actos de administración ordinaria serán realizados por el hijo, que necesitará el consentimiento de los padres para los que excedan de ella.

Párrafo segundo, redacción dada por la Ley 13/2005, de 1 de julio, por la que se modifica el Código civil en materia de derecho a contraer matrimonio.

Arts. 319; 756; 757; 1810 C.C.; arts. 168; 190; 191 L. H.; arts. 250; 266; 277 R. H.; arts. 6 y 7 E.T.

Art. 165. Pertenecen siempre al hijo no emancipado los frutos de sus bienes, así como todo lo que adquiera con su trabajo o industria.

No obstante, los padres podrán destinar los del menor que viva con ambos o con uno sólo de ellos, en la parte que le corresponda, al levantamiento de las cargas familiares, y no estarán obligados a rendir cuentas de lo que hubiesen consumido en tales atenciones.

Con este fin se entregarán a los padres, en la medida adecuada, los frutos de los bienes que ellos no administren. Se exceptúan los frutos de los bienes a que se refieren los números 1 y 2 del artículo anterior y los de aquellos donados o dejados a los hijos especialmente para su educación o carrera, pero si los padres careciesen de medios podrán pedir al Juez que se les entregue la parte que en equidad proceda.

Arts. 3,2; 142; 143; 155 C.C.

Art. 166. Los padres no podrán renunciar a los derechos de que los hijos sean titulares ni enajenar o gravar sus bienes inmuebles, establecimientos mercantiles o industriales, objetos preciosos y valores mobiliarios, salvo el derecho de suscripción preferente de acciones, sino por causas justificadas de utilidad o necesidad y previa la autorización del Juez del domicilio, con audiencia del Ministerio Fiscal.

Los padres deberán recabar autorización judicial para repudiar la herencia o legado deferidos al hijo. Si el Juez denegase la autorización, la herencia sólo podrá ser aceptada a beneficio de inventario.

No será necesaria autorización judicial si el menor hubiese cumplido dieciséis años y consintiere en documento público, ni para la enajenación de valores mobiliarios, siempre que su importe se reinvierta en bienes o valores seguros.

Redactado conforme Ley Orgánica 1/1996, de 15 de enero, de Protección Jurídica del Menor.

Arts. 6,3; 271 a 273; 992; 1010; 1291; 1300; 1810 C.C.; Ley 11/1981 de 13 de mayo (B.O.E. de 19 de mayo) Disposición Trans. 10ª.; arts. 168; 190; 191 L.H. Vid. LJV.

Art. 167. Cuando la administración de los progenitores ponga en peligro el patrimonio del hijo, el Juez, a petición del propio hijo, del Ministerio Fiscal o de cualquier pariente del menor, podrá adoptar las medidas que estime necesarias para la seguridad y recaudo de los bienes, exigir caución o fianza para la continuación en la administración o incluso nombrar un Administrador.

Redacción dada por Ley 15/2015, de 2 de julio, de la Jurisdicción Voluntaria (B.O.E. nº. 158 de 3 de julio).

Art. 168. Al término de la patria potestad podrán los hijos exigir a los padres la rendición de cuentas de la administración que ejercieron sobre sus bienes hasta entonces. La acción para exigir el cumplimiento de esta obligación prescribirá a los tres años.

En caso de pérdida o deterioro de los bienes por dolo o culpa grave, responderán los padres de los daños y perjuicios sufridos.

Arts. 279 a 285; 1101 a 1104 C.C.

Capítulo IV. De la extinción de la patria potestad

Art. 169. La patria potestad se acaba:

1º. Por la muerte o la declaración de fallecimiento de los padres o del hijo.

Arts. 32; 193 a 197 C.C.

2º. Por la emancipación.

Arts. 314; 316 a 324 C.C.

3º. Por la adopción del hijo.

Arts. 175 a 180 C.C.

Art. 170. El padre o la madre podrán ser privados total o parcialmente de su potestad por sentencia fundada en el incumplimiento de los deberes inherentes a la misma o dictada en causa criminal o matrimonial.

Los tribunales podrán, en beneficio o interés del hijo, acordar la recuperación de la patria potestad cuando hubiere cesado la causa que motivó la privación.

Arts. 92; 111; 154; 172; 177, 2, 2º C.C.

Art. 171. La patria potestad sobre los hijos que hubieran sido incapacitados quedará prorrogada, por ministerio de la ley, al llegar aquéllos a la mayor edad. Si el hijo mayor de edad soltero que viviere en compañía de sus padres o de cualquiera de ellos fuere incapacitado, se rehabilitará la patria potestad, que será ejercida por quien correspondiere si el hijo fuera menor de edad. La patria potestad prorrogada en cualquiera de estas dos formas se ejercerá con sujeción a lo especialmente dispuesto en la resolución de incapacitación y, subsidiariamente, en las reglas del presente título.

La patria potestad prorrogada terminará:

1º. Por la muerte o declaración de fallecimiento de ambos padres o del hijo.

2º. Por la adopción del hijo.

3º. Por haberse declarado la cesación de la incapacidad.

4º. Por haber contraído matrimonio el incapacitado.

Si al cesar la patria potestad prorrogada subsistiere el estado de incapacitación, se constituirá la tutela o curatela, según proceda.

(Redacción por Ley 13/1983 de 24 de octubre, de reforma del Código civil en materia de tutela).

Arts. 201; 222; 234; 276; 277; 278 C.C.

Capítulo V. De la adopción y otras formas de protección de menores

Redactado conforme Ley Orgánica 1/1996, de 15 de enero, de Protección Jurídica del Menor.

Vid. Arts. 2, 3 y 11 y sigs. y 24 y 25 de la citada Ley orgánica. Art. 39,2 C.E.; arts. 9,4 y 5; 108 C.C.; art. 56 L.R.C.; arts. 21, 2º; 22, 2º; 29; 201 a 204 R.R.C.

Sección Primera. De la guarda y acogimiento de menores

Art. 172. 1. Cuando la Entidad Pública a la que, en el respectivo territorio, esté encomendada la protección de los menores constate que un menor se encuentra en situación de desamparo, tiene por ministerio de la ley la tutela del mismo y deberá adoptar las medidas de protección necesarias para su guarda, poniéndolo en conocimiento del Ministerio Fiscal y, en su caso, del Juez que acordó la tutela ordinaria. La resolución administrativa que declare la situación de desamparo y las medidas adoptadas se notificará en legal forma a los progenitores, tutores o guardadores y al menor afectado si tuviere suficiente madurez y, en todo caso, si fuere mayor de doce años, de forma inmediata sin que sobrepase el plazo máximo de cuarenta y ocho horas. La información será clara, comprensible y en formato accesible, incluyendo las causas que dieron lugar a la intervención de la Administración y los efectos de la decisión adoptada, y en el caso del menor, adaptada a su grado de madurez. Siempre que sea posible, y especialmente en el caso del menor, esta información se facilitará de forma presencial.

Se considera como situación de desamparo la que se produce de hecho a causa del incumplimiento o del imposible o inadecuado ejercicio de los deberes de protección establecidos por las leyes para la guarda de los menores, cuando éstos queden privados de la necesaria asistencia moral o material.

La asunción de la tutela atribuida a la Entidad Pública lleva consigo la suspensión de la patria potestad o de la tutela ordinaria. No obstante, serán válidos los actos de contenido patrimonial que realicen los progenitores o tutores en representación del menor y que sean en interés de éste.

La Entidad Pública y el Ministerio Fiscal podrán promover, si procediere, la privación de la patria potestad y la remoción de la tutela.

2. Durante el plazo de dos años desde la notificación de la resolución administrativa por la que se declare la situación de desamparo,

los progenitores que continúen ostentando la patria potestad pero la tengan suspendida conforme a lo previsto en el apartado 1, o los tutores que, conforme al mismo apartado, tengan suspendida la tutela, podrán solicitar a la Entidad Pública que cese la suspensión y quede revocada la declaración de situación de desamparo del menor, si, por cambio de las circunstancias que la motivaron, entienden que se encuentran en condiciones de asumir nuevamente la patria potestad o la tutela.

Igualmente, durante el mismo plazo podrán oponerse a las decisiones que se adopten respecto a la protección del menor.

Pasado dicho plazo decaerá el derecho de los progenitores o tutores a solicitar u oponerse a las decisiones o medidas que se adopten para la protección del menor. No obstante, podrán facilitar información a la Entidad Pública y al Ministerio Fiscal sobre cualquier cambio de las circunstancias que dieron lugar a la declaración de situación de desamparo.

En todo caso, transcurridos los dos años, únicamente el Ministerio Fiscal estará legitimado para oponerse a la resolución de la Entidad Pública.

Durante ese plazo de dos años, la Entidad Pública, ponderando la situación y poniéndola en conocimiento del Ministerio Fiscal, podrá adoptar cualquier medida de protección, incluida la propuesta de adopción, cuando exista un pronóstico fundado de imposibilidad definitiva de retorno a la familia de origen.

3. La Entidad Pública, de oficio o a instancia del Ministerio Fiscal o de persona o entidad interesada, podrá revocar la declaración de situación de desamparo y decidir el retorno del menor con su familia, siempre que se entienda que es lo más adecuado para su interés. Dicha decisión se notificará al Ministerio Fiscal.

4. En cumplimiento de la obligación de prestar la atención inmediata, la Entidad Pública podrá asumir la guarda provisional de un menor mediante resolución administrativa, y lo comunicará al Ministerio

Fiscal, procediendo simultáneamente a practicar las diligencias precisas para identificar al menor, investigar sus circunstancias y constatar, en su caso, la situación real de desamparo.

Tales diligencias se realizarán en el plazo más breve posible, durante el cual deberá procederse, en su caso, a la declaración de la situación de desamparo y consecuente asunción de la tutela o a la promoción de la medida de protección procedente. Si existieran personas que, por sus relaciones con el menor o por otras circunstancias, pudieran asumir la tutela en interés de éste, se promoverá el nombramiento de tutor conforme a las reglas ordinarias.

Cuando hubiera transcurrido el plazo señalado y no se hubiera formalizado la tutela o adoptado otra resolución, el Ministerio Fiscal promoverá las acciones procedentes para asegurar la adopción de la medida de protección más adecuada del menor por parte de la Entidad Pública.

5. La Entidad Pública cesará en la tutela que ostente sobre los menores declarados en situación de desamparo cuando constate, mediante los correspondientes informes, la desaparición de las causas que motivaron su asunción, por alguno de los supuestos previstos en los artículos 276 y 277.1, y cuando compruebe fehacientemente alguna de las siguientes circunstancias:

a) Que el menor se ha trasladado voluntariamente a otro país.

b) Que el menor se encuentra en el territorio de otra comunidad autónoma cuya Entidad Pública hubiere dictado resolución sobre declaración de situación de desamparo y asumido su tutela o medida de protección correspondiente, o entendiere que ya no es necesario adoptar medidas de protección a tenor de la situación del menor.

c) Que hayan transcurrido seis meses desde que el menor abandonó voluntariamente el centro de protección, encontrándose en paradero desconocido.

La guarda provisional cesará por las mismas causas que la tutela.

Redacción dada por Ley 26/2015, de 28 de julio, de modificación del sistema de protección a la infancia y a la adolescencia (B.O.E. nº. 180, de 29 de julio).

Art. 172 bis. 1. Cuando los progenitores o tutores, por circunstancias graves y transitorias debidamente acreditadas, no puedan cuidar al menor, podrán solicitar de la Entidad Pública que ésta asuma su guarda durante el tiempo necesario, que no podrá sobrepasar dos años como plazo máximo de cuidado temporal del menor, salvo que el interés superior del menor aconseje, excepcionalmente, la prórroga de las medidas. Transcurrido el plazo o la prórroga, en su caso, el menor deberá regresar con sus progenitores o tutores o, si no se dan las circunstancias adecuadas para ello, ser declarado en situación legal de desamparo.

La entrega voluntaria de la guarda se hará por escrito dejando constancia de que los progenitores o tutores han sido informados de las responsabilidades que siguen manteniendo respecto del menor, así como de la forma en que dicha guarda va a ejercerse por la Entidad Pública garantizándose, en particular a los menores con discapacidad, la continuidad de los apoyos especializados que vinieran recibiendo o la adopción de otros más adecuados a sus necesidades.

La resolución administrativa sobre las asunción de la guarda por la Entidad Pública, así como sobre cualquier variación posterior de su forma de ejercicio, será fundamentada y comunicada a los progenitores o tutores y al Ministerio Fiscal.

2. Asimismo, la Entidad Pública asumirá la guarda cuando así lo acuerde el Juez en los casos en que legalmente proceda, adoptando la medida de protección correspondiente.

Introducido por Ley 26/2015, de 28 de julio, de modificación del sistema de protección a la infancia y a la adolescencia (B.O.E. nº. 180, de 29 de julio).

Art. 172 ter. 1. La guarda se realizará mediante el acogimiento familiar y, no siendo éste posible o conveniente para el interés del menor, mediante el acogimiento residencial. El acogimiento familiar se realizará por la persona o personas que determine la Entidad Pública. El acogimiento residencial se ejercerá por el Director o responsable del centro donde esté acogido el menor, conforme a los términos establecidos en la legislación de protección de menores.

No podrán ser acogedores los que no puedan ser tutores de acuerdo con lo previsto en la ley.

La resolución de la Entidad Pública en la que se formalice por escrito la medida de guarda se notificará a los progenitores o tutores que no estuvieran privados de la patria potestad o tutela, así como al Ministerio Fiscal.

2. Se buscará siempre el interés del menor y se priorizará, cuando no sea contrario a ese interés, su reintegración en la propia familia y que la guarda de los hermanos se confíe a una misma institución o persona para que permanezcan unidos. La situación del menor en relación con su familia de origen, tanto en lo que se refiere a su guarda como al régimen de visitas y otras formas de comunicación, será revisada, al menos cada seis meses.

3. La Entidad Pública podrá acordar, en relación con el menor en acogida familiar o residencial, cuando sea conveniente a su interés, estancias, salidas de fines de semana o de vacaciones con familias o con instituciones dedicadas a estas funciones. A tal efecto sólo se seleccionará a personas o instituciones adecuadas a las necesidades del menor. Dichas medidas deberán ser acordadas una vez haya sido oído el menor si tuviere suficiente madurez y, en todo caso, si fuera mayor de doce años.

La delegación de guarda para estancias, salidas de fin de semana o vacaciones contendrá los términos de la misma y la información que fuera necesaria para asegurar el bienestar del menor, en especial de todas las medidas restrictivas que haya establecido la Entidad Pública o el Juez. Dicha medida será comunicada a los progenitores o tutores, siempre que no hayan sido privados del ejercicio de la patria potestad o removidos del ejercicio de la tutela, así como a los acogedores. Se preservarán los datos de estos guardadores cuando resulte conveniente para el interés del menor o concurra justa causa.

4. En los casos de declaración de situación de desamparo o de asunción de la guarda por resolución administrativa o judicial, podrá establecerse por la Entidad Pública la cantidad que deben abonar los progenitores o tutores para contribuir, en concepto de alimentos y en función de sus posibilidades, a los gastos derivados del cuidado y atención del menor, así como los derivados de la responsabilidad civil que pudiera imputarse a los menores por actos realizados por los mismos.

Introducido por Ley 26/2015, de 28 de julio, de modificación del sistema de protección a la infancia y a la adolescencia (B.O.E. nº. 180, de 29 de julio).

Art. 173. 1. El acogimiento familiar produce la plena participación del menor en la vida de familia e impone a quien lo recibe las obligaciones de velar por él, tenerlo en su compañía, alimentarlo, educarlo y procurarle una formación integral en un entorno afectivo. En el caso de menor con discapacidad, deberá continuar con los apoyos especializados que viniera recibiendo o adoptar otros más adecuados a sus necesidades.

2. El acogimiento requerirá el consentimiento de los acogedores y del menor acogido si tuviera suficiente madurez y, en todo caso, si fuera mayor de doce años.

3. Si surgieren problemas graves de convivencia entre el menor y la persona o personas a quien hubiere sido confiado la guarda en acogimiento familiar, aquél, el acogedor, el Ministerio Fiscal, los progenitores o tutor que no estuvieran privados de la patria potestad o de la tutela o cualquier persona interesada podrán solicitar a la Entidad Pública la remoción de la guarda.

4. El acogimiento familiar del menor cesará:

a) Por resolución judicial.

b) Por resolución de la Entidad Pública, de oficio o a propuesta del Ministerio Fiscal, de los progenitores, tutores, acogedores o del propio menor si tuviera suficiente madurez, cuando se considere necesario para salvaguardar el interés del mismo, oídos los acogedores, el menor, sus progenitores o tutor.

c) Por la muerte o declaración de fallecimiento del acogedor o acogedores del menor.

d) Por la mayoría de edad del menor.

5. Todas las actuaciones de formalización y cesación del acogimiento se practicarán con la obligada reserva.

Redacción dada por Ley 26/2015, de 28 de julio, de modificación del sistema de protección a la infancia y a la adolescencia (B.O.E. nº. 180, de 29 de julio).

Art. 173 bis. 1. El acogimiento familiar podrá tener lugar en la propia familia extensa del menor o en familia ajena, pudiendo en este último caso ser especializado.

2. El acogimiento familiar podrá adoptar las siguientes modalidades atendiendo a su duración y objetivos:

a) Acogimiento familiar de urgencia, principalmente para menores de seis años, que tendrá una duración no superior a seis meses, en tanto se decide la medida de protección familiar que corresponda.

b) Acogimiento familiar temporal, que tendrá carácter transitorio, bien porque de la situación del menor se prevea la reintegración de éste en su propia familia, o bien en tanto se adopte una medida de protección que revista un carácter más estable como el acogimiento familiar permanente o la adopción. Este acogimiento tendrá una duración máxima de dos años, salvo que el interés superior del menor aconseje la prórroga de la medida por la previsible e inmediata reintegración familiar, o la adopción de otra medida de protección definitiva.

c) Acogimiento familiar permanente, que se constituirá bien al finalizar el plazo de dos años de acogimiento temporal por no ser posible la reintegración familiar, o bien directamente en casos de menores con necesidades especiales o cuando las circunstancias del menor y su familia así lo aconsejen. La Entidad Pública podrá solicitar del Juez que atribuya a los acogedores permanentes aquellas facultades de la tutela que faciliten el desempeño de sus responsabilidades, atendiendo, en todo caso, al interés superior del menor.

Redacción dada por Ley 26/2015, de 28 de julio, de modificación del sistema de protección a la infancia y a la adolescencia (B.O.E. nº. 180, de 29 de julio).

Art. 174. 1. Incumbe al Ministerio Fiscal la superior vigilancia de la tutela, acogimiento o guarda de los menores a que se refiere esta sección.

2. A tal fin, la Entidad Pública le dará noticia inmediata de los nuevos ingresos de menores y le remitirá copia de las resoluciones administrativas de formalización de la constitución, variación y cesación de las tutelas, guardas y acogimientos. Igualmente le dará cuenta de cualquier novedad de interés en las circunstancias del menor.

El Ministerio Fiscal habrá de comprobar, al menos semestralmente, la situación del menor y promoverá ante la Entidad Pública o el Juez, según proceda, las medidas de protección que estime necesarias.

3. La vigilancia del Ministerio Fiscal no eximirá a la Entidad Pública de su responsabilidad para con el menor y de su obligación de poner en conocimiento del Ministerio Fiscal las anomalías que observe.

4. Para el cumplimiento de la función de la superior vigilancia de la tutela, acogimiento o guarda de los menores, cuando sea necesario, podrá el Ministerio Fiscal recabar la elaboración de informes por parte de los servicios correspondientes de las Administraciones Públicas competentes.

A estos efectos, los servicios correspondientes de las Administraciones Públicas competentes atenderán las solicitudes de información remitidas por el Ministerio Fiscal en el curso de las investigaciones tendentes a determinar la situación de riesgo o desamparo en la que pudiera encontrarse un menor.

Redacción dada por Ley 26/2015, de 28 de julio, de modificación del sistema de protección a la infancia y a la adolescencia (B.O.E. nº. 180, de 29 de julio).

Sección Segunda. De la adopción

Art. 175. 1. La adopción requiere que el adoptante sea mayor de veinticinco años. Si son dos los adoptantes bastará con que uno de ellos haya alcanzado dicha edad. En todo caso, la diferencia de edad entre adoptante y adoptando será de, al menos, dieciséis años y no podrá ser superior a cuarenta y cinco años, salvo en los casos previstos en el artículo 176.2. Cuando fueran dos los adoptantes, será suficiente con que uno de ellos no tenga esa diferencia máxima de edad con el adoptando. Si los futuros adoptantes están en disposición de adoptar grupos de hermanos o menores con necesidades especiales, la diferencia máxima de edad podrá ser superior.

No pueden ser adoptantes los que no puedan ser tutores de acuerdo con lo previsto en este código.

2. Únicamente podrán ser adoptados los menores no emancipados. Por excepción, será posible la adopción de un mayor de edad o de un menor emancipado cuando, inmediatamente antes de la emancipación, hubiere existido una situación de acogimiento con los futuros adoptantes o de convivencia estable con ellos de, al menos, un año.

3. No puede adoptarse:

1.º A un descendiente.

2.º A un pariente en segundo grado de la línea colateral por consanguinidad o afinidad.

3.º A un pupilo por su tutor hasta que haya sido aprobada definitivamente la cuenta general justificada de la tutela.

4. Nadie podrá ser adoptado por más de una persona, salvo que la adopción se realice conjunta o sucesivamente por ambos cónyuges o por una pareja unida por análoga relación de afectividad a la conyugal. El matrimonio celebrado con posterioridad a la adopción permitirá al

cónyuge la adopción de los hijos de su consorte. Esta previsión será también de aplicación a las parejas que se constituyan con posterioridad. En caso de muerte del adoptante, o cuando el adoptante sufra la exclusión prevista en el artículo 179, será posible una nueva adopción del adoptado.

5. En caso de que el adoptando se encontrara en acogimiento permanente o guarda con fines de adopción de dos cónyuges o de una pareja unida por análoga relación de afectividad a la conyugal, la separación o divorcio legal o ruptura de la relación de los mismos que conste fehacientemente con anterioridad a la propuesta de adopción no impedirá que pueda promoverse la adopción conjunta siempre y cuando se acredite la convivencia efectiva del adoptando con ambos cónyuges o con la pareja unida por análoga relación de naturaleza análoga a la conyugal durante al menos dos años anteriores a la propuesta de adopción.

Redacción dada por Ley 26/2015, de 28 de julio, de modificación del sistema de protección a la infancia y a la adolescencia (B.O.E. nº. 180, de 29 de julio).

Art. 176. 1. La adopción se constituirá por resolución judicial, que tendrá en cuenta siempre el interés del adoptando y la idoneidad del adoptante o adoptantes para el ejercicio de la patria potestad.

2. Para iniciar el expediente de adopción será necesaria la propuesta previa de la Entidad Pública a favor del adoptante o adoptantes que dicha Entidad Pública haya declarado idóneos para el ejercicio de la patria potestad. La declaración de idoneidad deberá ser previa a la propuesta.

No obstante, no se requerirá tal propuesta cuando en el adoptando concurra alguna de las circunstancias siguientes:

1.ª Ser huérfano y pariente del adoptante en tercer grado por consanguinidad o afinidad.

2.ª Ser hijo del cónyuge o de la persona unida al adoptante por análoga relación de afectividad a la conyugal.

3.ª Llevar más de un año en guarda con fines de adopción o haber estado bajo tutela del adoptante por el mismo tiempo.

4.ª Ser mayor de edad o menor emancipado.

3. Se entiende por idoneidad la capacidad, aptitud y motivación adecuadas para ejercer la responsabilidad parental, atendiendo a las necesidades de los menores a adoptar, y para asumir las peculiaridades, consecuencias y responsabilidades que conlleva la adopción.

La declaración de idoneidad por la Entidad Pública requerirá una valoración psicosocial sobre la situación personal, familiar, relacional y social de los adoptantes, así como su capacidad para establecer vínculos estables y seguros, sus habilidades educativas y su aptitud para atender a un menor en función de sus singulares circunstancias. Dicha declaración de idoneidad se formalizará mediante la correspondiente resolución.

No podrán ser declarados idóneos para la adopción quienes se encuentren privados de la patria potestad o tengan suspendido su ejercicio, ni quienes tengan confiada la guarda de su hijo a la Entidad Pública.

Las personas que se ofrezcan para la adopción deberán asistir a las sesiones informativas y de preparación organizadas por la Entidad Pública o por Entidad colaboradora autorizada.

4. Cuando concurra alguna de las circunstancias 1.ª, 2.ª o 3.ª previstas en el apartado 2 podrá constituirse la adopción, aunque el adoptante hubiere fallecido, si éste hubiese prestado ya ante el Juez su consentimiento o el mismo hubiera sido otorgado mediante documento público o en testamento. Los efectos de la resolución judicial en este caso se retrotraerán a la fecha de prestación de tal consentimiento.

Redacción dada por Ley 26/2015, de 28 de julio, de modificación del sistema de protección a la infancia y a la adolescencia (B.O.E. nº. 180, de 29 de julio).

Art. 176 bis. 1. La Entidad Pública podrá delegar la guarda de un menor declarado en situación de desamparo en las personas que, reuniendo los requisitos de capacidad para adoptar previstos en el artículo 175 y habiendo prestado su consentimiento, hayan sido preparadas, declaradas idóneas y asignadas para su adopción. A tal efecto, la Entidad Pública, con anterioridad a la presentación de la propuesta de adopción, delegará la guarda con fines de adopción hasta que se dicte la resolución judicial de adopción, mediante resolución administrativa debidamente motivada, previa audiencia de los afectados y del menor si tuviere suficiente madurez y, en todo caso, si fuere mayor de doce años, que se notificará a los progenitores o tutores no privados de la patria potestad o tutela.

Los guardadores con fines de adopción tendrán los mismos derechos y obligaciones que los acogedores familiares.

2. Salvo que convenga otra cosa al interés del menor, la Entidad Pública procederá a suspender el régimen de visitas y relaciones con la familia de origen cuando se inicie el período de convivencia preadoptiva a que se refiere el apartado anterior, excepto en los casos previstos en el artículo 178.4.

3. La propuesta de adopción al Juez tendrá que realizarse en el plazo más breve posible y, en todo caso, antes de transcurridos tres meses desde el día en el que se hubiera acordado la delegación de guarda con fines de adopción. No obstante, cuando la Entidad Pública considere necesario, en función de la edad y circunstancias del menor, establecer un período de adaptación del menor a la familia, dicho plazo de tres meses podrá prorrogarse hasta un máximo de un año.

En el supuesto de que el Juez no considerase procedente esa adopción, la Entidad Pública deberá determinar la medida protectora más adecuada para el menor.

Introducido por Ley 26/2015, de 28 de julio, de modificación del sistema de protección a la infancia y a la adolescencia (B.O.E. nº. 180, de 29 de julio).

Art. 177. 1. Habrán de consentir la adopción, en presencia del Juez, el adoptante o adoptantes y el adoptando mayor de doce años.

2. Deberán asentir a la adopción:

1.º El cónyuge o persona unida al adoptante por análoga relación de afectividad a la conyugal salvo que medie separación o divorcio legal o ruptura de la pareja que conste fehacientemente, excepto en los supuestos en los que la adopción se vaya a formalizar de forma conjunta.

2.º Los progenitores del adoptando que no se hallare emancipado, a menos que estuvieran privados de la patria potestad por sentencia firme o incursos en causa legal para tal privación. Esta situación solo podrá apreciarse en el procedimiento judicial contradictorio que se tramitará conforme a la Ley de Enjuiciamiento Civil.

No será necesario el asentimiento cuando los que deban prestarlo se encuentren imposibilitados para ello, imposibilidad que se apreciará motivadamente en la resolución judicial que constituya la adopción.

Tampoco será necesario el asentimiento de los progenitores que tuvieren suspendida la patria potestad cuando hubieran transcurrido dos años desde la notificación de la declaración de situación de desamparo, en los términos previstos en el artículo 172.2, sin oposición a la misma o cuando, interpuesta en plazo, hubiera sido desestimada.

El asentimiento de la madre no podrá prestarse hasta que hayan transcurrido seis semanas desde el parto.

En las adopciones que exijan propuesta previa no se admitirá que el asentimiento de los progenitores se refiera a adoptantes determinados.

3. Deberán ser oídos por el Juez:

1.º Los progenitores que no hayan sido privados de la patria potestad, cuando su asentimiento no fuera necesario para la adopción.

2.º El tutor y, en su caso, la familia acogedora, y el guardador o guardadores.

3.º El adoptando menor de doce años de acuerdo con su edad y madurez.

4. Los consentimientos y asentimientos deberán otorgarse libremente, en la forma legal requerida y por escrito, previa información de sus consecuencias.

Redacción dada por Ley 26/2015, de 28 de julio, de modificación del sistema de protección a la infancia y a la adolescencia (B.O.E. nº. 180, de 29 de julio).

Art. 178. 1. La adopción produce la extinción de los vínculos jurídicos entre el adoptado y su familia de origen.

2. Por excepción subsistirán los vínculos jurídicos con la familia del progenitor que, según el caso, corresponda:

a) Cuando el adoptado sea hijo del cónyuge o de la persona unida al adoptante por análoga relación de afectividad a la conyugal, aunque el consorte o la pareja hubiera fallecido.

b) Cuando sólo uno de los progenitores haya sido legalmente determinado, siempre que tal efecto hubiera sido solicitado por el adoptante, el adoptado mayor de doce años y el progenitor cuyo vínculo haya de persistir.

3. Lo establecido en los apartados anteriores se entiende sin perjuicio de lo dispuesto sobre impedimentos matrimoniales.

4. Cuando el interés del menor así lo aconseje, en razón de su situación familiar, edad o cualquier otra circunstancia significativa valorada por la Entidad Pública, podrá acordarse el mantenimiento de alguna forma de relación o contacto a través de visitas o comunicaciones entre el menor, los miembros de la familia de origen que se considere y la adoptiva, favoreciéndose especialmente, cuando ello sea posible, la relación entre los hermanos biológicos.

En estos casos el Juez, al constituir la adopción, podrá acordar el mantenimiento de dicha relación, determinando su periodicidad, duración y condiciones, a propuesta de la Entidad Pública o del Ministerio Fiscal y con el consentimiento de la familia adoptiva y del adoptando si tuviera suficiente madurez y siempre si fuere mayor de doce años. En todo caso, será oído el adoptando menor de doce años de acuerdo a su edad y madurez. Si fuere necesario, dicha relación se llevará a cabo con la intermediación de la Entidad Pública o entidades acreditadas a tal fin. El Juez podrá acordar, también, su modificación o finalización en atención al interés superior del menor. La Entidad Pública remitirá al Juez informes periódicos sobre el desarrollo de las visitas y comunicaciones, así como propuestas de mantenimiento o modificación de las mismas durante los dos primeros años, y, transcurridos estos a petición del Juez.

Están legitimados para solicitar la suspensión o supresión de dichas visitas o comunicaciones la Entidad Pública, la familia adoptiva, la familia de origen y el menor si tuviere suficiente madurez y, en todo caso, si fuere mayor de doce años.

En la declaración de idoneidad deberá hacerse constar si las personas que se ofrecen a la adopción aceptarían adoptar a un menor que fuese a mantener la relación con la familia de origen.

Redacción dada por Ley 26/2015, de 28 de julio, de modificación del sistema de protección a la infancia y a la adolescencia (B.O.E. nº. 180, de 29 de julio).
Arts. 46 a 48 C.C.

Art. 179. 1. El Juez, a petición del Ministerio Fiscal, del adoptado o de su representante legal acordará que el adoptante que hubiere incurrido en causa de privación de la patria potestad, quede excluido de las funciones tuitivas y de los derechos que por Ley le correspondan respecto del adoptado o sus descendientes, o en sus herencias.

2. Una vez alcanzada la plena capacidad, la exclusión sólo podrá ser pedida por el adoptado dentro de los dos años siguientes.

3. Dejarán de producir efectos estas restricciones por determinación del propio hijo una vez alcanzada la plena capacidad.

Arts. 129; 154; 162; 170; 172; 180,3; 315; 806; 807 C.C.; Ley 21/1987 de 11 de noviembre (B.O.E. de 17 de noviembre), Disposición Ad. 2ª.

Art. 180. 1. La adopción es irrevocable.

2. El Juez acordará la extinción de la adopción a petición de cualquiera de los progenitores que, sin culpa suya, no hubieren intervenido

en el expediente en los términos expresados en el artículo 177. Será también necesario que la demanda se interponga dentro de los dos años siguientes a la adopción y que la extinción solicitada no perjudique gravemente al menor.

Si el adoptado fuere mayor de edad, la extinción de la adopción requerirá su consentimiento expreso.

Redacción dada por Ley 26/2015, de 28 de julio, de modificación del sistema de protección a la infancia y a la adolescencia (B.O.E. nº. 180, de 29 de julio).

3. La extinción de la adopción no es causa de pérdida de la nacionalidad ni de la vecindad civil adquiridas, ni alcanza a los efectos patrimoniales anteriormente producidos.

4. La determinación de la filiación que por naturaleza corresponda al adoptado no afecta a la adopción.

Arts. 14; 15; 19; 112 y sigs.; 142 y sigs.; 176,1; 177 C.C.

5. Las Entidades Públicas asegurarán la conservación de la información de que dispongan relativa a los orígenes del menor, en particular la información respecto a la identidad de sus progenitores, así como la historia médica del menor y de su familia, y se conservarán durante al menos cincuenta años con posterioridad al momento en que la adopción se haya hecho definitiva. La conservación se llevará a cabo a los solos efectos de que la persona adoptada pueda ejercitar el derecho al que se refiere el apartado siguiente.

Redacción dada por Ley 26/2015, de 28 de julio, de modificación del sistema de protección a la infancia y a la adolescencia (B.O.E. nº. 180, de 29 de julio).

6. Las personas adoptadas, alcanzada la mayoría de edad o durante su minoría de edad a través de sus representantes legales, tendrán derecho a conocer los datos sobre sus orígenes biológicos. Las Entidades Públicas, previa notificación a las personas afectadas, prestarán a través de sus servicios especializados el asesoramiento y la ayuda que precisen para hacer efectivo este derecho.

A estos efectos, cualquier entidad privada o pública tendrá obligación de facilitar a las Entidades Públicas y al Ministerio Fiscal, cuando les sean requeridos, los informes y antecedentes necesarios sobre el menor y su familia de origen.

Introducido por Ley 26/2015, de 28 de julio, de modificación del sistema de protección a la infancia y a la adolescencia (B.O.E. nº. 180, de 29 de julio).

Título VIII. De la ausencia

Capítulo Primero. Declaración de la ausencia y sus efectos

Art. 181. En todo caso, desaparecida una persona de su domicilio o del lugar de su última residencia, sin haberse tenido en ella más noticias, podrá el Secretario judicial, a instancia de parte interesada o del Ministerio Fiscal, nombrar un defensor que ampare y represente al desaparecido en juicio o en los negocios que no admitan demora sin perjuicio grave. Se exceptúan los casos en que aquél estuviese legítimamente representado voluntariamente conforme al artículo 183.

El cónyuge presente mayor de edad no separado legalmente será el representante y defensor nato del desaparecido; y por su falta, el pariente más próximo hasta el cuarto grado, también mayor de edad. En defecto de parientes, no presencia de los mismos o urgencia notoria, el Secretario judicial nombrará persona solvente y de buenos antecedentes, previa audiencia del Ministerio Fiscal.

También podrá adoptar, según su prudente arbitrio, las medidas necesarias a la conservación del patrimonio.

Redacción dada por Ley 15/2015, de 2 de julio, de la Jurisdicción Voluntaria (B.O.E. nº. 158 de 3 de julio).

Art. 182. Tiene la obligación de promover e instar la declaración de ausencia legal, sin orden de preferencia:

Primero.- El cónyuge del ausente no separado legalmente.

Segundo.- Los parientes consanguíneos hasta el cuarto grado.

Tercero.- El Ministerio Fiscal de oficio o a virtud de denuncia.

Podrá, también, pedir dicha declaración cualquier persona que racionalmente estime tener sobre los bienes del desaparecido algún derecho ejercitable en vida del mismo o dependiente de su muerte.

Vid. LJV.

Art. 183. Se considerará en situación de ausencia legal al desaparecido de su domicilio o de su última residencia:

1º. Pasado un año desde las últimas noticias o, a falta de éstas, desde su desaparición, si no hubiese dejado apoderado con facultades de administración de todos sus bienes.

2º. Pasados tres años, si hubiese dejado encomendada por apoderamiento la administración de todos sus bienes.

La muerte o renuncia justificada del mandatario, o la caducidad del mandato, determina la ausencia legal, si al producirse aquéllas se ignorase el paradero del desaparecido y hubiere transcurrido un año desde que se tuvieron las últimas noticias, y, en su defecto, desde su desaparición. Inscrita en el Registro Civil la declaración de ausencia, quedan extinguidos de derecho todos los mandatos generales o especiales otorgados por el ausente.

Redacción dada por Ley 15/2015, de 2 de julio, de la Jurisdicción Voluntaria (B.O.E. nº. 158 de 3 de julio).
Arts. 1709; 1713; 1732; 1736 a 1739 C.C.; art. 2,4 L.H.; art. 89 R.H.; arts. 1, 6º; 5; 88; 89 L.R.C.

Art. 184. Salvo motivo grave apreciado por el Secretario judicial, corresponde la representación del declarado ausente, la pesquisa de su persona, la protección y administración de sus bienes y el cumplimiento de sus obligaciones:

1.º Al cónyuge presente mayor de edad no separado legalmente o de hecho.

2.º Al hijo mayor de edad; si hubiese varios, serán preferidos los que convivían con el ausente y el mayor al menor.

3.º Al ascendiente más próximo de menos edad de una u otra línea.

4.º A los hermanos mayores de edad que hayan convivido familiarmente con el ausente, con preferencia del mayor sobre el menor.

En defecto de las personas expresadas, corresponde en toda su extensión a la persona solvente de buenos antecedentes que el Secretario judicial, oído el Ministerio fiscal, designe a su prudente arbitrio.

Redacción dada por Ley 15/2015, de 2 de julio, de la Jurisdicción Voluntaria (B.O.E. nº. 158 de 3 de julio).

Art. 185. El representante del declarado ausente quedará atenido a las obligaciones siguientes:

1.ª Inventariar los bienes muebles y describir los inmuebles de su representado.

2.ª Prestar la garantía que el Secretario judicial prudencialmente fije. Quedan exceptuados los comprendidos en los números 1.º, 2.º y 3.º del artículo precedente.

3.ª Conservar y defender el patrimonio del ausente y obtener de sus bienes los rendimientos normales de que fueren susceptibles.

4.ª Ajustarse a las normas que en orden a la posesión y administración de los bienes del ausente se establecen en la Ley Procesal Civil.

Serán aplicables a los representantes dativos del ausente, en cuanto se adapten a su especial representación, los preceptos que regulan el ejercicio de la tutela y las causas de inhabilidad, remoción y excusa de los tutores.

Redacción dada por Ley 15/2015, de 2 de julio, de la Jurisdicción Voluntaria (B.O.E. nº. 158 de 3 de julio).

Art. 186. Los representantes legítimos del declarado ausente comprendidos en los números 1.º, 2.º y 3.º del artículo 184 disfrutarán de la posesión temporal del patrimonio del ausente y harán suyos los productos líquidos en la cuantía que el Secretario judicial señale, habida consideración al importe de los frutos, rentas y aprovechamientos, número de hijos del ausente y obligaciones alimenticias para con los mismos, cuidados y actuaciones que la representación requiera, afecciones que graven al patrimonio y demás circunstancias de la propia índole.

Los representantes legítimos comprendidos en el número 4.º del expresado artículo disfrutarán, también, de la posesión temporal y harán suyos los frutos, rentas y aprovechamientos en la cuantía que el Secretario judicial señale, sin que en ningún caso puedan retener más de los dos tercios de los productos líquidos, reservándose el tercio restante para el ausente, o, en su caso, para sus herederos o causahabientes.

Los poseedores temporales de los bienes del ausente no podrán venderlos, gravarlos, hipotecarlos o darlos en prenda, sino en caso de necesidad o utilidad evidente, reconocida y declarada por el Secretario judicial, quien, al autorizar dichos actos, determinará el empleo de la cantidad obtenida.

Redacción dada por Ley 15/2015, de 2 de julio, de la Jurisdicción Voluntaria (B.O.E. nº. 158 de 3 de julio).

Art. 187. Si durante el disfrute de la posesión temporal o del ejercicio de la representación dativa alguno probase su derecho preferente a dicha posesión, será excluido el poseedor actual, pero aquél no tendrá derecho a los productos sino a partir del día de la presentación de la demanda.

Si apareciese el ausente, deberá restituírsele su patrimonio, pero no los productos percibidos, salvo mala fe interviniente, en cuyo caso la restitución comprenderá también los frutos percibidos y los debidos percibir a contar del día en que aquélla se produjo, según la declaración del Secretario judicial.

Redacción dada por Ley 15/2015, de 2 de julio, de la Jurisdicción Voluntaria (B.O.E. nº. 158 de 3 de julio).

Art. 188. Si en el transcurso de la posesión temporal o del ejercicio de la representación dativa se probase la muerte del declarado ausente, se abrirá la sucesión en beneficio de los que en el momento del fallecimiento fuesen sus sucesores voluntarios o legítimos, debiendo el poseedor temporal hacerles entrega del patrimonio del difunto, pero reteniendo, como suyos, los productos recibidos en la cuantía señalada.

Si se presentare un tercero acreditando por documento fehaciente haber adquirido, por compra u otro título, bienes del ausente, cesará la representación respecto de dichos bienes, que quedarán a disposición de sus legítimos titulares.

Arts. 657; 659; 661 C.C. Vid. LJV.

Art. 189. El cónyuge del ausente tendrá derecho a la separación de bienes.

(Redacción Ley 11/1981 de 13 de mayo (B.O.E. 19 de mayo).
Arts. 1393; 1415; 1435 C.C.

Art. 190. Para reclamar un derecho en nombre de la persona constituida en ausencia, es preciso probar que esta persona existía en el tiempo en que era necesaria su existencia para adquirirlo.

Arts. 982; 991; 1006 C.C.

Art. 191. Sin perjuicio de lo dispuesto en el artículo anterior, abierta una sucesión a la que estuviere llamado un ausente, acrecerá la parte de éste a sus coherederos, al no haber persona con derecho propio para reclamarla. Los unos y los otros, en su caso, deberán hacer, con intervención del Ministerio fiscal, inventario de dichos bienes, los cuales reservarán hasta la declaración del fallecimiento.

Arts. 981 a 987; 991; 1006 C.C.; art. 89, 2º R.H.

Art. 192. Lo dispuesto en el artículo anterior se entiende sin perjuicio de las acciones de petición de herencia u otros derechos que competan al ausente, sus representantes o causahabientes. Estos derechos no se extinguirán sino por el transcurso del tiempo fijado para la prescripción. En la inscripción que se haga en el Registro de los bienes inmuebles que acrezcan a los coherederos se expresará la circunstancia de quedar sujetos a lo que dispone este artículo y el anterior.

Arts. 185; 1052; 1291, 2º C.C.

Capítulo II. De la declaración de fallecimiento

Art. 193. Procede la declaración de fallecimiento:

1º. Transcurridos diez años desde las últimas noticias habidas del ausente, o, a falta de éstas, desde su desaparición.

2º. Pasados cinco años desde las últimas noticias o, en defecto de éstas, desde su desaparición, si al expirar dicho plazo hubiere cumplido el ausente setenta y cinco años.

Los plazos expresados se computarán desde la expiración del año natural en que se tuvieron las últimas noticias, o, en su defecto, del en que ocurrió la desaparición.

3º. Cumplido un año, contado de fecha a fecha, de un riesgo inminente de muerte por causa de violencia contra la vida, en que una persona se hubiese encontrado sin haberse tenido, con posterioridad a la violencia, noticias suyas. En caso de siniestro este plazo será de tres meses.

Se presume la violencia si en una subversión de orden político o social hubiere desaparecido una persona sin volverse a tener noticias suyas durante el tiempo expresado, siempre que hayan pasado seis meses desde la cesación de la subversión.

Arts. 1, 6º; 5; 46; 81 L.R.C.; arts. 273 y sigs. R.R.C.; vid. LJV; art. 2,4 R.H.
Nueva redacción conforme a la Ley 4/2000.

Art. 194. Procede también la declaración de fallecimiento:

1.º De los que perteneciendo a un contingente armado o unidos a él en calidad de funcionarios auxiliares voluntarios, o en funciones informativas, hayan tomado parte en operaciones de campaña y desaparecido en ellas luego que hayan transcurrido dos años, contados desde la fecha del tratado de paz, y en caso de no haberse concertado, desde la declaración oficial del fin de la guerra.

2.º De los que resulte acreditado que se encontraban a bordo de una nave cuyo naufragio o desaparición por inmersión en el mar se haya comprobado, o a bordo de una aeronave cuyo siniestro se haya verificado y haya evidencias racionales de ausencia de supervivientes.

3.º De los que no se tuvieren noticias después de que resulte acreditado que se encontraban a bordo de una nave cuyo naufragio o desaparición por inmersión en el mar se haya comprobado o a bordo de una aeronave cuyo siniestro se haya verificado, o, en caso de haberse encontrado restos humanos en tales supuestos, y no hubieren podido ser identificados, luego que hayan transcurrido ocho días.

4.º De los que se encuentren a bordo de una nave que se presuma naufragada o desaparecida por inmersión en el mar, por no llegar a su destino, o si careciendo de punto fijo de arribo, no retornase y haya evidencias racionales de ausencia de supervivientes, luego que en cualquiera de los casos haya transcurrido un mes contado desde las últimas noticias recibidas o, por falta de éstas, desde la fecha de salida de la nave del puerto inicial del viaje.

5.º De los que se encuentren a bordo de una aeronave que se presuma siniestrada al realizar el viaje sobre mares, zonas desérticas o inhabitadas, por no llegar a su destino, o si careciendo de punto fijo de arribo, no retornase, y haya evidencias racionales de ausencia de supervivientes, luego que en cualquiera de los casos haya transcurrido un mes contado desde las últimas noticias de las personas o de la aeronave y, en su defecto, desde la fecha de inicio del viaje. Si éste se hiciere por etapas, el plazo indicado se computará desde el punto de despegue del que se recibieron las últimas noticias.

Redacción dada por Ley 15/2015, de 2 de julio, de la Jurisdicción Voluntaria (B.O.E. nº. 158 de 3 de julio).

Arts. 1,6º; 5; 46; 81 L.R.C.; arts. 273 y sigs. R.R.C.; art. 2,4 R.H. Vid. LJV.

Art. 195. Por la declaración de fallecimiento cesa la situación de ausencia legal, pero mientras dicha declaración no se produzca, se presume que el ausente ha vivido hasta el momento en que deba reputársele fallecido, salvo investigaciones en contrario.

Toda declaración de fallecimiento expresará la fecha a partir de la cual se entienda sucedida la muerte, con arreglo a lo preceptuado en los artículos precedentes, salvo prueba en contrario.

Arts. 85; 169, 1º; 171, pár. 2, 1º; 191 C.C.; art. 179, 1º R.R.C. Vid. LJV.

Art. 196. Firme la declaración de fallecimiento del ausente, se abrirá la sucesión en los bienes del mismo, procediéndose a su adjudicación conforme a lo dispuesto legalmente.

Los herederos no podrán disponer a título gratuito hasta cinco años después de la declaración del fallecimiento.

Hasta que transcurra este mismo plazo no serán entregados los legados, si los hubiese, ni tendrán derecho a exigirlos los legatarios, salvo las mandas piadosas en sufragio del alma del testador o los legados en favor de Instituciones de beneficencia.

Será obligación ineludible de los sucesores, aunque por tratarse de uno solo no fuese necesaria partición, la de formar notarialmente un inventario detallado de los bienes muebles y una descripción de los inmuebles.

Redacción dada por Ley 15/2015, de 2 de julio, de la Jurisdicción Voluntaria (B.O.E. nº. 158 de 3 de julio).

Art. 197. Si después de la declaración de fallecimiento se presentase el ausente o se probase su existencia, recobrará sus bienes en el estado en que se encuentren y tendrá derecho al precio de los que se hubieran vendido, o a los bienes que con este precio se hayan adquirido, pero no podrá reclamar de sus sucesores rentas, frutos ni productos obtenidos con los bienes de su sucesión, sino desde el día de su presencia o de la declaración de no haber muerto.

Arts. 186; 187; 441 a 445 C.C.

Capítulo III. De la inscripción en el Registro Civil

Redacción dada por Ley 15/2015, de 2 de julio, de la Jurisdicción Voluntaria (B.O.E. nº. 158 de 3 de julio).

Art. 198. En el Registro Civil se harán constar las declaraciones de desaparición, ausencia legal y de fallecimiento, así como las representaciones legítimas y dativas acordadas, y su extinción.

Asimismo se anotarán los inventarios de bienes muebles y descripción de inmuebles que en este Título se ordenan; los decretos de concesión y las escrituras de transmisiones y gravámenes que efectúen los representantes legítimos o dativos de los ausentes; y la escritura de descripción o inventario de los bienes, así como de las escrituras de partición y adjudicación realizadas a virtud de la declaración de fallecimiento o de las actas de protocolización de los cuadernos particionales en sus respectivos casos.

Redacción dada por Ley 15/2015, de 2 de julio, de la Jurisdicción Voluntaria (B.O.E. nº. 158 de 3 de julio).

Título IX. De la incapacitación

Reformado por Ley 13/1983, de 24 de octubre, (B.O.E. de 26 de octubre).
Vid. Art. 49 C.E.; arts. 9,6; 10,1 C.C.
Los arts. 202 a 214 han sido derogados por la Disposición Derogatoria Única, 2-1º L.E.C.
Vid. Ley 41/2003, de 18 de noviembre, de protección patrimonial de las personas con discapacidad y de modificación del Código civil, de la Ley de Enjuiciamiento Civil y de la Normativa Tributaria con esta finalidad (B.O.E. 19 de noviembre de 2003).

Art. 199. Nadie puede ser declarado incapaz sino por sentencia judicial en virtud de las causas establecidas en la ley.

Art. 9,3 C.E.; arts. 200; 201; 212; 215; 222; 286 C.C.; arts. 88 a 91 L.R.C.; arts. 283 a 299 R.R.C.; arts. 748 y sigs. L.E.C. Vid. LJV.

Art. 200. Son causas de incapacitación las enfermedades o deficiencias persistentes de carácter físico o psíquico que impidan a la persona gobernarse por sí misma.

Ley 13/1983, de 24 de octubre (B.O.E. de 26 de octubre), Disp. Trans. 3ª.

Art. 201. Los menores de edad podrán ser incapacitados cuando concurra en ellos causa de incapacitación y se prevea razonablemente que la misma persistirá después de la mayoría de edad.

Arts. 154; 171; 205; 315 C.C.

Art. 202.

Derogado por la Disposición Derogatoria Única, 2-1º L.E.C.

Art. 203.

Derogado por la Disposición Derogatoria Única, 2-1º L.E.C.

Art. 204.

Derogado por la Disposición Derogatoria Única, 2-1º L.E.C.

Art. 205.

Derogado por la Disposición Derogatoria Única, 2-1º L.E.C.

Art. 206.

Derogado por la Disposición Derogatoria Única, 2-1º L.E.C.

Art. 207.

Derogado por la Disposición Derogatoria Única, 2-1º L.E.C.

Art. 208.

Derogado por la Disposición Derogatoria Única, 2-1º L.E.C.

Art. 209.

Derogado por la Disposición Derogatoria Única, 2-1º L.E.C.

Art. 210.

Derogado por la Disposición Derogatoria Única, 2-1º L.E.C.

Art. 211.

Derogado por la Disposición Derogatoria Única, 2-1º L.E.C.

Art. 212.

Derogado por la Disposición Derogatoria Única, 2-1º L.E.C.

Art. 213.

Derogado por la Disposición Derogatoria Única, 2-1º L.E.C.

Art. 214.

Derogado por la Disposición Derogatoria Única, 2-1º L.E.C.

Título X. De la tutela, de la curatela y de la guarda de los menores o incapacitados

Vid. Libro II, C.C.C.
Vid. arts. 748 y sigs. L.E.C.
Vid. Ley 41/2003, de 18 de noviembre, de protección patrimonial de las personas con discapacidad y de modificación del Código civil, de la Ley de Enjuiciamiento Civil y de la Normativa Tributaria con esta finalidad (B.O.E. 19 de noviembre de 2003).

Capítulo Primero. Disposiciones generales

Art. 215. La guarda y protección de la persona y bienes o solamente de la persona o de los bienes de los menores o incapacitados, se realizará, en los casos que proceda, mediante:

1º. La tutela.
2º. La curatela.
3º. El defensor judicial.

Arts. 207; 210; 222 a 285; 286 a 298; 299 a 302 C.C.

Art. 216. Las funciones tutelares constituyen un deber, se ejercerán en beneficio del tutelado y estarán bajo la salvaguarda de la autoridad judicial.

Las medidas y disposiciones previstas en el artículo 158 de este Código podrán ser acordadas también por el Juez, de oficio o a instancia de cualquier interesado, en todos los supuestos de tutela o guarda, de hecho o de derecho, de menores e incapaces, en cuanto lo requiera el interés de éstos.

Párrafo introducido por la Ley Orgánica 1/1996, de 15 de enero, de Protección Jurídica del Menor Arts. 154; 232; 233; 269 C.C.

Si se tratara de menores que estén bajo la tutela de la Entidad Pública, estas medidas solo podrán ser acordadas de oficio, o a instancia de ésta, del Ministerio Fiscal o del propio menor. La Entidad Pública será parte en el procedimiento y las medidas acordadas serán comunicadas a la Entidad Pública, la cual dará traslado de dicha comunicación al Director del centro residencial o a la familia acogedora.

Párrafo introducido por Ley 26/2015, de 28 de julio, de modificación del sistema de protección a la infancia y a la adolescencia (B.O.E. nº. 180, de 29 de julio).

Art. 217. Sólo se admitirá la excusa de los cargos tutelares en los supuestos legalmente previstos.

Arts. 251 a 258 C.C.

Art. 218. Las resoluciones judiciales sobre los cargos tutelares y de curatela habrán de inscribirse en el Registro Civil.

Dichas resoluciones no serán oponibles a terceros mientras no se hayan practicado las oportunas inscripciones.

Arts. 214; 325 C.C.; arts. 1; 88 a 91 L.R.C.; arts. 283 a 292 R.R.C.

Art. 219. La inscripción de las resoluciones a que se refiere el artículo anterior, se practicará en virtud de testimonio remitido al Encargado del Registro Civil.

Redacción dada por Ley 15/2015, de 2 de julio, de la Jurisdicción Voluntaria (B.O.E. nº. 158 de 3 de julio).

Art. 220. La persona que en el ejercicio de una función tutelar sufra daños y perjuicios sin culpa por su parte, tendrá derecho a la indemnización de éstos con cargo a los bienes del tutelado, de no poder obtener por otro medio su resarcimiento.

Arts. 251; 306; 1729 C.C.

Art. 221. Se prohíbe a quien desempeñe algún cargo tutelar:

1º. Recibir liberalidades del tutelado o de sus causahabientes, mientras que no se haya aprobado definitivamente su gestión.

2º. Representar al tutelado cuando en el mismo acto intervenga en nombre propio o de un tercero y existiera conflicto de intereses.

3º. Adquirir por título oneroso bienes del tutelado o transmitirle por su parte bienes por igual título.

Arts. 163; 279; 299; 643; 1265; 1297; 1459 C.C.

Capítulo II. De la tutela

Sección Primera. De la tutela en general

Art. 222. Estarán sujetos a tutela:

1º. Los menores no emancipados que no estén bajo la patria potestad.

2º. Los incapacitados, cuando la sentencia lo haya establecido.

3º. Los sujetos a la patria potestad prorrogada, al cesar ésta, salvo que proceda la curatela.

4º. Los menores que se hallen en situación de desamparo.

Párrafo cuarto introducido por Ley 21/1987, de 11 de noviembre (B.O.E. de 17 de noviembre)
Art. 158; 169; 170; 171; 172; 199; 210; 239; 286; 314; 316; 319; 320 C.C.

Art. 223. Los padres podrán en testamento o documento público notarial nombrar tutor, establecer órganos de fiscalización de la tutela, así como designar las personas que hayan de integrarlos u ordenar cualquier disposición sobre la persona o bienes de sus hijos menores o incapacitados.

Asimismo, cualquier persona con la capacidad de obrar suficiente, en previsión de ser incapacitada judicialmente en el futuro, podrá en documento público notarial adoptar cualquier disposición relativa a su propia persona o bienes, incluida la designación de tutor.

Los documentos públicos a los que se refiere el presente artículo se comunicarán de oficio por el notario autorizante al Registro Civil, para su indicación en la inscripción de nacimiento del interesado.

En los procedimientos de incapacitación. el juez recabará certificación del Registro Civil y, en su caso. del registro de actos de última voluntad, a efectos de comprobar la existencia de las disposiciones a las que se refiere este artículo.

Redactado conforme Ley 41/2003, de 18 de noviembre, de protección patrimonial de las personas con discapacidad y de modificación del Código Civil, de la Ley de Enjuiciamiento Civil y de la Normativa Tributaria con esta finalidad (B.O.E. 19 de noviembre de 2003).

Art. 224. Las disposiciones aludidas en el artículo anterior vincularán al Juez, al constituir la tutela, salvo que el beneficio del menor o incapacitado exija otra cosa, en cuyo caso lo hará mediante decisión motivada.

Arts. 216; 234, in fine; 235 C.C.

Art. 225. Cuando existieren disposiciones en testamento o documento público notarial del padre y de la madre, se aplicarán unas y otras conjuntamente en cuanto fueran compatibles. De no serlo, se adoptarán por el Juez, en decisión motivada, las que considere más convenientes para el tutelado.

Arts. 156; 216 C.C.

Art. 226. Serán ineficaces las disposiciones hechas en testamento o documento público notarial sobre la tutela si, en el momento de adoptarlas, el disponente hubiese sido privado de la patria potestad.

Arts. 92; 170 C.C.

Art. 227. El que disponga de bienes a título gratuito en favor de un menor o incapacitado, podrá establecer las reglas de administración de los mismos y designar la persona o personas que hayan de ejercitarla. Las funciones no conferidas al administrador corresponden al tutor.

Art. 164, 1º C.C.

Art. 228. Si el Ministerio Fiscal o el Juez competente tuvieren conocimiento de que existe en el territorio de su jurisdicción alguna persona que deba ser sometida a tutela, pedirá el primero y dispondrá el segundo, incluso de oficio, la constitución de la tutela.

Arts. 174; 203; 204; 222; 230 C.C.

Art. 229. Estarán obligados a promover la constitución de la tutela, desde el momento en que conocieran el hecho que la motivare, los parientes llamados a ella y la persona bajo cuya guarda se encuentre el menor o incapacitado, y si no lo hicieren, serán responsables solidarios de la indemnización de los daños y perjuicios causados.

Texto modificado por Ley 21/1987, de 11 de noviembre, (B.O.E. de 17 de noviembre).
Arts. 174; 202; 234; 1137 y sigs.; 1902 C.C.

Art. 230. Cualquier persona podrá poner en conocimiento del Ministerio Fiscal o de la autoridad judicial el hecho determinante de la tutela.

Arts. 202; 204 C.C.

Art. 231. El Juez constituirá la tutela previa audiencia de los parientes más próximos, de las personas que considere oportuno y, en todo caso, del tutelado si tuviera suficiente juicio y siempre si fuera mayor de doce años.

Arts. 154; 208 C.C.

Art. 232. La tutela se ejercerá bajo la vigilancia del Ministerio Fiscal, que actuará de oficio o a instancia de cualquier interesado.

En cualquier momento podrá exigir del tutor que le informe sobre la situación del menor o del incapacitado y del estado de la administración de la tutela.

Redacción por Ley 21/1987, de 11 de noviembre, (B.O.E. de 17 de noviembre).
Art. 174, 1º; 216 C.C.

Art. 233. El Juez podrá establecer, en la resolución por la que se constituye la tutela o en otra posterior, las medidas de vigilancia y control que estime oportunas en beneficio del tutelado. Asimismo podrá en cualquier momento exigir del tutor que informe sobre la situación del menor o del incapacitado y del estado de la administración.

Arts. 216; 232 C.C.

Sección Segunda. De la delación de la tutela y del nombramiento del tutor

Art. 234. Para el nombramiento de tutor se preferirá:

1.° Al designado por el propio tutelado, conforme al párrafo segundo del artículo 223.

2.° Al cónyuge que conviva con el tutelado.

3.° A los padres.

4.° A la persona o personas designadas por éstos en sus disposiciones de última voluntad.

5.° Al descendiente, ascendiente o hermano que designe el juez.

Párrafo redactado conforme Ley 41/2003, de 18 de noviembre, de protección patrimonial de las personas con discapacidad y de modificación del Código Civil, de la Ley de Enjuiciamiento Civil y de la Normativa Tributaria con esta finalidad (B.O.E. 19 de noviembre de 2003).

Excepcionalmente, el Juez, en resolución motivada, podrá alterar el orden del párrafo anterior o prescindir de todas las personas en él mencionadas, si el beneficio del menor o del incapacitado así lo exigiere.

Se considera beneficiosa para el menor la integración en la vida de familia del tutor.

Ultimo inciso introducido por la Ley Orgánica 1/1996, de 15 de enero, de Protección Jurídica del Menor.

Art. 235. En defecto de las personas mencionadas en el artículo anterior, el Juez designará tutor a quien, por sus relaciones con el tutelado, y en beneficio de éste, considere más idóneo.

Vid. arts. 154, párr. 2º, inicio, y 251 C.C.

Art. 236. La tutela se ejercerá por un solo tutor, salvo:

1º. Cuando por concurrir circunstancias especiales en la persona del tutelado o de su patrimonio, convenga separar como cargos distintos el de tutor de la persona y el de los bienes, cada uno de los cuales actuará independientemente en el ámbito de su competencia, si bien las decisiones que conciernan a ambos deberán tomarlas conjuntamente.

2º. Cuando la tutela corresponda al padre y a la madre, será ejercida por ambos conjuntamente de modo análogo a la patria potestad.

3º. Si se designa a alguna persona tutor de los hijos de su hermano y se considera conveniente que el cónyuge del tutor ejerza también la tutela.

4º. Cuando el Juez nombre tutores a las personas que los padres del tutelado hayan designado en testamento o documento público notarial para ejercer la tutela conjuntamente.

Arts. 156; 223 a 226; 237 C.C.

Art. 237. En el caso del número 4º. del artículo anterior, si el testador lo hubiere dispuesto de modo expreso, y en el caso del número 2º., si los padres lo solicitaran, podrá el Juez, al efectuar el nombramiento de tutores, resolver que éstos puedan ejercitar las facultades de la tutela con carácter solidario.

De no mediar tal clase de nombramiento, en todos los demás casos, y sin perjuicio de los dispuesto en los números 1º. y 2º., las facultades de la tutela encomendada a varios tutores habrán de ser ejercitadas por éstos conjuntamente, pero valdrá lo que se haga con el acuerdo del mayor número. A falta de tal acuerdo, el Juez, después de oír a los tutores y al tutelado si tuviere suficiente juicio, resolverá sin ulterior recurso lo que estime conveniente. Para el caso de que los desacuerdos fueran reiterados y entorpeciesen gravemente el ejercicio de la tutela, podrá el Juez reorganizar su funcionamiento e incluso proveer de nuevo tutor.

Art. 156 C.C.

Art. 237 bis. Si los tutores tuvieren sus facultades atribuidas conjuntamente y hubiere incompatibilidad u oposición de intereses en alguno de ellos para un acto o contrato, podrá éste ser realizado por el otro tutor, o, de ser varios, por los demás en forma conjunta.

Arts. 163; 221, 2º C.C.

Art. 238. En los casos de que por cualquier causa cese alguno de los tutores, la tutela subsistirá con los restantes, a no ser que al hacer el nombramiento se hubiera dispuesto otra cosa de modo expreso.

Cfr. arts. 210; 233; 236; 250 C.C.

Art. 239. 1. La tutela de los menores que se encuentren en situación de desamparo corresponderá por ministerio de la ley a la Entidad Pública.

2. No obstante, se procederá al nombramiento de tutor conforme a las reglas ordinarias cuando existan personas que, por sus relaciones con el menor o por otras circunstancias, puedan asumir la tutela en interés de éste.

En estos supuestos, previamente a la designación judicial de tutor ordinario o en la misma resolución, deberá acordarse la suspensión o la privación de la patria potestad o remoción del tutor, en su caso.

3. Estarán legitimados para el ejercicio de las acciones de privación de patria potestad, remoción del tutor y para la solicitud de nombra-

miento de tutor de los menores en situación de desamparo, el Ministerio Fiscal, la Entidad Pública y los llamados al ejercicio de la tutela.

Redacción dada por Ley 26/2015, de 28 de julio, de modificación del sistema de protección a la infancia y a la adolescencia (B.O.E. nº. 180, de 29 de julio).

Art. 239 bis. La Entidad Pública a la que en el respectivo territorio esté encomendada la protección y apoyo de las personas con la capacidad modificada judicialmente, será designada como tutora cuando no haya sido constituida la tutela en favor de persona alguna conforme al artículo 234.

Asimismo, asumirá por ministerio de la ley la tutela de las personas con la capacidad modificada judicialmente cuando se encuentren en situación de desamparo, debiendo dar cuenta a la autoridad judicial que modificó su capacidad.

Se considera como situación de desamparo a estos efectos, la que se produce de hecho cuando la persona con la capacidad modificada judicialmente quede privada de la necesaria asistencia a causa del incumplimiento o del imposible o inadecuado ejercicio de los deberes que incumben a la persona designada para ejercer la tutela, de conformidad a las leyes, o por carecer de tutor.

Introducido por Ley 26/2015, de 28 de julio, de modificación del sistema de protección a la infancia y a la adolescencia (B.O.E. nº. 180, de 29 de julio).

Art. 240. Si hubiere que designar tutor para varios hermanos, el Juez procurará que el nombramiento recaiga en una misma persona.

Arts. 92; 172, 4º C.C.

Art. 241. Podrán ser tutores todas las personas que se encuentren en pleno ejercicio de sus derechos civiles y en quienes no concurra alguna de las causas de inhabilidad establecidas en los artículos siguientes.

Arts. 35; 37; 38; 172; 216; 322 C.C.

Art. 242. Podrán ser también tutores las personas jurídicas que no tengan finalidad lucrativa y entre cuyos fines figure la protección de menores e incapacitados.

Arts. 35; 37; 38; 172 C.C.

Art. 243. No pueden ser tutores:

1º. Los que estuvieran privados o suspendidos en el ejercicio de la patria potestad o total o parcialmente de los derechos de guarda y educación, por resolución judicial.

Arts. 92; 170 C.C.

2º. Los que hubieren sido legalmente removidos de una tutela anterior.

Arts. 247 a 250 C.C.

3º. Los condenados a cualquier pena privativa de libertad, mientras estén cumpliendo la condena.

Vid. C.P.

4º. Los condenados por cualquier delito que haga suponer fundadamente que no desempeñarán bien la tutela.

Art. 246 C.C.; vid. C.P.

Art. 244. Tampoco pueden ser tutores:

1º. Las personas en quienes concurra imposibilidad absoluta de hecho.

2º. Los que tuvieren enemistad manifiesta con el menor o incapacitado.

3º. Las personas de mala conducta o que no tuvieren manera de vivir conocida.

4º. Los que tuvieren importantes conflictos de intereses con el menor o incapacitado, mantengan con él pleito o actuaciones sobre el estado civil o sobre la titularidad de los bienes, o los que le adeudaren sumas de consideración.

5º. Los quebrados y concursados no rehabilitados, salvo que la tutela lo sea solamente de la persona.

Arts. 215; 216; 221; 246; 270 C.C.

Art. 245. Tampoco pueden ser tutores los excluidos expresamente por el padre o por la madre en sus disposiciones en testamento o documento notarial, salvo que el Juez, en resolución motivada, estime otra cosa en beneficio del menor o del incapacitado.

Arts. 216; 223; 224 C.C.

Art. 246. Las causas de inhabilidad contempladas en los artículos 243, 4º., y 244, 4º., no se aplicarán a los tutores designados en las disposiciones de la última voluntad de los padres cuando fueran conocidas por éstos en el momento de hacer la designación, salvo que el Juez, en resolución motivada, disponga otra cosa en beneficio del menor o del incapacitado.

Arts. 216; 223 a 226 C.C.

Art. 247. Serán removidos de la tutela los que después de deferida incurran en causa legal de inhabilidad, o se conduzcan mal en el desempeño de la tutela, por incumplimiento de los deberes propios del cargo o por notoria ineptitud en su ejercicio, o cuando surgieran problemas de convivencia graves y continuados.

Redactado conforme Ley Orgánica 1/1996, de 15 de enero, de Protección Jurídica del Menor. Arts. 170; 179; 243 a 246; 269 C.C.

Art. 248. El Juez, de oficio o a solicitud del Ministerio fiscal, del tutelado o de otra persona interesada, decretará la remoción del tutor, previa audiencia de éste si, citado, compareciere. Asimismo, se dará audiencia al tutelado si tuviere suficiente juicio.

Redactado conforme Ley Orgánica 1/1996, de 15 de enero, de Protección Jurídica del Menor. Vid. LJV.

Art. 249. Durante la tramitación del expediente de remoción, se podrá suspender en sus funciones al tutor y nombrar al tutelado un defensor judicial.

Redacción dada por Ley 15/2015, de 2 de julio, de la Jurisdicción Voluntaria (B.O.E. nº. 158 de 3 de julio).

Art. 250. Declarada judicialmente la remoción, se procederá al nombramiento del nuevo tutor en la forma establecida en este Código.

Arts. 234; 235 C.C.

Art. 251. Será excusable el desempeño de la tutela cuando por razones de edad, enfermedad, ocupaciones personales o profesionales, por falta de vínculos de cualquier clase entre tutor y tutelado o por cualquier otra causa, resulte excesivamente gravoso el ejercicio del cargo.

Las personas jurídicas podrán excusarse cuando carezcan de medios suficientes para el adecuado desempeño de la tutela.

Arts. 217, 220; 235, 242 C.C.

Art. 252. El interesado que alegue causa de excusa deberá de hacerlo dentro del plazo de quince días a contar desde que tuviera conocimiento del nombramiento.

Art. 253. El tutor podrá excusarse de continuar ejerciendo la tutela, siempre que hubiera persona de parecidas condiciones para sustituirle, cuando durante el desempeño de aquélla le sobrevenga cualquiera de los motivos de excusa contemplados en el artículo 251.

Art. 217 C.C.

Art. 254. Lo dispuesto en el artículo anterior no se aplicará a la tutela encomendada a las personas jurídicas.

Art. 242 C.C.

Art. 255. Si la causa de excusa fuera sobrevenida, podrá ser alegada en cualquier momento.

Arts. 253; 254 C.C.

Art. 256. Mientras se resuelva acerca de la excusa, el que la haya propuesto estará obligado a ejercer la función.

No haciéndolo así, se procederá a nombrar un defensor que le sustituya, quedando el sustituido responsable de todos los gastos ocasionados por la excusa si ésta fuera rechazada.

Redacción dada por Ley 15/2015, de 2 de julio, de la Jurisdicción Voluntaria (B.O.E. nº. 158 de 3 de julio).

Art. 257. El tutor designado en testamento que se excuse de la tutela al tiempo de su delación perderá lo que, en consideración al nombramiento, le hubiere dejado el testador.

Arts. 223 a 226; 797 C.C.

Art. 258. Admitida la excusa se procederá al nombramiento de nuevo tutor.

Arts. 234; 235 C.C.

Sección Tercera. Del ejercicio de la tutela

Art. 259. El Secretario judicial dará posesión de su cargo al tutor nombrado.

Redacción dada por Ley 15/2015, de 2 de julio, de la Jurisdicción Voluntaria (B.O.E. nº. 158 de 3 de julio).

Art. 260. El Juez podrá exigir al tutor la constitución de fianza que asegure el cumplimiento de sus obligaciones y determinará la modalidad y cuantía de la misma.

No obstante, la entidad pública que asuma la tutela de un menor por ministerio de la Ley o la desempeñe por resolución judicial no precisará prestar fianza.

Párrafo segundo introducido por la Ley Orgánica 1/1996, de 15 de enero, de Protección Jurídica del Menor. Arts. 1822 a 1856; 1857 a 1873 C.C.; arts. 168, 4º; 192 L.H.; arts. 268; 269 R.H.; Vid. LJV.

Art. 261. También podrá el Juez, en cualquier momento y con justa causa, dejar sin efecto o modificar en todo o en parte la garantía que se hubiese prestado.

Art. 233 C.C.

Art. 262. El tutor está obligado a hacer inventario de los bienes del tutelado dentro del plazo de sesenta días, a contar de aquel en que hubiese tomado posesión de su cargo.

Arts. 215; 247 C.C.

Art. 263. El Secretario judicial podrá prorrogar este plazo en resolución motivada si concurriere causa para ello.

Redacción dada por Ley 15/2015, de 2 de julio, de la Jurisdicción Voluntaria (B.O.E. nº. 158 de 3 de julio).

Art. 264. El inventario se formará ante el Secretario judicial con intervención del Ministerio Fiscal y con citación de las personas que aquél estime conveniente.

Redacción dada por Ley 15/2015, de 2 de julio, de la Jurisdicción Voluntaria (B.O.E. nº. 158 de 3 de julio).

Art. 265. El dinero, alhajas, objetos preciosos y valores mobiliarios o documentos que, a juicio del Secretario judicial, no deban quedar en poder del tutor serán depositados en un establecimiento destinado a este efecto.

Los gastos que las anteriores medidas ocasionen correrán a cargo de los bienes del tutelado.

Redacción dada por Ley 15/2015, de 2 de julio, de la Jurisdicción Voluntaria (B.O.E. nº. 158 de 3 de julio).

Art. 266. El tutor que no incluya en el inventario los créditos que tenga contra el tutelado, se entenderá que los renuncia.

Arts. 1187 a 1191 C.C.

Art. 267. El tutor es el representante del menor o incapacitado, salvo para aquellos actos que pueda realizar por sí solo, ya sea por disposición expresa de la ley o de la sentencia de incapacitación.

Arts. 162; 172; 210; 239 C.C.

Art. 268. Los tutores ejercerán su cargo de acuerdo con la personalidad de sus pupilos, respetando su integridad física y psicológica.

Cuando sea necesario para el ejercicio de la tutela podrán recabar el auxilio de la autoridad.

Redacción dada por la Disposición Final Primera de la Ley 54/2007, de 28 de diciembre, de Adopción internacional.

Art. 269. El tutor está obligado a velar por el tutelado y, en particular:

Arts. 154; 155; 172 a 174 C.C. Vid. C.P.

1°. A procurarle alimentos.

Arts. 144 a 153; 275 C.C.; Reglamento (CE) nº 4/2009 del Consejo, de 18 de diciembre de 2008, relativo a la competencia, la ley aplicable, el reconocimiento y la ejecución de las resoluciones y la cooperación en materia de obligaciones de alimentos

2°. A educar al menor y procurarle una formación integral.

Arts. 217 y sigs.

3°. A promover la adquisición o recuperación de la capacidad del tutelado y su mejor inserción en la sociedad.

Arts. 172,4; 173,1; 216 C.C.

4°. A informar al Juez anualmente sobre la situación del menor o incapacitado y rendirle cuenta anual de su administración.

Arts. 211; 233 C.C.

Art. 270. El tutor único y, en su caso, el de los bienes es el administrador legal del patrimonio de los tutelados y está obligado a ejercer dicha administración con la diligencia de un buen padre de familia.

Arts. 164 a 168; 174; 232; 233; 1094; 1932, pár. 2º C.C.

Art. 271. El tutor necesita autorización judicial:

1º. Para internar al tutelado en un establecimiento de salud mental o de educación o formación especial.

Art. 211 C.C.

2º. Para enajenar o gravar bienes inmuebles, establecimientos mercantiles o industriales, objetos preciosos y valores mobiliarios de los menores o incapacitados, o celebrar contratos o realizar actos que tengan carácter dispositivo y sean susceptibles de inscripción. Se exceptúa la venta del derecho de suscripción preferente de acciones.

Art. 166 C.C.; Cf. art. 323 C.C.; Vid. LJV.

3º. Para renunciar derechos, así como transigir o someter a arbitraje cuestiones en que el tutelado estuviese interesado.

Arts. 162; 163; 166; 207; 210; 267; 1811 C.C.; Cf. art. 2,c) L.A.; Vid. LJV.

4º. Para aceptar sin beneficio de inventario cualquier herencia, o para repudiar ésta o las liberalidades.

Arts. 166, 631, 992 y 996 C.C.

5º. Para hacer gastos extraordinarios en los bienes.

Art. 166 C.C.

6º. Para entablar demanda en nombre de los sujetos a tutela, salvo en los asuntos urgentes o de escasa cuantía.

7º. Para ceder bienes en arrendamiento por tiempo superior a seis años.

Art. 1.548 C.C. Arts. 9 y 12 L.A.R.

8º. Para dar y tomar dinero a préstamo.

Vid. LJV.

9º. Para disponer a título gratuito de bienes o derechos del tutelado.

10º. Para ceder a terceros los créditos que el tutelado tenga contra él, o adquirir a título oneroso los créditos de terceros contra el tutelado.

Redactado todo el artículo conforme Ley Orgánica 1/1996, de 15 de enero, de Protección Jurídica del Menor.
Arts. 216 y 266 C.C. Vid. Ley 41/2003, de 18 de noviembre, de protección patrimonial de las personas con discapacidad y de modificación del Código civil, de la Ley de Enjuiciamiento Civil y de la Normativa Tributaria con esta finalidad (B.O.E. 19 de noviembre de 2003).

Art. 272. No necesitarán autorización judicial la partición de herencia ni la división de cosa común realizadas por el tutor, pero una vez practicadas requerirán aprobación judicial.

Redactado conforme Ley Orgánica 1/1996, de 15 de enero, de Protección Jurídica del Menor. Vid. Arts. 166, 406, 1.052, 1.057 y 1.060 C.C.
Vid. Ley 41/2003, de 18 de noviembre, de protección patrimonial de las personas con discapacidad y de modificación del Código civil, de la Ley de Enjuiciamiento Civil y de la Normativa Tributaria con esta finalidad (B.O.E. 19 de noviembre de 2003).

Art. 273. Antes de autorizar o aprobar cualquiera de los actos comprendidos en los dos artículos anteriores, el Juez oirá al Ministerio fiscal y al tutelado, si fuese mayor de doce años o lo considerara oportuno, y recabará los informes que le sean solicitados o estime pertinentes.

Redactado todo el artículo conforme Ley Orgánica 1/1996, de 15 de enero, de Protección Jurídica del Menor. Arts. 154; 159; 231; 232 C.C.

Art. 274. El tutor tiene derecho a una retribución, siempre que el patrimonio del tutelado lo permita. Corresponde al Juez fijar su importe y el modo de percibirlo, para lo cual tendrá en cuenta el trabajo a realizar y el valor y la rentabilidad de los bienes, procurando en lo posible que la cuantía de la retribución no baje del 4 por 100 ni exceda del 20 por 100 del rendimiento líquido de los bienes.

Art. 220 C.C.; Vid. LJV.

Art. 275. Sólo los padres, y en sus disposiciones de última voluntad, podrán establecer que el tutor haga suyos los frutos de los bienes del tutelado a cambio de prestarle los alimentos, salvo que el Juez, en resolución motivada, disponga otra cosa.

Arts. 165; 269, 1º C.C. Reglamento (CE) nº 4/2009 del Consejo, de 18 de diciembre de 2008, relativo a la competencia, la ley aplicable, el reconocimiento y la ejecución de las resoluciones y la cooperación en materia de obligaciones de alimentos

Sección Cuarta. De la extinción de la tutela y de la rendición final de cuentas

Art. 276. La tutela se extingue:

1º. Cuando el menor de edad cumple los dieciocho años, a menos que con anterioridad hubiera sido judicialmente incapacitado.

Arts. 201; 278; 315 C.C.; Vid. 169, 2º; 171 C.C.

2º. Por la adopción del tutelado menor de edad.

Arts. 108; 175 a 180 C.C.

3º. Por fallecimiento de la persona sometida a tutela.

Arts. 32; 193 a 197 C.C.

4º. Por la concesión al menor del beneficio de la mayor edad.

Arts. 286, 2º; 321 C.C.

Art. 277. También se extingue la tutela:

1º. Cuando habiéndose originado por privación o suspensión de la patria potestad, el titular de ésta la recupere.

Arts. 170; 179 C.C.

2º. Al dictarse la resolución judicial que ponga fin a la incapacitación, o que modifique la sentencia de la incapacitación en virtud de la cual se sustituye la tutela por la curatela.

Arts. 212; 286 a 293 C.C.

Art. 278. Continuará el tutor en el ejercicio de su cargo si el menor sujeto a tutela hubiese sido incapacitado antes de la mayoría de edad, conforme a lo dispuesto en la sentencia de incapacitación.

Arts. 201; 276, 1º C.C.; Vid. art. 171 C.C.

Art. 279. El tutor al cesar en sus funciones deberá rendir la cuenta general justificada de su administración ante la autoridad judicial en el plazo de tres meses, prorrogable por el tiempo que fuere necesario si concurre justa causa.

La acción para exigir la rendición de esta cuenta prescribe a los cinco años, contados desde la terminación del plazo establecido para efectuarlo.

Arts. 165, párr. 2º; 168; 1720; 1930; 1961; 1966 C.C.

Art. 280. Antes de resolver sobre la aprobación de la cuenta, el Juez oirá al nuevo tutor o, en su caso, al curador o al defensor judicial, y a la persona que hubiera estado sometida a tutela o a sus herederos.

Art. 231 C.C.

Art. 281. Los gastos necesarios de la rendición de cuentas, serán a cargo del que estuvo sujeto a tutela.

Arts. 220; 265; 274 C.C.

Art. 282. El saldo de la cuenta general devengará interés legal, a favor o en contra del tutor.

Arts. 1108; 1109 C.C.

Art. 283. Si el saldo es a favor del tutor, devengará interés legal desde que el que estuvo sometido a tutela sea requerido para el pago, previa entrega de sus bienes.

Arts. 1100; 1108 C.C.

Art. 284. Si es en contra del tutor, devengará interés legal desde la aprobación de la cuenta.

Arts. 1100, 1º; 1108 C.C.

Art. 285. La aprobación judicial no impedirá el ejercicio de las acciones que recíprocamente puedan asistir al tutor y al tutelado o a sus causahabientes por razón de la tutela.

Arts. 220; 265; 274 C.C.

Capítulo III. De la curatela

Sección Primera. Disposiciones generales

Art. 286. Están sujetos a curatela:

Art. 215 C.C.

1º. Los emancipados cuyos padres fallecieren o quedaran impedidos para el ejercicio de la asistencia prevenida por la ley.

Arts. 314; 321 C.C.

2º. Los que obtuvieren el beneficio de la mayor edad.

Arts. 276, 4º; 320; 321 C.C.

3º. Los declarados pródigos.

Arts. 294 a 298 C.C.

Art. 287. Igualmente procede la curatela para las personas a quienes la sentencia de incapacitación o, en su caso, la resolución judicial que la modifique coloquen bajo esta forma de protección en atención a su grado de discernimiento.

Arts. 200; 210; 212; 215; 277, 2º C.C.

Art. 288. En los casos del artículo 286, la curatela no tendrá otro objeto que la intervención del curador en los actos que los menores o pródigos no puedan realizar por sí solos.

Art. 323 C.C.

Art. 289. La curatela de los incapacitados tendrá por objeto la asistencia del curador para aquellos actos que expresamente imponga la sentencia que la haya establecido.

Art. 210; 212 C.C.

Art. 290. Si la sentencia de incapacitación no hubiese especificado los actos en que deba ser necesaria la intervención del curador, se entenderá que ésta se extiende a los mismos actos en que los tutores necesitan, según este Código, autorización judicial.

Art. 271; 272 C.C.

Art. 291. Son aplicables a los curadores las normas sobre nombramiento, inhabilidad, excusa y remoción de los tutores.

No podrán ser curadores los quebrados y concursados no rehabilitados.

Arts. 234 a 258 C.C.; Pár. 2º Cf. art. 244, 5º C.C.

Art. 292. Si el sometido a curatela hubiese estado con anterioridad bajo tutela, desempeñará el cargo de curador el mismo que hubiese sido su tutor, a menos que el Juez disponga otra cosa.

Arts. 277; 278 C.C.

Art. 293. Los actos jurídicos realizados sin la intervención del curador, cuando ésta sea preceptiva, serán anulables a instancia del propio curador o de la persona sujeta a curatela, de acuerdo con los artículos 1.301 y siguientes de este Código.

Arts. 1290; 1291; 1300 y sigs. C.C.

Sección Segunda. De la curatela en casos de prodigalidad

Los arts. 294 a 296 y 298 han sido derogados por la Disposición Derogatoria Única, 2-1º L.E.C.

Art. 294. *Derogado.*

Art. 295. *Derogado.*

Art. 296. *Derogado.*

Art. 297. Los actos del declarado pródigo anteriores a la demanda de prodigalidad no podrán ser atacados por esta causa.

Art. 199 C.C.

Art. 298. *Derogado.*

Capítulo IV. Del defensor judicial

Art. 299. Se nombrará un defensor judicial que represente y ampare los intereses de quienes se hallen en alguno de los siguientes supuestos:

1º. Cuando en algún asunto exista conflicto de intereses entre los menores o incapacitados y sus representantes legales o el curador. En el caso de tutela conjunta ejercida por ambos padres, si el conflicto de intereses existiere sólo con uno de ellos, corresponderá al otro por Ley, sin necesidad de especial nombramiento, representar y amparar al menor o incapacitado.

Arts. 163; 221; 237 bis C.C.

2º. En el supuesto de que, por cualquier causa, el tutor o curador no desempeñare sus funciones, hasta que cese la causa determinante o se designe otra persona para desempeñar el cargo.

Arts. 249; 256 C.C.

3º. En todos los demás casos previstos en este Código.

Arts. 163; 181 C.C.

Art. 299 bis. Cuando se tenga conocimiento de que una persona debe ser sometida a tutela o curatela y en tanto no recaiga resolución judicial que ponga fin al procedimiento, asumirá su representación y defensa el Ministerio Fiscal. En tal caso, cuando además del cuidado de la persona hubiera de procederse al de los bienes, el Secretario judicial podrá designar un defensor judicial que administre los mismos, quien deberá rendirle cuentas de su gestión una vez concluida.

Redacción dada por Ley 15/2015, de 2 de julio, de la Jurisdicción Voluntaria (B.O.E. nº. 158 de 3 de julio).

Art. 300. En expediente de jurisdicción voluntaria, de oficio o a petición del Ministerio Fiscal, del propio menor o de cualquier persona capaz de comparecer en juicio, se nombrará defensor a quien se estime más idóneo para el cargo.

Redacción dada por Ley 15/2015, de 2 de julio, de la Jurisdicción Voluntaria (B.O.E. nº. 158 de 3 de julio).

Art. 301. Serán aplicables al defensor judicial las causas de inhabilidad, excusas y remoción de los tutores y curadores.

Arts. 243 a 258; 281 C.C.

Art. 302. El defensor judicial tendrá las atribuciones que se le hayan concedido, debiendo rendir cuentas de su gestión una vez concluida.

Redacción dada por Ley 15/2015, de 2 de julio, de la Jurisdicción Voluntaria (B.O.E. nº. 158 de 3 de julio).

Capítulo V. De la guarda de hecho

Vid. art. 3 Ley 41/2003, de 18 de noviembre, de protección patrimonial de las personas con discapacidad y de modificación del Código civil, de la Ley de Enjuiciamiento Civil y de la Normativa Tributaria con esta finalidad (B.O.E. 19 de noviembre de 2003).

Art. 303. 1. Sin perjuicio de lo dispuesto en el artículo 228, cuando la autoridad judicial tenga conocimiento de la existencia de un guardador de hecho podrá requerirle para que informe de la situación de la persona y los bienes del menor, o de la persona que pudiera precisar de una institución de protección y apoyo, y de su actuación en relación con los mismos, pudiendo establecer asimismo las medidas de control y vigilancia que considere oportunas.

Cautelarmente, mientras se mantenga la situación de guarda de hecho y hasta que se constituya la medida de protección adecuada, si procediera, se podrán otorgar judicialmente facultades tutelares a los guardadores. Igualmente, si fuera menor de edad, se podrá constituir un acogimiento temporal, siendo acogedores los guardadores.

2. Procederá la declaración de situación de desamparo de los menores y de las personas con la capacidad modificada judicialmente en situación de guarda de hecho, cuando, además de esta circunstancia, se den los presupuestos objetivos de falta de asistencia contemplados en los artículos 172 y 239 bis.

En los demás casos, el guardador de hecho podrá promover la privación o suspensión de la patria potestad, remoción de la tutela o el nombramiento de tutor.

Redacción dada por Ley 26/2015, de 28 de julio, de modificación del sistema de protección a la infancia y a la adolescencia (B.O.E. nº. 180, de 29 de julio).
Arts. 172 a 174 C.C.

Art. 304. Los actos realizados por el guardador de hecho en interés del menor o presunto incapaz no podrán ser impugnados si redundan en su utilidad.

Arts. 1291; 1888 y sigs.; 1932 C.C.

Art. 305. (Queda sin contenido).

Art. 306. Será aplicable al guardador de hecho lo dispuesto en el artículo 220 respecto del tutor.

Art. 220 C.C.

Arts. 307 a 313. (Quedan sin contenido).

Título XI. De la mayor edad y de la emancipación

Redacción por Ley 11/1981, de 13 de mayo, (B.O.E. de 19 de mayo).

Art. 314. La emancipación tiene lugar:

1.º Por la mayor edad.

2.º Por concesión de los que ejerzan la patria potestad.

3.º Por concesión judicial.

Redacción dada por Ley 15/2015, de 2 de julio, de la Jurisdicción Voluntaria (B.O.E. nº. 158 de 3 de julio).

Art. 315. La mayor edad empieza a los dieciocho años cumplidos.

Para el cómputo de los años de la mayoría de edad se incluirá completo el día del nacimiento.

Art. 12 C.E.; art. 5 C.C.

Art. 316. Derogado por la Ley 15/2015, de 2 de julio, de la Jurisdicción Voluntaria.

Art. 317. Para que tenga lugar la emancipación por concesión de quienes ejerzan la patria potestad, se requiere que el menor tenga dieciséis años cumplidos y que la consienta. Esta emancipación se otorgará por escritura pública o por comparecencia ante el Juez encargado del Registro.

Art. 154 C.C.; art. 46 L.R.C; art. 176 R.R.C.

Art. 318. La concesión de emancipación habrá de inscribirse en el Registro Civil, no produciendo entre tanto efectos contra terceros. Concedida la emancipación, no podrá ser revocada.

Art. 46 L.R.C.; art. 176 R.R.C.

Art. 319. Se reputará para todos los efectos como emancipado al hijo mayor de dieciséis años que con el consentimiento de los padres viviere independientemente de éstos. Los padres podrán revocar este consentimiento.

Arts. 164; 165 C.C.

Art. 320. El Juez podrá conceder la emancipación de los hijos mayores de dieciséis años, si éstos la pidieren y previa audiencia de los padres:

1°. Cuando quien ejerce la patria potestad contrajere nupcias o conviviere maritalmente con persona distinta del otro progenitor.

2°. Cuando los padres vivieren separados.

3°. Cuando concurra cualquier causa que entorpezca gravemente el ejercicio de la patria potestad.

Art. 176 R.R.C.

Art. 321. También podrá el Juez, previo informe del Ministerio Fiscal, conceder el beneficio de la mayor edad al sujeto a tutela mayor de dieciséis años que lo solicitare.

Redacción por Ley 21/1987, de 11 de noviembre, (B.O.E. de 17 de noviembre).
Arts. 276,4; 286 C.C.

Art. 322. El mayor de edad es capaz para todos los actos de la vida civil, salvo las excepciones establecidas en casos especiales por este Código.

Arts. 175; 291; 685; 686; 1459; 1857 C.C.

Art. 323. La emancipación habilita al menor para regir su persona y bienes como si fuera mayor, pero hasta que llegue a la mayor edad no podrá el emancipado tomar dinero a préstamo, gravar o enajenar bienes inmuebles y establecimientos mercantiles o industriales u objetos de extraordinario valor sin consentimiento de sus padres, y a falta de ambos, sin el de su curador.

El menor emancipado podrá por sí solo comparecer en juicio.

Lo dispuesto en este artículo es aplicable también al menor que hubiere obtenido judicialmente el beneficio de la mayor edad.

Arts. 162; 163; 207; 286; 1263; 1716 C.C.; Vid. art. 319 C.C.; art. 9 L.A.R.

Art. 324. Para que el casado menor de edad pueda enajenar o gravar bienes inmuebles, establecimientos mercantiles u objetos de extraordinario valor que sean comunes, basta, si es mayor el otro cónyuge, el consentimiento de los dos; si también es menor, se necesitará, además, el de los padres o curadores de uno y otro.

Arts. 46; 48; 1322; 1377 C.C.

Título XII. Del Registro del estado civil

Ley del Registro Civil de 8 de junio de 1957, (B.O.E. de 10 de junio); Reglamento del Registro Civil de 14 de noviembre de 1958, (B.O.E. de 11 de diciembre, rectificación en 21 de enero de 1959).

Vid. Ley 20/2011, de 21 de julio, del Registro civil, la cual entrará en vigor el 30 de junio de 2017, de acuerdo con la Disposición Final Décima, en la redacción dada por el apartado diez del artículo segundo de la Ley 19/2015, de 13 de julio, de medidas de reforma administrativa en el ámbito de la Administración de Justicia y del Registro Civil (B.O.E. de 14 de julio); anteriormente modificada por el apartado doce de la disposición final cuarta de la Ley 15/2015, de 2 de julio, de la Jurisdicción Voluntaria (B.O.E. de 3 de julio). Con las siguientes excepciones: 1) Las disposiciones adicionales séptima y octava y las disposiciones finales tercera y sexta han entrado en vigor el 23 de julio de 2011. 2) Las modificaciones de los artículo 44 a 47, 49. 1 y 2, 64, 66, 67.3 y disposición adicional novena, entran en vigor el 15 de octubre de 2015. 3) Las modificaciones de los artículos 58, 58 bis, disposición final segunda y disposición final quinta bis, relativas a la tramitación y celebración del matrimonio civil, entran en vigor el 30 de junio de 2017.

Art. 325. Los actos concernientes al estado civil de las personas se harán constar en el Registro destinado a este efecto.

Art. 1 L.R.C.; art. 46 R.R.C.

Art. 326. El Registro del estado civil comprenderá las inscripciones o anotaciones de nacimientos, matrimonios, emancipaciones, reconocimientos y legitimaciones, defunciones, naturalizaciones y vecindad, y estará a cargo de los jueces municipales u otros funcionarios del orden civil en España y de los agentes consulares o diplomáticos en el extranjero.

Arts. 9 a 14 L.R.C.; arts. 41 a 46 y 165 a 293 R.R.C.

Art. 327. Las actas del Registro serán la prueba del estado civil, la cual sólo podrá ser suplida por otras en el caso de que no hayan existido aquéllas o hubiesen desaparecido los libros del Registro, o cuando ante los tribunales se suscite contienda.

Arts. 33; 107 C.C.; arts. 2 a 7; 92 a 97 L.R.C.; art. 293 R.R.C.

Art. 328. No será necesaria la presentación del recién nacido al funcionario encargado del registro para la inscripción del nacimiento, bastando la declaración de la persona obligada a hacerla. Esta declaración comprenderá todas las circunstancias exigidas por la ley; y será firmada por su autor, o por dos testigos a su ruego, si no pudiere firmar.

Arts. 40 a 46 L.R.C.; arts. 165 a 180 R.R.C.

Art. 329. En los matrimonios canónicos será obligación de los contrayentes facilitar al funcionario representante del Estado que asista a su celebración todos los datos necesarios para su inscripción en el Registro civil. Exceptuándose los relativos a las amonestaciones, los impedimentos y su dispensa, los cuales no se harán constar en la inscripción.

Arts. 60; 61; 63 a 65; 80 C.C.; arts. 69 a 80 L.R.C.; arts. 238 a 272 R.R.C.

Art. 330. No tendrán efecto alguno legal las naturalizaciones mientras no aparezcan inscritas en el Registro, cualquiera que sea la prueba con que se acrediten y la fecha en que hubiesen sido concedidas.

Arts. 19 a 22 C.C.; arts. 63 a 68 L.R.C.; arts. 220 a 237 R.R.C.

Art. 331. Los jueces municipales y los de primera instancia, en su caso, podrán corregir las infracciones de lo dispuesto sobre el Registro civil, que no constituyan delito o falta, con multa de 20 a 100 pesetas.

Art. 14 L.R.C.; art. 65 R.R.C.

Art. 332. Continuará rigiendo la Ley de 17 de junio de 1870, en cuanto no esté modificada por los artículos precedentes.

La Ley citada fue derogada por la arriba mencionada Ley del Registro Civil de 8 de junio de 1957, B.O.E. de 10 de junio.

LIBRO SEGUNDO
DE LOS BIENES, DE LA PROPIEDAD Y DE SUS MODIFICACIONES

Título Primero. De la clasificación de los bienes

Arts. 33,38 y 132 C.E. Vid. Libro V, C.C.C.; C.D.N.; L.D.C.P.V.

DISPOSICIÓN PRELIMINAR

Art. 333. Todas las cosas que son o pueden ser objeto de apropiación se consideran como bienes muebles o inmuebles.

Arts. 10; 334; 335; 336; 337; 437; 1271 y 1272 C.C.

Capítulo Primero. De los bienes inmuebles

Art. 334. Son bienes inmuebles:

1º. Las tierras, edificios, caminos y construcciones de todo género adheridas al suelo.

2º. Los árboles y plantas y los frutos pendientes, mientras estuvieren unidos a la tierra o formaren parte integrante de un inmueble.

3º. Todo lo que esté unido a un inmueble de una manera fija, de suerte que no pueda separarse de él sin quebrantamiento de la materia o deterioro del objeto.

4º. Las estatuas, relieves, pinturas u otros objetos de uso u ornamentación, colocados en edificios o heredades por el dueño del inmueble en tal forma que revele el propósito de unirlos de un modo permanente al fundo.

5º. Las máquinas, vasos, instrumentos o utensilios destinados por el propietario de la finca a la industria o explotación que se realice en un edificio o heredad, y que directamente concurran a satisfacer las necesidades de la explotación misma.

6º. Los viveros de animales, palomares, colmenas, estanques de peces o criaderos análogos cuando el propietario los haya colocado o los conserve con el propósito de mantenerlos unidos a la finca, y formando parte de ella de un modo permanente.

7°. Los abonos destinados al cultivo de una heredad, que estén en las tierras donde hayan de utilizarse.

8°. Las minas, canteras y escoriales, mientras su materia permanece unida al yacimiento, y las aguas vivas o estancadas.

9°. Los diques y construcciones que, aun cuando sean flotantes, estén destinados por su objeto y condiciones a permanecer en un punto fijo de un río, lago o costa.

10°. Las concesiones administrativas de obras públicas y las servidumbres y demás derechos reales sobre bienes inmuebles.

Arts. 10.1; 346; 347; 358 a 373; 407 a 427; 449; 462; 605; 606; 607; 608; 633; 875; 974; 975; 1469; 1470; 1471; 1472; 1473; 1504; 1537; 1668; 1695; 1786; 1791; 1874; 1957; 1958; 1959 y 1963 C.C.; arts. 1; 2; 20; 42; 45 y 106 a 120 L.H.; Vid. art. 2 L.C.I., arts. 14 a 25 L.P.H.E.

Capítulo II. De los bienes muebles

Art. 335. Se reputan bienes muebles los susceptibles de apropiación no comprendidos en el capítulo anterior, y en general todos los que se puedan transportar de un punto a otro sin menoscabo de la cosa inmueble a que estuvieren unidos.

Arts. 10.1; 185; 266; 346; 347; 375 a 383; 449; 461; 464; 610; 615 a 617; 632; 1463; 1761; 1786; 1791; 1869; 1955; 1956 1962 C.C.

Art. 336. Tienen también la consideración de cosas muebles las rentas o pensiones, sean vitalicias o hereditarias, afectas a una persona o familia, siempre que no graven con carga real una cosa inmueble, los oficios enajenados, los contratos sobre servicios públicos y las cédulas y títulos representativos de préstamos hipotecarios.

Art. 337. Los bienes muebles son fungibles o no fungibles.

A la primera especie pertenecen aquellos de que no puede hacerse el uso adecuado a su naturaleza sin que se consuman; a la segunda especie corresponden los demás.

Arts. 481; 482; 1448; 1452; 1545; 1740; 1754; 1762; 1768 y 1770 C.C.; arts. 303 a 310 y 311 a 324 C. de c.

Capítulo III. De los bienes según las personas a que pertenecen

Art. 338. Los bienes son de domino público o de propiedad privada

Arts. 33, 128 y 132 C.E.

Art. 339. Son bienes de dominio público:

1°. Los destinados al uso público, como los caminos, canales, ríos, torrentes, puertos y puentes construidos por el Estado, las riberas, playas, radas y otros análogos.

2°. Los que pertenecen privativamente al Estado, sin ser de uso común, y están destinados a algún servicio público o al fomento de la riqueza nacional, como las murallas, fortalezas y demás obras de defensa del territorio, y las minas, mientras que no se otorgue su concesión.

Arts. 132 C.E.; art. 1 de la Ley de Costas, de 28 de julio de 1988 (B.O.E. de 29 de julio), vid. el Reglamento de Desarrollo y Ejecución, R.D., 1471/1989, de 1 de diciembre (B.O.E. de 12 de diciembre de 1989); Ley 10/1977 de 4 de enero sobre mar territorial (B.O.E. de 8 de enero); Ley 15/1978 de 20 de febrero (B.O.E. de 23 de febrero) sobre Zona económica; arts. 1, 2, 4, 9 y 12 de la Ley 29/1985, de 2 de agosto, de Aguas (B.O.E. de 8 de agosto); arts. 11 y sigs. Ley 43/2003, de 21 de noviembre, de Montes (B.O.E. 22 de noviembre de 2003), modificada por la Ley 10/2006, de 28 de abril; art. 2 Ley 22/1973, de 21 de julio, de Minas; art. 1 de la Ley de Hidrocarburos, de 27 de junio de 1974 (B.O.E. de 29 de junio); arts. 2,3 y 4 del R.D. 1372/1986, de 13 de junio, que aprueba el Reglamento de Bienes de las Entidades Locales (B.O.E. de 7 de julio); arts. 2 y 21 de la Ley 25/1988 de 29 de julio, de Carreteras (B.O.E. de 30 de julio, corrección de errores en 12 de noviembre); Ley 3/1995, de 23 de marzo, de Vías Pecuarias. Vid. Ley 27/1992, de 24 de noviembre, de Puertos del Estado y de la Marina Mercante.

Art. 340. Todos los demás bienes pertenecientes al Estado, en que no concurran las circunstancias expresadas en el artículo anterior, tienen el carácter de propiedad privada.

Art. 341. Los bienes de dominio público, cuando dejen de estar destinados al uso general o a las necesidades de la defensa del territorio, pasan a formar parte de los bienes de propiedad del Estado.

Art. 8 del Reglamento de Bienes de las Entidades Locales; arts. 17; 18; 19; 20 y 21 del Reglamento del Patrimonio Nacional, aprobado por R.D. 495/1987 de 18 de marzo (B.O.E. de 13 de abril); art. 10 L.V.Pec.; L.C.

Art. 342. Los bienes del Patrimonio Real se rigen por su ley especial; y, en lo que en ella no se halle previsto, por las disposiciones generales que sobre la propiedad particular se establecen en este Código.

Art. 132.3 C.E.; Ley 23/1982, de 16 de junio (B.O.E. de 22 de junio) sobre Patrimonio Nacional.

Art. 343. Los bienes de las provincias y de los pueblos se dividen en bienes de uso público y bienes patrimoniales.

Arts. 132 y 149 C.E.; arts. 79 a 83 Ley 7/1985 de 2 de abril, reguladora de las Bases de Régimen Local; arts. 2 a 5 del Reglamento de Bienes de las Entidades Locales; vid. Ley 55/1980 de 11 de noviembre sobre montes vecinales en mano común (B.O.E. de 21 de noviembre).

Art. 344. Son bienes de uso público, en las provincias y los pueblos, los caminos provinciales y los vecinales, las plazas, calles, fuentes y aguas públicas, los paseos y las obras públicas de servicio general, costeados por los mismos pueblos o provincias.

Todos los demás bienes que unos y otros posean son patrimoniales y se regirán por las disposiciones de este Código, salvo lo dispuesto en leyes especiales.

Arts. 2 a 12 L. A.; arts. 79; 80,2 y 186 Ley 7/1985 de 2 de abril, reguladora de las Bases de Régimen Local; arts. 2 a 5, 7 y 8 Reglamento de Bienes de Entidades Locales; arts. 113 a 125 L.P.E.

Art. 345. Son bienes de propiedad privada, además de los patrimoniales del Estado, de la Provincia y del Municipio, los pertenecientes a particulares, individual o colectivamente.

Arts. 32, 33 y 132 C.E.

DISPOSICIONES COMUNES A LOS TRES CAPÍTULOS ANTERIORES

Art. 346. Cuando por disposición de la ley, o por declaración individual, se use la expresión de cosas o bienes inmuebles, o de cosas o bienes muebles, se entenderán comprendidas en ella respectivamente los enumerados en el capítulo 1º y en el capítulo 2º.

Cuando se use tan sólo la palabra «muebles» no se entenderán comprendidos el dinero, los créditos, efectos de comercio, valores, alhajas, colecciones científicas o artísticas, libros, medallas, armas, ropas de vestir, caballerías o carruajes y sus arreos, granos, caldos y mercancías, ni otras cosas que no tengan por principal destino amueblar o alhajar las habitaciones, salvo el caso en que el contexto de la ley o de la disposición individual resulte claramente lo contrario.

Art. 347. Cuando en venta, legado, donación u otra disposición en que se haga referencia a cosas muebles o inmuebles, se transmita su posesión o propiedad con todo lo que en ellas se halle, no se entenderán comprendidos en la transmisión el metálico, valores, créditos y acciones cuyos documentos se hallen en la cosa transmitida, a no ser que conste claramente la voluntad de extender la transmisión a tales valores y derechos.

Arts. 449 y 1097 C.C.

Título II. De la propiedad

Arts. 33, 38, 128 a 132 C.E. Vid. Libro V, C.C.C.; C.D.N.; L.D.C.G.; Ley 13/1989, de 10 de octubre, de montes vecinales en mano común de Galicia.

Capítulo Primero. De la propiedad en general

Art. 348. La propiedad es el derecho de gozar y disponer de una cosa, sin más limitaciones que las establecidas en las leyes.

El propietario tiene acción contra el tenedor y el poseedor de la cosa para reivindicarla.

Arts. 33.1 y 2 C.E.; arts. 10,1; 384 a 388; 407 a 429, 464, 552; 558; 589 a 594; 1906 a 1909; 1955; 1957; 1962 y 1963 C.C.; art. 85 C. de c.; art. 38 L.H.; art. 1 L.R.D.A. Vid. art. 1 y sigs. Real Decreto-Leg. 2/2008, de 20 de junio, por el que se aprueba el texto refundido de la Ley del Suelo.

Art. 349. Nadie podrá ser privado de su propiedad sino por autoridad competente y por causa justificada de utilidad pública, previa siempre la correspondiente indemnización.

Si no precediere este requisito, los Jueces ampararán y, en su caso, reintegrarán en la posesión al expropiado.

Art. 33.3 C.E.; art. 17 D.U.D.H.; arts. 446; 447 y 1456 C.C.; arts. 1 a 8 L.E.F.; arts. 1 a 9 R.E.F.; arts. 23 y sigs. L.S.

Art. 350. El propietario de un terreno es dueño de su superficie y de lo que está debajo de ella, y puede hacer en él las obras, plantaciones y excavaciones que le convengan, salvas las servidumbres, y con sujeción a lo dispuesto en las leyes sobre Minas y Aguas y en los reglamentos de policía.

Arts. 426; 427 y 530 sigs. C.C.; vid. art. 2 L.M.; art. 1 Ley de Hidrocarburos de 27 de junio de 1974; arts. 2, 12, 45, 52,2 y 65 L.A.; L.S.

Art. 351. El tesoro oculto pertenece al dueño del terreno en que se hallare.

Sin embargo, cuando fuere hecho el descubrimiento en propiedad ajena, o del Estado, y por casualidad, la mitad se aplicará al descubridor.

Si los efectos descubiertos fueren interesantes para las ciencias o las artes, podrá el Estado adquirirlos por su justo precio, que se distribuirá en conformidad a lo declarado.

Arts. 471, 610 y 614 C.C.; arts. 40 a 45 L.P.H.E.

Art. 352. Se entiende por tesoro, para los efectos de la ley, el depósito oculto e ignorado de dinero, alhajas u otros objetos preciosos, cuya legítima pertenencia no conste.

Arts. 351; 371; 610; 614; 615; 616; 617 y 1632 C.C.

Capítulo II. Del derecho de accesión

DISPOSICIÓN GENERAL

Art. 353. La propiedad de los bienes da derecho por accesión a todo lo que ellos producen, o se les une o incorpora, natural o artificialmente.

Arts. 479 y 1877 C.C.

Sección Primera. Del derecho de accesión respecto al producto de los bienes

Art. 354. Pertenecen al propietario:

1º. Los frutos naturales.

2º. Los frutos industriales.

3º. Los frutos civiles.

Arts. 187; 451; 452; 471; 472; 474; 1632 y 1881 C.C.

Art. 355. Son frutos naturales las producciones espontáneas de la tierra, y las crías y demás productos de los animales.

Son frutos industriales los que producen los predios de cualquier especie a beneficio del cultivo o del trabajo.

Son frutos civiles el alquiler de los edificios, el precio del arrendamiento de tierras y el importe de las rentas perpetuas, vitalicias u otras análogas.

Art. 356. El que percibe los frutos tiene la obligación de abonar los gastos hechos por un tercero para su producción, recolección y conservación.

Arts. 361 sigs.; 472; 1922.6º y 1926.3º C.C.

Art. 357. No se reputan frutos naturales, o industriales, sino los que están manifiestos o nacidos.

Respecto a los animales, basta que estén en el vientre de su madre, aunque no hayan nacido.

Sección Segunda. Del derecho de accesión respecto a los bienes inmuebles

Art. 358. Lo edificado, plantado o sembrado en predios ajenos, y las mejoras o reparaciones hechas en ellos, pertenecen al dueño de los mismos con sujeción a lo que se dispone en los artículos siguientes.

Arts. 1877 C.C.; arts. 109 y sigs. L.H.

Art. 359. Todas las obras, siembras y plantaciones se presumen hechas por el propietario y a su costa, mientras no se pruebe lo contrario.

Arts. 1250 y 1251 C.C.; art. 208 L.H.

Art. 360. El propietario del suelo que hiciere en él, por sí o por otro, plantaciones, construcciones u obras con materiales ajenos, debe abonar su valor; y, si hubiere obrado de mala fe, estará, además, obligado al resarcimiento de daños y perjuicios. El dueño de los materiales tendrá derecho a retirarlos sólo en el caso de que pueda hacerlo sin menoscabo de la obra construida, o sin que por ello perezcan las plantaciones, construcciones u obras ejecutadas.

Arts. 1101; 1106 y 1107 C.C.

Art. 361. El dueño del terreno en que se edificare, sembrare o plantare de buena fe, tendrá derecho a hacer suya la obra, siembra o plantación, previa la indemnización establecida en los artículos 453 y 454, o a obligar al que fabricó o plantó a pagarle el precio del terreno, y al que sembró, la renta correspondiente.

Arts. 434; 453 y 454 C.C.

Art. 362. El que edifica, planta o siembra de mala fe en terreno ajeno, pierde lo edificado, plantado o sembrado sin derecho a indemnización.

Arts. 375; 377; 433; 434 y 455 C.C.

Art. 363. El dueño del terreno en que se haya edificado, plantado o sembrado con mala fe puede exigir la demolición de la obra o que se arranque la plantación y siembra, reponiendo las cosas a su estado primitivo a costa del que edificó, plantó o sembró.

Arts. 362 y 365 C.C.

Art. 364. Cuando haya habido mala fe, no sólo por parte del que edifica, siembra o planta en terreno ajeno, sino también por parte del dueño de éste, los derechos de uno y otro serán los mismos que tendrían si hubieran procedido ambos de buena fe.

Se entiende haber mala fe por parte del dueño siempre que el hecho se hubiere ejecutado a su vista, ciencia y paciencia, sin oponerse.

Art. 365. Si los materiales, plantas o semillas pertenecen a un tercero que no ha procedido de mala fe, el dueño del terreno deberá responder de su valor subsidiariamente y en el solo caso de que el que los empleó no tenga bienes con qué pagar.

No tendrá lugar esta disposición si el propietario usa del derecho que le concede el artículo 363.

Art. 366. Pertenece a los dueños de las heredades confinantes con las riberas de los ríos el acrecentamiento que aquéllas reciben paulatinamente por efecto de la corriente de las aguas.

Arts. 6 y 8 L.A.

Art. 367. Los dueños de las heredades confinantes con estanques o lagunas no adquieren el terreno descubierto por la disminución natural de las aguas, ni pierden el que éstas inundan en las crecidas extraordinarias.

Art. 11 L.A.

Art. 368. Cuando la corriente de un río, arroyo o torrente segrega de una heredad de su ribera una porción conocida de terreno y la transporta a otra heredad, el dueño de la finca a que pertenecía la parte segregada conserva la propiedad de ésta.

Art. 8 L.A.

Art. 369. Los árboles arrancados y transportados por la corriente de las aguas pertenecen al propietario del terreno a donde vayan a parar, si no los reclaman dentro de un mes los antiguos dueños. Si éstos los reclaman, deberán abonar los gastos ocasionados en recogerlos o ponerlos en lugar seguro.

Art. 370. Los cauces de los ríos, que quedan abandonados por variar naturalmente el curso de las aguas, pertenecen a los dueños de los terrenos ribereños en toda la longitud respectiva a cada uno. Si el cauce abandonado separaba heredades de distintos dueños, la nueva línea divisoria correrá equidistante de unas y otras.

Arts. 4 y 8 L.A.

Art. 371. Las islas que se formen en los mares adyacentes a las costas de España y en los ríos navegables y flotables, pertenecen al Estado.

Art. 5 L.C.

Art. 372. Cuando en un río navegable y flotable, variando naturalmente de dirección, se abre un nuevo cauce en heredad privada, este cauce entrará en el dominio público. El dueño de la heredad lo recobrará siempre que las aguas vuelvan a dejarlo en seco, ya naturalmente, ya por trabajos legalmente autorizados al efecto.

Arts. 2, 4 y 8 L.A.

Art. 373. Las islas que por sucesiva acumulación de arrastres superiores se van formando en los ríos, pertenecen a los dueños de las márgenes u orillas más cercanas a cada una, o a los de ambas márgenes si la isla se hallase en medio del río, dividiéndose entonces longitudinalmente por mitad. Si una sola isla así formada distase de una margen más que de otra, será por completo dueño de ella el de la margen más cercana.

Art. 8 L.A.; art. 5 L.C.

Art. 374. Cuando se divide en brazos la corriente del río, dejando aislada una heredad o parte de ella, el dueño de la misma conserva su propiedad. Igualmente la conserva si queda separada de la heredad por la corriente una porción de terreno.

Arts. 2.b); 4; 5; 8; 10; 11 y 42 L.A.

Sección Tercera. Del derecho de accesión respecto a los bienes muebles

Art. 375. Cuando dos cosas muebles, pertenecientes a distintos dueños, se unen de tal manera que vienen a formar una sola sin que intervenga mala fe, el propietario de la principal adquiere la accesoria, indemnizando su valor al anterior dueño.

Art. 376. Se reputa principal, entre dos cosas incorporadas, aquella a que se ha unido otra por adorno, o para su uso o perfección.

Art. 377. Si no puede determinarse por la regla del artículo anterior cuál de las cosas incorporadas es la principal, se reputará tal el objeto de más valor, y entre dos objetos de igual valor, el de mayor volumen.

En la pintura y escultura, en los escritos, impresos, grabados y litografías, se considerará accesoria la tabla, el metal, la piedra, el lienzo, el papel o el pergamino.

Art. 378. Cuando las cosas unidas pueden separarse sin detrimento, los dueños respectivos pueden exigir la separación.

Sin embargo, cuando la cosa unida para el uso, embellecimiento o perfección de otra, es mucho más preciosa que la cosa principal, el dueño de aquélla puede exigir su separación, aunque sufra algún detrimento la otra a que se incorporó.

Art. 379. Cuando el dueño de la cosa accesoria ha hecho su incorporación de mala fe, pierde la cosa incorporada y tiene la obligación de indemnizar al propietario de la principal los perjuicios que haya sufrido.

Si el que ha procedido de mala fe es el dueño de la cosa principal, el que lo sea de la accesoria tendrá derecho a optar entre que aquél le pague su valor o que la cosa de su pertenencia se separe, aunque para ello haya que destruir la principal; y en ambos casos, además, habrá lugar a la indemnización de daños y perjuicios.

Si cualquiera de los dueños ha hecho la incorporación a vista, ciencia y paciencia y sin oposición del otro, se determinarán los derechos respectivos en la forma dispuesta para el caso de haber obrado de buena fe.

Art. 380. Siempre que el dueño de la materia empleada sin su consentimiento tenga derecho a indemnización, puede exigir que ésta consista en la entrega de una cosa igual en especie y valor, y en todas sus circunstancias, a la empleada, o bien en el precio de ella, según tasación pericial.

Art. 381. Si por voluntad de sus dueños se mezclan dos cosas de igual o diferente especie, o si la mezcla se verifica por casualidad, y en este último caso las cosas no son separables sin detrimento, cada propietario adquirirá un derecho proporcional a la parte que le corresponda atendido el valor de las cosas mezcladas o confundidas.

Art. 382. Si por voluntad de uno solo, pero con buena fe, se mezclan o confunden dos cosas de igual o diferente especie, los derechos de los propietarios se determinarán por lo dispuesto en el artículo anterior.

Si el que hizo la mezcla o confusión obró de mala fe, perderá la cosa de su pertenencia mezclada o confundida, además de quedar obligado a la indemnización de los perjuicios causados al dueño de la cosa con que hizo la mezcla.

Art. 383. El que de buena fe empleó materia ajena en todo o en parte para formar una obra de nueva especie, hará suya la obra, indemnizando el valor de la materia al dueño de ésta.

Si ésta es más preciosa que la obra en que se empleó o superior en valor, el dueño de ella podrá, a su elección, quedarse con la nueva especie, previa indemnización del valor de la obra, o pedir indemnización de la materia.

Si en la formación de la nueva especie intervino mala fe, el dueño de la materia tiene el derecho de quedarse con la obra sin pagar nada al autor, o de exigir de éste que le indemnice el valor de la materia y los perjuicios que se le hayan seguido.

Capítulo III. Del deslinde y amojonamiento

Vid. LJV; arts. 73 y 122 R.H.; arts. 13 a 16 L.P.E.; arts. 32 a 47 RPE.; arts. 56 a 69 del Reglamento de Bienes de Entidades Locales. Vid. también C.P.

Art. 384. Todo propietario tiene derecho a deslindar su propiedad, con citación de los dueños de los predios colindantes.

La misma facultad corresponderá a los que tengan derechos reales.

Vid. LJV; art. 8 L.V.Pec.; arts. 12 y sigs. L.M.; arts. 11 y sigs. L.C.; arts. 12 y 30 R.H.

Art. 385. El deslinde se hará en conformidad con los títulos de cada propietario, y, a falta de títulos suficientes, por lo que resultare de la posesión en que estuvieren los colindantes.

Art. 386. Si los títulos no determinasen el límite o área perteneciente a cada propietario, y la cuestión no pudiera resolverse por la posesión o por otro medio de prueba, el deslinde se hará distribuyendo el terreno objeto de la contienda en partes iguales.

Art. 387. Si los títulos de los colindantes indicasen un espacio mayor o menor del que comprende la totalidad del terreno, el aumento o la falta se distribuirá proporcionalmente.

Capítulo IV. Del derecho de cerrar las fincas rústicas

Art. 388. Todo propietario podrá cerrar o cercar sus heredades por medio de paredes, zanjas, setos vivos o muertos, o de cualquier otro modo, sin perjuicio de las servidumbres constituidas sobre las mismas.

Arts. 560; 571; 572 y 591 a 593 C.C. Vid. C.P.

Capítulo V. De los edificios ruinosos y de los árboles que amenazan caerse

Art. 389. Si un edificio, pared, columna o cualquiera otra construcción amenazase ruina, el propietario estará obligado a su demolición, o a ejecutar las obras necesarias para evitar su caída.

Si no lo verificare el propietario de la obra ruinosa, la autoridad podrá hacerla demoler a costa del mismo.

Arts. 1090, 1907 y 1908 C.C.; art. 114,10 L.A.U. (1964); art. 28 L.A.U. (1994); arts. 10 a 28 del Reglamento de Disciplina Urbanística, aprobado por R.D. 2187/1978 de 23 de junio (B.O.E. de 18 de septiembre); art. 5 del Reglamento de Edificación Forzosa y Registro Municipal de solares, aprobado por Decreto 636/1964 de 5 de marzo (B.O.E. de 25 de marzo).

Art. 390. Cuando algún árbol corpulento amenazare caerse de modo que pueda causar perjuicios a una finca ajena o a los transeúntes por una vía pública o particular, el dueño del árbol está obligado a arrancarlo y retirarlo; y si no lo verificare, se hará a su costa por mandato de la autoridad.

Art. 1090 C.C.

Art. 391. En los casos de los dos artículos anteriores, si el edificio o árbol se cayere, se estará a lo dispuesto en los artículos 1.907 y 1.908.

Título III. De la comunidad de bienes

Art. 392. Hay comunidad cuando la propiedad de una cosa o de un derecho pertenece pro indiviso a varias personas.

A falta de contratos, o de disposiciones especiales, se regirá la comunidad por las prescripciones de este título.

Arts. 450; 490; 531; 597; 600; 601; 602; 603; 1513 a 1516; 1522; 1524; 1618; 1619 C.C.; Ley 55/1980 de 11 de noviembre (B.O.E. de 21 de noviembre), de Montes Vecinales en Mano Común.

Art. 393. El concurso de los partícipes, tanto en los beneficios como en las cargas, será proporcional a sus respectivas cuotas.

Se presumirán iguales, mientras no se pruebe lo contrario, las porciones correspondientes a los partícipes en la comunidad.

Arts. 3 y 9 L.P.H.; arts. 54, 217 y 278 R.H.

Art. 394. Cada partícipe podrá servirse de las cosas comunes, siempre que disponga de ellas conforme a su destino y de manera que no perjudique el interés de la comunidad, ni impida a los copartícipes utilizarlas según su derecho.

Arts. 397, 587 y 1695 C.C.; arts. 7 y 9 L.P.H.; arts. 54 y 217 R.H.

Art. 395. Todo copropietario tendrá derecho para obligar a los partícipes a contribuir a los gastos de conservación de la cosa o derecho común. Sólo podrá eximirse de esta obligación el que renuncie a la parte que le pertenece en el dominio.

Arts. 544 y 575 C.C.

Art. 396. Los diferentes pisos o locales de un edificio o las partes de ellos susceptibles de aprovechamiento independiente por tener salida propia a un elemento común de aquél o a la vía pública podrán ser objeto de propiedad separada, que llevará inherente un derecho de copropiedad sobre los elementos comunes del edificio, que son todos los necesarios para su adecuado uso y disfrute, tales como el suelo, vuelo, cimentaciones, cubiertas; elementos estructurales, y entre ellos los pilares, vigas, forjados y muros de carga; las fachadas, con los revestimientos exteriores de terrazas, balcones y ventanas, incluyendo su imagen y configuración, los elementos de cierre que las conforman y sus revestimientos exteriores; el portal, las escaleras, porterías, corredores, pasos, muros, fosos, patios, pozos y los recintos destinados a ascensores, depósitos, contadores, telefonías o a otros servicios o instalaciones comunes, incluso a aquellos que fueren de uso privativo; los ascensores y las instalaciones, conducciones y canalizaciones para el desagüe y para el suministro de agua, gas o electricidad, incluso las de aprovechamiento de energía solar; las de agua caliente sanitaria, calefacción, aire acondicionado, ventilación o evacuación de humos; las de detección y prevención de incendios; las de portero electrónico y otras de seguridad del edificio, así como las de antenas colectivas y demás instalaciones para los servicios audiovisuales o de telecomunicación, todas ellas hasta la entrada al espacio privativo; las servidumbres y cualesquiera otros elementos materiales o jurídicos que por su naturaleza o destino resulten indivisibles.

Las partes en copropiedad no son en ningún caso susceptibles de división y sólo podrán ser enajenadas, gravadas o embargadas juntamente con la parte determinada privativa de la que son anejo inseparable.

En caso de enajenación de un piso o local, los dueños de los demás, por este solo título, no tendrán derecho de tanteo ni de retracto.

Esta forma de propiedad se rige por las disposiciones legales especiales y, en lo que las mismas permitan, por la voluntad de los interesados.

Redactado conforme con la Ley 8/1999, de 6 de abril, de reforma de la Ley 49/1960, de 21 de julio, sobre Propiedad Horizontal. Arts. 400 y 1522 C.C.; arts. 5 y 6 LPH.

Art. 397. Ninguno de los condueños podrá, sin consentimiento de los demás, hacer alteraciones en la cosa común, aunque de ellas pudieran resultar ventajas para todos.

Art. 7 LPH.

Art. 398. Para la administración y mejor disfrute de la cosa común serán obligatorios los acuerdos de la mayoría de los partícipes.

No habrá mayoría sino cuando el acuerdo esté tomado por los partícipes que representen la mayor cantidad de los intereses que constituyan el objeto de la comunidad.

Si no resultare mayoría, o el acuerdo de ésta fuere gravemente perjudicial a los interesados en la cosa común, el Juez proveerá, a instancia de parte, lo que corresponda, incluso nombrar un administrador.

Cuando parte de la cosa perteneciere privadamente a un partícipe o a algunos de ellos, y otra fuere común, sólo a ésta será aplicable la disposición anterior.

Arts. 16 y 18 LPH.

Art. 399. Todo condueño tendrá la plena propiedad de su parte y la de los frutos y utilidades que le correspondan, pudiendo en su consecuencia enajenarla, cederla o hipotecarla, y aun sustituir otro en su aprovechamiento, salvo si se tratare de derechos personales. Pero el efecto de la enajenación o de la hipoteca con relación a los condueños estará limitado a la porción que se le adjudique en la división al cesar la comunidad.

Arts. 597 y 1522 C.C.; art. 3 LPH.

Art. 400. Ningún copropietario estará obligado a permanecer en la comunidad. Cada uno de ellos podrá pedir en cualquier tiempo que se divida la cosa común.

Esto no obstante, será válido el pacto de conservar la cosa indivisa por tiempo determinado, que no exceda de diez años.

Este plazo podrá prorrogarse por nueva convención.

Arts. 1051, 1052, 1053 y 1965 C.C.; 21 LPH.; art. 24 Ley 19/1995, de 4 de julio, de modernización de las explotaciones agrarias.

Art. 401. Sin embargo de lo dispuesto en el artículo anterior, los copropietarios no podrán exigir la división de la cosa común, cuando de hacerla resulte inservible para el uso a que se destina.

Si se tratare de un edificio cuyas características lo permitan, a solicitud de cualquiera de los comuneros, la división podrá realizarse mediante la adjudicación de pisos o locales independientes, con sus elementos comunes anejos, en la forma prevista por el artículo 396.

Art. 402. La división de la cosa común podrá hacerse por los interesados, o por los árbitros o amigables componedores nombrados a voluntad de los partícipes.

En el caso de verificarse por árbitros o amigables componedores, deberán formar partes proporcionadas al derecho de cada uno, evitando en cuanto sea posible los suplementos a metálico.

Art. 403. Los acreedores o cesionarios de los partícipes podrán concurrir a la división de la cosa común y oponerse a la que se verifique sin su concurso. Pero no podrán impugnar la división consumada, excepto en caso de fraude, o en el de haberse verificado no obstante la oposición formalmente interpuesta para impedirla, y salvos siempre los derechos del deudor o del cedente para sostener su validez.

Art. 404. Cuando la cosa fuere esencialmente indivisible, y los condueños no convinieren en que se adjudique a uno de ellos indemnizando a los demás, se venderá y repartirá su precio.

Arts. 821; 1062 y 1513 C.C.

Art. 405. La división de una cosa común no perjudicará a tercero, el cual conservará los derechos de hipoteca, servidumbre u otros derechos reales que le pertenecieren antes de hacer la partición. Conservarán igualmente su fuerza, no obstante la división, los derechos personales que pertenezcan a un tercero contra la comunidad.

Arts. 490; 534; 535 C.C.; art. 123 L.H.

Art. 406. Serán aplicables a la división entre los partícipes en la comunidad las reglas concernientes a la división de la herencia.

Arts. 1051 a 1081 C.C.

Título IV. De algunas propiedades especiales

Libro V, C.C.C; C.D.L.G; C.D.N.

Capítulo Primero. De las aguas

Real Decreto Legislativo 1/2001, de 20 de julio, que aprueba el Texto Refundido de la Ley de Aguas; S.T.C. 227/1988, de 29 de noviembre.

Sección Primera. Del dominio de las aguas

Art. 407. Son de dominio público:

1º. Los ríos y sus cauces naturales.

2º. Las aguas continuas o discontinuas de manantiales y arroyos que corran por sus cauces naturales, y estos mismos cauces.

3º. Las aguas que nazcan continua y discontinuamente en terrenos del mismo dominio público.

4º. Los lagos y lagunas formados por la naturaleza en terrenos públicos y sus álveos.

5º. Las aguas pluviales que discurran por barrancos o ramblas, cuyo cauce sea también del dominio público.

6º. Las aguas subterráneas que existan en terrenos públicos.

7º. Las aguas halladas en la zona de trabajos de obras públicas, aunque se ejecuten por concesionario.

8º. Las aguas que nazcan continua o discontinuamente en predios de particulares, del Estado, de la provincia o de los pueblos, desde que salgan de dichos predios.

9º. Los sobrantes de las fuentes, cloacas y establecimientos públicos.

Arts. 339.1º; 370 a 372 y 417 C.C.

Art. 408. Son de dominio privado:

1º. Las aguas continuas o discontinuas que nazcan en predios de dominio privado, mientras discurran por ellos.

2º. Los lagos y lagunas y sus álveos, formados por la naturaleza en dichos predios.

3º. Las aguas subterráneas que se hallen en éstos.

4º. Las aguas pluviales que en los mismos caigan, mientras no traspasen sus linderos.

5º. Los cauces de aguas corrientes, continuas o discontinuas, formados por aguas pluviales, y los de los arroyos que atraviesen fincas que no sean de dominio público.

En toda acequia o acueducto, el agua, el cauce, los cajeros y las márgenes serán considerados como parte integrante de la heredad o edificio a que vayan destinadas las aguas. Los dueños de los predios, por los cuales o por cuyos linderos pase el acueducto, no podrán alegar dominio sobre él, ni derecho al aprovechamiento de su cauce o márgenes, a no fundarse en títulos de propiedad expresivos del derecho o dominio que reclamen.

Arts. 412; 417 a 419 C.C.

Sección Segunda. Del aprovechamiento de las aguas públicas

Art. 409. El aprovechamiento de las aguas públicas se adquiere:

1°. Por concesión administrativa.

2°. Por prescripción de veinte años.

Los límites de los derechos y obligaciones de estos aprovechamientos serán los que resulten, en el primer caso, de los términos de la concesión, y en el segundo, del modo y forma en que se haya usado de las aguas.

Art. 410. Toda concesión de aprovechamiento de aguas se entiende sin perjuicio de tercero.

Art. 411. El derecho al aprovechamiento de aguas públicas se extingue por la caducidad de la concesión y por el no uso durante veinte años.

Sección Tercera. Del aprovechamiento de las aguas de dominio privado

Art. 412. El dueño de un predio en que nace un manantial o arroyo, continuo o discontinuo, puede aprovechar sus aguas mientras discurran por él; pero las sobrantes entran en la condición de públicas, y su aprovechamiento se rige por la Ley Especial de Aguas.

Arts. 408.1° C.C.

Art. 413. El dominio privado de los álveos de aguas pluviales no autoriza para hacer labores u obras que varíen su curso en perjuicio de tercero, ni tampoco aquellas cuya destrucción, por la fuerza de las avenidas, pueda causarlo.

Art. 414. Nadie puede penetrar en propiedad privada para buscar aguas o usar de ellas sin licencia de los propietarios.

Art. 415. El dominio del dueño de un predio sobre las aguas que nacen en él no perjudica los derechos que legítimamente hayan podido adquirir a su aprovechamiento los de los predios inferiores.

Art. 416. Todo dueño de un predio tiene la facultad de construir dentro de su propiedad depósitos para conservar las aguas pluviales, con tal que no cause perjuicio al público ni a tercero.

Sección Cuarta. De las aguas subterráneas

Art. 417. Sólo el propietario de un predio u otra persona con su licencia puede investigar en él aguas subterráneas.

La investigación de aguas subterráneas en terrenos de dominio público sólo puede hacerse con licencia administrativa.

Art. 418. Las aguas alumbradas conforme a la Ley Especial de Aguas pertenecen al que las alumbra.

Art. 419. Si el dueño de aguas alumbradas las dejare abandonadas a su curso natural, serán de dominio público.

Sección Quinta. Disposiciones generales

Art. 420. El dueño de un predio en que existan obras defensivas para contener el agua, o en que por la variación de su curso sea necesario construirlas de nuevo, está obligado, a su elección, a hacer los reparos o construcciones necesarias o a tolerar que, en perjuicio suyo, las hagan los dueños de los predios que experimenten o estén manifiestamente expuestos a experimentar daños.

Art. 421. Lo dispuesto en el artículo anterior es aplicable al caso en que sea necesario desembarazar algún predio de las materias cuya acumulación o caída impida el curso de las aguas con daño o peligro de tercero.

Art. 422. Todos los propietarios que participen del beneficio proveniente de las obras de que tratan los dos artículos anteriores, están obligados a contribuir a los gastos de su ejecución en proporción a su interés. Los que por su culpa hubiesen ocasionado el daño serán responsables de los gastos.

Art. 423. La propiedad y uso de las aguas pertenecientes a corporaciones o particulares están sujetos a la Ley de Expropiación por causa de utilidad pública.

Art. 424. Las disposiciones de este título no perjudican los derechos adquiridos con anterioridad, ni tampoco al dominio privado que tienen los propietarios de aguas, de acequias, fuentes o manantiales, en virtud del cual las aprovechan, venden o permutan como propiedad particular.

Art. 425. En todo lo que no esté expresamente prevenido por las disposiciones de este capítulo se estará a lo mandado por la Ley Especial de Aguas.

Vid. Ley de Aguas, Texto Refundido aprobado por Real Decreto Legislativo 1/2001, de 20 de julio.

Capítulo II. De los minerales

Art. 426. Todo español o extranjero podrá hacer libremente en terreno de dominio público calicatas o excavaciones que no excedan de diez metros de extensión en longitud o profundidad con objeto de descubrir minerales, pero deberá dar aviso previamente a la autoridad local. En terrenos de propiedad privada no se podrán abrir calicatas sin que preceda permiso del dueño o del que le represente.

Art. 427. Los límites del derecho mencionado en el artículo anterior, las formalidades previas y condiciones para su ejercicio, la designación de las materias que deben considerarse como minerales, y la determinación de los derechos que corresponden al dueño del suelo y a los descubridores de los minerales en el caso de concesión, se regirán por la Ley Especial de Minería.

Ley de Minas, de 21 de julio de 1973 (B.O.E. de 24 de julio); Ley 21/1974, de 27 de junio sobre investigación y explotación de hidrocarburos (B.O.E. de 29 de junio); Ley 54/1980, de 5 de noviembre sobre recursos minerales energéticos (B.O.E. de 21 de noviembre).

Capítulo III. De la propiedad intelectual

Art. 428. El autor de una obra literaria, científica o artística, tiene el derecho de explotarla y disponer de ella a su voluntad.

Art. 429. La Ley sobre propiedad intelectual determina las personas a quienes pertenece ese derecho, la forma de su ejercicio y el tiempo de su duración. En casos no previstos ni resueltos por dicha ley especial se aplicarán las reglas generales establecidas en este Código sobre la propiedad.

Ley 9/1975, de 12 de marzo, de Promoción, Producción y Difusión del Libro (B.O.E. de 14 de marzo); Real Decreto Legislativo 1/1996, de 12 de abril, que aprueba el Texto Refundido de la Ley de Propiedad Intelectual.

Título V. De la posesión

Capítulo Primero. De la posesión y sus especies

Art. 430. Posesión natural es la tenencia de una cosa o el disfrute de un derecho por una persona. Posesión civil es esa misma tenencia o disfrute unidos a la intención de haber la cosa o derecho como suyos.

Art. 431. La posesión se ejerce en las cosas o en los derechos por la misma persona que los tiene y los disfruta, o por otra en su nombre.

Arts. 439 y 444 C.C.

Art. 432. La posesión en los bienes y derechos puede tenerse en uno de dos conceptos: o en el de dueño, o en el de tenedor de la cosa o derecho para conservarlos o disfrutarlos, perteneciendo el dominio a otra persona.

Arts. 436; 447 y 448 C.C.

Art. 433. Se reputa poseedor de buena fe al que ignora que en su título o modo de adquirir exista vicio que lo invalide.

Se reputa poseedor de mala fe al que se halla en el caso contrario.

Arts. 1950 y 1951 C.C.

Art. 434. La buena fe se presume siempre, y al que afirma la mala fe de un poseedor corresponde la prueba.

Art. 435. La posesión adquirida de buena fe no pierde este carácter sino en el caso y desde el momento en que existan actos que acrediten que el poseedor no ignora que posee la cosa indebidamente.

Art. 436. Se presume que la posesión se sigue disfrutando en el mismo concepto en que se adquirió, mientras no se pruebe lo contrario.

Art. 437. Sólo pueden ser objeto de posesión las cosas y derechos que sean susceptibles de apropiación.

Art. 1936 C.C.

Capítulo II. De la adquisición de la posesión

Art. 438. La posesión se adquiere por la ocupación material de la cosa o derecho poseído, o por el hecho de quedar éstos sujetos a la acción de nuestra voluntad, o por los actos propios y formalidades legales establecidas para adquirir tal derecho.

Vid. LJV.

Art. 439. Puede adquirirse la posesión por la misma persona que va a disfrutarla, por su representante legal, por su mandatario y por un tercero sin mandato alguno; pero en este último caso no se entenderá adquirida la posesión hasta que la persona en cuyo nombre se haya verificado el acto posesorio lo ratifique.

Art. 440. La posesión de los bienes hereditarios se entiende transmitida al heredero sin interrupción y desde el momento de la muerte del causante, en el caso de que llegue a adirse la herencia.

El que válidamente repudia una herencia se entiende que no la ha poseído en ningún momento.

Arts. 657; 882; 1001 y 1106 C.C.

Art. 441. En ningún caso puede adquirirse violentamente la posesión mientras exista un poseedor que se oponga a ello. El que se crea con acción o derecho para privar a otro de la tenencia de una cosa, siempre que el tenedor resista la entrega, deberá solicitar el auxilio de la autoridad competente.

Arts. 444 a 446; 885; 1267 y 1941 C.C.; vid. C.P.

Art. 442. El que suceda por título hereditario no sufrirá las consecuencias de una posesión viciosa de su causante, si no se demuestra que tenía conocimiento de los vicios que la afectaban; pero los efectos de la posesión de buena fe no le aprovecharán sino desde la fecha de la muerte del causante.

Arts. 433, 434, 659, 661 y 1960 C.C.

Art. 443. Los menores y los incapacitados pueden adquirir la posesión de las cosas; pero necesitan de la asistencia de sus representantes legítimos para usar de los derechos que de la posesión nazcan a su favor.

Arts. 267 y 439 C.C.

Art. 444. Los actos meramente tolerados, y los ejecutados clandestinamente y sin conocimiento del poseedor de una cosa, o con violencia, no afectan a la posesión.

Arts. 466 y 1942 C.C.

Art. 445. La posesión, como hecho, no puede reconocerse en dos personalidades distintas, fuera de los casos de indivisión. Si surgiere contienda sobre el hecho de la posesión, será preferido el poseedor actual; si resultaren dos poseedores, el más antiguo; si las fechas de las posesiones fueren las mismas, el que presente título; y, si todas estas condiciones fuesen iguales, se constituirá en depósito o guarda judicial la cosa, mientras se decide sobre su posesión o propiedad por los trámites correspondientes.

Capítulo III. De los efectos de la posesión

Art. 446. Todo poseedor tiene derecho a ser respetado en su posesión; y, si fuere inquietado en ella, deberá ser amparado o restituido en dicha posesión por los medios que las leyes de procedimientos establecen.

Art. 101 L.R.J.A.P. y P.A.C.

Art. 447. Sólo la posesión que se adquiere y se disfruta en concepto de dueño puede servir de título para adquirir el dominio.

Arts. 1940 sigs. C.C.

Art. 448. El poseedor en concepto de dueño tiene a su favor la presunción legal de que posee con justo título, y no se le puede obligar a exhibirlo.

Art. 1954 C.C.

Art. 449. La posesión de una cosa raíz supone la de los muebles y objetos que se hallen dentro de ella, mientras no conste o se acredite que deben ser excluidos.

Art. 450. Cada uno de los partícipes de una cosa que se posea en común, se entenderá que ha poseído exclusivamente la parte que al dividirse le cupiere durante todo el tiempo que duró la indivisión. La interrupción en la posesión del todo o parte de una cosa poseída en común perjudicará por igual a todos.

Art. 1933 C.C.

Art. 451. El poseedor de buena fe hace suyos los frutos percibidos mientras no sea interrumpida la posesión.

Se entienden percibidos los frutos naturales e industriales desde que se alzan o separan.

Los frutos civiles se consideran producidos por días, y pertenecen al poseedor de buena fe en esa proporción.

Arts. 433 a 435 y 1943 a 1945 C.C.

Art. 452. Si al tiempo en que cesare la buena fe se hallaren pendientes algunos frutos naturales o industriales, tendrá el poseedor derecho a los gastos que hubiese hecho para su producción, y además a la parte del producto líquido de la cosecha proporcional al tiempo de su posesión.

Las cargas se prorratearán del mismo modo entre los dos poseedores.

El propietario de la cosa puede, si quiere, conceder al poseedor de buena fe la facultad de concluir el cultivo y la recolección de los frutos pendientes, como indemnización de la parte de gastos de cultivo y del producto líquido que le pertenece; el poseedor de buena fe que por cualquier motivo no quiera aceptar esta concesión, perderá el derecho a ser indemnizado de otro modo.

Art. 453. Los gastos necesarios se abonan a todo poseedor; pero sólo el de buena fe podrá retener la cosa hasta que se le satisfagan.

Los gastos útiles se abonan al poseedor de buena fe con el mismo derecho de retención, pudiendo optar el que le hubiese vencido en su posesión por satisfacer el importe de los gastos, o por abonar el aumento de valor que por ellos haya adquirido la cosa.

Arts. 361, 500 sigs., 1600 y 1882 C.C.

Art. 454. Los gastos de puro lujo o mero recreo no son abonables al poseedor de buena fe; pero podrá llevarse los adornos con que hubiese embellecido la cosa principal si no sufriere deterioro, y si el sucesor en la posesión no prefiere abonar el importe de lo gastado.

Art. 455. El poseedor de mala fe abonará los frutos percibidos y los que el poseedor legítimo hubiere podido percibir, y sólo tendrá derecho a ser reintegrado de los gastos necesarios hechos para la conservación de la cosa. Los gastos hechos en mejoras de lujo y recreo no se abonarán al poseedor de mala fe; pero podrá éste llevarse los objetos en que esos gastos se hayan invertido, siempre que la cosa no sufra deterioro, y el poseedor legítimo no prefiera quedarse con ellos abonando el valor que tengan en el momento de entrar en la posesión.

Arts. 361 a 364 C.C.

Art. 456. Las mejoras provenientes de la naturaleza o del tiempo ceden siempre en beneficio del que haya vencido en la posesión.

Art. 457. El poseedor de buena fe no responde del deterioro o pérdida de la cosa poseída, fuera de los casos en que se justifique haber procedido con dolo. El poseedor de mala fe responde del deterioro o pérdida en todo caso, y aun de los ocasionados por fuerza mayor cuando maliciosamente haya retrasado la entrega de la cosa a su poseedor legítimo.

Art. 458. El que obtenga la posesión no está obligado a abonar mejoras que hayan dejado de existir al adquirir la cosa.

Art. 459. El poseedor actual que demuestre su posesión en época anterior, se presume que ha poseído también durante el tiempo intermedio, mientras no se pruebe lo contrario.

Art. 460. El poseedor puede perder su posesión:

1º. Por abandono de la cosa.

2º. Por cesión hecha a otro por título oneroso o gratuito.

3º. Por destrucción o pérdida total de la cosa, o por quedar ésta fuera de comercio.

4º. Por la posesión de otro, aun contra la voluntad del antiguo poseedor, si la nueva posesión hubiese durado más de un año.

Art. 461. La posesión de la cosa mueble no se entiende perdida mientras se halle bajo el poder del poseedor, aunque éste ignore accidentalmente su paradero.

Art. 462. La posesión de las cosas inmuebles y de los derechos reales no se entiende perdida, ni transmitida para los efectos de la prescripción de tercero, sino con sujeción a lo dispuesto en la Ley Hipotecaria.

Arts. 1949 C.C.; arts. 32, 38 y 76 L.H.

Art. 463. Los actos relativos a la posesión, ejecutados o consentidos por el que posee una cosa ajena como mero tenedor para disfrutarla o retenerla en cualquier concepto, no obligan ni perjudican al dueño, a no ser que éste hubiese otorgado a aquél facultades expresas para ejecutarlos o los ratifique con posterioridad.

Art. 432 C.C.

Art. 464. La posesión de los bienes muebles, adquirida de buena fe, equivale al título. Sin embargo, el que hubiese perdido una cosa mueble o hubiese sido privado de ella ilegalmente, podrá reivindicarla de quien la posea.

Si el poseedor de la cosa mueble perdida o sustraída la hubiese adquirido de buena fe en venta pública, no podrá el propietario obtener la restitución sin reembolsar el precio dado por ella.

Tampoco podrá el dueño de cosas empeñadas en los Montes de Piedad establecidos con autorización del Gobierno obtener la restitución, cualquiera que sea la persona que la hubiese empeñado, sin reintegrar antes al establecimiento la cantidad del empeño y los intereses vencidos.

En cuanto a las adquiridas en Bolsa, feria o mercado, o de un comerciante legalmente establecido y dedicado habitualmente al tráfico de objetos análogos, se estará a lo que dispone el Código de Comercio.

Arts. 615; 1955; 1956 y 1962 C.C.; arts. 74 sigs.; 324 y 547 sigs. C. de c.

Art. 465. Los animales fieros sólo se poseen mientras se hallen en nuestro poder; los domesticados o amansados se asimilan a los mansos o domésticos, si conservan la costumbre de volver a casa del poseedor.

Arts. 612 y 613 C.C.

Art. 466. El que recupera, conforme a derecho, la posesión indebidamente perdida, se entiende para todos los efectos que puedan redundar en su beneficio que la ha disfrutado sin interrupción.

Arts. 441; 444; 1942 a 1946 C.C.

Título VI. Del usufructo, del uso y de la habitación

Libro V, C.C.C.; C.D.B; C.D.N.; L.D.C.P.V.

Capítulo Primero. Del usufructo

Sección Primera. Del usufructo en general

Art. 467. El usufructo da derecho a disfrutar los bienes ajenos con la obligación de conservar su forma y sustancia, a no ser que el título de su constitución o la ley autoricen otra cosa.

Arts. 487; 489; 523 a 529; 1604; 1704 sigs. C.C.; art. 2.2 L.H.

Art. 468. El usufructo se constituye por la ley, por la voluntad de los particulares manifestada en actos entre vivos o en última voluntad, y por prescripción.

Arts. 99; 609; 640; 787; 820.3; 834 a 840; 847; 1.255; 1940; 1957; 1959 C.C.

Art. 469. Podrá constituirse el usufructo en todo o parte de los frutos de la cosa, a favor de una o varias personas, simultánea o sucesivamente, y en todo caso desde o hasta cierto día, puramente o bajo condición. También puede constituirse sobre un derecho, siempre que no sea personalísimo o intransmisible.

Arts. 475; 481; 486; 506; 510; 521; 640; 659; 781; 787; 789; 987 C.C.; art. 2.2 L.H.

Art. 470. Los derechos y las obligaciones del usufructuario serán los que determine el título constitutivo del usufructo; en su defecto, o por insuficiencia de éste, se observarán las disposiciones contenidas en las dos secciones siguientes.

Arts. 493; 515 C.C.

Sección Segunda. De los derechos del usufructuario

Art. 471. El usufructuario tendrá derecho a percibir todos los frutos naturales, industriales y civiles de los bienes usufructuados. Respecto de los tesoros que se hallaren en la finca será considerado como extraño.

Arts. 351; 352; 354; 357; 474; 614 C.C.

Art. 472. Los frutos naturales o industriales pendientes al tiempo de comenzar el usufructo pertenecen al usufructuario.

Los pendientes al tiempo de extinguirse el usufructo pertenecen al propietario.

En los precedentes casos, el usufructuario, al comenzar el usufructo, no tiene obligación de abonar al propietario ninguno de los gastos hechos; pero el propietario está obligado a abonar al fin del usufructo, con el producto de los frutos pendientes, los gastos ordinarios de cultivo, simientes y otros semejantes, hechos por el usufructuario.

Lo dispuesto en este artículo no perjudica los derechos de tercero, adquiridos al comenzar o terminar el usufructo.

Arts. 356; 452 C.C.

Art. 473. Si el usufructuario hubiere arrendado las tierras o heredades dadas en usufructo, y acabare éste antes de terminar el arriendo, sólo percibirán él o sus herederos y sucesores la parte proporcional de la renta que debiere pagar el arrendatario.

Arts. 451; 480 C.C.; arts. 57, 114 L.A.U. (1964); art. 13 L.A.U. (1994); art. 10 L.A.R.

Art. 474. Los frutos civiles se entienden percibidos día por día, y pertenecen al usufructuario en proporción al tiempo que dure el usufructo.

Arts. 355.3; 451 C.C.

Art. 475. Si el usufructo se constituye sobre el derecho a percibir una renta o una pensión periódica, bien consista en metálico, bien en frutos, o los intereses de obligaciones o títulos al portador, se considerará cada vencimiento como productos o frutos de aquel derecho.

Si consistiere en el goce de los beneficios que diese una participación en una explotación industrial o mercantil, cuyo reparto no tuviese vencimiento fijo, tendrán aquéllos la misma consideración.

En uno y otro caso se repartirán como frutos civiles y se aplicarán en la forma que previene el artículo anterior.

L.S.C.

Art. 476. No corresponden al usufructuario de un predio en que existen minas los productos de las denunciadas, concedidas o que se hallen en laboreo al principiar el usufructo, a no ser que expresamente se le concedan en el título constitutivo de éste, o que sea universal.

Podrá, sin embargo, el usufructuario extraer piedras, cal y yeso de las canteras para reparaciones u obras que estuviere obligado a hacer o que fueren necesarias.

Arts. 426; 427 C.C.

Art. 477. Sin embargo de lo dispuesto en el artículo anterior, en el usufructo legal podrá el usufructuario explotar las minas denunciadas, concedidas o en laboreo, existentes en el predio, haciendo suya la mitad de las utilidades que resulten después de rebajar los gastos, que satisfará por mitad con el propietario.

Arts. 834 a 840 C.C.

Art. 478. La calidad de usufructuario no priva al que la tiene del derecho que a todos concede la Ley de Minas para denunciar y obtener la concesión de las que existan en los predios usufructuados, en la forma y condiciones que la misma ley establece.

Vid. Ley de Minas, modificada por Ley 54/1990, de 5 de noviembre.

Art. 479. El usufructuario tendrá el derecho de disfrutar del aumento que reciba por accesión la cosa usufructuada, de las servidumbres que tenga a su favor, y en general de todos los beneficios inherentes a la misma.

L.S.C.

Art. 480. Podrá el usufructuario aprovechar por sí mismo la cosa usufructuada, arrendarla a otro y enajenar su derecho de usufructo, aunque sea a título gratuito, pero todos los contratos que celebre como tal usufructuario se resolverán al fin del usufructo, salvo el arrendamiento de las fincas rústicas, el cual se considerará subsistente durante el año agrícola.

Arts. 469; 498; 1548; 1633 y 1635 C.C.; arts. 107 y 108.2 L.H.; art. 10 L.A.R.; arts. 57 y 114 L.A.U. (1964); y 13 L.A.U. (1994).

Art. 481. Si el usufructo comprendiera cosas que sin consumirse se deteriorasen poco a poco por el uso, el usufructuario tendrá derecho a servirse de ellas, empleándolas según su destino, y no estará obligado a restituirlas al concluir el usufructo sino en el estado en que se encuentren; pero con la obligación de indemnizar al propietario del deterioro que hubieran sufrido por su dolo o negligencia.

Arts. 467; 497; 500 y 1101 C.C. Cfr. arts. 1740 sigs. C.C.

Art. 482. Si el usufructo comprendiera cosas que no se puedan usar sin consumirlas, el usufructuario tendrá derecho a servirse de ellas con la obligación de pagar el importe de su avalúo al terminar el usufructo si se hubiesen dado estimadas. Cuando no se hubiesen estimado, tendrá el derecho de restituirlas en igual cantidad y calidad, o pagar su precio corriente al tiempo de cesar el usufructo.

Arts. 337 y 1167 C.C.

Art. 483. El usufructuario de viñas, olivares u otros árboles o arbustos podrá aprovecharse de los pies muertos, y aun de los tronchados o arrancados por accidente, con la obligación de reemplazarlos por otros.

Art. 484. Si, a consecuencia de un siniestro o caso extraordinario, las viñas, olivares u otros árboles o arbustos hubieran desaparecido en número tan considerable que no fuese posible o resultase demasiado gravosa la reposición, el usufructuario podrá dejar los pies muertos, caídos o tronchados a disposición del propietario, y exigir de éste que los retire y deje el suelo expedito.

Arts. 1105 y 1575 C.C.

Art. 485. El usufructuario de un monte disfrutará todos los aprovechamientos que pueda éste producir según su naturaleza.

Siendo el monte tallar o de maderas de construcción, podrá el usufructuario hacer en él las talas o las cortas ordinarias que solía hacer el dueño, y en su defecto las hará acomodándose en el modo, porción y épocas, a la costumbre del lugar.

En todo caso hará las talas o las cortas de modo que no perjudiquen a la conservación de la finca.

En los viveros de árboles podrá el usufructuario hacer la entresaca necesaria para que los que queden puedan desarrollarse convenientemente.

Fuera de lo establecido en los párrafos anteriores, el usufructuario no podrá cortar árboles por el pie como no sean para reponer o mejorar alguna de las cosas usufructuadas, y en este caso hará saber previamente al propietario la necesidad de la obra.

Art. 467 C.C.

Art. 486. El usufructuario de una acción para reclamar un predio o derecho real, o un bien mueble, tiene derecho a ejercitarla y obligar al propietario de la acción a que le ceda para este fin su representación y le facilite los elementos de prueba de que disponga. Si por consecuencia del ejercicio de la acción adquiriese la cosa reclamada, el usufructo se limitará a solos los frutos, quedando el dominio para el propietario.

Arts. 467 y 470 C.C.; Cfr. arts. 1209 a 1212 y 1526 sigs. C.C.

Art. 487. El usufructuario podrá hacer en los bienes objeto del usufructo las mejoras útiles o de recreo que tuviere por conveniente, con tal que no altere su forma o su sustancia; pero no tendrá por ello derecho a indemnización. Podrá, no obstante, retirar dichas mejoras, si fuere posible hacerlo sin detrimento de los bienes.

Arts. 453; 454; 522; 1573; y 1652 C.C.

Art. 488. El usufructuario podrá compensar los desperfectos de los bienes con las mejoras que en ellos hubiese hecho.

Arts. 1195 sigs. C.C.

Art. 489. El propietario de bienes en que otro tenga el usufructo, podrá enajenarlos, pero no alterar su forma ni sustancia, ni hacer en ellos nada que perjudique al usufructuario.

Arts. 467; 503; 595; y 1258 C.C.; art. 107.2 L.H.

Art. 490. El usufructuario de parte de una cosa poseída en común ejercerá todos los derechos que correspondan al propietario de ella referentes a la administración y a la percepción de frutos o intereses. Si cesare la comunidad por dividirse la cosa poseída en común, corresponderá al usufructuario el usufructo de la parte que se adjudicare al propietario o condueño.

Arts. 399; 401 y 405 C.C.

Sección Tercera. De las obligaciones del usufructuario

Art. 491. El usufructuario, antes de entrar en el goce de los bienes, está obligado:

1°. A formar, con citación del propietario o de su legítimo representante, inventario de todos ellos, haciendo tasar los muebles y describiendo el estado de los inmuebles.

2°. A prestar fianza, comprometiéndose a cumplir las obligaciones que le correspondan con arreglo a esta sección.

Arts. 467; 470; 492; 493 y 522 C.C.

Art. 492. La disposición contenida en el número segundo del precedente artículo no es aplicable al vendedor o donante que se hubiere reservado el usufructo de los bienes vendidos o donados, ni a los padres usufructuarios de los bienes de los hijos, ni al cónyuge sobreviviente respecto de la cuota legal usufructuaria si no contrajeren los padres o el cónyuge ulterior matrimonio.

Arts. 507; 639; 640; 834 a 840 C.C.; art. 168 L.H.

Art. 493. El usufructuario, cualquiera que sea el título del usufructo, podrá ser dispensado de la obligación de hacer inventario o de prestar fianza, cuando de ello no resultare perjuicio a nadie.

Arts. 6; 470 y 1255 C.C.

Art. 494. No prestando el usufructuario la fianza en los casos en que deba darla, podrá el propietario exigir que los inmuebles se pongan en administración, que los muebles se vendan, que los efectos públicos, títulos de crédito nominativos o al portador se conviertan en inscripciones o se depositen en un banco o establecimiento público, y que los capitales o sumas en metálico y el precio de la enajenación de los bienes muebles se inviertan en valores seguros.

El interés del precio de las cosas muebles y de los efectos públicos y valores, y los productos de los bienes puestos en administración, pertenecen al usufructuario.

También podrá el propietario, si lo prefiere, mientras el usufructuario no preste fianza o quede dispensado de ella, retener en su poder los bienes del usufructo en calidad de administrador, y con la obligación de entregar al usufructuario su producto líquido, deducida la suma que por dicha administración se convenga o judicialmente se le señale.

Art. 507 C.C.

Art. 495. Si el usufructuario que no haya prestado fianza reclamare, bajo caución juratoria, la entrega de los muebles necesarios para su uso, y que se le asigne habitación para él y su familia en una casa comprendida en el usufructo, podrá el Juez acceder a esta petición, consultadas las circunstancias del caso.

Lo mismo se entenderá respecto de los instrumentos, herramientas y demás bienes muebles necesarios para la industria a que se dedique.

Si no quiere el propietario que se vendan algunos muebles por su mérito artístico o porque tengan un precio de afección, podrá exigir que se le entreguen, afianzando el abono del interés legal del valor de tasación.

Art. 496. Prestada la fianza por el usufructuario, tendrá derecho a todos los productos desde el día en que, conforme al título constitutivo del usufructo, debió comenzar a percibirlos.

Arts. 470; 471; 494 y 1095 C.C.

Art. 497. El usufructuario deberá cuidar las cosas dadas en usufructo como un buen padre de familia.

Arts. 470; 481; 487; 488; 520; 1094 y 1104 C.C.

Art. 498. El usufructuario que enajenare o diere en arrendamiento su derecho de usufructo, será responsable del menoscabo que sufran las cosas usufructuadas por culpa o negligencia de la persona que le sustituya.

Arts. 470; 473; 480; 489; 1255 y 1562 sigs. C.C.

Art. 499. Si el usufructo se constituyere sobre un rebaño o piara de ganados, el usufructuario estará obligado a reemplazar con las crías las cabezas que mueran anual y ordinariamente, o falten por la rapacidad de animales dañinos.

Si el ganado en que se constituyere el usufructo pereciese del todo, sin culpa del usufructuario, por efecto de un contagio u otro acontecimiento no común, el usufructuario cumplirá con entregar al dueño los despojos que se hubiesen salvado de esta desgracia.

Si el rebaño pereciere en parte, también por un accidente, y sin culpa del usufructuario, continuará el usufructo en la parte que se conserve.

Si el usufructo fuere de ganado estéril, se considerará, en cuanto a sus efectos, como si se hubiese constituido sobre cosa fungible.

Arts. 334; 482; 484; 513; 514; 1101 y 1105 C.C.

Art. 500. El usufructuario está obligado a hacer las reparaciones ordinarias que necesiten las cosas dadas en usufructo.

Se considerarán ordinarias las que exijan los deterioros o desperfectos que procedan del uso natural de las cosas y sean indispensables para su conservación. Si no las hiciere después de requerido por el propietario, podrá éste hacerlas por sí mismo a costa del usufructuario.

Arts. 453; 467; 497; 520; 1554; 1558 y 1559 C.C.

Art. 501. Las reparaciones extraordinarias serán de cuenta del propietario. El usufructuario está obligado a darle aviso cuando fuere urgente la necesidad de hacerlas.

Arts. 453; 467; 497; 520; 1554; 1558 y 1559 C.C.

Art. 502. Si el propietario hiciere las reparaciones extraordinarias, tendrá derecho a exigir al usufructuario el interés legal de la cantidad invertida en ellas mientras dure el usufructo.

Si no las hiciere cuando fuesen indispensables para la subsistencia de la cosa, podrá hacerlas el usufructuario; pero tendrá derecho a exigir del propietario, al concluir el usufructo, el aumento de valor que tuviese la finca por efecto de las mismas obras.

Si el propietario se negare a satisfacer dicho importe, tendrá el usufructuario derecho a retener la cosa hasta reintegrarse con sus productos.

Arts. 453; 467; 497; 520; 1554; 1558 y 1559 C.C.

Art. 503. El propietario podrá hacer las obras y mejoras de que sea susceptible la finca usufructuada, o nuevas plantaciones en ella si fuere rústica, siempre que por tales actos no resulte disminuido el valor del usufructo, ni se perjudique el derecho del usufructuario.

Arts. 489 y 595 C.C.

Art. 504. El pago de las cargas y contribuciones anuales y el de las que se consideran gravámenes de los frutos, será de cuenta del usufructuario todo el tiempo que el usufructo dure.

Art. 452 C.C.

Art. 505. Las contribuciones que durante el usufructo se impongan directamente sobre el capital, serán de cargo del propietario.

Si éste las hubiese satisfecho, deberá el usufructuario abonarle los intereses correspondientes a las sumas que en dicho concepto hubiese pagado y, si las anticipare el usufructuario, deberá recibir su importe al fin del usufructo.

Art. 452 C.C.

Art. 506. Si se constituyere el usufructo sobre la totalidad de un patrimonio, y al constituirse tuviere deudas el propietario, se aplicará tanto para la subsistencia del usufructo como para la obligación del usufructuario a satisfacerlas, lo establecido en los artículos 642 y 643 respecto de las donaciones.

Esta misma disposición es aplicable al caso en que el propietario viniese obligado, al constituirse el usufructo, al pago de prestaciones periódicas, aunque no tuvieran capital conocido.

Art. 507. El usufructuario podrá reclamar por sí los créditos vencidos que formen parte del usufructo si tuviese dada o diere la fianza correspondiente. Si estuviese dispensado de prestar fianza o no hubiere podido constituirla, o la constituida no fuese suficiente, necesitará autorización del propietario, o del Juez en su defecto, para cobrar dichos créditos.

El usufructuario con fianza podrá dar al capital que realice el destino conveniente. El usufructuario sin fianza deberá poner a interés dicho capital de acuerdo con el propietario; a falta de acuerdo entre ambos, con autorización judicial; y, en todo caso, con las garantías suficientes para mantener la integridad del capital usufructuado.

Arts. 475; 486; 494; 1164; 1895 sigs. C.C.

Art. 508. El usufructuario universal deberá pagar por entero el legado de renta vitalicia o pensión de alimentos.

El usufructuario de una parte alícuota de la herencia lo pagará en proporción a su cuota.

En ninguno de los dos casos quedará obligado el propietario al reembolso.

El usufructuario de una o más cosas particulares sólo pagará el legado cuando la renta o pensión estuviese constituida determinadamente sobre ellas.

Arts. 476; 797; 859; 879 y 880 C.C.

Art. 509. El usufructuario de una finca hipotecada no estará obligado a pagar las deudas para cuya seguridad se estableció la hipoteca.

Si la finca se embargare o vendiere judicialmente para el pago de la deuda, el propietario responderá al usufructuario de lo que pierda por este motivo.

Arts. 506; 1158; 1210 C.C.; art. 134 L.H.

Art. 510. Si el usufructo fuere de la totalidad o de parte alícuota de una herencia, el usufructuario podrá anticipar las sumas que para el pago de las deudas hereditarias correspondan a los bienes usufructuados, y tendrá derecho a exigir del propietario su restitución, sin interés, al extinguirse el usufructo.

Negándose el usufructuario a hacer esta anticipación, podrá el propietario pedir que se venda la parte de los bienes usufructuados que sea necesaria para pagar dichas sumas, o satisfacerlas de su dinero, con derecho, en este último caso, a exigir del usufructuario los intereses correspondientes.

Arts. 506; 508 y 1082 sigs. C.C.

Art. 511. El usufructuario estará obligado a poner en conocimiento del propietario cualquier acto de un tercero, de que tenga noticia, que sea capaz de lesionar los derechos de propiedad, y responderá, sí no lo hiciere, de los daños y perjuicios, como si hubieran sido ocasionados por su culpa.

Arts. 1101; 1104 y 1559 C.C.

Art. 512. Serán de cuenta del usufructuario los gastos, costas y condenas de los pleitos sostenidos sobre el usufructo.

Art. 470 C.C.

Sección Cuarta. De los modos de extinguirse el usufructo

Art. 513. El usufructo se extingue:

1º. Por muerte del usufructuario.

2º. Por expirar el plazo por que se constituyó, o cumplirse la condición resolutoria consignada en el título constitutivo.

3º. Por la reunión del usufructo y la propiedad en una misma persona.

4º. Por la renuncia del usufructuario.

5º. Por la pérdida total de la cosa objeto del usufructo.

6º. Por la resolución del derecho del constituyente.

7º. Por prescripción.

Arts. 469; 499; 514 a 519; 521; 781; 793; 1113 a 1124; 1182 sigs.; 1192 sigs. y 1957 C.C.; art. 107 L.H.; arts. 175 y 192 R.H.

Art. 514. Si la cosa dada en usufructo se perdiera sólo en parte, continuará este derecho en la parte restante.

Art. 499 C.C.

Art. 515. No podrá constituirse el usufructo a favor de un pueblo o corporación o sociedad por más de treinta años. Si se hubiese constituido, y antes de este tiempo el pueblo quedara yermo, o la corporación, o la sociedad se disolviera, se extinguirá por este hecho el usufructo.

Art. 531 C.C.; arts. 9 a 13 Reglamento de Bienes de las Entidades Locales, aprobado por Real-Decreto 1372/1986, de 13 de junio (B.O.E. de 7 de julio).

Art. 516. El usufructo concedido por el tiempo que tarde un tercero en llegar a cierta edad, subsistirá el número de años prefijado, aunque el tercero muera antes, salvo si dicho usufructo hubiese sido expresamente concedido sólo en atención a la existencia de dicha persona.

Art. 469 C.C.

Art. 517. Si el usufructo estuviera constituido sobre una finca de la que forme parte un edificio, y éste llegare a perecer, de cualquier modo que sea, el usufructuario tendrá derecho a disfrutar del suelo y de los materiales.

Lo mismo sucederá cuando el usufructo estuviera constituido solamente sobre un edificio y éste pereciere. Pero en tal caso, si el propietario quisiere construir otro edificio, tendrá derecho a ocupar el suelo y a servirse de los materiales, quedando obligado a pagar al usufructuario, mientras dure el usufructo, los intereses de las sumas correspondientes al valor del suelo y de los materiales.

Art. 520 C.C.

Art. 518. Si el usufructuario concurriere con el propietario al seguro de un predio dado en usufructo, continuará aquél, en caso de siniestro, en el goce del nuevo edificio si se construyere, o percibirá los intereses del precio del seguro si la reedificación no conviniere al propietario.

Si el propietario se hubiera negado a contribuir al seguro del predio, constituyéndolo por sí solo el usufructuario, adquirirá éste el derecho de recibir por entero en caso de siniestro el precio del seguro, pero con obligación de invertirlo en la reedificación de la finca.

Si el usufructuario se hubiese negado a contribuir al seguro, constituyéndolo por sí solo el propietario, percibirá éste integro el precio del seguro en caso de siniestro, salvo siempre el derecho concedido al usufructuario en el artículo anterior.

Ley 50/1980, de 8 de octubre, de contrato de seguro.

Art. 519. Si la cosa usufructuada fuere expropiada por causa de utilidad pública, el propietario estará obligado, o bien a subrogarla con otra de igual valor y análogas condiciones, o bien a abonar al usufructuario el interés legal del importe de la indemnización por todo el tiempo que deba durar el usufructo. Si el propietario optare por lo último, deberá afianzar el pago de los réditos.

Arts. 349, 513 y 1108 C.C.; arts. 3, 4, 42 y 43 L.E.F.; art. 6 R.E.F.

Art. 520. El usufructo no se extingue por el mal uso de la cosa usufructuada; pero, si el abuso infiriese considerable perjuicio al propietario, podrá éste pedir que se le entregue la cosa, obligándose a pagar anualmente al usufructuario el producto líquido de la misma, después de deducir los gastos y el premio que se le asignare por su administración.

Arts. 7; 497; 500 sigs. y 529 C.C.

Art. 521. El usufructo constituido en provecho de varias personas vivas al tiempo de su constitución, no se extinguirá hasta la muerte de la última que sobreviviere.

Arts. 469, 637, 640 y 987 C.C.

Art. 522. Terminado el usufructo, se entregará al propietario la cosa usufructuada, salvo el derecho de retención que compete al usufructuario o a sus herederos por los desembolsos de que deban ser reintegrados. Verificada la entrega se cancelará la fianza o hipoteca.

Arts. 453; 472; 502; 505 y 510 C.C.

Capítulo II. Del uso y de la habitación

Arts. 1, 2 y 18 L.H.

Art. 523. Las facultades y obligaciones del usuario y del que tiene derecho de habitación se regularán por el título constitutivo de estos derechos; y, en su defecto, por las disposiciones siguientes.

Arts. 1406 y 1407 C.C.; 2 L.H.

Art. 524. El uso da derecho a percibir de los frutos de la cosa ajena los que basten a las necesidades del usuario y de su familia, aunque ésta se aumente.

La habitación da a quien tiene este derecho la facultad de ocupar en una casa ajena las piezas necesarias para sí y para las personas de su familia.

Art. 525. Los derechos de uso y habitación no se pueden arrendar ni traspasar a otro por ninguna clase de título.

Art. 480 C.C.; art. 108.3 L.H.

Art. 526. El que tuviere el uso de un rebaño o piara de ganado, podrá aprovecharse de las crías, leche y lana en cuanto baste para su consumo y el de su familia, así como también del estiércol necesario para el abono de las tierras que cultive.

Art. 527. Si el usuario consumiera todos los frutos de la cosa ajena, o el que tuviere derecho de habitación ocupara toda la casa, estará obligado a los gastos de cultivo, a los reparos ordinarios de conservación y al pago de las contribuciones, del mismo modo que el usufructuario.

Si sólo percibiera parte de los frutos o habitara parte de la casa, no deberá contribuir con nada, siempre que quede al propietario una parte de frutos o aprovechamiento bastante para cubrir los gastos y las cargas. Si no fueren bastantes, suplirá aquél lo que falte.

Arts. 500 a 505 C.C.

Art. 528. Las disposiciones establecidas para el usufructo son aplicables a los derechos de uso y habitación, en cuanto no se opongan a lo ordenado en el presente capítulo.

Arts. 513, 520 y 523 C.C.

Art. 529. Los derechos de uso y habitación se extinguen por las mismas causas que el usufructo y además por abuso grave de la cosa y de la habitación.

Arts. 7 y 513 a 522.

Título VII. De las servidumbres

Arts. 1, 2, 5, 13, 36 y 108 L.H.; Vid. Libro Vid. C.C.C.; C.D.A.; C.D.N.; L.D.C.G.; L.D.C.P.V.

Capítulo Primero. De las servidumbres en general

Sección Primera. De las diferentes clases de servidumbres que pueden establecerse sobre las fincas

Art. 530. La servidumbre es un gravamen impuesto sobre un inmueble en beneficio de otro perteneciente a distinto dueño.

El inmueble a cuyo favor esté constituida la servidumbre se llama predio dominante; el que la sufre, predio sirviente.

Arts. 334.10, 500 C.C.; arts. 2.2, 13.2 y 108 L.H.

Art. 531. También pueden establecerse servidumbres en provecho de una o más personas, o de una comunidad, a quienes no pertenezca la finca gravada.

Arts. 600 a 604 C.C.

Art. 532. Las servidumbres pueden ser continuas o discontinuas, aparentes o no aparentes.

Continuas son aquellas cuyo uso es o puede ser incesante, sin la intervención de ningún hecho del hombre.

Discontinuas son las que se usan a intervalos más o menos largos y dependen de los actos del hombre.

Aparentes, las que se anuncian y están continuamente a la vista por signos exteriores, que revelan el uso y aprovechamiento de las mismas.

No aparentes, las que no presentan indicio alguno exterior de su existencia.

Arts. 537 sigs., 561 y 564 C.C.

Art. 533. Las servidumbres son además positivas o negativas.

Se llama positiva la servidumbre que impone al dueño del predio sirviente la obligación de dejar hacer alguna cosa o de hacerla por sí mismo, y negativa la que prohíbe al dueño del predio sirviente hacer algo que le sería lícito sin la servidumbre.

Arts. 538 y 1098 C.C.

Art. 534. Las servidumbres son inseparables de la finca a la que activa o pasivamente pertenecen.

Art. 530 C.C.

Art. 535. Las servidumbres son indivisibles. Si el predio sirviente se divide entre dos o más, la servidumbre no se modifica y cada uno de ellos tiene que tolerarla en la parte que le corresponda.

Si es el predio dominante el que se divide entre dos o más, cada porcionero puede usar por entero de la servidumbre, no alterando el lugar de su uso, ni agravándolo de otra manera.

Arts. 394, 405, 597 y 603 C.C.

Art. 536. Las servidumbres se establecen por la ley o por la voluntad de los propietarios. Aquéllas se llaman legales y éstas voluntarias.

Arts. 541, 549 sigs., 594 sigs. y 609 C.C.

Sección Segunda. De los modos de adquirir las servidumbres

Art. 537. Las servidumbres continuas y aparentes se adquieren en virtud de título, o por la prescripción de veinte años.

Arts. 540, 594, 1930, 1940, 1949, 1957 y 1959 C.C.

Art. 538. Para adquirir por prescripción las servidumbres a que se refiere el artículo anterior, el tiempo de la posesión se contará: en las positivas, desde el día en que el dueño del predio dominante, o el que haya aprovechado la servidumbre, hubiera empezado a ejercerla sobre el predio sirviente; y en las negativas, desde el día en que el dueño del predio dominante hubiera prohibido, por un acto formal, al del sirviente la ejecución del hecho que sería lícito sin la servidumbre.

Art. 1960 C.C.

Art. 539. Las servidumbres continuas no aparentes, y las discontinuas, sean o no aparentes, sólo podrán adquirirse en virtud de título.

Arts. 609, 1930 y 1959 C.C.

Art. 540. La falta de título constitutivo de las servidumbres que no pueden adquirirse por prescripción, únicamente se puede suplir por la escritura de reconocimiento del dueño del predio sirviente, o por una sentencia firme.

Arts. 536, 594, 609, 1930 y 1959 C.C.

Art. 541. La existencia de un signo aparente de servidumbre entre dos fincas, establecido por el propietario de ambas, se considerará, si se enajenare una, como título para que la servidumbre continúe activa y pasivamente, a no ser que, al tiempo de separarse la propiedad de las dos fincas, se exprese lo contrario en el título de enajenación de cualquiera de ellas, o se haga desaparecer aquel signo antes del otorgamiento de la escritura.

Arts. 569, 598, 609, 1930 y 1959 C.C.

Art. 542. Al establecerse una servidumbre se entienden concedidos todos los derechos necesarios para su uso.

Arts. 556, 557 y 598 C.C.

Sección Tercera. Derechos y obligaciones de los propietarios de los predios dominante y sirviente

Art. 543. El dueño del predio dominante podrá hacer, a su costa, en el predio sirviente las obras necesarias para el uso y conservación de la servidumbre, pero sin alterarla ni hacerla más gravosa.

Deberá elegir para ello el tiempo y la forma conveniente a fin de ocasionar la menor incomodidad posible al dueño del predio sirviente.

Arts. 7, 503, 599 y 1558 C.C.

Art. 544. Si fuesen varios los predios dominantes, los dueños de todos ellos estarán obligados a contribuir a los gastos de que se trata en el artículo anterior, en proporción al beneficio que a cada cual reporte la obra. El que no quiera contribuir podrá eximirse renunciando a la servidumbre en provecho de los demás.

Si el dueño del predio sirviente utilizare en algún modo de la servidumbre, estará obligado a contribuir a los gastos en la proporción antes expresada, salvo pacto en contrario.

Arts. 575 a 577 y 579 C.C.; Cfr. arts. 395 y 422 C.C.

Art. 545. El dueño del predio sirviente no podrá menoscabar de modo alguno el uso de la servidumbre constituida.

Sin embargo, si por razón del lugar asignado primitivamente, o de la forma establecida para el uso de la servidumbre, llegara ésta a ser muy incómoda al dueño del predio sirviente, o le privase de hacer en él obras, reparos o mejoras importantes, podrá variarse a su costa, siempre que ofrezca otro lugar o forma igualmente cómodos, y de suerte que no resulte perjuicio alguno al dueño del predio dominante o a los que tengan derecho al uso de la servidumbre.

Arts. 565, 568 y 587 C.C.

Sección Cuarta. De los modos de extinguirse las servidumbres

Art. 546. Las servidumbres se extinguen:

1º. Por reunirse en una misma persona la propiedad del predio dominante y la del sirviente.

2º. Por el no uso durante veinte años.

Este término principiará a contarse desde el día en que hubiera dejado de usarse la servidumbre respecto a las discontinuas; y desde el día en que haya tenido lugar un acto contrario a la servidumbre respecto a las continuas.

3º. Cuando los predios vengan a tal estado que no pueda usarse de la servidumbre; pero ésta revivirá si después el estado de los predios permitiera usar de ella, a no ser que cuando sea posible el uso, haya transcurrido el tiempo suficiente para la prescripción, conforme a lo dispuesto en el número anterior.

4º. Por llegar el día o realizarse la condición, si la servidumbre fuera temporal o condicional.

5º. Por la renuncia del dueño del predio dominante.

6º. Por la redención convenida entre el dueño del predio dominante y el del sirviente.

Arts. 538 y 949 C.C.; art. 76 L.H.

Art. 547. La forma de prestar la servidumbre puede prescribirse como la servidumbre misma, y de la misma manera.

Arts. 598 y 1930 C.C.

Art. 548. Si el predio dominante perteneciera a varios en común, el uso de la servidumbre hecho por uno impide la prescripción respecto de los demás.

Arts. 394, 450, 535, 544 y 1933 C.C.

Capítulo II. De las servidumbres legales

Sección Primera. Disposiciones generales

Art. 549. Las servidumbres impuestas por la ley tienen por objeto la utilidad pública o el interés de los particulares.

Art. 550, y 551 sigs. C.C.; Ley de 2 de noviembre de 1940 de Aeropuertos (B.O.E. de 16 de noviembre); Ley 43/2003, de 21 de noviembre, de Montes (B.O.E. 22 de noviembre de 2003), modificada por la Ley 10/2006, de 28 de abril; Ley 48/1960, de 21 de julio de Navegación Aérea (B.O.E. de 23 de julio); Ley de 16 de diciembre de 1964, de Servidumbres de Estaciones de Investigaciones Espaciales (B.O.E. de 18 de diciembre); Ley 8/1972, de 10 de mayo, de Construcción, Conservación y Explotación de Autopistas (B.O.E. de 11 de mayo) Ley 29/1985, de 2 de agosto, de Aguas (B.O.E. de 8 de agosto); Ley 16/1987, de 30 de julio, de Ordenación de los Transportes Terrestres (B.O.E. de 31 de julio); Ley 22/1988, de 28 de julio, de Costas (B.O.E. de 29 de julio); Ley 25/1988, de 29 de julio, de Carreteras (B.O.E. de 30 de julio); Reglamento del Dominio Público Hidráulico, Real-Decreto 849/1986, de 11 de abril (B.O.E. de 30 de abril). Ley 27/1992, de 24 de noviembre, de Puertos del Estado y de la Marina Mercante. Vid. L.S.

Art. 550. Todo lo concerniente a las servidumbres establecidas para utilidad pública o comunal se regirá por las leyes y reglamentos especiales que las determinan, y, en su defecto, por las disposiciones del presente título.

Art. 536 C.C.

Art. 551. Las servidumbres que impone la ley en interés de los particulares, o por causa de utilidad privada, se regirán por las disposiciones del presente título, sin perjuicio de lo que dispongan las leyes, reglamentos y ordenanzas generales o locales sobre policía urbana o rural.

Estas servidumbres podrán ser modificadas por convenio de los interesados cuando no lo prohíba la ley ni resulte perjuicio a tercero.

Arts. 536, 563, 570, 571 y 590 C.C.

Sección Segunda. De las servidumbres en materia de aguas

Vid. Ley de Aguas, Texto Refundido aprobado por Real Decreto Legislativo 1/2001, de 20 de julio.

Art. 552. Los predios inferiores están sujetos a recibir las aguas, que, naturalmente y sin obra del hombre, descienden de los predios superiores, así como la tierra o piedra que arrastran en su curso.

Ni el dueño del predio inferior puede hacer obras que impidan esta servidumbre, ni el del superior obras que la graven.

Arts. 16 sigs. R.D.P.H.

Art. 553. Las riberas de los ríos, aun cuando sean de dominio privado, están sujetas en toda su extensión y sus márgenes, en una zona de tres metros, a la servidumbre de uso público en interés general de la navegación, la flotación, la pesca y el salvamento.

Los predios contiguos a las riberas de los ríos navegables o flotables están además sujetos a la servidumbre de camino de sirga para el servicio exclusivo de la navegación y flotación fluvial.

Si fuere necesario ocupar para ello terrenos de propiedad particular, procederá la correspondiente indemnización.

Art. 554. Cuando para la derivación o toma de aguas de un río o arroyo, o para el aprovechamiento de otras corrientes continuas o discontinuas, fuere necesario establecer una presa, y el que haya de hacerlo no sea dueño de las riberas o terrenos en que necesite apoyarla, podrá establecer la servidumbre de estribo de presa, previa la indemnización correspondiente.

Art. 555. Las servidumbres forzosas de saca de agua y de abrevadero solamente podrán imponerse por causa de utilidad pública en favor de alguna población o caserío, previa la correspondiente indemnización.

Arts. 388 y 570 C.C.; arts. 41 sigs. R.D.P.H.

Art. 556. Las servidumbres de saca de agua y de abrevadero llevan consigo la obligación en los predios sirvientes de dar paso a personas y ganados hasta el punto donde hayan de utilizarse aquéllas, debiendo ser extensiva a este servicio la indemnización.

Art. 33 C.E.; arts. 414, 542 y 570 C.C

Art. 557. Todo el que quiera servirse del agua de que pueda disponer para una finca suya, tiene derecho a hacerla pasar por los predios intermedios, con obligación de indemnizar a sus dueños, como también a los de los predios inferiores sobre los que se filtren o caigan las aguas.

Arts. 552 y 564 C.C.; arts. 18 sigs. R.D.P.H.

Art. 558. El que pretenda usar del derecho concedido en el artículo anterior está obligado:

1º. A justificar que puede disponer del agua y que ésta es suficiente para el uso a que la destina.

2º. A demostrar que el paso que solicita es el más conveniente y menos oneroso para tercero.

3°. A indemnizar al dueño del predio sirviente en la forma que se determine por las leyes y reglamentos.

Art. 559. No puede imponerse la servidumbre de acueducto, para objeto de interés privado, sobre edificios, ni sus patios o dependencias, ni sobre jardines o huertas ya existentes.

Art. 560. La servidumbre de acueducto no obsta para que el dueño del predio sirviente pueda cerrarlo y cercarlo, así como edificar sobre el mismo acueducto de manera que éste no experimente perjuicio, ni se imposibiliten las reparaciones y limpias necesarias.

Arts. 388 y 545 C.C.

Art. 561. Para los efectos legales, la servidumbre de acueducto será considerada como continua y aparente, aún cuando no sea constante el paso del agua, o su uso dependa de las necesidades del predio dominante, o de un turno establecido por días o por horas.

Arts. 532, 537, 539 y 546 C.C.

Art. 562. El que para dar riego a su heredad o mejorarla, necesite construir parada o partidor en el cauce por donde haya de recibir el agua, podrá exigir que los dueños de las márgenes permitan su construcción, previo abono de daños y perjuicios, incluso los que se originen de la nueva servidumbre a dichos dueños y a los demás regantes.

Art. 563. El establecimiento, extensión, forma y condiciones de las servidumbres de aguas de que se trata en esta sección, se regirán por la ley especial de la materia en cuanto no se halle previsto en este Código.

Arts. 407 sigs. C.C.

Sección Tercera. De la servidumbre de paso

Art. 564. El propietario de una finca o heredad, enclavada entre otras ajenas y sin salida a camino público, tiene derecho a exigir paso por las heredades vecinas, previa la correspondiente indemnización.

Si esta servidumbre se constituye de manera que pueda ser continuo su uso para todas las necesidades del predio dominante estableciendo una vía permanente, la indemnización consistirá en el valor del terreno que se ocupe y en el importe de los perjuicios que se causen en el predio sirviente.

Cuando se limite al paso necesario para el cultivo de la finca enclavada entre otras y para la extracción de sus cosechas a través del predio sirviente sin vía permanente, la indemnización consistirá en el abono del perjuicio que ocasione este gravamen.

Art. 565. La servidumbre de paso debe darse por el punto menos perjudicial al predio sirviente, y, en cuanto fuere conciliable con esta regla, por donde sea menor la distancia del predio dominante al camino público.

Arts. 7 y 542 C.C.

Art. 566. La anchura de la servidumbre de paso será la que baste a las necesidades del predio dominante.

Arts. 7 y 542 C.C.

Art. 567. Si, adquirida una finca por venta, permuta o partición, quedare enclavada entre otras del vendedor, permutante o copartícipe, éstos están obligados a dar paso sin indemnización, salvo pacto en contrario.

Arts. 400 y 541 C.C.

Art. 568. Si el paso concedido a una finca enclavada deja de ser necesario por haberla reunido su dueño a otra que esté contigua al camino público, el dueño del predio sirviente podrá pedir que se extinga la servidumbre, devolviendo lo que hubiere recibido por indemnización.

Lo mismo se entenderá en el caso de abrirse un nuevo camino que dé acceso a la finca enclavada.

Arts. 546 y 549 C.C.

Art. 569. Si fuere indispensable para construir o reparar algún edificio pasar materiales por predio ajeno, o colocar en él andamios u otros objetos para la obra, el dueño de este predio está obligado a consentirlo, recibiendo la indemnización correspondiente al perjuicio que se le irrogue.

Art. 1558 C.C.

Art. 570. Las servidumbres existentes de paso para ganados, conocidas con los nombres de cañada, cordel, vereda o cualquier otro, y las de abrevadero, descansadero y majada, se regirán por las ordenanzas y reglamentos del ramo, y, en su defecto, por el uso y costumbre del lugar.

Sin perjuicio de los derechos legítimamente adquiridos, la cañada no podrá exceder en todo caso de la anchura de 75 metros; el cordel de 37 metros 50 centímetros, y la vereda, de 20 metros.

Cuando sea necesario establecer la servidumbre forzosa de paso o la de abrevadero para ganados, se observará lo dispuesto en esta sección y en los artículos 555 y 556. En este caso la anchura no podrá exceder de 10 metros.

Arts. 550, 555 y 556 C.C.; art. 3 L.V. Pec.

Sección Cuarta. De la servidumbre de medianería

Art. 571. La servidumbre de medianería se regirá por las disposiciones de este título y por las ordenanzas y usos locales en cuanto no se opongan a él, o no esté prevenido en el mismo.

Arts. 396 y 590 C.C; L.S.

Art. 572. Se presume la servidumbre de medianería mientras no haya un título, o signo exterior, o prueba en contrario:

1°. En las paredes divisorias de los edificios contiguos hasta el punto común de elevación.

2°. En las paredes divisorias de los jardines o corrales sitos en poblado o en el campo.

3°. En las cercas, vallados y setos vivos que dividen los predios rústicos.

Arts. 574, 593, 1250 y 1251 C.C.

Art. 573. Se entiende que hay signo exterior, contrario a la servidumbre de medianería:

1°. Cuando en las paredes divisorias de los edificios haya ventanas o huecos abiertos.

2°. Cuando la pared divisoria esté por un lado recta y a plomo en todo su paramento, y por el otro presente lo mismo en su parte superior, teniendo en la inferior relex o retallos.

3°. Cuando resulte construida toda la pared sobre el terreno de una de las fincas, y no por mitad entre una y otra de las dos contiguas.

4°. Cuando sufra las cargas de carreras, pisos y armaduras de una de las fincas, y no de la contigua.

5°. Cuando la pared divisoria entre patios, jardines y heredades esté construida de modo que la albardilla vierta hacia una de las propiedades.

6°. Cuando la pared divisoria, construida de mampostería, presente piedras llamadas pasaderas, que de distancia en distancia salgan fuera de la superficie sólo por un lado y no por el otro.

7°. Cuando las heredades contiguas a otras defendidas por vallados o setos vivos no se hallen cerradas.

En todos estos casos, la propiedad de las paredes, vallados o setos se entenderá que pertenece exclusivamente al dueño de la finca o heredad que tenga a su favor la presunción fundada en cualquiera de los signos indicados.

Arts. 388, 580 sigs. C.C.

Art. 574. Las zanjas o acequias abiertas entre las heredades se presumen también medianeras, si no hay título o signo que demuestre lo contrario.

Hay signo contrario a la medianería cuando la tierra o broza sacada para abrir la zanja o para su limpieza se halla de un solo lado, en cuyo caso la propiedad de la zanja pertenecerá exclusivamente al dueño de la heredad que tenga a su favor este signo exterior.

Arts. 574, 593, 1250 y 1251 C.C.

Art. 575. La reparación y construcción de las paredes medianeras y el mantenimiento de los vallados, setos vivos, zanjas y acequias, también medianeros, se costeará por todos los dueños de las fincas que tengan a su favor la medianería, en proporción al derecho de cada uno.

Sin embargo, todo propietario puede dispensarse de contribuir a esta carga renunciando a la medianería, salvo el caso en que la pared medianera sostenga un edificio suyo.

Arts. 395, 396, 543 y 544 C.C.

Art. 576. Si el propietario de un edificio que se apoya en una pared medianera quisiera derribarlo, podrá igualmente renunciar a la medianería, pero serán de su cuenta todas las reparaciones y obras necesarias para evitar, por aquella vez solamente, los daños que el derribo pueda ocasionar a la pared medianera.

Art. 577. Todo propietario puede alzar la pared medianera, haciéndolo a sus expensas e indemnizando los perjuicios que se ocasionen con la obra, aunque sean temporales.

Serán igualmente de su cuenta los gastos de conservación de la pared, en lo que ésta se haya levantado o profundizado sus cimientos respecto de cómo estaba antes; y además la indemnización de los mayores gastos que haya que hacer para la conservación de la pared medianera por razón de la mayor altura o profundidad que se le haya dado.

Si la pared medianera no pudiese resistir la mayor elevación, el propietario que quiera levantarla tendrá obligación de reconstruirla a su costa; y, si para ello fuere necesario darle mayor espesor, deberá darlo de su propio suelo.

Art. 578. Los demás propietarios que no hayan contribuido a dar más elevación, profundidad o espesor a la pared, podrán, sin embargo, adquirir en ella los derechos de medianería, pagando proporcionalmente el importe de la obra y la mitad del valor del terreno sobre el que se le hubiese dado mayor espesor.

Arts. 392 sigs. y 590 C.C.

Art. 579. Cada propietario de una pared medianera podrá usar de ella en proporción al derecho que tenga en la mancomunidad; podrá por lo tanto, edificar apoyando su obra en la pared medianera, o introduciendo vigas hasta la mitad de su espesor, pero sin impedir el uso común y respectivo de las demás medianeros.

Para usar el medianero de este derecho ha de obtener previamente el consentimiento de los demás interesados en la medianería; y, si no lo obtuviere, se fijarán por peritos las condiciones necesarias para que la nueva obra no perjudique a los derechos de aquéllos.

Arts. 392 sigs. y 590 C.C.; L.S.

Sección Quinta. De la servidumbre de luces y vistas

Art. 580. Ningún medianero puede sin consentimiento del otro abrir en pared medianera ventana ni hueco alguno.

Arts. 573, 574, 579, 1250 y 1251 C.C.

Art. 581. El dueño de una pared no medianera, contigua a finca ajena, puede abrir en ella ventanas o huecos para recibir luces a la altura de las carreras, o inmediatos a los techos, y de las dimensiones de 30 centímetros en cuadro, y, en todo caso, con reja de hierro remetida en la pared y con red de alambre.

Sin embargo, el dueño de la finca o propiedad contigua a la pared en que estuvieren abiertos los huecos podrá cerrarlos si adquiere la medianería, y no se hubiera pactado lo contrario.

También podrá cubrirlos edificando en su terreno o levantando pared contigua a la que tenga dicho hueco o ventana.

Art. 582. No se puede abrir ventanas con vistas rectas, ni balcones u otros voladizos semejantes, sobre la finca del vecino, si no hay dos metros de distancia entre la pared en que se construyan y dicha propiedad.

Tampoco pueden tenerse vistas de costado u oblicuas sobre la misma propiedad, si no hay 60 centímetros de distancia.

· Art. 585 C.C.

Art. 583. Las distancias de que se habla en el artículo anterior se contarán en las vistas rectas desde la línea exterior de la pared en los huecos en que no haya voladizos, desde la línea de éstos donde los haya, y para las oblicuas, desde la línea de separación de las dos propiedades.

Art. 584. Lo dispuesto en el artículo 582 no es aplicable a los edificios separados por una vía pública.

Art. 585. Cuando por cualquier título se hubiere adquirido derecho a tener vistas directas, balcones o miradores sobre la propiedad colindante, el dueño del predio sirviente no podrá edificar a menos de tres metros de distancia, tomándose la medida de la misma manera indicada en el artículo 583.

Arts. 536, 537, 539, 582 y 587 C.C.; L.S.

Sección Sexta. Del desagüe de los edificios

Art. 586. El propietario de un edificio está obligado a construir sus tejados o cubiertas de manera que las aguas pluviales caigan sobre su propio suelo o sobre la calle o sitio público, y no sobre el suelo del vecino. Aun cayendo sobre el propio suelo, el propietario está obligado a recoger las aguas de modo que no causen perjuicio al predio contiguo.

Arts. 551 y 551 C.C.

Art. 587. El dueño del predio que sufra la servidumbre de vertiente de los tejados, podrá edificar recibiendo las aguas sobre su propio tejado o dándoles otra salida conforme a las ordenanzas o costumbres locales, y de modo que no resulte gravamen ni perjuicio alguno para el predio dominante.

Art. 585 C.C.

Art. 588. Cuando el corral o patio de una casa se halle enclavado entre otras, y no sea posible dar salida por la misma casa a las aguas pluviales que en él se recojan, podrá exigirse el establecimiento de la servidumbre de desagüe, dando paso a las aguas por el punto de los predios contiguos en que sea más fácil la salida, y estableciéndose el conducto de desagüe en la forma que menos perjuicio ocasione al predio sirviente, previa la indemnización que corresponda.

Arts. 557 y 564 sigs. C.C.

Sección Séptima. De las distancias y obras intermedias para ciertas construcciones y plantaciones

Art. 589. No se podrá edificar ni hacer plantaciones cerca de las plazas fuertes o fortalezas sin sujetarse a las condiciones exigidas por las leyes, ordenanzas y reglamentos particulares de la materia.

Ley 8/1975, de 12 de marzo, sobre zonas e instalaciones de interés para la Defensa Nacional (B.O.E. de 14 de marzo) y su Reglamento, R.D. 689/1978, de 10 de febrero (B.O.E. de 14 de abril). Vid. L.O. 6/1980, de 1 de julio, Reguladora de los Criterios Básicos de la Defensa Nacional y la Organización Militar.

Art. 590. Nadie podrá construir cerca de una pared ajena o medianera pozos, cloacas, acueductos, hornos, fraguas, chimeneas, establos, depósitos de materias corrosivas, artefactos que se muevan por el vapor, o fábricas que por sí mismas o por sus productos sean peligrosas o nocivas, sin guardar las distancias prescritas por los reglamentos y usos del lugar, y sin ejecutar las obras de resguardo necesarias, con sujeción, en el modo, a las condiciones que los mismos reglamentos prescriban.

A falta de reglamentos se tomarán las precauciones que se juzguen necesarias, previo dictamen pericial, a fin de evitar todo daño a las heredades o edificios vecinos.

Arts. 1908 y 1909 C.C.; arts. 7 y 9 L.P.H.; vid. arts. 84 y sigs. L.A.; Reglamento de Actividades Molestas, Insalubres, Nocivas y Peligrosas, Decreto 2414/1961, de 30 de noviembre (B.O.E. de 7 de diciembre); Ley 38/1972, de 22 de diciembre sobre contaminación atmosférica (B.O.E. de 26 de diciembre) y Decreto 833/1975, de 6 de febrero (B.O.E. de 22 de abril) que desarrolla la anterior Ley; Ley 20/1986, de 14 de mayo, sobre Instalación de Industria o Actividades generadoras o Importadoras de residuos tóxicos y peligrosos o productores de residuos (B.O.E. del 20 de mayo); Ley 16/1987, de 30 de julio, de Ordenación de Transportes Terrestres (B.O.E. de 31 de julio); L.S.;. Vid. arts. 84 sigs. L.A.; 9 sigs. Ley 21/1992, de 16 de julio, de Industria; 60 sigs. Ley 26/1992, de Puertos del Estado y de la Marina Mercante.

Art. 591. No se podrá plantar árboles cerca de una heredad ajena sino a la distancia autorizada por las ordenanzas o la costumbre del lugar, y en su defecto, a la de dos metros de la línea divisoria de las heredades si la plantación se hace de árboles altos, y a la de 50 centímetros si la plantación es de arbustos o árboles bajos.

Todo propietario tiene derecho a pedir que se arranquen los árboles que en adelante se plantaren a menor distancia de su heredad.

Decreto 2360/1967, de 19 de agosto (B.O.E. de 9 de octubre); Decreto 2661/1967, de 19 de octubre (B.O.E. de 4 de noviembre).

Art. 592. Si las ramas de algunos árboles se extendieren sobre una heredad, jardines o patios vecinos, tendrá el dueño de éstos derecho a reclamar que se corten en cuanto se extiendan sobre su propiedad, y, si fueren las raíces de los árboles vecinos las que se extendiesen en suelo de otro, el dueño del suelo en que se introduzcan podrá cortarlas por sí mismo dentro de su heredad.

Arts. 446, 1089 y 1098 C.C.

Art. 593. Los árboles existentes en un seto vivo o medianero se presumen también medianeros, y cualquiera de los dueños tiene derecho a exigir su derribo.

Exceptuándose los árboles que sirvan de mojones, los cuales no podrán arrancarse sino de común acuerdo entre los colindantes.

Arts. 384, 397, 400 y 579 C.C.; vid. LJV; vid. C.P.

Capítulo III. De las servidumbres voluntarias

Art. 594. Todo propietario de una finca puede establecer en ella las servidumbres que tenga por conveniente, y el modo y forma que bien le pareciere, siempre que no contravenga a las leyes ni al orden público.

Arts. 536 y 1255 C.C.

Art. 595. El que tenga la propiedad de una finca, cuyo usufructo pertenezca a otro, podrá imponer sobre ella, sin el consentimiento del usufructuario, las servidumbres que no perjudiquen al derecho del usufructo.

Arts. 489 y 503 C.C.

Art. 596. Cuando pertenezca a una persona el dominio directo de una finca y a otra el dominio útil, no podrá establecerse sobre ella servidumbre voluntaria perpetua sin el consentimiento de ambos dueños.

Art. 1634 C.C.

Art. 597. Para imponer una servidumbre sobre un fundo indiviso se necesita el consentimiento de todos los copropietarios.

La concesión hecha solamente por algunos, quedará en suspenso hasta tanto que la otorgue el último de todos los partícipes y comuneros.

Pero la concesión hecha por uno de los copropietarios separadamente de los otros obliga al concedente y a sus sucesores, aunque lo sean a título particular, a no impedir el ejercicio del derecho concedido.

Arts. 397 y 399 C.C.

Art. 598. El título y, en su caso, la posesión de la servidumbre adquirida por prescripción, determinan los derechos del predio dominante y las obligaciones del sirviente. En su defecto, se regirá la servidumbre por las disposiciones del presente título que le sean aplicables.

Arts. 537 sigs. y 547 C.C.

Art. 599. Si el dueño del predio sirviente se hubiere obligado, al constituirse la servidumbre, a costear las obras necesarias para el uso y conservación de la misma, podrá librarse de esta carga abandonando su predio al dueño del dominante.

Arts. 395, 544, 546 y 575 C.C.

Art. 600. La comunidad de pastos sólo podrá establecerse en lo sucesivo por concesión expresa de los propietarios, que resulte de contrato o de última voluntad, y no a favor de una universalidad de individuos y sobre una universalidad de bienes, sino a favor de determinados individuos y sobre predios también ciertos y determinados.

La servidumbre establecida conforme a este artículo se regirá por el título de su institución.

Arts. 531 y 539 C.C.

Art. 601. La comunidad de pastos en terrenos públicos, ya pertenezcan a los municipios, ya al Estado, se regirá por las leyes administrativas.

Arts. 74 sigs. Real Decreto Legislativo 781/1986, de 18 de abril que aprueba el Texto Refundido de las disposiciones legales vigentes en materia de Régimen Local (B.O.E. de 22 y 23 de abril); art. 61 del Reglamento de Población y Demarcación Territorial, Real-Decreto 1690/1986 de 11 de julio (B.O.E. de 14 de agosto); arts. 38 sigs. y 94 sigs. del Reglamento de Bienes de Entidades Locales: Ley 7 de octubre de 1968, sobre aprovechamiento de hierbas, pastos y rastrojeras (B.O.E. de 9 de octubre) y su Reglamento, Decreto de 6 de junio de 1969 (B.O.E. de 25 de junio).

Art. 602. Si entre los vecinos de uno o más pueblos existiere comunidad de pastos, el propietario que cercare con tapia o seto una finca, la hará libre de la comunidad. Quedarán, sin embargo, subsistentes las demás servidumbres que sobre la misma estuviesen establecidas.

El propietario que cercare su finca conservará su derecho a la comunidad de pastos en las otras fincas no cercadas.

Arts. 388 y 392 sigs. C.C.

Art. 603. El dueño de terrenos gravados con la servidumbre de pastos podrá redimir esta carga mediante el pago de su valor a los que tengan derecho a la servidumbre.

A falta de convenio, se fijará el capital para la redención sobre la base del 4 por 100 del valor anual de los pastos, regulado por tasación pericial.

Art. 546 C.C.

Art. 604. Lo dispuesto en el artículo anterior es aplicable a las servidumbres establecidas para el aprovechamiento de leñas y demás productos de los montes de propiedad particular.

Arts. 11, 12 y 22 y sigs. Ley 43/2003, de 21 de noviembre, de Montes (B.O.E. 22 de noviembre de 2003), modificada por la Ley 10/2006, de 28 de abril.

Título VIII. Del Registro de la Propiedad

Ley Hipotecaria de 8 de febrero de 1946 (B.O.E. de 27 de febrero) y Reglamento Hipotecario, Decreto de 14 de febrero de 1947 (B.O.E. de 16 de abril). Vid. art. 149, 1, 8º C.E.

Capítulo Único

Art. 605. El Registro de la Propiedad, tiene por objeto la inscripción o anotación de los actos y contratos relativos al dominio y demás derechos reales sobre bienes inmuebles.

Art. 1 L.H.; 7 R.H.

Art. 606. Los títulos de dominio, o de otros derechos reales sobre bienes inmuebles, que no estén debidamente inscritos o anotados en el Registro de la Propiedad, no perjudican a tercero.

Arts. 20, 24, 25 y 32 L.H.

Art. 607. El Registro de la Propiedad será público para los que tengan interés conocido en averiguar el estado de los bienes inmuebles o derechos reales anotados o inscritos.

Arts. 38, 221 sigs. L.H.; arts. 332 a 355 R.H.

Art. 608. Para determinar los títulos sujetos a inscripción o anotación, la forma, efectos y extinción de las mismas, la manera de llevar el Registro y el valor de los asientos de sus libros, se estará a lo dispuesto en la Ley Hipotecaria.

Arts. 1 a 5, 6 a 41, 42 a 75 y 76 a 103 L.H.; 5 sigs. R.H.

LIBRO TERCERO
DE LOS DIFERENTES MODOS DE ADQUIRIR LA PROPIEDAD

DISPOSICIÓN PRELIMINAR

Art. 609. La propiedad se adquiere por la ocupación.

La propiedad y los demás derechos sobre los bienes se adquieren y transmiten por la ley, por donación, por sucesión testada e intestada, y por consecuencia de ciertos contratos mediante la tradición.

Pueden también adquirirse por medio de la prescripción.

Arts. 618 a 656, 657 a 1.087, 1.445 a 1.537 a 1.541 y 1.930 a 1.960 C.C.

Art. 610. Se adquieren por la ocupación los bienes apropiables por su naturaleza que carecen de dueño, como los animales que son objeto de la caza y pesca, el tesoro oculto y las cosas muebles abandonadas.

Arts. 351, 352, 437, 465 y 460-1º C.C.; Ley 4/1989, de 27 de marzo, de Conservación de los Espacios Naturales y de la Flora y de la Fauna Silvestres; R.D. 1095/1989, de 8 de septiembre, que declara las especies objeto de caza y pesca así como las normas de protección.

Art. 611. El derecho de caza y pesca se rige por leyes especiales.

Arts. 465 C.C.; Ley 4/1989, de 27 de marzo, de Conservación de los Espacios Naturales y de la Flora y de la Fauna Silvestres; R.D. 1095/1989, de 8 de septiembre, que declara las especies objeto de caza y pesca así como las normas de protección.

Art. 612. El propietario de un enjambre de abejas tendrá derecho a perseguirlo sobre fundo ajeno, indemnizando al poseedor de éste el daño causado. Si estuviere cercado, necesitará el consentimiento del dueño para penetrar en él.

Cuando el propietario no haya perseguido, o cese de perseguir el enjambre dos días consecutivos, podrá el poseedor de la finca ocuparlo o retenerlo.

El propietario de animales amansados podrá también reclamarlos dentro de veinte días, a contar desde su ocupación por otro. Pasado ese término, pertenecerán al que los haya cogido y conservado.

Art. 465 C.C.

Art. 613. Las palomas, conejos y peces que de su respectivo criadero pasaren a otro perteneciente a distinto dueño, serán de propiedad de éste, siempre que no hayan sido atraídos por medio de algún artificio o fraude.

Art. 614. El que por casualidad descubriere un tesoro oculto en propiedad ajena, tendrá el derecho que le concede el artículo 351 de este Código.

Arts. 351, 352 y 471 C.C.; arts. 41 y 44 L.P.H.E.

Art. 615. El que encontrare una cosa mueble, que no sea tesoro, debe restituirla a su anterior poseedor. Si éste no fuere conocido, deberá consignarla inmediatamente en poder del alcalde del pueblo donde se hubiese verificado el hallazgo.

El alcalde hará publicar éste, en la forma acostumbrada, dos domingos consecutivos.

Si la cosa mueble no pudiere conservarse sin deterioro o sin hacer gastos que disminuyan notablemente su valor, se venderá en pública subasta luego que hubiesen pasado ocho días desde el segundo anuncio sin haberse presentado el dueño, y se depositará su precio.

Pasados dos años, a contar desde el día de la segunda publicación, sin haberse presentado el dueño, se adjudicará la cosa encontrada o su valor al que la hubiese hallado.

Tanto éste como el propietario estarán obligados, cada cual en su caso, a satisfacer los gastos.

Art. 234 C.P. y 460, 461 C.C.

Art. 616. Si se presentare a tiempo el propietario, estará obligado a abonar, a título de premio, al que hubiese hecho el hallazgo, la décima parte de la suma o del precio de la cosa encontrada. Cuando el valor del hallazgo excediese de 2.000 pesetas, el premio se reducirá a la vigésima parte en cuanto al exceso.

Compárese con el art. 522. Vid. nota al mismo.

Art. 617. Los derechos sobre los objetos arrojados al mar o sobre los que las olas arrojen a la playa, de cualquier naturaleza que sean, o sobre las plantas y hierbas que crezcan en su riberas, se determinan por leyes especiales.

Vid. Ley 60/1962, de 24 de diciembre, sobre régimen de auxilios, salvamentos... hallazgos y extracciones marítimas, y su Reglamento de 20 de abril de 1967; Ley de Costes de 28 de julio de 1988, y su Reglamento de 1 de diciembre de 1989; Ley de Puertos del Estado y de la Marina Mercante de 24 de noviembre de 1992.
Respecto a los hallazgos de aeronaves, vid. Ley de la Navegación Aérea, de 21 de julio de 1960.

Título II. De la donación

Libros III y V, C.C.C.; C.D.B.; C.D.N.; L.C. Arg.; L.D.C.P.V.

Capítulo Primero. De la naturaleza de las donaciones

Art. 618. La donación es un acto de liberalidad por el cual una persona dispone gratuitamente de una cosa en favor de otra, que la acepta.

Arts. 623, 629, 630, 1.254, 1.274 y 1.336 a 1.343 C.C. Ley 29/1987, de 18 de diciembre, del Impuesto sobre Sucesiones y Donaciones.

Art. 619. Es también donación la que se hace a una persona por sus méritos o por los servicios prestados al donante, siempre que no constituyan deudas exigibles, o aquella en que se impone al donatario un gravamen inferior al valor de lo donado.

Art. 622 C.C.

Art. 620. Las donaciones que hayan de producir sus efectos por muerte del donante, participan de la naturaleza de las disposiciones de última voluntad, y se regirán por las reglas establecidas en el capítulo de la sucesión testamentaria.

Arts. 744 y ss C.C.

Art. 621. Las donaciones que hayan de producir sus efectos entre vivos, se regirán por las disposiciones generales de los contratos y obligaciones en todo lo que no se halle determinado en este título.

Arts. 1.088 a 1.314 C.C.

Art. 622. Las donaciones con causa onerosa se regirán por las reglas de los contratos, y las remuneraciones por las disposiciones del presente título en la parte que excedan del valor del gravamen impuesto.

Art. 619 C.C.

Art. 623. La donación se perfecciona desde que el donante conoce la aceptación del donatario.

Arts. 629, 630, 632, 1.254 y 1.262 C.C.

Capítulo II. De las personas que pueden hacer o recibir donaciones

Art. 624. Podrán hacer donación todos los que puedan contratar y disponer de sus bienes.

Arts. 200, 272, 6º, 322, 323, 1.263 y 1.338 C.C.

Art. 625. Podrán aceptar donaciones todos los que no estén especialmente incapacitados por la ley para ello.

Art. 626. Las personas que no pueden contratar no podrán aceptar donaciones condicionales u onerosas sin la intervención de sus legítimos representantes.

Art. 631 y 1.263 C.C.

Art. 627. Las donaciones hechas a los concebidos y no nacidos podrán ser aceptadas por las personas que legítimamente los representarían, si se hubiera verificado ya su nacimiento.

Art. 29, 959 a 967 C.C.

Art. 628. Las donaciones hechas a personas inhábiles son nulas, aunque lo hayan sido simuladamente, bajo apariencia de otro contrato, por persona interpuesta.

Arts. 221, 755, 1.275 y 1.276 C.C.

Art. 629. La donación no obliga al donante, ni produce efecto, sino desde la aceptación.

Art. 623 y nota al mismo C.C.

Art. 630. El donatario debe, so pena de nulidad, aceptar la donación por sí, o por medio de persona autorizada con poder especial para el caso, o con poder general y bastante.

Art. 1.338 C.C.

Art. 631. Las personas que acepten una donación en representación de otras que no puedan hacerlo por sí, estarán obligadas a procurar la notificación y anotación de que habla el artículo 633.

Art. 632. La donación de cosa mueble podrá hacerse verbalmente o por escrito.

La verbal requiere la entrega simultánea de la cosa donada. Faltando este requisito, no surtirá efecto si no se hace por escrito y consta en la misma forma la aceptación.

Arts. 346, 347, 1.278 y 1.280 C.C.

Art. 633. Para que sea válida la donación de cosa inmueble, ha de donarse en escritura pública, expresándose en ella individualmente los bienes donados y el valor de las cargas que deba satisfacer el donatario.

La aceptación podrá hacerse en la misma escritura de donación o en otra separada; pero no surtirá efecto si no se hiciese en vida del donante.

Hecha en escritura separada, deberá notificarse la aceptación en forma auténtica al donante, y se anotará esta diligencia en ambas escrituras.

Arts. 346, 347, 1.278 y 1.280 C.C.

Capítulo III. De los efectos y limitación de las donaciones

Art. 634. La donación podrá comprender todos los bienes presentes del donante, o parte de ellos, con tal que éste se reserve, en plena propiedad o en usufructo, lo necesario para vivir en un estado correspondiente a sus circunstancias.

Arts. 636 y 654 C.C.

Art. 635. La donación no podrá comprender los bienes futuros.

Por bienes futuros se entienden aquellos de que el donante no puede disponer al tiempo de la donación.

Arts. 861 sigs., 1.271 y 1.272. Compárese con arts. 1.445 y 1.538 C.C.

Art. 636. No obstante lo dispuesto en el artículo 634, ninguno podrá dar ni recibir, por vía de donación, más de lo que pueda dar o recibir por testamento.

La donación será inoficiosa en todo lo que exceda de esta medida.

Arts. 651, 654 a 656, 817, 1.035 y 1.036 C.C.

Art. 637. Cuando la donación hubiere sido hecha a varias personas conjuntamente, se entenderá por partes iguales; y no se dará entre ellas el derecho de acrecer, si el donante no hubiese dispuesto otra cosa.

Se exceptúan de esta disposición las donaciones hechas conjuntamente a ambos cónyuges, entre los cuales tendrá lugar aquel derecho, si el donante no hubiese dispuesto lo contrario.

Párrafo segundo, redacción dada por la Ley 13/2005, de 1 de julio, por la que se modifica el Código civil en materia de derecho a contraer matrimonio.

Art. 638. El donatario se subroga en todos los derechos y acciones que en caso de evicción corresponderían al donante. Este, en cambio, no queda obligado al saneamiento de las cosas donadas, salvo si la donación fuere onerosa, en cuyo caso responderá el donante de la evicción hasta la concurrencia del gravamen.

Art. 1.474 C.C.

Art. 639. Podrá reservarse el donante la facultad de disponer de algunos de los bienes donados, o de alguna cantidad con cargo a ellos; pero, si muriere sin haber hecho uso de este derecho, pertenecerán al donatario los bienes o la cantidad que se hubiese reservado.

Art. 659 C.C.

Art. 640. También se podrá donar la propiedad a una persona y el usufructo a otra u otras, con la limitación establecida en el artículo 781 de este Código.

Arts. 492 y 787 C.C.

Art. 641. Podrá establecerse válidamente la reversión en favor de sólo el donador para cualquier caso y circunstancias, pero no en favor de otras personas, sino en los mismos casos y con iguales limitaciones que determina este Código para las sustituciones testamentarias.

La reversión estipulada por el donante en favor de tercero contra lo dispuesto en el párrafo anterior, es nula; pero no producirá la nulidad de la donación.

Arts. 774 a 789, 812 y 1.257 C.C.

Art. 642. Si la donación se hubiere hecho imponiendo al donatario la obligación de pagar las deudas del donante, como la cláusula no contenga otra declaración, sólo se entenderá aquél obligado a pagar las que apareciesen contraídas antes.

Arts. 506 y 633 C.C.

Art. 643. No mediando estipulación respecto al pago de deudas, sólo responderá de ellas el donatario cuando la donación se haya hecho en fraude de los acreedores.

Se presumirá siempre hecha la donación en fraude de los acreedores cuando al hacerla no se haya reservado el donante bienes bastantes para pagar las deudas anteriores a ella.

Arts. 506, 1.291.3º, 1.297 y 1.913 C.C.

Capítulo IV. De la revocación y reducción de las donaciones

Art. 644. Toda donación entre vivos, hecha por persona que no tenga hijos, ni descendientes, será revocable por el mero hecho de ocurrir cualquiera de los casos siguientes:

1º. Que el donante tenga, después de la donación, hijos, aunque sean póstumos.

2º. Que resulte vivo el hijo del donante que éste reputaba muerto cuando hizo la donación.

Redactado conforme a Ley 11/1981, de Reforma del Código civil. Vid. arts. 651, 807, 808 y 813. Compárese con arts. 108 y 175 C.C.

Art. 645. Rescindida la donación por la supervivencia de hijos, se restituirán al donante los bienes donados, o su valor si el donatario los hubiese vendido.

Si se hallaren hipotecados, podrá el donante liberar la hipoteca, pagando la cantidad que garantice, con derecho a reclamarla del donatario.

Cuando los bienes no pudieren ser restituidos, se apreciarán por lo que valían al tiempo de hacer la donación.

Arts. 650, 651, 1.290 a 1.299 C.C.

Art. 646. La acción de revocación por superveniencia o supervivencia de hijos prescribe por el transcurso de cinco años, contados desde que se tuvo noticia del nacimiento del último hijo o de la existencia del que se creía muerto.

Esta acción es irrenunciable y se transmite, por muerte del donante, a los hijos y sus descendientes.

Redactado conforme a la Ley 11/1981, de Reforma del Código civil.

Art. 647. La donación será revocada a instancia del donante, cuando el donatario haya dejado de cumplir alguna de las condiciones que aquél le impuso.

En este caso, los bienes donados volverán al donante, quedando nulas las enajenaciones que el donatario hubiese hecho y las hipotecas que sobre ellos hubiese impuesto, con la limitación establecida, en cuanto a terceros, por la Ley Hipotecaria.

Arts. 26, 31, 35, 36 y 37 L.H., y 622, 1.120, 1.123, 1.290 y 1.300 C.C.

Art. 648. También podrá ser revocada la donación a instancia del donante, por causa de ingratitud en los casos siguientes:

1º. Si el donatario cometiere algún delito contra la persona, a honor o los bienes del donante.

2º. Si el donatario imputare al donante alguno de los delitos que dan lugar a procedimiento de oficio o acusación pública, aunque lo pruebe; a menos que el delito se hubiese cometido contra el mismo donatario, su cónyuge o los hijos constituidos bajo su autoridad.

3º. Si le niega indebidamente los alimentos.

Números 1º y 2º modificados por Ley 11/1990 de 15 de octubre. Arts. 142 a 153, 652, 653 de C.C. Reglamento (CE) nº 4/2009 del Consejo, de 18 de diciembre de 2008, relativo a la competencia, la ley aplicable, el reconocimiento y la ejecución de las resoluciones y la cooperación en materia de obligaciones de alimentos

Art. 649. Revocada la donación por causa de ingratitud, quedarán, sin embargo, subsistentes las enajenaciones e hipotecas anteriores a la anotación de la demanda de revocación en el Registro de la Propiedad.

Las posteriores serán nulas.

Art. 645 C.C.

Art. 650. En el caso a que se refiere el primer párrafo del artículo anterior, tendrá derecho el donante para exigir del donatario el valor de los bienes enajenados que no pueda reclamar de los terceros, o la cantidad en que hubiesen sido hipotecados.

Se atenderá al tiempo de la donación para regular el valor de dichos bienes.

Art. 645 C.C.

Art. 651. Cuando se revocare la donación por alguna de las causas expresadas en el artículo 644, o por ingratitud, y cuando se redujere por inoficiosa, el donatario no devolverá los frutos sino desde la interposición de la demanda.

Si la revocación se fundare en haber dejado de cumplirse alguna de las condiciones impuestas en la donación, el donatario devolverá, además de los bienes, los frutos que hubiese percibido después de dejar de cumplir la condición.

Arts. 455 y 1.944 sigs. C.C.

Art. 652. La acción concedida al donante por causa de ingratitud no podrá renunciarse anticipadamente. Esta acción prescribe en el término de un año, contado desde que el donante tuvo conocimiento del hecho y posibilidad de ejercitar la acción.

Arts. 646, 816 y 1.969 C.C.

Art. 653. No se transmitirá esta acción a los herederos del donante, si éste, pudiendo, no la hubiese ejercitado.

Tampoco se podrá ejercitar contra el heredero del donatario, a no ser que a la muerte de éste se hallase interpuesta la demanda.

Arts. 659 y 757 C.C.

Art. 654. Las donaciones que, con arreglo a lo dispuesto en el artículo 636, sean inoficiosas computado el valor líquido de los bienes del donante al tiempo de su muerte, deberán ser reducidas en cuanto al exceso; pero ésta reducción no obstará para que tengan efecto durante la vida del donante y para que el donatario haga suyos los frutos.

Para la reducción de las donaciones se estará a lo dispuesto en este capítulo y en los artículos 820 y 821 del presente Código.

Arts. 636, 645, 650, 1.035 y 1.036 C.C.

Art. 655. Sólo podrán pedir reducción de las donaciones aquellos que tengan derecho a legítima o a una parte alícuota de la herencia, y sus herederos o causahabientes.

Los comprendidos en el párrafo anterior no podrán renunciar su derecho durante la vida del donante, ni por declaración expresa, ni prestando su consentimiento a la donación.

Los donatarios, los legatarios que no lo sean de parte alícuota y los acreedores del difunto, no podrán pedir la reducción ni aprovecharse de ella.

Arts. 660, 763, 816, 819, 820, 825 y 991 C.C.

Art. 656. Si, siendo dos o más las donaciones, no cupieren todas en la parte disponible, se suprimirán o reducirán en cuanto al exceso las de fecha más reciente.

cf art 195, 196 (equiparación)
29, 30 (personalidad jdc)
33 (orden de muerte)
928 (representación)

Título III. De las sucesiones

Libros II y IV, C.C.C.; C.D.B.; C.D.N.; L.D.C.G, L.D.C.P.V.; L.C. Arg.; LO de reintegración y amejoramiento del Régimen Foral de Navarra, Ley Generalidad Valenciana, 3/1989, de 24 de octubre, de Patrimonio de la Generalidad Valenciana.

DISPOSICIONES GENERALES

Art. 657. Los derechos a la sucesión de una persona se transmiten desde el momento de su muerte.

Arts. 196, 440, 442, 661, 759, 784, 881, 882 y 1.006 C.C.
Arts. 33-1 y 3 de la C.E.; art. 9-8 del C.C.; disposición transitoria 8.ª de la Ley 11/1981, de 13 de mayo, de Reforma del Código civil; Título II de la Ley de Reforma y Desarrollo Agrario, Texto Refundido de 12 de enero de 1973; Ley 19/1995, de 4 de julio, de Modernización de las Explotaciones Agrarias (B.O.E. 5 de julio).

Art. 658. La sucesión se defiere por voluntad del hombre manifestada en testamento, y, a falta de éste, por disposición de la ley.

La primera se llama testamentaria, y la segunda legítima.

Podrá también deferirse en una parte por voluntad del hombre, y en otra por disposición de la ley.

Arts. 667 sigs., 912 sigs. y 1.271-2 C.C.; 14 L.H.; 77 R.H.; Ley 19/1995, de 4 de julio, de Modernización de las Explotaciones Agrarias (B.O.E. 5 de julio).

Art. 659. La herencia comprende todos los bienes, derechos y obligaciones de una persona, que no se extingan por su muerte.

Arts. 513, 521, 529 y 661 C.C.

Art. 660. Llamase heredero al que sucede a título universal, y legatario al que sucede a título particular.

Arts. 668, 768 y 790 C.C.

Art. 661. Los heredero suceden al difunto por el hecho sólo de su muerte en todos sus derechos y obligaciones.

Arts. 195, 196, 440, 657, 659, 759, 784, 800, 995, 1.003, 1.023, 1.054 y 1.068 C.C.; 81 L.R.C.; y 280 y 281 R.R.C.

cf art 1267

vados que después de su muerte aparezcan en su domicilio o fuera de él, será nula si en las cédulas o papeles no concurren los requisitos prevenidos para el testamento ológrafo.

Arts. 688 sigs., 785-4.º y disposición transitoria 2.ª C.C.

Art. 673. Será nulo el testamento otorgado con violencia, dolo o fraude.

Arts. 756-6.º y 1.267 a 1.270 C.C.

Art. 674. El que con dolo, fraude o violencia impidiere que una persona, de quien sea heredero abintestato, otorgue libremente su última voluntad, quedará privado de su derecho a la herencia, sin perjuicio de la responsabilidad criminal en que haya incurrido.

Art. 756-5.º C.C.

Art. 675. Toda disposición testamentaria deberá entenderse en el sentido literal de sus palabras, a no ser que aparezca claramente que fue otra la voluntad del testador. En caso de duda se observará lo que aparezca más conforme a la intención del testador según el tenor del mismo testamento.

El testador no puede prohibir que se impugne el testamento en los casos en que haya nulidad declarada por la ley.

Arts. 668, 747, 749, 751, 797, 798, 1.281 y 1.289 C.C.

Sección Tercera. De la forma de los testamentos

Art. 676. El testamento puede ser común o especial.

El común puede ser ológrafo, abierto o cerrado.

Arts. 11-1. 678, 688 a 693, 679, 680, 694 a 705 y 706 a 715 C.C. Vid. Convenio de la Haya de 5 de octubre de 1961, sobre Conflicto de Leyes en materia de forma de disposiciones testamentarias, ratificado por Instrumento de 16 de marzo de 1988; asimismo, Convenio de Basilea de 16 de mayo de 1972, sobre sistema de inscripción de testamentos, ratificado por Instrumento de 3 de junio de 1985.

Art. 677. Se consideran testamentos especiales el militar, el marítimo, y el hecho en país extranjero.

Arts. 761 a 721 C.C.: militar; 722 a 731 C.C.: marítimo; 732 a 736 C.C.: en país extranjero.

Art. 678. Se llama ológrafo el testamento cuando el testador lo escribe por sí mismo en la forma y con los requisitos que se determinan en el artículo 688.

Arts. 688 a 693 C.C.

Art. 679. Es abierto el testamento siempre que el testador manifiesta su última voluntad en presencia de las personas que deben autorizar el acto, quedando enteradas de lo que él se dispone.

Arts. 694 a 705 C.C.

Art. 680. El testamento es cerrado cuando el testador, sin revelar su última voluntad, declara que ésta se halla contenida en el pliego que presenta a las personas que han de autorizar el acto.

Arts. 706 a 715 C.C.

Art. 681. No podrán ser testigos en los testamentos:

Primero. Los menores de edad, salvo lo dispuesto en el artículo 701.

Segundo. Sin contenido.

Tercero. Los que no entiendan el idioma del testador.

Cuarto. Los que no presenten el discernimiento necesario para desarrollar la labor testifical.

Quinto. El cónyuge o los parientes dentro del cuarto grado de consanguinidad o segundo de afinidad del Notario autorizante y quienes tengan con éste relación de trabajo.

Redacción dada por Ley 15/2015, de 2 de julio, de la Jurisdicción Voluntaria (B.O.E. nº. 158 de 3 de julio).

Art. 682. En el testamento abierto tampoco podrán ser testigos los herederos y legatarios en él instituidos, sus cónyuges, ni los parientes de aquéllos, dentro del cuarto grado de consanguinidad o segundo de afinidad.

No están comprendidos en esta prohibición los legatarios ni sus cónyuges o parientes cuando el legado sea de algún objeto mueble o cantidad de poca importancia con relación al caudal hereditario.

Arts. 754 y 915 sigs. C.C.

Art. 683. Para que un testigo sea declarado inhábil, es necesario que la causa de su incapacidad exista al tiempo de otorgarse el testamento.

Art. 684. Cuando el testador exprese su voluntad en lengua que el notario no conozca, se requerirá la presencia de un intérprete, elegido por aquél, que traduzca la disposición testamentaria a la oficial en el lugar del otorgamiento que emplee el notario. El documento se escribirá en las dos lenguas con indicación de cuál ha sido la empleada por el testador.

El testimonio abierto y el acta del cerrado se escribirán en la lengua extranjera en que se exprese el testador y en la oficial que emplee el notario, aun cuando éste conozca aquélla.

Arts. 3 C.E.

Art. 685. El notario deberá conocer al testador y si no lo conociese se identificará su persona con dos testigos que le conozcan y sean conocidos del mismo notario, o mediante la utilización de documentos expedidos por las autoridades públicas cuyo objeto sea identificar a las personas. También deberá el notario asegurarse de que, a su juicio, tiene el testador la capacidad legal necesaria para testar.

En los casos de los artículos 700 y 701, los testigos tendrán la obligación de conocer al testador y procurarán asegurarse de su capacidad.

Arts. 663, 665, 696, 700, 701 y 707 C.C. Vid. arts. 23 y 27 Ley del Notariado.

Art. 686. Si no pudiere identificarse la persona del testador en la forma prevenida en el artículo que precede, se declarará esta circunstancia por el notario, o por los testigos en su caso, reseñando los documentos que el testador presente con dicho objeto y las señas personales del mismo.

Si fuere impugnado el testamento por tal motivo, corresponderá al que sostenga su validez la prueba de la identidad del testador.

Art. 687. Será nulo el testamento en cuyo otorgamiento no se hayan observado las formalidades respectivamente establecidas en este capítulo.

Arts. 662, 673, 681, 689, 705 y 715 C.C.

Sección Cuarta. Del testamento ológrafo

Art. 688. El testamento ológrafo sólo podrá otorgarse por personas mayores de edad.

Para que sea válido este testamento deberá estar escrito todo él y firmado por el testador, con expresión del año, mes y día en que se otorgue.

Si contuviese palabras tachadas, enmendadas o entre renglones, las salvará el testador bajo su firma.

Los extranjeros podrán otorgar testamento ológrafo en su propio idioma.

Arts. 662, 663, 678, 715 y 732 C.C. Vid. art. 26 Ley del Notariado.

Art. 689. El testamento ológrafo deberá protocolizarse, presentándolo, en los cinco años siguientes al fallecimiento del testador, ante Notario. Este extenderá el acta de protocolización de conformidad con la legislación notarial.

Redacción dada por Ley 15/2015, de 2 de julio, de la Jurisdicción Voluntaria (B.O.E. nº. 158 de 3 de julio).

Art. 690. La persona que tenga en su poder un testamento ológrafo deberá presentarlo ante Notario competente en los diez días siguientes a aquel en que tenga conocimiento del fallecimiento del testador. El incumplimiento de este deber le hará responsable de los daños y perjuicios que haya causado.

También podrá presentarlo cualquiera que tenga interés en el testamento como heredero, legatario, albacea o en cualquier otro concepto.

Redacción dada por Ley 15/2015, de 2 de julio, de la Jurisdicción Voluntaria (B.O.E. nº. 158 de 3 de julio).

Art. 691. Presentado el testamento ológrafo y acreditado el fallecimiento del testador, se procederá a su adveración conforme a la legislación notarial.

Redacción dada por Ley 15/2015, de 2 de julio, de la Jurisdicción Voluntaria (B.O.E. nº. 158 de 3 de julio).

Art. 692. Adverado el testamento y acreditada la identidad de su autor, se procederá a su protocolización.

Redacción dada por Ley 15/2015, de 2 de julio, de la Jurisdicción Voluntaria (B.O.E. nº. 158 de 3 de julio).

Art. 693. El Notario, si considera acreditada la autenticidad del testamento, autorizará el acta de protocolización, en la que hará constar las actuaciones realizadas y, en su caso, las observaciones manifestadas.

Si el testamento no fuera adverado, por no acreditarse suficientemente la identidad del otorgante, se procederá al archivo del expediente sin protocolizar aquel.

Autorizada o no la protocolización del testamento ológrafo, los interesados no conformes podrán ejercer sus derechos en el juicio que corresponda.

Redacción dada por Ley 15/2015, de 2 de julio, de la Jurisdicción Voluntaria (B.O.E. nº. 158 de 3 de julio).

Sección Quinta. Del testamento abierto

Art. 694. El testamento abierto deberá ser otorgado ante notario hábil para actuar en el lugar del otorgamiento.

Sólo se exceptuarán de esta regla los casos expresamente determinados en esta misma Sección.

Arts. 700, 701 y 722 C.C. Vid. arts. 8 Ley del Notariado y 116 sigs. de su Reglamento.

Art. 695. El testador expresará oralmente o por escrito su última voluntad al notario. Redactado por éste el Testamento con arreglo a ella y con expresión del lugar, año, mes, día y hora de su otorgamiento y advertido el testador del derecho que tiene a leerlo por sí, lo leerá el notario en alta voz para que el testador manifieste si está conforme con su voluntad. Si lo estuviere, será firmado en el acto por el testador que pueda hacerlo y, en su caso, por los testigos y demás personas que deban concurrir.

Si el testador declara que no sabe o no puede firmar, lo hará por él y a su ruego uno de los testigos.

Arts. 698, 707 y 722 C.C.; 111 Vid. arts. 25 Ley del Notariado y 167 a 169 y 193 a 196 de su Reglamento.

Art. 696. El notario dará fe de conocer al testador o de haberlo identificado debidamente y, en su defecto, efectuará la declaración prevista en el artículo 686. También hará constar que, a su juicio, se halla el testador con la capacidad legal necesaria para otorgar el testamento.

Arts. 663 sigs., 685 y 707 C.C.; 106 Vid. arts. 23 Ley del Notariado y 156, 167 y 187 sigs. de su Reglamento.

Art. 697. Al acto de otorgamiento deberán concurrir dos testigos idóneos:

1º. Cuando el testador declare que no sabe o no puede firmar el testamento.

2º. Cuando el testador, aunque pueda firmarlo, sea ciego o declare que no sabe o no puede leer por sí el testamento.

Si el testador que no supiese leer fuera enteramente sordo, los testigos leerán el testamento en presencia del notario y deberán declarar que coincide con la voluntad manifestada.

3º. Cuando el testador o el notario lo soliciten.

Arts. 695, 708, 709 y 722 C.C.; Vid. arts. 180, 183 y 193 Reglamento Notarial.

Art. 698. Al otorgamiento también deberán concurrir:

1º. Los testigos de conocimiento, si los hubiera, quienes podrán intervenir como testigos instrumentales.

2º. Los facultativos que hubieran reconocido al testador incapacitado.

3º. El intérprete que hubiera traducido la voluntad del testador a la lengua oficial empleada por el notario.

Arts. 665, 684 y 685 C.C.; 109 y 116 Vid. arts. 180 sigs. Reglamento Notarial.

Art. 699. Todas las formalidades expresadas en esta Sección se practicarán en un solo acto que comenzará con la lectura del testamento, sin que sea lícita ninguna interrupción, salvo la que pueda ser motivada por algún accidente pasajero.

Arts. 695 y 705 C.C.

Art. 700. Si el testador se hallare en peligro inminente de muerte, puede otorgarse el testamento ante cinco testigos idóneos, sin necesidad de notario.

Arts. 681, 682, 685-2, y 702 a 704 C.C.

Art. 701. En caso de epidemia puede igualmente otorgarse el testamento sin intervención de notario ante tres testigos mayores de dieciséis años.

Redactado conforme a la Ley de 24 de abril de 1958. Arts. 685 y 702 sigs. C.C.

Art. 702. En los casos de los dos artículos anteriores, se escribirá el testamento, siendo posible; no siéndolo, el testamento valdrá aunque los testigos no sepan escribir.

Art. 703. El testamento otorgado con arreglo a las disposiciones de los tres artículos anteriores quedará ineficaz si pasaren dos meses desde que el testador haya salido del peligro de muerte, o cesado la epidemia.

Cuando el testador falleciere en dicho plazo, también quedará ineficaz el testamento si dentro de los tres meses siguientes al fallecimiento no se acude al Notario competente para que lo eleve a escritura pública, ya se haya otorgado por escrito, ya verbalmente.

Redacción dada por Ley 15/2015, de 2 de julio, de la Jurisdicción Voluntaria (B.O.E. nº. 158 de 3 de julio).

Art. 704. Los testamentos otorgados sin autorización del Notario serán ineficaces si no se elevan a escritura pública y se protocolizan en la forma prevenida en la legislación notarial.

Redacción dada por Ley 15/2015, de 2 de julio, de la Jurisdicción Voluntaria (B.O.E. nº. 158 de 3 de julio).

Art. 705. Declarado nulo un testamento abierto por no haberse observado las solemnidades establecidas para cada caso, el notario que lo haya autorizado será responsable de los daños y perjuicios que sobrevengan, si la falta procediere de su malicia, o de negligencia o ignorancia inexcusables.

Arts. 715, 688, 1.104 y 1.902 C.C.

Sección Sexta. Del testamento cerrado

Art. 706. El testamento cerrado habrá de ser escrito.

Si lo escribiese por su puño y letra, el testador pondrá al final su firma.

Si estuviese escrito por cualquier medio mecánico o por otra persona a ruego del testador, éste pondrá su firma en todas sus hojas y al pie del testamento.

Cuando el testador no sepa o no pueda firmar, lo hará a su ruego al pie y en todas las hojas otra persona, expresando la causa de la imposibilidad.

En todo caso, antes de la firma se salvarán las palabras enmiendas, tachadas o escritas entre renglones.

Arts. 680, 717 y 722 C.C.

Art. 707. En el otorgamiento del testamento cerrado se observarán las solemnidades siguientes:

1.ª El papel que contenga el testamento se pondrá dentro de una cubierta, cerrada y sellada de suerte que no pueda extraerse aquél sin romper ésta.

2.ª El testador comparecerá con el testamento cerrado y sellado, o lo cerrará y sellará en el acto, ante el notario que haya de autorizarlo.

3.ª En presencia del notario, manifestará el testador por sí, o por medio del intérprete previsto en el artículo 684, que el pliego que presenta contiene su testamento, expresando si se halla escrito y firmado por él o si está escrito de mano ajena o por cualquier medio mecánico y firmado al final y en todas sus hojas por él o por otra persona a su ruego.

4.ª Sobre la cubierta del testamento extenderá el notario la correspondiente acta de su otorgamiento, expresando el número y la marca de los sellos con que esté cerrado, y dando fe del conocimiento del testador o de haberse identificado su persona en la forma prevenida en los artículos 685 y 686, y de hallarse, a su juicio, el testador con la capacidad legal necesaria para otorgar testamento.

5.ª Extendida y leída el acta, la firmará el testador que pueda hacerlo y, en su caso, las personas que deban concurrir, y la autorizará el notario con su signo y firma.

Si el testador declara que no sabe o no puede firmar, lo hará por él y a su ruego uno de los dos testigos idóneos que en este caso deben concurrir.

6.ª También se expresará en el acta esta circunstancia, además del lugar, hora, día, mes y año del otorgamiento.

7.ª Concurrirán al acto de otorgamiento dos testigos idóneos, si así lo solicitan el testador o el notario.

Arts. 695 sigs., 715, 717, 722 y 742 C.C.

Art. 708. No pueden hacer testamento cerrado los ciegos y los que no sepan o no puedan leer.

Arts. 697 C.C.

Art. 709. Los que no puedan expresarse verbalmente, pero sí escribir, podrán otorgar testamento cerrado, observándose lo siguiente:

1.º El testamento ha de estar firmado por el testador. En cuanto a los demás requisitos, se estará a lo dispuesto en el artículo 706.

2.º Al hacer su presentación, el testador escribirá en la parte superior de la cubierta, a presencia del notario, que dentro de ella se contiene su testamento, expresando cómo está escrito y que está firmado por él.

3.º A continuación de lo escrito por el testador se extenderá acta de otorgamiento, dando fe el notario de haberse cumplido lo prevenido en el número anterior y lo demás que se dispone en el artículo 707, en lo que sea aplicable al caso.

Arts. 697 C.C.

Art. 710. Autorizado el testamento cerrado, el notario lo entregará al testador, después de poner en el protocolo corriente copia autorizada del acta de otorgamiento.

Vid. arts. 34 Ley del Notariado y 272 sigs. de su Reglamento.

Art. 711. El testador podrá conservar en su poder el testamento cerrado, o encomendar su guarda a persona de su confianza, o depositarlo en poder del notario autorizante para que lo guarde en su archivo.

En este último caso, el notario dará recibo al testador y hará constar en su protocolo corriente, al margen o a continuación de la copia del acta de otorgamiento, que queda el testamento en su poder. Si lo retirare después el testador, firmará un recibo a continuación de dicha nota.

Vid. arts. 216 sigs. Reglamento Notarial.

Art. 712. 1. La persona que tenga en su poder un testamento cerrado deberá presentarlo ante Notario competente en los diez días siguientes a aquel en que tenga conocimiento del fallecimiento del testador.

2. El Notario autorizante de un testamento cerrado, constituido en depositario del mismo por el testador, deberá comunicar, en los diez días siguientes a que tenga conocimiento de su fallecimiento, la existencia del testamento al cónyuge sobreviviente, a los descendientes y a los ascendientes del testador y, en defecto de éstos, a los parientes colaterales hasta el cuarto grado.

3. En los dos supuestos anteriores, de no conocer la identidad o domicilio de estas personas, o si se ignorase su existencia, el Notario deberá dar la publicidad que determine la legislación notarial.

El incumplimiento de este deber, así como el de la presentación del testamento por quien lo tenga en su poder o por el Notario, le hará responsable de los daños y perjuicios causados.

Redacción dada por Ley 15/2015, de 2 de julio, de la Jurisdicción Voluntaria (B.O.E. nº. 158 de 3 de julio).

Art. 713. El que con dolo deje de presentar el testamento cerrado que obre en su poder dentro del plazo fijado en el artículo anterior, además de la responsabilidad que en él se determina, perderá todo derecho a la herencia, si lo tuviere como heredero abintestato o como heredero o legatario por testamento.

Redacción dada por Ley 15/2015, de 2 de julio, de la Jurisdicción Voluntaria (B.O.E. nº. 158 de 3 de julio).

En esta misma pena incurrirán el que sustrajere dolosamente el testamento cerrado del domicilio del testador o de la persona que lo tenga en guarda o depósito, y el que lo oculte, rompa o inutilice de otro modo, sin perjuicio de la responsabilidad criminal que proceda.

Arts. 756-6.º C.C.; vid. C.P.

Art. 714. Para la apertura y protocolización del testamento cerrado se observará lo previsto en la legislación notarial.

Redacción dada por Ley 15/2015, de 2 de julio, de la Jurisdicción Voluntaria (B.O.E. nº. 158 de 3 de julio).

Art. 715. Es nulo el testamento cerrado en cuyo otorgamiento no se hayan observado las formalidades establecidas en esta Sección; y el notario que lo autorizase será responsable de los daños y perjuicios que sobrevengan, si se probare que la falta procedió de su malicia o de negligencia o ignorancia inexcusables. Será válido, sin embargo, como testamento ológrafo, si todo él estuviere escrito y firmado por el testador y tuviere las demás condiciones propias de este testamento.

Arts. 687, 688, 705, 1.104 y 1.902 C.C.

Sección Séptima. Del testamento militar

Art. 716. En tiempo de guerra, los militares en campaña, voluntarios, rehenes, prisioneros y demás individuos empleados en el ejército, o que sigan a éste, podrán otorgar su testamento ante un Oficial que tenga por lo menos la categoría de capitán.

Es aplicable esta disposición a los individuos de un ejército que se halle en país extranjero.

Si el testador estuviere enfermo o herido, podrá otorgarlo ante el capellán o el facultativo que le asista.

Si estuviere en destacamento, ante el que lo mande, aunque sea subalterno.

En todos lo casos de este artículo será siempre necesaria la presencia de dos testigos idóneos.

Arts. 677, 719 y 721 C.C.; 38 del Código de Justicia Militar, de 17 de julio de 1945 (B.O.E. de 20 de julio); y 3 ap. C del anexo II del Reglamento Notarial.

Art. 717. También podrán las personas mencionadas en el artículo anterior otorgar testamento cerrado ante un comisario de guerra, que ejercerá en este caso las funciones de notario, observándose las disposiciones de los artículos 706 y siguientes.

Art. 718. Los testamentos otorgados con arreglo a los dos artículos anteriores deberán ser remitidos con la mayor brevedad posible al Cuartel General y, por este, al Ministerio de Defensa.

El Ministerio, si hubiese fallecido el testador, remitirá el testamento al Colegio Notarial correspondiente al último domicilio del difunto, y de no ser conocido éste, lo remitirá al Colegio Notarial de Madrid.

El Colegio Notarial remitirá el testamento al Notario correspondiente al último domicilio del testador. Recibido por el Notario deberá comunicar, en los diez días siguientes, su existencia a los herederos y demás interesados en la sucesión, para que comparezcan ante él al objeto de protocolizarlo de acuerdo con lo dispuesto legalmente.

Redacción dada por Ley 15/2015, de 2 de julio, de la Jurisdicción Voluntaria (B.O.E. nº. 158 de 3 de julio).

Art. 719. Los testamentos mencionados en el artículo 716 caducarán cuatro meses después que el testador haya dejado de estar en campaña.

Arts. 730 y 743 C.C.

Art. 720. Durante una batalla, asalto, combate, y generalmente en todo peligro próximo de acción de guerra, podrá otorgarse testamento militar de palabra ante dos testigos.

Pero este testamento quedará ineficaz si el testador se salva del peligro en cuya consideración testó.

Aunque no se salvare, será ineficaz el testamento si no se formaliza por los testigos ante el auditor de guerra o funcionario de justicia que siga al ejército, procediéndose después en la forma prevenida en el artículo 718.

Arts. 700, 701, 703 y 731 C.C.

Art. 721. Si fuere cerrado el testamento militar, se observará lo prevenido en los artículos 706 y 707; pero se otorgará ante el oficial y los dos testigos que para el abierto exige el artículo 716, debiendo firmar todos ellos el acta de otorgamiento, como asimismo el testador, si pudiere.

Art. 695 C.C.

Sección Octava. Del testamento marítimo

Art. 722. Los testamentos, abiertos o cerrados, de los que durante un viaje marítimo vayan a bordo, se otorgarán en la forma siguiente:

Si el buque es de guerra, ante el contador o el que ejerza sus funciones, en presencia de dos testigos idóneos, que vean y entiendan al testador. El comandante del buque, o el haga sus veces, pondrá además su V.° B.°

En los buques mercantes autorizará el testamento el capitán o el que haga sus veces, con asistencia de dos testigos idóneos.

En uno y otro caso los testigos se elegirán entre los pasajeros, si los hubiere; pero uno de ellos, por lo menos, ha de poder firmar, el cual lo hará por sí y por el testador, si éste no sabe o no puede hacerlo.

Si el testamento fuera abierto, se observará además lo prevenido en el artículo 695, y, si fuere cerrado, lo que se ordena en la Sección sexta de este capítulo, con exclusión de lo relativo al número de testigos e intervención del notario.

Arts. 3.º ap. C del Anexo II del Reglamento Notarial; y 612-3 del C. de c. Arts. 677 y 694 sigs. C.C.

Art. 723. El testamento del contador del buque de guerra y el del capitán del mercante serán autorizados por quien deba sustituirlos en el cargo, observándose para lo demás lo dispuesto en el artículo anterior.

Art. 724. Los testamentos abiertos hechos en alta mar serán custodiados por el comandante o por el capitán, y se hará mención de ellos en el diario de navegación.

La misma mención se hará de los ológrafos y los cerrados.

Art. 612 C. de c.

Art. 725. Si el buque arribase a un puerto extranjero donde haya agente diplomático o consular de España, el comandante del de guerra, o el Capitán del mercante, entregará a dicho agente copia del testamento abierto o del acta de otorgamiento del cerrado, y de la nota tomada en el diario.

La copia del testamento o del acta deberá llevar las mismas firmas que el original, si viven y están a bordo los que lo firmaron; en otro caso será autorizada por el contador o capitán que hubiese recibido el testamento, o el que haga sus veces, firmando también los que estén a bordo de los que intervinieron en el testamento.

El agente diplomático o consular hará extender por escrito diligencia de la entrega, y, cerrada y sellada la copia del testamento o la del acta del otorgamiento si fuere cerrado, la remitirá con la nota del diario por el conducto correspondiente al ministro de Marina, quien mandará que se deposite en el Archivo del Ministerio.

El comandante o capitán que haga la entrega recogerá del agente diplomático o consular certificación de haberlo verificado, y tomará nota de ella en el diario de navegación.

Art. 38 del Código de Justicia Militar.

Art. 726. Cuando el buque, sea de guerra o mercante, arribe al primer puerto del Reino, el comandante o capitán entregará el testamento original, cerrado y sellado, a la autoridad marítima local, con copia de la nota tomada en el diario; y, si hubiese fallecido el testador, certificación que lo acredite.

La entrega se acreditará en la forma prevenida en el artículo anterior, y la autoridad marítima lo remitirá todo sin dilación al ministro de Marina.

Art. 727. Si hubiese fallecido el testador y fuere abierto el testamento, el ministro de Marina practicará lo que se dispone en el artículo 718.

Art. 728. Cuando el testamento haya sido otorgado por un extranjero en buque español, el ministro de Marina remitirá el testamento al de Estado, para que por la vía diplomática se le dé el curso que corresponda.

Art. 729. Su fuere ológrafo el testamento y durante el viaje falleciera el testador, el comandante o capitán recogerá el testamento para custodiarlo, haciendo mención de ello en el diario, y lo entregará a la autoridad marítima local, en la forma y para los efectos prevenidos en el artículo anterior, cuando el buque arribe al primer puerto del Reino.

Lo mismo se practicará cuando sea cerrado el testamento, si lo conservaba en su poder el testador al tiempo de su muerte.

Art. 724 C.C.

Art. 730. Los testamentos, abiertos y cerrados, otorgados con arreglo a lo prevenido en esta Sección, caducarán pasados cuatro meses, contados desde que el testador desembarque en un punto donde pueda testar en la forma ordinaria.

Arts. 719 y 743 C.C.

Art. 731. Si hubiere peligro de naufragio, será aplicable a las tripulaciones y pasajeros de los buques de guerra o mercantes lo dispuesto en el artículo 720.

Sección Novena. Del testamento hecho en país extranjero

Art. 732. Los españoles podrán testar fuera del territorio nacional, sujetándose a las formas establecidas por las leyes del país en que se hallen.

También podrán testar en alta mar durante su navegación en un buque extranjero, con sujeción a las leyes de la nación a que el buque pertenezca.

Podrán asimismo hacer testamento ológrafo, con arreglo al artículo 688, aun en los países cuyas leyes no admitan dicho testamento.

Redactado conforme a la Ley de 21 de julio de 1904. Vid. arts. 9-1, 11, 12 y 677 C.C.

Art. 733. No será válido en España el testamento mancomunado, prohibido por el artículo 669, que los españoles otorguen en país extranjero, aunque lo autoricen las leyes de la nación donde se hubiese otorgado.

Art. 669 y disposición transitoria 2.ª C.C.; Ley 19/1995, de 4 de julio, de Modernización de las Explotaciones Agrarias (B.O.E. 5 de julio).

Art. 734. También podrán los españoles que se encuentren en país extranjero otorgar su testamento, abierto o cerrado, ante el funcionario diplomático o consular de España que ejerza funciones notariales en el lugar del otorgamiento.

En estos casos se observarán respectivamente todas las formalidades establecidas en las Secciones quinta y sexta de este capítulo.

Arts. 694 a 715 C.C.; anexo III Reglamento Notarial.

Art. 735. El Agente diplomático o consular remitirá, autorizada con su firma y sello, copia del testamento abierto, o del acta de otorgamiento del cerrado, al Ministerio de Estado para que se deposite en su Archivo.

Art. 19, anexo III. Reglamento Notarial.

Art. 736. El agente diplomático o consular, en cuyo poder hubiese depositado su testamento ológrafo o cerrado un español, lo remitirá al Ministerio de Estado cuando fallezca el testador, con el certificado de defunción.

El Ministerio de Estado hará publicar en la *Gaceta de Madrid* la noticia del fallecimiento, para que los interesados en la herencia puedan recoger el testamento y gestionar su protocolización en la forma prevenida.

Art. 20 del Reglamento Notarial, anexo III.

Sección Décima. De la revocación e ineficacia de los testamentos

Art. 737. Todas las disposiciones testamentarias son esencialmente revocables, aunque el testador exprese en el testamento su voluntad o resolución de no revocarlas.

Se tendrán por no puestas las cláusulas derogatorias de las disposiciones futuras, y aquellas en que ordene el testador que no valga la revocación del testamento si no lo hiciere con ciertas palabras o señales.

Arts. 738, 742, 827 y disposición transitoria 2.ª C.C.; Ley 19/1995, de 4 de julio, de Modernización de las Explotaciones Agrarias (B.O.E. 5 de julio).

Art. 738. El testamento no puede ser revocado en todo ni en parte sino con las solemnidades necesarias para testar.

Art. 739. El testamento anterior queda revocado de derecho por el posterior perfecto, si el testador no expresa en éste su voluntad de que aquél subsista en todo o en parte.

Sin embargo, el testamento anterior recobra su fuerza si el testador revoca después el posterior, y declara expresamente ser su voluntad que valga el primero.

Art. 740. La revocación producirá su efecto aunque el segundo testamento caduque por incapacidad del heredero o de los legatarios en él nombrados, o por renuncia de aquél o de éstos.

Arts. 745, 755, 756, 764, 766 y 912 C.C.

Art. 741. El reconocimiento de un hijo no pierde su fuerza legal aunque se revoque el testamento en que se hizo o éste no contenga otras disposiciones, o sean nulas las demás que contuviere.

Redactado conforme a la Ley 11/1981, de Reforma del Código civil. Vid. arts. 120-1.º y 124 C.C.; 49 L.R.C.

Art. 742. Se presume revocado el testamento cerrado que aparezca en el domicilio del testador con las cubiertas rotas o los sellos quebrantados, o borradas, raspadas o enmendadas las firmas que lo autoricen.

Este testamento será, sin embargo, válido cuando se probare haber ocurrido el desperfecto sin voluntad ni conocimiento del testador, o hallándose éste en estado de demencia; pero si aparecieren rota la cubierta o quebrantados los sellos, será necesario probar además la autenticidad del testamento para su validez.

Si el testamento se encontrare en poder de otra persona, se entenderá que el vicio procede de ella y no será aquél válido como no se pruebe su autenticidad, si estuvieren rota la cubierta o quebrantados los sellos; y si una y otros se hallaren íntegros, pero con las firmas borradas, raspadas o enmendadas, será válido el testamento, como no se justifique haber sido entregado el pliego de esta forma por el mismo testador.

Arts. 670, 707 y 713 C.C.

Art. 743. Caducarán los testamentos, o serán ineficaces en todo o en parte las disposiciones testamentarias, sólo en los casos expresamente prevenidos en este Código.

Arts. 663, 669, 670, 673, 687, 688, 689, 703, 704, 705, 715, 719, 720, 730, 731, 733, 742, 750 y 755 C.C.

Capítulo II. De la herencia

Sección Primera. De la capacidad para suceder por testamento y sin él

Art. 744. Podrán suceder por testamento o abintestato los que no estén incapacitados por la ley.

Art. 33.1 C.E.; arts. 745, 752 a 756, 789 y 914 C.C.

Art. 745. Son incapaces de suceder:

1.º Las criaturas abortivas, entendiéndose tales las que no reúnan las circunstancias expresadas en el artículo 30.

2.º Las asociaciones o corporaciones no permitidas por la ley.

Arts. 22-2 y 5 de la C.E.; 515; Vid. L.O.D.A.

Art. 746. Las iglesias y los cabildos eclesiásticos, las diputaciones provinciales y las provincias, los ayuntamientos y municipios, los establecimientos de hospitalidad, beneficencia e instrucción pública, las asociaciones autorizadas o reconocidas por la ley y las demás personas jurídicas, pueden adquirir por testamento con sujeción a lo dispuesto en el artículo 38.

Arts. 748, 752 y 994 C.C.

Art. 747. Si el testador dispusiere del todo o parte de sus bienes para sufragios y obras piadosas en beneficio de su alma, haciéndolo indeterminadamente y sin especificar su aplicación, los albaceas venderán los bienes y distribuirán su importe, dando la mitad al diocesano para que lo destine a los indicados sufragios y a las atenciones y necesidades de la Iglesia, y la otra mitad al gobernador civil correspondiente para los establecimientos benéficos del domicilio del difunto, y en su defecto, para los de la provincia.

Arts. 671 y 788 C.C.

Art. 748. La institución hecha a favor de un establecimiento público bajo condición o imponiéndole un gravamen, sólo será válida si el Gobierno la aprueba.

Art. 994 C.C.

Art. 749. Las disposiciones hechas a favor de los pobres en general, sin designación de personas ni de población, se entenderán limitadas a los del domicilio del testador en la época de su muerte, si no constare claramente haber sido otra su voluntad.

La calificación de los pobres y la distribución de los bienes se harán por la persona que haya designado el testador, en su defecto por los albaceas, y, si no los hubiere, por el párroco, el alcalde y el Juez municipal, los cuales resolverán, por mayoría de votos, las dudas que ocurran.

Esto mismo se hará cuando el testador haya dispuesto de sus bienes en favor de los pobres de una parroquia o pueblo determinado.

Arts. 671 y 992-3 C.C.

Art. 750. Toda disposición en favor de persona incierta será nula, a menos que por algún evento pueda resultar cierta.

Art. 670, 772, 773 y 783 C.C.

Art. 751. La disposición hecha genéricamente en favor de los parientes del testador se entiende hecha en favor de los más próximos en grado.

Arts. 671, 765, 772 y 915 a 923 C.C.

Art. 752. No producirán efecto las disposiciones testamentarias que haga el testador durante su última enfermedad en favor del sacerdote que en ella le hubiese confesado, de los parientes del mismo dentro del cuarto grado, o de su iglesia, cabildo, comunidad o instituto.

Art. 746 C.C.

Art. 753. Tampoco surtirá efecto la disposición testamentaria en favor de quien sea tutor o curador del testador, salvo cuando se haya hecho después de aprobadas definitivamente las cuentas o, en el caso en que no tuviese que rendirse éstas, después de la extinción de la tutela o curatela.

Serán, sin embargo, válidas las disposiciones hechas en favor del tutor o curador que sea ascendiente, descendiente, hermano, hermana o cónyuge del testador.

Redactado todo el artículo conforme Ley Orgánica 1/1996, de 15 de enero, de Protección Jurídica del Menor.

Art. 754. El testador no podrá disponer del todo o parte de su herencia a favor del notario que autorice su testamento, o del cónyuge, parientes o afines del mismo dentro del cuarto grado, con la excepción establecida en el artículo 682.

Esta prohibición será aplicable a los testigos del testamento abierto, otorgado con o sin notario.

Las disposiciones de este artículo son también aplicables a los testigos y personas ante quienes se otorguen los testamentos especiales.

Párrafo primero reformado por la Ley 11/1990, de 15 de octubre. Arts. 22, 27 y 28 Ley del Notariado.

Art. 755. Será nula la disposición testamentaria a favor de un incapaz, aunque se la disfrace bajo la forma de contrato oneroso o se haga a nombre de persona interpuesta.

Arts. 628, 745 y 760 a 762 C.C.

Art. 756. Son incapaces de suceder por causa de indignidad:

1.º El que fuera condenado por sentencia firme por haber atentado contra la vida, o a pena grave por haber causado lesiones o por haber ejercido habitualmente violencia física o psíquica en el ámbito familiar al causante, su cónyuge, persona a la que esté unida por análoga relación de afectividad o alguno de sus descendientes o ascendientes.

2.º El que fuera condenado por sentencia firme por delitos contra la libertad, la integridad moral y la libertad e indemnidad sexual, si el ofendido es el causante, su cónyuge, la persona a la que esté unida por análoga relación de afectividad o alguno de sus descendientes o ascendientes.

Asimismo el condenado por sentencia firme a pena grave por haber cometido un delito contra los derechos y deberes familiares respecto de la herencia de la persona agraviada.

También el privado por resolución firme de la patria potestad, o removido del ejercicio de la tutela o acogimiento familiar de un menor o persona con la capacidad modificada judicialmente por causa que le sea imputable, respecto de la herencia del mismo.

3.º El que hubiese acusado al causante de delito para el que la ley señala pena grave, si es condenado por denuncia falsa.

Redacción dada por Ley 15/2015, de 2 de julio, de la Jurisdicción Voluntaria (B.O.E. nº. 158 de 3 de julio).

4.º El heredero mayor de edad que, sabedor de la muerte violenta del testador, no la hubiese denunciado dentro de un mes a la justicia, cuando ésta no hubiera procedido ya de oficio.

Cesará esta prohibición en los casos en que, según la ley, no hay la obligación de acusar.

5.º El que, con amenaza, fraude o violencia, obligare al testador a hacer testamento o a cambiarlo.

6.º El que por iguales medios impidiere a otro hacer testamento, o revocar el que tuviese hecho, o suplantare, ocultare o alterare otro posterior.

Reformado por Ley 22/1978, de 26 de mayo (B.O.E. de 30 de mayo), de Despenalización del Adulterio y Amancebamiento y número 1 redactado por la Ley 11/1990, de 15 de octubre. Vid. arts. 164-2.º, 673, 674, 713, 758 y 852 a 855 C.C.; 259 a 263 L.E.Crim.; vid. C.P.

7.º Tratándose de la sucesión de una persona con discapacidad, las personas con derecho a la herencia que no le hubieren prestado las atenciones debidas, entendiendo por tales las reguladas en los artículos 142 y 146 del Código Civil.

Párrafo redactado conforme Ley 41/2003, de 18 de noviembre, de protección patrimonial de las personas con discapacidad y de modificación del Código Civil, de la Ley de Enjuiciamiento Civil y de la Normativa Tributaria con esta finalidad (B.O.E. 19 de noviembre de 2003).

Art. 757. Las causas de indignidad dejan de surtir efecto si el testador las conocía al tiempo de hacer testamento, o si, habiéndolas sabido después, las remitiere en documento público.

Art. 856 C.C.

Art. 758. Para calificar la capacidad del heredero o legatario se atenderá al tiempo de la muerte de la persona de cuya sucesión se trate.

En los casos 2.º y 3.º del artículo 756 se esperará a que se dicte sentencia firme, y en el número 4.º a que transcurra el mes señalado para la denuncia.

Si la institución o legado fuere condicional, se atenderá además al tiempo en que se cumpla la condición.

Modificado por Ley 22/1978, de Reforma del Código civil. Vid. arts. 657, 784, 790 a 805 y 1.113 C.C.

cf art 257, 111, 900

Art. 759. El heredero o legatario que muera antes de que la condición se cumpla, aunque sobreviva al testador, no transmite derecho alguno a sus herederos.

Arts. 784, 791, 799, 881 y 1.006 C.C.

Art. 760. El incapaz de suceder, que, contra la prohibición de los anteriores artículos, hubiese entrado en posesión de los bienes hereditarios, estará obligado a restituirlos con sus accesiones y con todos los frutos y rentas que haya percibido.

Art. 455 C.C.

Art. 761. Si el excluido de la herencia por incapacidad fuera hijo o descendiente del testador y tuviere hijos o descendientes, adquirirán éstos su derecho a la legítima.

Redactado conforme a la Ley 11/1981, de Reforma del Código civil. Vid. arts. 766, 857 y 929 C.C.

Art. 762. No puede deducirse acción para declarar la incapacidad pasados cinco años desde que el incapaz esté en posesión de la herencia o legado.

Arts. 760 C.C.

Sección Segunda. De la institución de heredero

Art. 763. El que no tuviere herederos forzosos puede disponer por testamento de todos sus bienes o de parte de ellos en favor de cualquiera persona que tenga capacidad para adquirirlos.

El que tuviere herederos forzosos sólo podrá disponer de sus bienes en la forma y con los limitaciones que se establecen en la Sección quinta de este Capítulo.

Arts. 806 a 822 C.C.; Ley 19/1995, de 4 de julio, de Modernización de las Explotaciones Agrarias (B.O.E. 5 de julio).

Art. 764. El testamento será válido aunque no contenga institución de heredero, o ésta no comprenda la totalidad de los bienes, y aunque el nombrado no acepte la herencia o sea incapaz de heredar.

En estos casos se cumplirán las disposiciones testamentarias hechas con arreglo a las leyes, y el remanente de los bienes pasará a los herederos legítimos.

Arts. 745, 752 a 756, 912-2.º,913, 929 y 1.009 C.C.

Art. 765. Los herederos instituidos sin designación de partes heredarán por partes iguales.

Arts. 751, 770, 932, 936, 947, 950, 983 y 1.353 C.C.

Art. 766. El heredero voluntario que muere antes que el testador, el incapaz de heredar y el que renuncia a la herencia, no transmiten ningún derecho a sus herederos, salvo lo dispuesto en los artículos 761 y 857.

Arts. 761, 784, 799, 857 y 1.006 C.C.

Art. 767. La expresión de una causa falsa de la institución de heredero o del nombramiento de legatario, será considerada como no escrita, a no ser que del testamento resulte que el testador no habría hecho tal institución o legado si hubiese conocido la falsedad de la causa.

La expresión de una causa contraria a derecho, aunque sea verdadera, se tendrá también por no escrita.

Arts. 673 y 1.274 a 1.277 C.C.

Art. 768. El heredero instituido en una cosa cierta y determinada será considerado como legatario.

Arts. 660, 668 y 891 C.C.

Art. 769. Cuando el testador nombre unos herederos individualmente y otros colectivamente, como si dijere: «Instituyo por mis herederos a N. y a N. y a los hijos de N.», los colectivamente nombrados se considerarán como si lo fueran individualmente, a no ser que conste de un modo claro que ha sido otra la voluntad del testador.

Art. 675 C.C.

Art. 770. Si el testador instituye a sus hermanos, y los tiene carnales y de padre o madre solamente, se dividirá la herencia como en el caso de morir intestado.

Arts. 943 a 955 C.C.

Art. 771. Cuando el testador llame a la sucesión a una persona y a sus hijos, se entenderán todos instituidos simultánea y no sucesivamente.

Art. 787 C.C.

Art. 772. El testador designará al heredero por su nombre y apellidos, y cuando haya dos que los tengan iguales deberá señalar alguna circunstancia por la que se conozca al instituido.

Aunque el testador haya omitido el nombre del heredero, si lo designare de modo que no pueda dudarse quién sea el instituido, valdrá la institución.

En el testamento del adoptante, la expresión genérica hijo o hijos comprende a los adoptivos.

Redactado conforme a la Ley de 24 de abril de 1958, de Reforma del Código civil.
Vid. arts. 750, y 751 C.C.

Art. 773. El error en el nombre, apellido o cualidades del heredero no vicia la institución cuando de otra manera puede saberse ciertamente cuál sea la persona nombrada.

Si entre personas del mismo nombre y apellidos hay igualdad de circunstancias y éstas son tales que no permiten distinguir al instituido, ninguno será heredero.

Art. 750 C.C.

Sección Tercera. De la sustitución

Art. 774. Puede el testador sustituir una o más personas al heredero o herederos instituidos para el caso en que mueran antes que él, o no quieran, o no puedan aceptar la herencia.

La sustitución simple, y sin expresión de casos, comprende los tres expresados en el párrafo anterior, a menos que el testador haya dispuesto lo contrario.

Arts. 759, 761, 766, 789, 813, 857 y 1.006 C.C.

Art. 775. Los padres y demás ascendientes podrán nombrar sustitutos a sus descendientes menores de catorce años, de ambos sexos, para el caso de que mueran antes de dicha edad.

Arts. 663 y 774 C.C.

Art. 776. El ascendiente podrá nombrar sustituto al descendiente mayor de catorce años, que, conforme a derecho, haya sido declarado incapaz por enajenación mental.

La sustitución de que habla el párrafo anterior quedará sin efecto por el testamento del incapacitado hecho durante un intervalo lúcido o después de haber recobrado la razón.

Arts. 200, 201, 663 y 665 C.C.

Art. 777. Las sustituciones de que hablan los dos artículos anteriores, cuando el sustituido tenga herederos forzosos, sólo serán válidas en cuanto no perjudiquen los derechos legitimarios de éstos.

Arts. 763, 782, 806, 813 C.C.

Art. 778. Pueden ser sustituidas dos o más personas a una sola; y al contrario, una sola a dos o más herederos.

Arts. 774 y 789 C.C.

Art. 779. Si los herederos instituidos en partes desiguales fueren sustituidos recíprocamente, tendrán en la sustitución las mismas partes que en la institución, a no ser que claramente aparezca haber sido otra la voluntad del testador.

Arts. 765, 778 y 780 C.C.

Art. 780. El sustituto quedará sujeto a las mismas cargas y condiciones impuestas al instituido, a menos que el testador haya dispuesto expresamente lo contrario, o que los gravámenes o condiciones sean meramente personales del instituido.

Art. 781. Las sustituciones fideicomisarias en cuya virtud se encarga al heredero que conserve y tramita a un tercero el todo o parte de la herencia, serán válidas y surtirán efecto siempre que no pasen del segundo grado, o que se hagan en favor de personas que vivan al tiempo del fallecimiento del testador.

Arts. 640, 641, 743, 785-2.º y 3.º y 787 C.C.

Art. 782. Las sustituciones fideicomisarias nunca podrán gravar la legítima, salvo que graven la legítima estricta en beneficio de un hijo o descendiente judicialmente incapacitado en los términos establecidos en el artículo 808. Si recayeren sobre el tercio destinado a la mejora, sólo podrán hacerse en favor de los descendientes.

Redactado conforme Ley 41/2003, de 18 de noviembre, de protección patrimonial de las personas con discapacidad y de modificación del Código Civil, de la Ley de Enjuiciamiento Civil y de la Normativa Tributaria con esta finalidad (B.O.E. 19 de noviembre de 2003).

Art. 783. Para que sean válidos los llamamientos a la sustitución fideicomisaria, deberán ser expresos.

El fiduciario estará obligado a entregar la herencia al fideicomisario, sin otras deducciones que las que correspondan por gastos legítimos, créditos y mejoras, salvo el caso en que el testador haya dispuesto otra cosa.

Arts. 453, 458 y 785-1.º C.C.

Art. 784. El fideicomisario adquirirá derecho a la sucesión desde la muerte del testador, aunque muera antes que el fiduciario. El derecho de aquél pasará a sus herederos.

Arts. 657, 661, 758-1, 759 y 799 C.C.

Art. 785. No surtirán efecto:

1.º Las sustituciones fideicomisarias que no se hagan de una manera expresa, ya dándoles este nombre, ya imponiendo al sustituido la obligación terminante de entregar los bienes a un segundo heredero.

2.º Las disposiciones que contengan prohibición perpetua de enajenar, y aun la temporal, fuera del límite señalado en el artículo 781.

3.º Las que impongan al heredero el encargo de pagar a varias personas sucesivamente, más allá del segundo grado, cierta renta o pensión.

4.º Las que tengan por objeto dejar a una persona el todo o parte de los bienes hereditarios para que los aplique o invierta según instrucciones reservadas que le hubiese comunicado el testador.

Arts. 640, 641, 670 a 672, 771, 781, 783, 907 y disposición transitoria 2.ª C.C.; y 2-3.º y 26-3.ª L.H.

Art. 786. La nulidad de la sustitución fideicomisaria no perjudicará la validez de la institución ni a los herederos del primer llamamiento; sólo se tendrá por no escrita la cláusula fideicomisaria.

Art. 743 C.C.

Art. 787. La disposición en que el testador deje a una persona el todo o parte de la herencia, y a otra el usufructo, será válida. Si llamare al usufructo a varias personas, no simultánea, sino sucesivamente, se estará a lo dispuesto en el artículo 781.

Arts. 506 a 508 y 640 C.C.

Art. 788. Será válida la disposición que imponga al heredero la obligación de invertir ciertas cantidades periódicamente en obras benéficas, como dotes para doncellas pobres, pensiones para estudiantes o en favor de los pobres de cualquiera establecimiento de beneficencia o de instrucción pública, bajo las condiciones siguientes:

Si la carga se impusiere sobre bienes inmuebles y fuere temporal, el heredero o herederos podrán disponer de la finca gravada, sin que cese el gravamen mientras que su inscripción no se cancele.

Si la carga fuere perpetua, el heredero podrá capitalizarla e imponer el capital a interés con primera y suficiente hipoteca.

La capitalización e imposición del capital se harán interviniendo el gobernador civil de la provincia y con audiencia del Ministerio Público.

En todo caso, cuando el testador no hubiere establecido un orden para la administración y aplicación de la manda benéfica, lo hará la autoridad administrativa a quien corresponda con arreglo a las leyes.

Arts. 671 y 747 C.C.

Art. 789. Todo lo dispuesto en este capítulo respecto a los herederos se entenderá también aplicable a los legatarios.

Sección Cuarta. De la institución de heredero y del legado condicionales o a término

Art. 790. Las disposiciones testamentarias, tanto a título universal como particular, podrán hacerse bajo condición.

Arts. 748, 759, 789 y 797 C.C.

Art. 791. Las condiciones impuestas a los herederos y legatarios, en lo que no esté prevenido en esta Sección, se regirán por las reglas establecidas para las obligaciones condicionales.

Arts. 1.113 a 1.124 C.C.

Art. 792. Las condiciones imposibles y las contrarias a las leyes o a las buenas costumbres se tendrán por no puestas y en nada perjudicarán al heredero o legatario, aun cuando el testador disponga otra cosa.

Arts. 675 y 1.116 C.C.

Art. 793. La condición absoluta de no contraer primero o ulterior matrimonio se tendrá por no puesta, a menos que lo haya sido al viudo o viuda por su difunto consorte o por los ascendientes o descendientes de éste.

Podrá, sin embargo, legarse a cualquiera el usufructo, uso o habitación, o una pensión o prestación personal, por el tiempo que permanezca soltero o viudo.

Arts. 32 C.E.; 44 C.C.

Art. 794. Será nula la disposición hecha bajo condición de que el heredero o legatario haga en su testamento alguna disposición en favor del testador o de otra persona.

Arts. 670 y 1.2171-2 C.C.

Art. 795. La condición puramente potestativa impuesta al heredero o legatario ha de ser cumplida por éstos, una vez enterados de ella, después de la muerte del testador.

Exceptúese el caso en que la condición, ya cumplida, no pueda reiterarse.

Arts. 798, 800 y 1.115 C.C.

Art. 796. Cuando la condición fuere casual o mixta, bastará que se realice o cumpla en cualquier tiempo, vivo o muerto el testador, si éste no hubiese dispuesto otra cosa.

Si hubiese existido o se hubiese cumplido al hacerse el testamento, y el testador lo ignoraba, se tendrá por cumplida.

Si lo sabía, sólo se tendrá por cumplida cuando fuere de tal naturaleza que no pueda ya existir o cumplirse de nuevo.

Arts. 1.113, 1.117 y 1.118 C.C.

Art. 797. La expresión del objeto de la institución o legado, o la aplicación que haya que darse a lo dejado por el testador, o la carga que el mismo impusiere, no se entenderán como condición, a no parecer que ésta era su voluntad.

Lo dejado de esta manera puede pedirse desde luego, y es transmisible a los herederos que afiancen el cumplimiento de lo mandado por el testador, y la devolución de lo percibido con sus frutos e intereses, si faltaren a esta obligación.

Arts. 675 y 788 C.C.

Art. 798. Cuando, sin culpa o hecho propio del heredero o legatario, no pueda tener efecto la institución o el legado de que trata el artículo precedente en los mismos términos que haya ordenado el testador, deberá cumplirse en otros, los más análogos y conformes a su voluntad.

Cuando el interesado en que se cumpla, o no, impidiere su cumplimiento sin culpa o hecho propio del heredero o legatario, se considerará cumplida la condición.

Arts. 675, 869 y 1.119 C.C.

Art. 799. La condición suspensiva no impide al heredero o legatario adquirir sus respectivos derechos y transmitirlos a sus herederos, aun antes de que se verifique su cumplimiento.

Arts. 759, 805, 1.121 y 1.122 C.C.

Art. 800. Si la condición potestativa impuesta al heredero o legatario fuere negativa, o de no hacer o no dar, cumplirán con afianzar que no harán o no darán lo que fue prohibido por el testador, y que, en caso de contravención, devolverán lo percibido, con sus frutos e intereses.

Arts. 795, 797 y 1.118 C.C.

Art. 801. Si el heredero fuere instituido bajo condición suspensiva, se pondrán los bienes de la herencia en administración hasta que la condición se realice o haya certeza de que no podrá cumplirse.

Lo mismo se hará cuando el heredero o legatario no preste la fianza en el caso del artículo anterior.

Arts. 799, 1.054, 1.118 y 1.120 a 1.122 C.C.

Art. 802. La administración de que habla el artículo precedente se confiará al heredero o herederos instituidos sin condición, cuando entre ellos y el heredero condicional hubiere derecho de acrecer. Lo mismo se entenderá respecto de los legatarios.

Arts. 981 a 987 C.C.

Art. 803. Si el heredero condicional no tuviere coherederos, o teniéndolos no existiese entre ellos derecho de acrecer, entrará aquél en la administración, dando fianza.

Si no la diere, se conferirá la administración al heredero presunto, también bajo fianza; y, si ni uno ni otro afianzaren, los tribunales nombrarán tercera persona, que se hará cargo de ella, también bajo fianza, la cual se prestará con intervención del heredero.

Arts. 800 a 802 y 981 a 987 C.C.

Art. 804. Los administradores tendrán los mismos derechos y obligaciones que los que lo son de los bienes de un ausente.

Arts. 184 sigs. C.C.; Vid. LJV.

Art. 805. Será válida la designación de día o de tiempo en que haya de comenzar o cesar el efecto de la institución de heredero o del legado.

En ambos casos, hasta que llegue el término señalado, o cuando éste concluya, se entenderá llamado el sucesor legítimo. Mas en el primer caso, no entrará éste en posesión de los bienes sino después de prestar caución suficiente, con intervención del instituido.

Arts. 799, 1.125, 1.130 C.C.

Sección Quinta. De las legítimas

Art. 806. Legítima es la porción de bienes de que el testador no puede disponer por haberla reservado la ley a determinados herederos, llamados por esto herederos forzosos.

Arts. 813 a 816 C.C.; 15 L.H.; y 83, 88, 12 y disposiciones transitorias 3.ª y 4.ª del R.H.

Art. 807. Son herederos forzosos:

1.º Los hijos y descendientes respecto de sus padres y ascendientes.

2.º A falta de los anteriores, los padres y ascendientes respecto de sus hijos y descendientes.

3.º El viudo o viuda en la forma y medida que establece este Código.

Redactado conforme a la Ley 11/1981, de Reforma del Código civil. Vid. arts. 834 a 840 C.C.

Art. 808. Constituyen la legítima de los hijos y descendientes las dos terceras partes del haber hereditario del padre y de la madre.

Sin embargo, podrán estos disponer de una parte de las dos que forman la legítima para aplicarla como mejora a sus hijos o descendientes.

Cuando alguno de los hijos o descendientes haya sido judicialmente incapacitado, el testador podrá establecer una sustitución fideicomisaria sobre el tercio de legítima estricta, siendo fiduciarios los hijos o descendientes judicialmente incapacitados y fideicomisarios los coherederos forzosos.

Párrafo redactado conforme Ley 41/2003, de 18 de noviembre, de protección patrimonial de las personas con discapacidad y de modificación del Código Civil, de la Ley de Enjuiciamiento Civil y de la Normativa Tributaria con esta finalidad (B.O.E. 19 de noviembre de 2003).

La tercera parte restante será de libre disposición.

Redactado conforme a la Ley 11/1981, de Reforma del Código civil.

Art. 809. Constituye la legítima de los padres o ascendientes la mitad del haber hereditario de los hijos y descendientes, salvo el caso en que concurrieren con el cónyuge viudo del descendiente causante, en cuyo supuesto será de una tercera parte de la herencia.

Arts. 935 a 937 C.C.

Art. 810. La legítima reservada a los padres se dividirá entre los dos por partes iguales: si uno de ellos hubiere muerto, recaerá toda ella en el sobreviviente.

Cuando el testador no deje padre ni madre, pero sí ascendientes, en igual grado, de las líneas paterna y materna, se dividirá la herencia por mitad entre ambas líneas. Si los ascendientes fueren de grado diferente, corresponderá por entero a los más próximos de una u otra línea.

Arts. 765, 915 a 923 y 925 C.C.

Art. 811. El ascendiente que heredare de su descendiente bienes que éste hubiese adquirido por título lucrativo de otro ascendiente, o de un hermano, se halla obligado a reservar los que hubiere adquirido por ministerio de la ley en favor de los parientes que estén dentro del tercer grado y pertenezcan a la línea de donde los bienes proceden.

Arts. 942 y 968 a 980 C.C.; 168-2 y 184 a 189 L.H.; 259 a 265 R.H.

Art. 812. Los ascendientes suceden con exclusión de otras personas en las cosas dadas por ellos a sus hijos o descendientes muertos sin posteridad, cuando los mismos objetos donados existan en la sucesión. Si hubieren sido enajenados, sucederán en todas las acciones que el donatario tuviera con relación a ellos, y en el precio si se hubieren vendido, o en los bienes con que se hayan sustituido, si los permutó o cambió.

Arts. 942 C.C.

Art. 813. El testador no podrá privar a los herederos de su legítima sino en los casos expresamente determinados por la ley.

Tampoco podrá imponer sobre ella gravamen, ni condición, ni sustitución de ninguna especie, salvo lo dispuesto en cuanto al usufructo de viudo y lo establecido en el artículo 808 respecto de los hijos o descendientes judicialmente incapacitados.

Párrafo redactado conforme Ley 41/2003, de 18 de noviembre, de protección patrimonial de las personas con discapacidad y de modificación del Código Civil, de la Ley de Enjuiciamiento Civil y de la Normativa Tributaria con esta finalidad (B.O.E. 19 de noviembre de 2003).
Arts. 636, 654 a 656, 763, 777, 782, 806, 814, 815, 817, 834 a 840, 848 a 857, 1.037, 1038, 1.042, 1.047, 1.048 y 1.056 C.C.

Art. 814. La preterición de un heredero forzoso no perjudica la legítima. Se reducirá la institución de heredero antes que los legados, mejoras y demás disposiciones testamentarias.

Sin embargo, la preterición no intencional de hijos o descendientes producirá los siguientes efectos:

1.º Si resultaren preteridos todos, se anularán las disposiciones testamentarias de contenido patrimonial.

2.º En otro caso, se anulará la institución de herederos, pero valdrán las mandas y mejoras ordenadas por cualquier título, en cuanto unas y otras no sean inoficiosas. No obstante, la institución de heredero a favor del cónyuge sólo se anulará en cuanto perjudique a las legítimas.

Los descendientes de otro descendiente que no hubiere sido preterido, representan a éste en la herencia del ascendiente y no se consideran preteridos.

Si los herederos forzosos preteridos mueren antes que el testador, el testamento surtirá todos sus efectos.

A salvo las legítimas, tendrá preferencia en todo caso lo ordenado por el testador.

Redactado conforme a la Ley 11/1981, de Reforma del Código civil. Vid. arts. 763, 813, 817, 848 a 858, 924 a 929 y 1.080 C.C.

Art. 815. El heredero forzoso a quien el testador haya dejado por cualquier título menos de la legítima que le corresponda, podrá pedir el complemento de la misma.

Arts. 636, 654 a 656, 777, 782, 807 a 810, 817, 834 a 840, 1.037, 1.038, 1.042, 1.047, 1.048 y 1.056 C.C.

Art. 816. Toda renuncia o transacción sobre la legítima futura entre el que la debe y sus herederos forzosos es nula, y éstos podrán reclamarla cuando muera aquél; pero deberán traer a colación lo que hubiesen recibido por la renuncia o transacción.

Arts. 6.º-2, 652, 653, 825, 970, 1.035 sigs., 1.271-2 y 1.280-4.º C.C

Art. 817. Las disposiciones testamentarias que mengüen la legítima de los herederos forzosos se reducirán, a petición de estos, en lo que fueren inoficiosas o excesivas.

Arts. 636, 654 a 656, 777, 782, 815, 820 a 822, 1.037, 1.038, 1.042, 1.047, 1.048 y 1.056 C.C.

Art. 818. Para fijar la legítima se atenderá al valor de los bienes que quedaren a la muerte del testador, con deducción de las deudas y cargas, sin comprender entre ellas las impuestas en el testamento.

Al valor líquido de los bienes hereditarios se agregará el de las donaciones colacionables.

Párrafo segundo redactado conforme a la Ley 11/1981, de Reforma del Código civil. Vid. arts. 659, 847, y 1.035 a 1.050 C.C.

Art. 819. Las donaciones hechas a los hijos, que no tengan el concepto de mejoras, se imputarán en su legítima.

Las donaciones hechas a extraños se imputarán a la parte libre de que el testador hubiese podido disponer por su última voluntad.

En cuanto fueren inoficiosas o excedieren de la cuota disponible, se reducirán según las reglas de los artículos siguientes.

Arts. 636, 654 a 656, 808, 809, y 823 a 833 C.C.

Art. 820. Fijada la legítima con arreglo a los dos artículos anteriores, se hará la reducción como sigue:

1.º Se respetarán las donaciones mientras pueda cubrirse la legítima, reduciendo o anulando, si necesario fuere, las mandas hechas en testamento.

2.º La reducción de éstas se hará a prorrata, sin distinción alguna.

Si el testador hubiere dispuesto que se pague cierto legado con preferencia a otros, no sufrirá aquél reducción sino después de haberse aplicado éstos por entero al pago de la legítima.

3.º Si la manda consiste en un usufructo o renta vitalicia, cuyo valor se tenga por superior a la parte disponible, los herederos forzosos podrán escoger entre cumplir la disposición testamentaria o entregar al legatario la parte de la herencia de que podía disponer libremente el testador.

Arts. 654, 656 y 887 C.C.

Art. 821. Cuando el legado sujeto a reducción consista en una finca que no admita cómoda división, quedará ésta para el legatario si la reducción no absorbe la mitad de su valor, y en caso contrario para los herederos forzosos; pero aquél y éstos deberán abonarse su respectivo haber en dinero.

El legatario que tenga derecho a legítima podrá retener toda la finca con tal que su valor no supere el importe de la porción disponible y de la cuota que le corresponda por legítima.

Si los herederos o legatarios no quieren usar del derecho que se les concede en este artículo se venderá la finca en pública subasta, a instancia de cualquiera de los interesados.

Redactado conforme Ley 41/2003, de 18 de noviembre, de protección patrimonial de las personas con discapacidad y de modificación del Código Civil, de la Ley de Enjuiciamiento Civil y de la Normativa Tributaria con esta finalidad (B.O.E. 19 de noviembre de 2003).

Art. 822. La donación o legado de un derecho de habitación sobre la vivienda habitual que su titular haga a favor de un legitimario persona con discapacidad, no se computará para el cálculo de las legítimas si en el momento del fallecimiento ambos estuvieren conviviendo en ella.

Este derecho de habitación se atribuirá por ministerio de la ley en las mismas condiciones al legitimario discapacitado que lo necesite y que estuviera conviviendo con el fallecido, a menos que el testador hubiera dispuesto otra cosa o lo hubiera excluido expresamente, pero su titular no podrá impedir que continúen conviviendo los demás legitimarías mientras lo necesiten.

El derecho a que se refieren los dos párrafos anteriores será intransmisible.

Lo dispuesto en los dos primeros párrafos no impedirá la atribución al cónyuge de los derechos regulados en los artículos 1406 y 1407 de este Código, que coexistirán con el de habitación.

Redactado conforme Ley 41/2003, de 18 de noviembre, de protección patrimonial de las personas con discapacidad y de modificación del Código Civil, de la Ley de Enjuiciamiento Civil y de la Normativa Tributaria con esta finalidad (B.O.E. 19 de noviembre de 2003).

Sección Sexta. De las mejoras

Art. 823. El padre o la madre podrán disponer en concepto de mejora a favor de alguno o algunos de sus hijos o descendientes, ya lo sean por naturaleza, ya por adopción, de una de las dos terceras partes destinadas a legítima.

Redactado conforme a la Ley 11/1981, de Reforma del Código civil. Vid. arts. 782, 808-2 y 972 C.C.; Ley 19/1995, de 4 de julio, de Modernización de las Explotaciones Agrarias (B.O.E. 5 de julio).

Art. 824. No podrán imponerse sobre la mejora otros gravámenes que los que se establezcan en favor de los legitimarios o sus descendientes.

Arts. 782, 813, 814, 834 y 837 C.C.

Art. 825. Ninguna donación por contrato entre vivos, sea simple o por causa onerosa, en favor de hijos o descendientes, que sean herederos forzosos, se reputará mejora, si el donante no ha declarado de una manera expresa su voluntad de mejorar.

Arts. 620, 808, 819 y 828 C.C.

Art. 826. La promesa de mejorar o no mejorar, hecha por escritura pública en capitulaciones matrimoniales, será válida.

La disposición del testador contraria a la promesa no producirá efecto.

Arts. 808-2, 827, 831 y 1.325 a 1.335 C.C.

Art. 827. La mejora, aunque se haya verificado con entrega de bienes, será revocable, a menos que se haya hecho por capitulaciones matrimoniales o por contrato oneroso celebrado con un tercero.

Arts. 737 a 742 y 1.325 a 1.335 C.C.

Art. 828. La manda o legado hecho por el testador a uno de los hijos o descendientes no se reputará mejora sino cuando el testador haya declarado expresamente ser ésta su voluntad, o cuando no quepa en la parte libre.

Art. 825 C.C.

Art. 829. La mejora podrá señalarse en cosa determinada. Si el valor de ésta excediere del tercio destinado a la mejora y de la parte de legítima correspondiente al mejorado, deberá éste abonar la diferencia en metálico a los demás interesados.

Art. 832 C.C.

Art. 830. La facultad de mejorar no puede encomendarse a otro.

Art. 670 C.C.

Art. 831. 1. No obstante lo dispuesto en el artículo anterior, podrán conferirse facultades al cónyuge en testamento para que, fallecido el testador, pueda realizar a favor de los hijos o descendientes comunes mejoras incluso con cargo al tercio de libre disposición y, en general, adjudicaciones o atribuciones de bienes concretos por cualquier título o concepto sucesorio o particiones, incluidas las que tengan por objeto bienes de la sociedad conyugal disuelta que esté sin liquidar.

Estas mejoras, adjudicaciones o atribuciones podrán realizarse por el cónyuge en uno o varios actos, simultáneos o sucesivos. Si no se le hubiere conferido la facultad de hacerlo en su propio testamento o no se le hubiere señalado plazo, tendrá el de dos años contados desde la apertura de la sucesión o, en su caso, desde la emancipación del último de los hijos comunes.

Las disposiciones del cónyuge que tengan por objeto bienes específicos y determinados, además de conferir la propiedad al hijo o descendiente favorecido, le conferirán también la posesión por el hecho de su aceptación. salvo que en ellas se establezca otra cosa.

2. Corresponderá al cónyuge sobreviviente la administración de los bienes sobre los que pendan las facultades a que se refiere el párrafo anterior.

3. El cónyuge, al ejercitar las facultades encomendadas, deberá respetar las legítimas estrictas de los descendientes comunes y las mejoras y demás disposiciones del causante en favor de ésos.

De no respetarse la legítima estricta de algún descendiente común o la cuota de participación en los bienes relictos que en su favor hubiere ordenado el causante, el perjudicado podrá pedir que se rescindan los actos del cónyuge en cuanto sea necesario para dar satisfacción al interés lesionado.

Se entenderán respetadas las disposiciones del causante a favor de los hijos o descendientes comunes y las legítimas cuando unas u otras resulten suficientemente satisfechas aunque en todo o en parte lo hayan sido con bienes pertenecientes sólo al cónyuge que ejercite las facultades.

4. La concesión al cónyuge de las facultades expresadas no alterará el régimen de las legítimas ni el de las disposiciones del causante, cuando el favorecido por unas u otras no sea descendiente común. En tal caso, el cónyuge que no sea pariente en línea recta del favorecido tendrá poderes, en cuanto a los bienes afectos a esas facultades, para actuar por cuenta de los descendientes comunes en los actos de ejecución o de adjudicación relativos a tales legítimas o disposiciones.

Cuando algún descendiente que no lo sea del cónyuge supérstite hubiera sufrido preterición no intencional en la herencia del premuerto, el ejercicio de las facultades encomendadas al cónyuge no podrá menoscabar la parte del preterido.

5. Las facultades conferidas al cónyuge cesarán desde que hubiere pasado a ulterior matrimonio o a relación de hecho análoga o tenido algún hijo no común, salvo que el testador hubiera dispuesto otra cosa.

6. Las disposiciones de los párrafos anteriores también serán de aplicación cuando las personas con descendencia común no estén casadas entre sí.

Redactado conforme Ley 41/2003, de 18 de noviembre, de protección patrimonial de las personas con discapacidad y de modificación del Código Civil, de la Ley de Enjuiciamiento Civil y de la Normativa Tributaria con esta finalidad (B.O.E. 19 de noviembre de 2003).

Art. 832. Cuando la mejora no hubiere sido señalada en cosa determinada, será pagada con los mismos bienes hereditarios, observándose, en cuanto puedan tener lugar, las reglas establecidas en los artículos 1.061 y 1.062 para procurar la igualdad de los herederos en la partición de bienes.

Art. 829 C.C.

Art. 833. El hijo o descendiente mejorado podrá renunciar la herencia y aceptar la mejora.

Redactado conforme a la Ley 11/1981, de Reforma del Código civil. Vid. arts. 889, 890, 990 y 1.009 C.C.

Sección Séptima. Derechos del cónyuge viudo

Art. 834. El cónyuge que al morir su consorte no se hallase separado de éste legalmente o de hecho, si concurre a la herencia con hijos o descendientes, tendrá derecho al usufructo del tercio destinado a mejora.

Redacción dada por Ley 15/2015, de 2 de julio, de la Jurisdicción Voluntaria (B.O.E. nº. 158 de 3 de julio).

Art. 835. Si entre los cónyuges separados hubiera mediado reconciliación notificada al Juzgado que conoció de la separación o al Notario que otorgó la escritura pública de separación de conformidad con el artículo 84 de este Código, el sobreviviente conservará sus derechos.

Redacción dada por Ley 15/2015, de 2 de julio, de la Jurisdicción Voluntaria (B.O.E. nº. 158 de 3 de julio).

Art. 836. Derogado.

Suprimido por Ley 11/1981, de Reforma del Código civil.

Art. 837. No existiendo descendientes, pero sí ascendientes, el cónyuge sobreviviente tendrá derecho al usufructo de la mitad de la herencia.

Redactado conforme a la Ley 11/1981, de Reforma del Código civil. Vid. arts. 14 y 39-2 C.E.; y 108, 492, 809, 840 y 980 C.C.
El párrafo segundo ha sido suprimido por Ley 15/2005, de 8 de julio, por la que se modifican el Código Civil y la Ley de Enjuiciamiento Civil en materia de separación y divorcio.

Art. 838. No existiendo descendientes ni ascendientes el cónyuge sobreviviente tendrá derecho al usufructo de los dos tercios de la herencia.

Redactado conforme a la Ley de 24 de abril de 1958, de Reforma del Código civil. Vid. arts. 492 y 944 C.C.

Art. 839. Los herederos podrán satisfacer al cónyuge su parte de usufructo, asignándole una renta vitalicia, los productos de determinados bienes, o un capital en efectivo, procediendo de mutuo acuerdo y, en su defecto, por virtud de mandato judicial.

Mientras esto no se realice, estarán afectos todos los bienes de la herencia al pago de la parte de usufructo que corresponda al cónyuge.

Redactado conforme a la Ley de 24 de abril de 1958, de Reforma del Código civil. Vid. arts. 1.406 y 1.407 C.C.; Ley 19/1995, de 4 de julio, de Modernización de las Explotaciones Agrarias (B.O.E. 5 de julio).

Art. 840. Cuando el cónyuge viudo concurra con hijos sólo del causante, podrá exigir que su derecho de usufructo le sea satisfecho, a elección de los hijos, asignándole un capital en dinero o un lote de bienes hereditarios.

Redacción dada por Ley 15/2005, de 8 de julio, por la que se modifican el Código Civil y la Ley de Enjuiciamiento Civil en materia de separación y divorcio.

Sección Octava. Pago de la porción hereditaria en casos especiales

Art. 841. El testador, o el contador-partidor expresamente autorizado por aquél, podrá adjudicar todos los bienes hereditarios o parte de ellos a alguno de los hijos o descendientes, ordenando que se pague en metálico la porción hereditaria de los demás legitimarios.

También corresponderá la facultad de pago en metálico en el mismo supuesto del párrafo anterior al contador-partidor dativo a que se refiere el artículo 1.057 del Código Civil.

Redactado conforme a la Ley 11/1981, de Reforma del Código civil. Vid. arts. 1.056 y 1.062 C.C.; y 80-2 y 85 R.H.

Art. 842. No obstante lo dispuesto en el artículo anterior, cualquiera de los hijos o descendientes obligados a pagar en metálico la cuota hereditaria de sus hermanos podrá exigir que dicha cuota sea satisfecha en bienes de la herencia, debiendo observarse, en tal caso, lo prescrito por los artículos 1.058 a 1.063 de este Código.

Redactado conforme a la Ley 11/1981, de Reforma del Código civil.

Art. 843. Salvo confirmación expresa de todos los hijos o descendientes la partición a que se refieren los dos artículos anteriores requerirá aprobación por el Secretario judicial o Notario.

Redacción dada por Ley 15/2015, de 2 de julio, de la Jurisdicción Voluntaria (B.O.E. nº. 158 de 3 de julio).

Art. 844. La decisión de pago en metálico no producirá efectos si no se comunica a los perceptores en el plazo de un año desde la apertura de la sucesión. El pago deberá hacerse en el plazo de otro año más, salvo pacto en contrario. Corresponderán al perceptor de la cantidad las garantías legales establecidas para el legatario de cantidad.

Transcurrido el plazo sin que el pago haya tenida lugar, caducará la facultad conferida a los hijos o descendientes por el testador o por el contador-partidor y se procederá a repartir la herencia según las disposiciones generales sobre la partición.

Redactado conforme a la Ley 11/1981, de Reforma del Código civil. Vid. arts. 880, 884 y 1.051 a 1.087 C.C.; 48 L.H.; y 153 R.H.

Art. 845. La opción de que tratan los artículos anteriores no afectará a los legados de cosa específica.

Redactado conforme a la Ley 11/1981, de Reforma del Código civil. Vid. arts. 821 y 882 C.C.

Art. 846. Tampoco afectará a las disposiciones particionales del testador señaladas en cosas determinadas.

Redactado conforme a la Ley 11/1981, de Reforma del Código civil. Vid. arts. 829 y 1.056 C.C.

Art. 847. Para fijar la suma que haya de abonarse a los hijos y descendientes se atenderá al valor que tuvieren los bienes al tiempo de liquidarles la porción correspondiente, teniendo en cuenta los frutos o rentas hasta entonces producidas. Desde la liquidación, el crédito metálico devengará el interés legal.

Redactado conforme a la Ley 11/1981, de Reforma del Código civil. Vid. arts. 818, 1.045 C.C.

Sección Novena. De la desheredación

Art. 848. La desheredación sólo podrá tener lugar por alguna de las causas que expresamente señala la ley.

Arts. 852 a 855 C.C.

Art. 849. La desheredación sólo podrá hacerse en testamento, expresando en él la causa legal en que se funde.

Arts. 814 y 856 C.C.

Art. 850. La prueba de ser cierta la causa de la desheredación corresponderá a los herederos del testador si el desheredado la negare.

Art. 1.214 C.C.

Art. 851. La desheredación hecha sin expresión de causa, o por causa cuya certeza, si fuere contradicha, no se probare, o que no sea una de las señaladas en los cuatro siguientes artículos, anulará la institución de heredero en cuanto perjudique al desheredado; pero valdrán los legados, mejoras y demás disposiciones testamentarias en lo que no perjudiquen a dicha legítima.

Art. 814 C.C.

Art. 852. Son justas causas para la desheredación, en los términos que específicamente determinan los artículos 853, 854 y 855, las de incapacidad por indignidad para suceder, señaladas en el artículo 756 con los números 1.º, 2.º, 3.º, 5.º y 6º.

Redactado conforme a la Ley 22/1978, de 26 de mayo, de despenalización de adulterio y amancebamiento. Reformado por Ley 11/1990, de 15 de octubre.

Art. 853. Serán también justas causas para desheredar a los hijos y descendientes, además de las señaladas en el artículo 756 con los números 2.º, 3.º, 5.º y 6.º, las siguientes:

1.ª Haber negado, sin motivo legítimo, los alimentos al padre o ascendiente que le deshereda.

2.ª Haberle maltratado de obra o injuriado gravemente de palabra.

Redactado conforme a la Ley 11/1981, de Reforma del Código civil. Reformado por la Ley 8/1984, de Reforma del Código civil., que suprimió la causa 4ª, y por la Ley 11/1990, de 15 de octubre, que suprimió la causa 3ª.

Art. 854. Serán justas causas para desheredar a los padres y ascendientes, además de las señaladas en el artículo 756 con los números 1.º, 2.º, 3.º, 5.º y 6.º, las siguientes:

1.ª Haber perdido la patria potestad por las causas expresadas en el artículo 170.

2.ª Haber negado los alimentos a sus hijos o descendientes sin motivo legítimo.

3.ª Haber atentado uno de los padres contra la vida del otro, si no hubiere habido entre ellos reconciliación.

Redactado conforme a la Ley 11/1981, de Reforma del Código civil. Arts. 142 sigs. C.C.

Art. 855. Serán justas causas para desheredar al cónyuge, además de las señaladas en el artículo 756 con los números 2.º, 3.º, 5º y 6.º, las siguientes:

1.ª Haber incumplido grave o reiteradamente los deberes conyugales.

2.ª Las que dan lugar a la pérdida de la patria potestad, conforme al artículo 170.

3.ª Haber negado alimentos a los hijos o al otro cónyuge.

4.ª Haber atentado contra la vida del cónyuge testador, si no hubiere mediado reconciliación.

Redacción conforme a la ley 1/1996 de 15 de enero. Causa 1.ª redactada conforme a la Ley 30/1981, de Reforma del Código civil. Tras la nueva redacción dada al artículo 756 por la Ley 22/1978, de 26 de mayo, debe entenderse que las causas a que se refiere el párrafo primero del artículo 855 son las que corresponden a los números 1.º, 2.º, 3.º y 5.º. Igualmente, la referencia que la causa 2.ª hace al artículo 169 debe entenderse hecha al artículo 170. Vid. arts. 66 a 68, 82 y 87 C.C.

Art. 856. La reconciliación posterior del ofensor y del ofendido priva a éste del derecho de desheredar, y deja sin efecto la desheredación ya hecha.

Arts. 84, 88, 757, 854-3.ª y 855-4.ª C.C.

Art. 857. Los hijos o descendientes del desheredado ocuparán su lugar y conservarán los derechos de herederos forzosos respecto a la legítima.

Redactado conforme a la Ley 11/1981, de Reforma del Código civil. Vid. arts. 164-2.º, 761, 766, 929 y 973-2 C.C.

Sección Décima. De las mandas y legados

Art. 858. El testador podrá gravar con mandas y legados, no sólo a su heredero, sino también a los legatarios.

Estos no estarán obligados a responder del gravamen sino hasta donde alcance el valor del legado.

Arts. 660, 668, 768, 789, 891, 1.003, y 1.026 a 1.029 C.C.

Art. 859. Cuando el testador grave con un legado a uno de los herederos, él sólo quedará obligado a su cumplimiento.

Si no gravare a ninguno en particular, quedarán obligados todos en la misma proporción en que sean herederos.

Art. 508 C.C.

Art. 860. El obligado a la entrega del legado responderá en caso de evicción, si la cosa fuere indeterminada y se señalase sólo por género o especie.

Arts. 869-3.º, 875, 882 y 1.474 a 1.483 C.C.

Art. 861. El legado de cosa ajena si el testador, al legarla, sabía que lo era, es válido, El heredero estará obligado a adquirirla para entregarla al legatario; y, no siéndole posible, a dar a éste su justa estimación.

La prueba de que el testador sabía que la cosa era ajena corresponde al legatario.

Arts. 886 y 1.214 C.C.

Art. 862. Si el testador ignoraba que la cosa que legaba era ajena, será nulo el legado.

Pero será válido si la adquiere después de otorgado el testamento.

Art. 863. Será válido el legado hecho a un tercero de una cosa propia del heredero o de un legatario, quienes, al aceptar la sucesión, deberán entregar la cosa legada o su justa estimación, con la limitación establecida en el artículo siguiente.

Lo dispuesto en el párrafo anterior se entiende sin perjuicio de la legítima de los herederos forzosos.

Arts. 763, 806, 813, 817, 886 y 998 a 1.034 C.C.

Art. 864. Cuando el testador, heredero o legatario tuviesen sólo una parte o un derecho en la cosa legada, se entenderá limitado el legado a esta parte o derecho, a menos que el testador declare expresamente que lega la cosa por entero.

Arts. 861, 868 y 869 C.C.

Art. 865. Es nulo el legado de cosas que están fuera del comercio.

Arts. 1.271 y 1.272 C.C.

Art. 866. No producirá efecto el legado de cosa que al tiempo de hacerse el testamento fuera ya propia del legatario, aunque en ella tuviese algún derecho otra persona.

Si el testador dispone expresamente que la cosa sea liberada de este derecho o gravamen, valdrá en cuanto a esto el legado.

Arts. 861, 863 y 878 C.C.

Art. 867. Cuando el testador legare una cosa empeñada o hipotecada para la seguridad de alguna deuda exigible, el pago de ésta quedará a cargo del heredero.

Si por no pagar el heredero lo hiciere el legatario, quedará éste subrogado en el lugar y derechos del acreedor para reclamar contra el heredero.

Cualquiera otra carga, perpetua o temporal, a que se halle afecta la cosa legada, pasa con ésta al legatario; pero en ambos casos las rentas y los intereses o réditos devengados hasta la muerte del testador son carga de la herencia.

Arts. 642, 871-2 y 1.210 C.C.; 118 L.H.; y 230 a 232 R.H.

Art. 868. Si la cosa legada estuviere sujeta a usufructo, uso o habitación, el legatario deberá respetar estos derechos hasta que legalmente se extingan.

Arts. 513 a 522, 529 y 864 C.C.

Art. 869. El legado quedará sin efecto:

1.º Si el testador transforma la cosa legada, de modo que no conserve ni la forma ni la denominación que tenía.

2.º Si el testador enajena, por cualquier título o causa, la cosa legada o parte de ella, entendiéndose en este último caso que el legado queda sólo sin efecto respecto a la parte enajenada. Si después de la enajenación volviere la cosa al dominio del testador, aunque sea por la nulidad del contrato, no tendrá después de este hecho fuerza el legado, salvo el caso en que la readquisición se verifique por pacto de retroventa.

3.º Si la cosa legada perece del todo viviendo el testador, o después de su muerte sin culpa del heredero. Sin embargo, el obligado a pagar el legado responderá por evicción, si la cosa legada no hubiere sido determinada en especie, según lo dispuesto en el artículo 860.

Arts. 864, 1.182 a 1.186, 1.474 a 1.483 y 1.507 a 1.520 C.C.

Art. 870. El legado de un crédito contra tercero, o el de perdón o liberación de una deuda del legatario, sólo surtirá efecto en la parte del crédito o de la deuda subsistente al tiempo de morir el testador.

En el primer caso, el heredero cumplirá con ceder al legatario todas las acciones que pudieran competirle contra el deudor.

En el segundo, con dar al legatario carta de pago, si la pidiere.

En ambos casos, el legado comprenderá los intereses que por el crédito o la deuda se debieren al morir el testador.

Arts. 1.187 a 1.191 C.C.

Art. 871. Caduca el legado de que se habla en el artículo anterior si el testador, después de haberlo hecho, demandare judicialmente al deudor para el pago de la deuda, aunque éste no se haya realizado al tiempo del fallecimiento.

Por el legado hecho al deudor de la cosa empeñada sólo se entiende remitido el derecho de prenda.

Arts. 869-2.º y 1.871 C.C.

Art. 872. El legado genérico de liberación o perdón de las deudas comprende las existentes al tiempo de hacerse el testamento, no las posteriores.

Arts. 1.187 a 1.191 C.C.

Art. 873. El legado hecho a un acreedor no se imputará en pago de su crédito, a no ser que el testador lo declare expresamente.

En este caso el acreedor tendrá derecho a cobrar el exceso del crédito o del legado.

Art. 874. En los legados alternativos se observará lo dispuesto para las obligaciones de la misma especie, salvo las modificaciones que se deriven de la voluntad expresa del testador.

Arts. 675 y 1.131 a 1.136 C.C.

Art. 875. El legado de cosa mueble genérica será válido, aunque no haya cosas de su género en la herencia.

El legado de cosa inmueble no determinada sólo será válido si lo hubiere de su género en la herencia.

La elección será del heredero, quien cumplirá con dar una cosa que no sea de la calidad inferior ni de la superior.

Arts. 860, 861, 886, 1.096, 1.132, 1.166 y 1.167 C.C.; y 81 R.H.

Art. 876. Siempre que el testador deje expresamente la elección al heredero o al legatario, el primero podrá dar, o el segundo elegir, lo que mejor les pareciere.

Arts. 875 y 1.167 C.C.

Art. 877. Si el heredero o legatario no pudiere hacer la elección en el caso de haberle sido concedida, pasará su derecho a los herederos; pero, una vez hecha la elección, será irrevocable.

Art. 1.133 C.C.

Art. 878. Si la cosa legada era propia del legatario a la fecha del testamento, no vale el legado, aunque después haya sido enajenada.

Si el legatario la hubiese adquirido por título lucrativo después de aquella fecha, nada podrá pedir por ello; mas, si la adquisición se hubiese hecho por título oneroso, podrá pedir al heredero que le indemnice de lo que haya dado por adquirirla.

Arts. 861, 866 y 886 C.C.

Art. 879. El legado de educación dura hasta que el legatario sea mayor de edad.

El de alimentos dura mientras viva el legatario, si el testador no dispone otra cosa.

Si el testador no hubiere señalado cantidad para estos legados, se fijará según el estado y condición del legatario y el importe de la herencia.

Si el testador acostumbró en vida dar al legatario cierta cantidad de dinero u otras cosas por vía de alimentos, se entenderá legada la misma cantidad, si no resultare en notable desproporción con la cuantía de la herencia.

Arts. 142 a 153 y 508 C.C.

Art. 880. Legada una pensión periódica o cierta cantidad anual, mensual o semanal, el legatario podrá exigir la del primer período así que muera el testador, y la de los siguientes en el principio de cada uno de ellos, sin que haya lugar a la devolución aunque el legatario muera antes que termine el período comenzado.

Arts. 148, 508 y 820-3 C.C.; y 88 a 91 L.H.

Art. 881. El legatario adquiere derecho a los legados puros y simples desde la muerte del testador, y lo transmite a sus herederos.

Arts. 657, 661, 667, 759, 790 a 805, 885, 889 y 1.006 C.C.

Art. 882. Cuando el legado es de cosa específica y determinada, propia del testador, el legatario adquiere su propiedad desde que aquél muere, y hace suyos los frutos o rentas pendientes, pero no las rentas devengadas y no satisfechas antes de la muerte.

La cosa legada correrá desde el mismo instante a riesgo del legatario, que sufrirá, por lo tanto, su pérdida o deterioro, como también se aprovechará de su aumento o mejora.

Arts. 609, 657, 845, 885, 1.095, 1.182 a 1.186 C.C.; 47 L.H.

Art. 883. La cosa legada deberá ser entregada con todos sus accesorios y en el estado en que se halle al morir el testador.

Arts. 1.094 y 1.097 C.C.

Art. 884. Si el legado no fuere de cosa específica y determinada, sino genérico o de cantidad, sus frutos e intereses desde la muerte del testador corresponderán al legatario cuando el testador lo hubiese dispuesto expresamente.

Art. 1.095 C.C.; y 48 L.H.

Art. 885. El legatario no puede ocupar por su propia autoridad la cosa legada, sino que debe pedir su entrega y posesión al heredero o al albacea, cuando éste se halle autorizado para darla.

Arts. 440, 441, 446, 901, 902, 903 y 1.025 C.C.; 42-7, 47, 48 y 56 L.H.; y 147 a 154 R.H.

Art. 886. El heredero debe dar la misma cosa legada, pudiendo hacerlo, y no cumple con dar su estimación.

Los legados en dinero deberán ser pagados en esta especie, aunque no lo haya en la herencia.

Los gastos necesarios para la entrega de la cosa legada serán a cargo de la herencia, pero sin perjuicio de la legítima.

Arts. 806, 813, 817, 861, 863, 866, 902, 903 y 1.166 C.C.

Art. 887. Si los bienes de la herencia no alcanzaren para cubrir todos los legados, el pago se hará en el orden siguiente:

1.º Los legados remuneratorios.

2.º Los legados de cosa cierta y determinada, que forme parte del caudal hereditario.

3.º Los legados que el testador haya declarado preferentes.

4.º Los de alimentos.

5.º Los de educación.

6.º Los demás a prorrata.

Art. 1.031 C.C. Reglamento (CE) nº 4/2009 del Consejo, de 18 de diciembre de 2008, relativo a la competencia, la ley aplicable, el reconocimiento y la ejecución de las resoluciones y la cooperación en materia de obligaciones de alimentos

Art. 888. Cuando el legatario no quiera o no pueda admitir el legado, o éste, por cualquier causa, no tenga efecto, se refundirá en la masa de la herencia, fuera de los casos de sustitución y derecho de acrecer.

Arts. 774 a 789, 981 a 997 C.C.

Art. 889. El legatario no podrá aceptar una parte del legado y repudiar la otra, si ésta fuere onerosa.

Si muriese antes de aceptar el legado dejando varios herederos, podrá uno de éstos aceptar y otro repudiar la parte que le corresponda en el legado.

Arts. 833, 881, 990 y 1.007 C.C.

Art. 890. El legatario de dos legados, de los que uno fuere oneroso, no podrá renunciar éste y aceptar el otro. Si los dos son onerosos o gratuitos, es libre para aceptarlos todos o repudiar el que quiera.

El heredero, que sea al mismo tiempo legatario, podrá renunciar a la herencia y aceptar el legado, o renunciar éste y aceptar aquélla.

Arts. 833, 990 y 1.009 C.C.

Art. 891. Si toda la herencia se distribuye en legados, se prorratearán las deudas y gravámenes de ella entre los legatarios a proporción de sus cuotas, a no ser que el testador hubiera dispuesto otra cosa.

Arts. 659, 764 y 1.003 C.C.; y 81 y 83 R.H.

Sección Undécima. De los albaceas o testamentarios

Art. 892. El testador podrá nombrar uno o más albaceas.

Arts. 909, 1.057 y 1.709 a 1.729 C.C.; y 20 L.H.

Art. 893. No podrá ser albacea el que no tenga capacidad para obligarse.

El menor no podrá serlo, ni aun con la autorización del padre o del tutor.

Redactado conforme a la Ley 14/1975, de Reforma del Código civil. Vid. arts. 314, a 324 y 1.263 C.C.

Art. 894. El albacea puede ser universal o particular.

En todo caso, los albaceas podrán ser nombrados mancomunada, sucesiva o solidariamente.

Art. 895. Cuando los albaceas fueren mancomunados, sólo valdrá lo que todos hagan de consumo, o lo que haga uno de ellos legalmente autorizado por los demás, o lo que, en caso de disidencia, acuerde el mayor número.

Art. 896. En los casos de suma urgencia, podrá uno de los albaceas mancomunados practicar, bajo su responsabilidad, los actos que fueren necesarios, dando cuenta inmediatamente a los demás.

Art. 897. Si el testador no establece claramente la solidaridad de los albaceas, ni fija el orden en que deben desempañar su encargo, se entenderán nombrados mancomunadamente y desempeñarán el cargo como previenen los dos artículos anteriores.

Arts. 895 ss y 1.137 C.C.

Art. 898. El albaceazgo es cargo voluntario, y se entenderá aceptado por el nombrado para desempeñarlo si no se excusa dentro de los seis días siguientes a aquel en que tenga noticia de su nombramiento, o, si éste le era ya conocido, dentro de los seis días siguientes al en que supo la muerte del testador.

Art. 911 C.C.

Art. 899. El albacea que acepta el cargo se constituye en la obligación de desempeñarlo; pero lo podrá renunciar alegando causa justa al criterio del Secretario judicial o del Notario.

Redacción dada por Ley 15/2015, de 2 de julio, de la Jurisdicción Voluntaria (B.O.E. nº. 158 de 3 de julio).

Art. 900. El albacea que no acepte el cargo, o lo renuncie sin justa causa, perderá lo que le hubiese dejado el testador, salvo siempre el derecho que tuviere a la legítima.

Arts. 257, 813, 910 y 911 C.C.

Art. 901. Los albaceas tendrán todas las facultades que expresamente les haya conferido el testador, y no sean contrarias a las leyes.

Arts. 747, 749, 1.459-3.º C.C.

Art. 902. No habiendo el testador determinado especialmente las facultades de los albaceas, tendrán las siguientes:

1.ª Disponer y pagar los sufragios y el funeral del testador con arreglo a lo dispuesto por él en el testamento; y, en su defecto, según la costumbre del pueblo.

2.ª Satisfacer los legados que consistan en metálico, con el conocimiento y beneplácito del heredero.

3.ª Vigilar sobre la ejecución de todo lo demás ordenado en el testamento, y sostener, siendo justo, su validez en juicio y fuera de él.

4.ª Tomar las precauciones necesarias para la conservación y custodia de los bienes, con intervención de los herederos presentes.

Arts. 747, 749, 884 a 886, 1.026 y 1.057 C.C.; y 81 R.H.

Art. 903. Si no hubiere en la herencia dinero bastante para el pago de funerales y legados, y los herederos no lo aportaren de lo suyo, promoverán los albaceas la venta de los bienes muebles; y, no alcanzando éstos, la de los inmuebles, con intervención de los herederos.

Si estuviere interesado en la herencia algún menor, ausente, corporación o establecimiento público, la venta de los bienes se hará con las formalidades prevenidas por las leyes para tales casos.

Arts. 166, 181, 184, 186, 221, 270 a 275, 290, 886 y 1.89-2 C.C.; y 20 L.H. Vid. LJV.

Art. 904. El albacea, a quien el testador no haya fijado plazo, deberá cumplir su encargo dentro de un año contado desde su aceptación o desde que terminen los litigios que se promovieren sobre la validez o nulidad del testamento o de alguna de sus disposiciones.

Arts. 898, 905 y 906 C.C.

Art. 905. Si el testador quisiera ampliar el plazo legal, deberá señalar expresamente el de la prórroga. Si no lo hubiese señalado, se entenderá prorrogado el plazo por un año. Si, transcurrida esta prórroga, no se hubiese cumplido todavía la voluntad del testador, podrá el Secretario judicial o el Notario conceder otra por el tiempo que fuere necesario, atendidas las circunstancias del caso.

Redacción dada por Ley 15/2015, de 2 de julio, de la Jurisdicción Voluntaria (B.O.E. nº. 158 de 3 de julio).

Art. 906. Los herederos y legatarios podrán, de común acuerdo, prorrogar el plazo del albaceazgo por el tiempo que crean necesario; pero, si el acuerdo fuese sólo por mayoría, la prórroga no podrá exceder de un año.

Arts. 910 y 911 C.C.

Art. 907. Los albaceas deberán dar cuenta de su encargo a los herederos.

Si hubieren sido nombrados, no para entregar los bienes a herederos determinados, sino para darles la inversión o distribución que el testador hubiese dispuesto en los casos permitidos por derecho, rendirán sus cuentas al Juez.

Toda disposición del testador contraria a este artículo será nula.

Arts. 672, 785-4.º y 1.720 C.C.

Art. 908. El albaceazgo es cargo gratuito. Podrá, sin embargo, el testador señalar a los albaceas la remuneración que tenga por conveniente; todo sin perjuicio del derecho que les asista a cobrar lo que les corresponda por los trabajos de partición u otros facultativos.

Si el testador lega o señala conjuntamente a los albaceas alguna retribución, la parte de los que no admitan el cargo acrecerá a los que lo desempeñen.

Arts. 257, 1.057 y 1.711 C.C.

Art. 909. El albacea no podrá delegar el cargo si no tuviese expresa autorización del testador.

Arts. 901, 902 y 1.721 C.C.

Art. 910. Termina el albaceazgo por la muerte, imposibilidad, renuncia o remoción del albacea, y por el lapso del término señalado por el testador, por la ley y, en su caso, por los interesados. La remoción deberá ser apreciada por el Juez.

Redacción dada por Ley 15/2015, de 2 de julio, de la Jurisdicción Voluntaria (B.O.E. nº. 158 de 3 de julio).

Art. 911. En los casos del artículo anterior, y en el de no haber el albacea aceptado el cargo, corresponderá a los herederos la ejecución de la voluntad del testador.

Arts. 899, 900 y 1.059 C.C.

Capítulo III. De la sucesión intestada

Sección Primera. Disposiciones generales

Art. 912. La sucesión legítima tiene lugar:

1.º Cuando uno muere sin testamento, o con testamento nulo, o que haya perdido después su validez.

2.º Cuando el testamento no contiene institución de heredero en todo o en parte de los bienes, o no dispone de todos los que corresponden al testador. En este caso la sucesión legítima tendrá lugar solamente respecto de los bienes de que no hubiese dispuesto.

3.º Cuando falta la condición puesta a la institución de heredero, o éste muere antes que el testador, o repudia la herencia sin tener sustituto y sin que haya lugar al derecho de acrecer.

4.º Cuando el heredero instituido es incapaz de suceder.

Arts. 658, 663, 669, 670, 673, 687, 688, 689, 703, 704, 705, 715, 719, 720, 730, 731, 740, 742, 743, 745, 750, 755, 756, 764, y 790 a 805 C.C.

Art. 913. A falta de herederos testamentarios, la ley defiere la herencia a los parientes del difunto, al viudo o viuda y al Estado.

Redactado conforme a la Ley 11/1918, de Reforma del Código civil. Vid. arts. 930 a 958 C.C.

Art. 914. Lo dispuesto sobre la incapacidad para suceder por testamento es aplicable igualmente a la sucesión intestada.

Arts. 744 a 762 y 848 a 857 C.C.

Sección Segunda. Del parentesco

Art. 915. La proximidad del parentesco se determina por el número de generaciones. Cada generación forma un grado.

Art. 916. La serie de grados forma la línea, que puede ser directa o colateral.

Se llama directa la constituida por la serie de grados entre personas que descienden una de otra.

Y colateral la constituida por la serie de grados entre personas que no descienden unas de otras, pero que proceden de un tronco común.

Art. 917. Se distingue la línea recta en descendente y ascendente. La primera une al cabeza de familia con los que descienden de él.

La segunda liga a una persona con aquellos de quienes desciende.

Art. 108 C.C.

Art. 918. En las líneas se cuentan tantos grados como generaciones o como personas, descontando la del progenitor.

En la recta se sube únicamente hasta el tronco. Así, el hijo dista del padre un grado, dos del abuelo y tres del bisabuelo.

En la colateral se sube hasta el tronco común, y después se baja hasta la persona con quien se hace la computación. Por esto, el hermano dista dos grados del hermano, tres del tío, hermano de su padre o madre, cuatro del primo hermano, y así en adelante.

Art. 919. El cómputo de que trata el artículo anterior rige en todas las materias.

Redactado conforme a la Ley 30/1981, de Reforma del Código civil. Arts. 47, 48, 181, 681, 752 y 754 C.C.

Art. 920. Llamase doble vínculo al parentesco por parte del padre y de la madre conjuntamente.

Arts. 925, y 946 a 951 C.C.

Art. 921. En las herencias el pariente más próximo en grado excluye al más remoto, salvo el derecho de representación en los casos en que deba tener lugar.

Los parientes que se hallaren en el mismo grado heredarán por partes iguales, salvo lo que se dispone en el artículo 949 sobre el doble vínculo.

Arts. 759, 761, 814, 857, 924 a 929, 933, 937 y 981 C.C.

Art. 922. Si hubiere varios parientes de un mismo grado, y alguno o algunos no quisieren o no pudieren suceder, su parte acrecerá a los otros del mismo grado, salvo el derecho de representación cuando deba tener lugar.

Arts. 745, 756, 759, 761, 766, 814, 848 a 857, 924 a 929, 933, 934, 981 a 987 y 988 a 1.009 C.C.

Art. 923. Repudiando la herencia el pariente más próximo, si es solo, o, si fueren varios, todos los parientes más próximos llamados por la ley, heredarán los del grado siguiente por su propio derecho y sin que puedan representar al repudiante.

Arts. 928, 929, 933, 934 y 988 a 1.009 C.C.

Sección Tercera. De la representación

Art. 924. Llamase derecho de representación el que tienen los parientes de una persona para sucederle en todos los derechos que tendría si viviera o hubiera podido heredar.

Arts. 761, 766, 814, 857, 921, 922 y 1.038 C.C.

Art. 925. El derecho de representación tendrá siempre lugar en la línea recta descendente, pero nuca en la ascendente.

En la línea colateral sólo tendrá lugar en favor de los hijos de hermanos, bien sean de doble vínculo, bien de un solo lado.

Arts. 920, 930 a 934, 946, 948 y 951 C.C.

Art. 926. Siempre que se herede por representación, la división de la herencia se hará por estirpes, de modo que el representante o representantes no hereden más de lo que heredaría su representado, si viviera.

Art. 1.039 C.C.

Art. 927. Quedando hijos de uno o más hermanos del difunto, heredarán a éste por representación si concurren con sus tíos. Pero, si concurren solos, heredarán por partes iguales.

Arts. 948 y 949 C.C.

Art. 928. No se pierde el derecho de representar a una persona por haber renunciado su herencia.

Arts. 923, 973 y 1.038 C.C.

Art. 929. No podrá representarse a una persona viva sino en los casos de desheredación o incapacidad.

Arts. 744 a 762, 761, 766, 848 a 857 y 923 C.C.

Capítulo IV. Del orden de suceder según la diversidad de líneas

Sección Primera. De la línea recta descendente

Art. 930. La sucesión corresponde en primer lugar a la línea recta descendente.

Arts. 917 y 931 sigs. C.C.; Vid. LJV.

Art. 931. Los hijos y sus descendientes suceden a sus padres y demás ascendientes sin distinción de sexo, edad o filiación.

Redactado conforme a la Ley 11/1981, de Reforma del Código civil. Vid. arts. 14 y 39 C.E.; 108 y 772-3 C.C.

Art. 932. Los hijos del difunto le heredarán siempre por su derecho propio, dividiendo la herencia en partes iguales.

Arts. 921 y 1.038 C.C.

Art. 933. Los nietos y demás descendientes heredarán por derecho de representación, y, si alguno hubiese fallecido dejando varios herederos, la porción que le corresponda se dividirá entre éstos por partes iguales.

Arts. 761, 766, 857, 921 a 923, 924 a 929 y 1.038 C.C.

Art. 934. Si quedaren hijos y descendientes de otros hijos que hubiesen fallecido, los primeros heredarán por derecho propio y los segundos por derecho de representación.

Arts. 761, 766, 857, 921 a 923, 924 a 929 y 1.038 C.C.

Sección Segunda. De la línea recta ascendente

Art. 935. A falta de hijos y descendientes del difunto le heredarán sus ascendientes.

Redactado conforme a la Ley 11/1981, de Reforma del Código civil. Vid. art. 807 C.C.
Rúbrica de la Secció Segunda según Ley 11/1981, de Reforma del Código civil.
Arts. 913 C.C.

Art. 936. El padre y la madre heredarán por partes iguales.

Redactado conforme a la Ley 11/1981, de Reforma del Código civil. Vid. arts. 810 y 921 C.C. Vid. concord. art. 935.

Art. 937. En el caso de que sobreviva uno sólo de los padres, éste sucederá al hijo en toda su herencia.

Redactado conforme a la Ley 11/1981, de Reforma del Código civil. Vid. art. 810 C.C. Vid. concord. art. 935.

Art. 938. A falta de padre y de madre sucederán los ascendientes más próximos en grado.

Redactado conforme a la Ley 11/1981, de Reforma del Código civil. Vid. concord. art. 935.

Art. 939. Si hubiere varios ascendientes de igual grado pertenecientes a la misma línea, dividirán la herencia por cabezas.

Redactado conforme a la Ley 11/1981, de Reforma del Código civil. Vid. concord. art. 935.

Art. 940. Si los ascendientes fueren de líneas diferentes, pero de igual grado, la mitad corresponderá a los ascendientes paternos y la otra mitad a los maternos.

Redactado conforme a la Ley 11/1981, de Reforma del Código civil. Vid. art. 810 C.C. Vid. concord. art. 935.

Art. 941. En cada línea la división se hará por cabezas.

Redactado conforme a la Ley 11/1981, de Reforma del Código civil. Vid. concord. art. 935.

Art. 942. Lo dispuesto en esta Sección se entiende sin perjuicio de lo ordenado en los artículos 811 y 812, que es aplicable a la sucesión intestada y a la testamentaria.

Redactado conforme a la Ley 11/1981, de Reforma del Código civil. Vid. arts. 834 a 840 y 968 a 980 C.C.

Sección Tercera. De la sucesión del cónyuge y de los colaterales

Art. 943. A falta de las personas comprendidas en las dos secciones que preceden, heredarán el cónyuge y los parientes colaterales por el orden que se establece en los artículos siguientes.

Redactado conforme a la Ley 11/1981, de Reforma del Código civil.
Rúbrica de la Sección Tercera según Ley 11/1981, de Reforma del Código civil. Con anterioridad esta Sección era la cuarta, precedida por la que llevaba la rúbrica «De los hijos naturales reconocidos».
Arts. 913 C.C.

Art. 944. En defecto de ascendientes y descendientes, y antes que los colaterales, sucederá en todos los bienes del difunto el cónyuge sobreviviente.

Redactado conforme a la Ley 11/1981, de Reforma del Código civil. Arts. 834 sigs. C.c. Vid. concord. art. 943.

Art. 945. No tendrá lugar el llamamiento a que se refiere el artículo anterior si el cónyuge estuviere separado legalmente o de hecho.

Redacción dada por Ley 15/2015, de 2 de julio, de la Jurisdicción Voluntaria (B.O.E. nº. 158 de 3 de julio).

Art. 946. Los hermanos e hijos de hermanos suceden con preferencia a los demás colaterales.

Redactado conforme a la Ley 11/1981, de Reforma del Código civil. Arts. 916 y 921 C.C.

Art. 947. Si no existieren más que hermanos de doble vínculo, éstos heredarán por partes iguales.

Art. 920 y 921 C.C. Vid. concord. art. 946.

Art. 948. Si concurrieren hermanos con sobrinos, hijos de hermanos de doble vínculo, los primeros heredarán por cabezas y los segundos por estirpes.

Arts. 920 y 927 C.C.

Art. 949. Si concurrieren hermanos de padre y madre con medio hermanos, aquéllos tomarán doble porción que éstos en la herencia.

Arts. 837 y 920 C.C. Vid. concord. art. 948;

Art. 950. En el caso de no existir sino medio hermanos, unos por parte de padre y otros por la de la madre, heredarán todos por partes iguales, sin ninguna distinción de bienes.

Arts. 837, 920 y 949 C.C. Vid. concord. art. 948 C.C.

Art. 951. Los hijos de los medio hermanos sucederán por cabezas o por estirpes, según las reglas establecidas para los hermanos de doble vínculo.

Arts. 920 y 948 C.C.

Art. 952. Derogado.

Suprimido por Ley 11/1981, de Reforma del Código civil.

Art. 953. Derogado.

Suprimido por Ley 11/1981, de Reforma del Código civil.

Art. 954. No habiendo cónyuge supérstite, ni hermanos ni hijos de hermanos, sucederán en la herencia del difunto los demás parientes del mismo en línea colateral hasta el cuarto grado, más allá del cual no se extiende el derecho de heredar abintestato.

Redactado conforme a la Ley 11/1981, de Reforma del Código civil. Vid. arts. 921 a 923 y 1.653 C.C.

Art. 955. La sucesión de estos colaterales se verificará sin distinción de líneas ni preferencia entre ellos por razón de doble vínculo.

Redactado conforme al Real Decreto-ley de 13 de enero de 1928, de Reforma del Código civil. Arts. 916, 920 y 921 C.C.

Sección Cuarta. De la sucesión del Estado

Art. 956. A falta de personas que tengan derecho a heredar conforme a lo dispuesto en las precedentes Secciones, heredará el Estado quien, realizada la liquidación del caudal hereditario, ingresará la cantidad resultante en el Tesoro Público, salvo que, por la naturaleza de los bienes heredados, el Consejo de Ministros acuerde darles, total o parcialmente, otra aplicación. Dos terceras partes del valor de ese caudal relicto será destinado a fines de interés social, añadiéndose a la asignación tributaria que para estos fines se realice en los Presupuestos Generales del Estado.

Redacción dada por Ley 15/2015, de 2 de julio, de la Jurisdicción Voluntaria (B.O.E. nº. 158 de 3 de julio).

Art. 957. Los derechos y obligaciones del Estado serán los mismos que los de los demás herederos, pero se entenderá siempre aceptada la herencia a beneficio de inventario, sin necesidad de declaración alguna sobre ello, a los efectos que enumera el artículo 1023.

Redacción dada por Ley 15/2015, de 2 de julio, de la Jurisdicción Voluntaria (B.O.E. nº. 158 de 3 de julio).

Art. 958. Para que el Estado pueda tomar posesión de los bienes y derechos hereditarios habrá de preceder declaración administrativa de heredero, adjudicándose los bienes por falta de herederos legítimos.

Redacción dada por Ley 15/2015, de 2 de julio, de la Jurisdicción Voluntaria (B.O.E. nº. 158 de 3 de julio).

Capítulo V. Disposiciones comunes a las herencias por testamento o sin él

Sección Primera. De las precauciones que deben adoptarse cuando la viuda queda encinta

Art. 959. Cuando la viuda crea haber quedado encinta, deberá ponerlo en conocimiento de los que tengan a la herencia un derecho de tal naturaleza que deba desaparecer o disminuir por el nacimiento del póstumo.

Arts. 29, 627, 961 y 963 C.C.

Art. 960. Los interesados a que se refiere el precedente artículo podrán pedir al Juez municipal, o al de primera instancia donde lo hubiere, que dicte la providencias convenientes para evitar la suposición de parto, o que la criatura que nazca pase por viable, no siéndolo en realidad.

Cuidará el Juez de que las medidas que dicte no ataquen al pudor ni a la libertad de la viuda.

Art. 18 C.E.; Ley Orgánica 1/1982, de 5 de mayo, sobre protección civil del derecho al honor, a la intimidad personal y familiar y a la propia imagen (B.O.E. nº 115, de 14 de mayo); arts. 30 y 962 C.C.; vid. C.P.

Art. 961. Háyase o no dado el aviso de que habla el artículo 959, al aproximarse la época del parto, la viuda deberá ponerlo en conocimiento de los mismos interesados. Estos tendrán derecho a nombrar persona de su confianza, que se cerciore de la realidad del alumbramiento.

Si la persona designada fuere rechazada por la paciente, hará el Juez el nombramiento, debiendo éste recaer en Facultativo o en mujer.

Art. 18 C.E.; y Ley Orgánica 1/1982, de 5 de mayo, sobre protección civil del derecho al honor, a la intimidad personal y familiar y a la propia imagen (B.O.E. nº 115, de 14 de mayo).

Art. 962. La omisión de estas diligencias no basta por sí sola para acreditar la suposición del parto o la falta de viabilidad del nacido.

Redactado conforme a la Ley 11/1981, de Reforma del Código civil. Vid. art. 30 C.C.

Art. 963. Cuando el marido hubiere reconocido en documento público o privado la certeza de la preñez de su esposa, estará ésta dispensada de dar el aviso que previene el artículo 959, pero quedará sujeta a cumplir lo dispuesto en el 961.

Arts. 117 y 126 C.C.

Art. 964. La viuda que quede encinta, aun cuando sea rica, deberá ser alimentada de los bienes hereditarios, habida consideración a la parte que en ellos pueda tener el póstumo, si naciere y fuere viable.

Arts. 29, 30, 142 y 1.408 C.C.

Art. 965. En el tiempo que medie hasta que se verifique el parto, o se adquiera la certidumbre de que éste no tendrá lugar, ya por haber ocurrido aborto, ya por haber pasado con exceso el término máximo para la gestación, se proveerá a la seguridad y administración de los bienes en la forma establecida para el juicio necesario de testamentaría.

Arts. 116 C.C.

Art. 966. La división de la herencia se suspenderá hasta que se verifique el parto o el aborto, o resulte por el transcurso del tiempo que la viuda no estaba encinta.

Sin embargo, el administrador podrá pagar a los acreedores, previo mandato judicial.

Arts. 1.051 a 1.081 C.C.

Art. 967. Verificado el parto o el aborto o transcurrido el término de la gestación, el administrador de los bienes hereditarios cesará en

Cf art 811

su cargo y dará cuenta de su desempeño a los herederos o a sus legítimos representantes.

Art. 1.026 C.C.

Sección Segunda. De los bienes sujetos a reserva

Art. 968. Además de la reserva impuesta en el artículo 811, el viudo o viuda que pase a segundo matrimonio estará obligado a reservar a los hijos y descendientes del primero la propiedad de todos los bienes que haya adquirido de su difunto consorte por testamento, por sucesión intestada, donación u otro cualquier título lucrativo; pero no su mitad de gananciales.

Arts. 793 y 980 C.C.; 168-2.º, y 184 a 189 L.H.; y 259 a 265 R.H.

Art. 969. La disposición del artículo anterior es aplicable a los bienes que, por los títulos en él expresados, haya adquirido el viudo o viuda de cualquiera de los hijos de su primer matrimonio, y los que haya habido de los parientes del difunto por consideración a éste.

Arts. 816, 991 y 1.280-4º C.C.

Art. 970. Cesará la obligación de reservar cuando los hijos de un matrimonio, mayores de edad, que tengan derecho a los bienes, renuncien expresamente a él, o cuando se trate de cosas dadas o dejadas por los hijos a su padre o a su madre, sabiendo que estaban segunda vez casados.

Arts. 816, 991 y 1.280-4.º C.C.

Art. 971. Cesará además la reserva si al morir el padre o la madre que contrajo segundo matrimonio no existen hijos ni descendientes del primero.

Redactado conforme a la Ley 11/1981, de Reforma del Código civil. Vid. art. 975 C.C.

Art. 972. A pesar de la obligación de reservar, podrá el padre, o madre, segunda vez casado, mejorar en los bienes reservables a cualquiera de los hijos o descendientes del primer matrimonio, conforme a lo dispuesto en el artículo 823.

Art. 973. Si el padre o la madre no hubiere usado, en todo o en parte, de la facultad que le concede el artículo anterior, los hijos y descendientes del primer matrimonio sucederán en los bienes sujetos a reserva conforme a las reglas prescritas para la sucesión en línea descendente, aunque en virtud de testamento hubiesen heredado desigualmente al cónyuge premuerto o hubiesen repudiado su herencia.

El hijo desheredado justamente por el padre o por la madre perderá todo derecho a la reserva, pero si tuviere hijos o descendientes, se estará a lo dispuesto en el artículo 857 y en el número 2.º del artículo 164.

Redactado conforme a la Ley 11/1981, de Reforma del Código civil. Vid. arts. 755 a 762, 848 a 857, 924 a 929, 933 y 998 a 1.009 C.C.

Art. 974. Serán válidas las enajenaciones de los bienes inmuebles reservables hechas por el cónyuge sobreviviente antes de celebrar segundas bodas, con la obligación, desde que las celebrare, de asegurar el valor de aquéllos a los hijos y descendientes del primer matrimonio.

Arts. 812 C.C.; 168-2.º, y 184 a 189 L.H.; y 259 a 265 R.H.

Art. 975. La enajenación que de los bienes inmuebles sujetos a reserva hubiere hecho el viudo o viuda después de contraer matrimonio subsistirá únicamente si a su muerte no quedan hijos ni descendientes del primero, sin perjuicio de lo dispuesto en la Ley Hipotecaria.

Redactado conforme a la Ley 11/1981, de Reforma del Código civil. Vid. arts. 971 y 978-4.º C.C.; y 34 y 37 L.H.

Art. 976. Las enajenaciones de los bienes muebles hechas antes o después de contraer segundo matrimonio serán válidas, salvo siempre la obligación de indemnizar.

Art. 978-3.º C.C.

Art. 977. El viudo o la viuda, al repetir matrimonio, hará inventariar todos los bienes sujetos a reserva, anotar en el Registro de la Propiedad la calidad de reservables de los inmuebles con arreglo a lo dispuesto en la Ley Hipotecaria, y tasar los muebles.

Arts. 168-2.º y 184 a 189 L.H.; y 259 a 265 R.H.

Art. 978. Estará además obligado el viudo o viuda, al repetir matrimonio, a asegurar con hipoteca:

1.º La restitución de los bienes muebles no enajenados en el estado que tuvieren al tiempo de su muerte.

2.º El abono de los deterioros ocasionados o que se ocasionaren por su culpa o negligencia.

3.º La devolución del precio que hubiese recibido por los bienes muebles enajenados o la entrega del valor que tenían al tiempo de la enajenación, si ésta se hubiese hecho a título gratuito.

4.º El valor de los bienes inmuebles válidamente enajenados.

Redactado su número 1.º conforme a la Ley 11/1981, de Reforma del Código civil. Vid. arts. 975 y 976 C.C.; 168-2.º y 184 a 189 L.H.; y 259 a 265 R.H.

Art. 979. Lo dispuesto en los artículos anteriores para el caso de segundo matrimonio rige igualmente en el tercero y ulteriores.

Art. 980. La obligación de reservar impuesta en los anteriores artículos será también aplicable:

1.º Al viudo que durante el matrimonio haya tenido o en estado de viudez tenga un hijo no matrimonial.

2.º Al viudo que adopte a otra persona. Se exceptúa el caso de que el adoptado sea hijo del consorte de quien descienden los que serían reservatarios.

Dicha obligación de reservar surtirá efecto, respectivamente, desde el nacimiento o la adopción del hijo.

Redactado conforme a la Ley 11/1981, de Reforma del Código civil. Vid. arts. 108 y 837 C.C.; 168-2.º y 184 a 189 L.H.; 259 a 265 R.H.; y 3 de la Ley 21/1987, de 11 de noviembre, por la que se modifican determinados artículos del Código civil y de la Ley de Enjuiciamiento civil en materia de adopción, suprimiéndose la distinción entre adopción plena y menos plena.

Sección Tercera. Del derecho de acrecer

Art. 981. En las sucesiones legítimas la parte del que repudia la herencia acrecerá siempre a los coherederos.

Arts. 191, 192, 637, 766, 908 y 922 C.C.

Art. 982. Para que en la sucesión testamentaria tenga lugar el derecho de acrecer, se requiere:

1.º Que dos o más sean llamados a una misma herencia, o a una misma porción de ella, sin especial designación de partes.

2.º Que uno de los llamados muera antes que el testador, o que renuncie la herencia, o sea incapaz de recibirla.

Arts. 745, 750 a 758, 761, 766, 848 a 857, 922, 923, 985 y 998 a 1.009 C. C.

Art. 983. Se entenderá hecha la designación por partes sólo en el caso de que el testador haya determinado expresamente una cuota para cada heredero.

La frase «por mitad o por partes iguales» u otras que, aunque designen parte alícuota, no fijan ésta numéricamente o por señales que hagan a cada uno dueño de un cuerpo de bienes separado, no excluyen el derecho de acrecer.

Art. 1.056-1 C.C.

Art. 984. Los herederos a quienes acrezca la herencia sucederán en todos los derechos y obligaciones que tendría el que no quiso o no pudo recibirla.

Art. 780 C.C.

Art. 985. Entre los herederos forzosos el derecho de acrecer sólo tendrá lugar cuando la parte de libre disposición se deje a dos o más de ellos, o a alguno de ellos y a un extraño.

Si la parte repudiada fuere la legítima, sucederán en ella los coherederos por su derecho propio, y no por el derecho de acrecer.

Arts. 763 y 912-3.º C.C.

Art. 986. En la sucesión testamentaria, cuando no tenga lugar el derecho de acrecer, la porción vacante del instituido, a quien no se hubiese designado sustituto, pasará a los herederos legítimos del testador, los cuales la recibirán con las mismas cargas y obligaciones.

Arts. 774 a 789 y 912-3.º C.C.

Art. 987. El derecho de acrecer tendrá también lugar entre los legatarios y los usufructuarios en los términos establecidos para los herederos.

Arts. 508 y 888 C.C.

Sección Cuarta. De la aceptación y repudiación de la herencia

Art. 988. La aceptación y repudiación de la herencia son actos enteramente voluntarios y libres.

Arts. 997, 1.001, 1.002, 1.005 y 1.007 C.C.

Art. 989. Los efectos de la aceptación y de la repudiación se retrotraen siempre al momento de la muerte de la persona a quien se hereda.

Arts. 195, 196, 440, 661 y 1.934 C.C.; 81 L.R.C.; y 280 y 281 R.R.C.

Art. 990. La aceptación o la repudiación de la herencia no podrá hacerse en parte, a plazo, ni condicionalmente.

Arts. 833, 889, 890 y 1.009 C.C.

Art. 991. Nadie podrá aceptar ni repudiar sin estar cierto de la muerte de la persona a quien haya de heredar y de su derecho a la herencia.

Arts. 195, 196, 816, 997, 1.006, 1.009 y 1.014 C.C.; 81 L.R.C.; y 280 y 281 RRC.

Art. 992. Pueden aceptar o repudiar una herencia todos los que tienen la libre disposición de sus bienes.

La aceptación de la que se deje a los pobres corresponderá a las personas designadas por el testador para calificarlos y distribuir los bienes, y en su defecto a las que señala el artículo 749, y se entenderá aceptada a beneficio de inventario.

Redactado conforme Ley Orgánica 1/1996, de 15 de enero, de Protección Jurídica del Menor. Vid. arts. 162, 163, 166, 322, 323, 957 y 1.010 a 1.034 C.C.

Art. 993. Los legítimos representantes de las asociaciones, corporaciones y fundaciones capaces de adquirir podrán aceptar la herencia que a las mismas se dejare; mas para repudiarla necesitan la aprobación judicial, con audiencia del Ministerio público.

Arts. 35 a 39, 745 y 746 C.C.

Art. 994. Los establecimientos públicos oficiales no podrán aceptar ni repudiar herencia sin la aprobación del Gobierno.

Arts. 746, 748 y 956 C.C.

Art. 995. Cuando la herencia sea aceptada sin beneficio de inventario, por persona casada y no concurra el otro cónyuge, prestando su consentimiento a la aceptación, no responderán de las deudas hereditarias los bienes de la sociedad conyugal.

Redactado conforme a la Ley 14/1975, de Reforma del Código civil. Vid. arts. 1.003, 1.010 a 1.034, 1.346-2.º, 1.347-2.º y 1.373 C.C.

Art. 996. Si la sentencia de incapacitación por enfermedad o deficiencias físicas o psíquicas no dispusiere otra cosa, el sometido a curatela podrá, asistido del curador, aceptar la herencia pura o simplemente o a beneficio de inventario.

Redactado todo el artículo conforme Ley Orgánica 1/1996, de 15 de enero, de Protección Jurídica del Menor.

Art. 997. La aceptación y la repudiación de la herencia, una vez hechas, son irrevocables, y no podrán ser impugnadas sino cuando adoleciesen de algunos de los vicios que anulan el consentimiento, o apareciese un testamento desconocido.

Arts. 988, 991, 1.009 y 1.265 a 1.270 C.C.

Art. 998. La herencia podrá ser aceptada pura y simplemente, o a beneficio de inventario.

Arts. 1.010 a 1.034 C.C.

Art. 999. La aceptación pura y simple puede ser expresa o tácita.

Expresa es la que se hace en documento público o privado.

Tácita es la que se hace por actos que suponen necesariamente la voluntad de aceptar, o que no habría derecho a ejecutar sino con la cualidad de heredero.

Los actos de mera conservación o administración provisional no implican la aceptación de la herencia, si con ellos no se ha tomado el título o la cualidad de heredero.

Arts. 430, 432, 1.000, 1.002, 1.018 y 1.019 C.C.

Art. 1.000. Entiéndase aceptada la herencia:

1.º Cuando el heredero vende, dona o cede su derecho a un extraño, a todos sus coherederos o a alguno de ellos.

2.º Cuando el heredero la renuncia, aunque sea gratuitamente, a beneficio de uno o más de sus coherederos.

3.º Cuando la renuncia por precio a favor de todos sus coherederos indistintamente; pero, si esta renuncia fuese gratuita y los coherederos a cuyo favor se haga son aquellos a quienes debe acrecer la porción renunciada, no se entenderá aceptada la herencia.

Arts. 981 a 987, 1.280-4.º y 1.531 a 1.534 C.C.

Art. 1.001. Si el heredero repudia la herencia en perjuicio de sus propios acreedores, podrán estos pedir al Juez que los autorice para aceptarla en nombre de aquél.

La aceptación sólo aprovechará a los acreedores en cuanto baste a cubrir el importe de sus créditos. El exceso, si lo hubiere, no pertenecerá en ningún caso al renunciante, sino que se adjudicará a las personas a quienes corresponda según las reglas establecidas en este Código.

Arts. 6-4, 982, 988, 1.111 y 1.297 C.C.

Art. 1.002. Los herederos que hayan sustraído u ocultado algunos efectos de la herencia, pierden la facultad de renunciarla, y quedan con el carácter de herederos puros y simples, sin perjuicio de las penas en que hayan podido incurrir.

Arts. 982 y 1.024 C.C.

Art. 1.003. Por la aceptación pura y simple, o sin beneficio de inventario, quedará el heredero responsable de todas las cargas de la herencia, no sólo con los bienes de ésta, sino también con los suyos propios.

Arts. 659, 661, 999, 1.010 a 1.034 y 1.911 C.C.

Art. 1.004. Hasta pasados nueve días después de la muerte de aquel de cuya herencia se trate, no podrá intentarse acción contra el heredero para que acepte o repudie.

Arts. 1.016 C.C.

Art. 1.005. Cualquier interesado que acredite su interés en que el heredero acepte o repudie la herencia podrá acudir al Notario para que éste comunique al llamado que tiene un plazo de treinta días naturales para aceptar pura o simplemente, o a beneficio de inventario, o repudiar la herencia. El Notario le indicará, además, que si no manifestare su voluntad en dicho plazo se entenderá aceptada la herencia pura y simplemente.

Redacción dada por Ley 15/2015, de 2 de julio, de la Jurisdicción Voluntaria (B.O.E. nº. 158 de 3 de julio).

Art. 1.006. Por muerte del heredero sin aceptar ni repudiar la herencia pasará a los suyos el mismo derecho que él tenía.

Arts. 759 y 889 C.C.

Art. 1.007. Cuando fueren varios los herederos llamados a la herencia, podrán los unos aceptarla y los otros repudiarla. De igual libertad gozará cada uno de los herederos para aceptarla pura y simplemente o a beneficio de inventario.

Arts. 889 y 988 C.C.

Art. 1.008. La repudiación de la herencia deberá hacerse ante Notario en instrumento público.

Redacción dada por Ley 15/2015, de 2 de julio, de la Jurisdicción Voluntaria (B.O.E. nº. 158 de 3 de julio).

Art. 1.009. El que es llamado a una misma herencia por testamento y abintestato, y la repudia por el primer título, se entiende haberla repudiado por los dos.

Repudiándola como heredero abintestato y sin noticia de su título testamentario, podrá todavía aceptarla por éste.

Arts. 833, 890, 990, 991 y 997 C.C.

Sección Quinta. Del beneficio de inventario y del derecho de deliberar

Art. 1.010. Todo heredero puede aceptar la herencia a beneficio de inventario, aunque el testador se lo haya prohibido.

También podrá pedir la formación de inventario antes de aceptar o repudiar la herencia, para deliberar sobre este punto.

Arts. 166, 957, 992, 1.014 a 1.018 y 1.934 C.C.

Art. 1.011. La declaración de hacer uso del beneficio de inventario deberá hacerse ante Notario.

Redacción dada por Ley 15/2015, de 2 de julio, de la Jurisdicción Voluntaria (B.O.E. nº. 158 de 3 de julio).

Art. 1.012. Si el heredero a que se refiere el artículo anterior se hallare en país extranjero, podrá hacer dicha declaración ante el agente diplomático o consular de España que esté habilitado para ejercer las funciones de notario en el lugar del otorgamiento.

Art. 11-3 C.C.; y anexo III del Reglamento Notarial.

Art. 1.013. La declaración a que se refieren los artículos anteriores no producirá efecto alguno si no va precedida o seguida de un inventario fiel y exacto de todos los bienes de la herencia, hecho con las formalidades y dentro de los plazos que se expresarán en los artículos siguientes.

Art. 1.021 C.C.

Art. 1.014. El heredero que tenga en su poder la herencia o parte de ella y quiera utilizar el beneficio de inventario o el derecho de deliberar, deberá comunicarlo ante Notario y pedir en el plazo de treinta días a contar desde aquél en que supiere ser tal heredero la formación de inventario notarial con citación a los acreedores y legatarios para que acudan a presenciarlo si les conviniere.

Redacción dada por Ley 15/2015, de 2 de julio, de la Jurisdicción Voluntaria (B.O.E. nº. 158 de 3 de julio).

Art. 1.015. Cuando el heredero no tenga en su poder la herencia o parte de ella, ni haya practicado gestión alguna como tal heredero, el plazo expresado en el artículo anterior se contará desde el día siguiente a aquel en que expire el plazo que se le hubiese fijado para aceptar o repudiar la herencia conforme al artículo 1005, o desde el día en que la hubiese aceptado o hubiera gestionado como heredero.

Redacción dada por Ley 15/2015, de 2 de julio, de la Jurisdicción Voluntaria (B.O.E. nº. 158 de 3 de julio).

Art. 1.016. Fuera de los casos a que se refieren los dos anteriores artículos, si no se hubiere presentado ninguna demanda contra el heredero, podrá éste aceptar a beneficio de inventario, o con el derecho de deliberar, mientras no prescriba la acción para reclamar la herencia.

Arts. 192, 1.021 y 1.963 a 1.965 C.C.

Art. 1.017. El inventario se principiará dentro de los treinta días siguientes a la citación de los acreedores y legatarios, y concluirá dentro de otros sesenta.

Si por hallarse los bienes a larga distancia o ser muy cuantiosos, o por otra causa justa, parecieren insuficientes dichos sesenta días, podrá el Notario prorrogar este término por el tiempo que estime necesario, sin que pueda exceder de un año.

Redacción dada por Ley 15/2015, de 2 de julio, de la Jurisdicción Voluntaria (B.O.E. nº. 158 de 3 de julio).

Art. 1.018. Si por culpa o negligencia del heredero no se principiare o no se concluyere el inventario en los plazos y con las solemnidades prescritas en los artículos anteriores, se entenderá que acepta la herencia pura y simplemente.

Arts. 1.000 y 1.024 C.C.

Art. 1.019. El heredero que se hubiese reservado el derecho de deliberar, deberá manifestar al Notario, dentro de treinta días contados desde el siguiente a aquel en que se hubiese concluido el inventario, si repudia o acepta la herencia y si hace uso o no del beneficio de inventario.

Pasados los treinta días sin hacer dicha manifestación, se entenderá que la acepta pura y simplemente.

Redacción dada por Ley 15/2015, de 2 de julio, de la Jurisdicción Voluntaria (B.O.E. nº. 158 de 3 de julio).

Art. 1.020. Durante la formación del inventario y hasta la aceptación de la herencia, a instancia de parte, el Notario podrá adoptar las provisiones necesarias para la administración y custodia de los bienes hereditarios con arreglo a lo que se prescribe en este Código y en la legislación notarial.

Redacción dada por Ley 15/2015, de 2 de julio, de la Jurisdicción Voluntaria (B.O.E. nº. 158 de 3 de julio).

Art. 1.021. El que reclame judicialmente una herencia de que otro se halle en posesión por más de un año, si venciere en el juicio, no tendrá obligación de hacer inventario para gozar de este beneficio, y sólo responderá de las cargas de la herencia con los bienes que le sean entregados.

Arts. 440, 460-4.º, 1.016 y 1.023 C.C.

Art. 1.022. El inventario hecho por el heredero que después repudie la herencia, aprovechará a los sustitutos y a los herederos abintestato, respecto de los cuales los treinta días para deliberar y para hacer la manifestación que previene el artículo 1.019, se contarán desde el siguiente al en que tuvieran conocimiento de la repudiación.

Art. 1.023. El beneficio de inventario produce en favor del heredero los efectos siguientes:

1.º El heredero no queda obligado a pagar las deudas y demás cargas de la herencia sino hasta donde alcancen los bienes de la misma.

2.º Conserva contra el caudal hereditario todos los derechos y acciones que tuviera contra el difunto.

3.º No se confunden para ningún efecto, en daño del heredero, sus bienes particulares con la que pertenezcan a la herencia.

Arts. 659, 661, 1.003, 1.021, 1.192 a 1.194, 1.195 a 1.202 y 1.911 C.C.

Art. 1.024. El heredero perderá el beneficio de inventario:

1.º Si a sabiendas dejare de incluir en el inventario alguno de los bienes, derechos o acciones de la herencia.

2.º Si antes de completar el pago de las deudas y legados enajenase bienes de la herencia sin autorización de todos los interesados, o no diese al precio de lo vendido la aplicación determinada al concederle la autorización.

No obstante, podrá disponer de valores negociables que coticen en un mercado secundario a través de la enajenación en dicho mercado, y de los demás bienes mediante su venta en subasta pública notarial previamente notificada a todos los interesados, especificando en ambos casos la aplicación que se dará al precio obtenido.

Redacción dada por Ley 15/2015, de 2 de julio, de la Jurisdicción Voluntaria (B.O.E. nº. 158 de 3 de julio).

Art. 1.025. Durante la formación del inventario y el término para deliberar no podrán los legatarios demandar el pago de sus legados.

Arts. 885, 1.026 y 1.027 C.C.

Art. 1.026. Hasta que resulten pagados todos los acreedores conocidos y los legatarios, se entenderá que se halla la herencia en administración.

El administrador, ya lo sea el mismo heredero, ya cualquiera otra persona, tendrá, en ese concepto, la representación de la herencia para ejercitar las acciones que a ésta competan y contestar a las demandas que se interpongan contra la misma.

Arts. 1.032 C.C.

Art. 1.027. El administrador no podrá pagar los legados sino después de haber pagado a todos los acreedores.

Art. 1.028. Cuando haya juicio pendiente entre los acreedores sobre la preferencia de sus créditos, serán pagados por el orden y según el grado que señale la sentencia firme de graduación.

No habiendo juicio pendiente entre los acreedores, serán pagados los que primero se presenten; pero, constando que alguno de los créditos conocidos es preferente, no se hará el pago sin previa caución a favor del acreedor de mejor derecho.

Arts. 1.921 a 1.929 C.C.

Art. 1.029. Si después de pagados los legados aparecieren otros acreedores, éstos sólo podrán reclamar contra los legatarios en el caso de no quedar en la herencia bienes suficientes para pagarles.

Arts. 891 y 1.027 C.C.

Art. 1.030. Cuando para el pago de los créditos y legados sea necesaria la venta de bienes hereditarios, se realizará ésta en la forma establecida en el párrafo segundo del número 2.º del artículo 1024 de este Código, salvo si todos los herederos, acreedores y legatarios acordaren otra cosa.

Redacción dada por Ley 15/2015, de 2 de julio, de la Jurisdicción Voluntaria (B.O.E. nº. 158 de 3 de julio).

Art. 1.031. No alcanzando los bienes hereditarios para el pago de las deudas y legados, el administrador dará cuenta de su administración a los acreedores y legatarios que no hubiesen cobrado por completo, y será responsable de los perjuicios causados a la herencia por culpa o negligencia suya.

Arts. 887 y 1.027 C.C.

Art. 1.032. Pagados los acreedores y legatarios, quedará el heredero en el pleno goce del remanente de la herencia.

Si la herencia hubiese sido administrada por otra persona, ésta rendirá al heredero la cuenta de su administración, bajo la responsabilidad que impone el artículo anterior.

Art. 1.026 C.C.

Art. 1.033. Los gastos del inventario y las demás actuaciones a que dé lugar la administración de la herencia aceptada a beneficio de inventario y la defensa de sus derechos, serán de cargo de la misma herencia. Exceptúanse aquellos gastos imputables al heredero que hubiese sido condenado personalmente por su dolo o mala fe.

Lo mismo se entenderá respecto de las gastos causados para hacer uso del derecho de deliberar, si el heredero repudia la herencia.

Redacción dada por Ley 15/2015, de 2 de julio, de la Jurisdicción Voluntaria (B.O.E. nº. 158 de 3 de julio).

Lo mismo se entenderá respecto de las causadas para hacer uso del derecho de deliberar, si el heredero repudia la herencia.

Art. 1.034. Los acreedores particulares del heredero no podrán mezclarse en las operaciones de la herencia aceptada por éste a beneficio de inventario hasta que sean pagados los acreedores de la misma y los legatarios; pero podrán pedir la retención o embargo del remanente que pueda resultar a favor del heredero.

Arts. 1.083 C.C.

Capítulo VI. De la colación y partición

Sección Primera. De la colación

Art. 1.035. El heredero forzoso que concurra, con otros que también lo sean, a una sucesión, deberá traer a la masa hereditaria los bienes o valores que hubiese recibido del causante de la herencia, en vida de éste, por dote, donación u otro título lucrativo, para computarlo en la regulación de las legítimas y en la cuenta de partición.

Arts. 818-2, 819, 825, 828, 1.042, 1.046 a 1.048 y 1.056 C.C.

Art. 1.036. La colación no tendrá lugar entre los herederos forzosos si el donante así lo hubiese dispuesto expresamente o si el donatario repudiare la herencia, salvo el caso en que la donación deba reducirse por inoficiosa.

Arts. 636, 654 a 656 y 988 a 1.009 C.C.

Art. 1.037. No se entiende sujeto a colación lo dejado en testamento si el testador no dispusiere lo contrario, quedando en todo caso a salvo las legítimas.

Arts. 813, 815, 817, 828, 1.042, 1.047, 1.048 y 1.056 C.C.

Art. 1.038. Cuando los nietos sucedan al abuelo en representación del padre, concurriendo con sus tíos o primos, colacionarán todo lo que debiera colacionar el padre si viviera, aunque no lo hayan heredado.

También colacionarán lo que hubiesen recibido del causante de la herencia durante la vida de éste, a menos que el testador hubiese dispuesto lo contrario, en cuyo caso deberá respetarse su voluntad si no perjudicare a la legítima de los coherederos.

Arts. 636, 813, 815, 817, 924 a 929, 1.042, 1944 y 1.056 C.C.

Art. 1.039. Los padres no estarán obligados a colacionar en la herencia de sus ascendientes lo donado por éstos a sus hijos.

Arts. 819 y 1.035 C.C.

Art. 1.040. Tampoco se traerán a colación las donaciones hechas al consorte del hijo; pero, si hubieren sido hechas por el padre conjuntamente a los dos, el hijo estará obligado a colacionar la mitad de la cosa donada.

Arts. 637, 1.035 y 1.353 C.C.

Art. 1.041. No estarán sujetos a colación los gastos de alimentos, educación, curación de enfermedades, aunque sean extraordinarias, aprendizaje, equipo ordinario, ni los regalos de costumbre.

Arts. 142 y 153 C.C. Reglamento (CE) nº 4/2009 del Consejo, de 18 de diciembre de 2008, relativo a la competencia, la ley aplicable, el reconocimiento y la ejecución de las resoluciones y la cooperación en materia de obligaciones de alimentos

Tampoco estarán sujetos a colación los gastos realizados por los padres y ascendientes para cubrir las necesidades especiales de sus hijos o descendientes con discapacidad.

Párrafo redactado conforme Ley 41/2003, de 18 de noviembre, de protección patrimonial de las personas con discapacidad y de modificación del Código Civil, de la Ley de Enjuiciamiento Civil y de la Normativa Tributaria con esta finalidad (B.O.E. 19 de noviembre de 2003).

Art. 1.042. No se traerán a colación, sino cuando el padre lo disponga o perjudiquen a la legítima, los gastos que éste hubiere hecho para dar a sus hijos una carrera profesional o artística; pero, cuando proceda colacionarlos, se rebajará de ellos lo que el hijo habría gastado viviendo en la casa y compañía de sus padres.

Arts. 142, 143, 636, 813, 815, 817 y 1.056 C.C.

Art. 1.043. Serán colacionables las cantidades satisfechas por el padre para redimir a sus hijos de la suerte de soldado, pagar sus deudas, conseguirles un título de honor y otros gastos análogos.

Art. 1.044. Los regalos de boda, consistentes en joyas, vestidos y equipos, no se reducirán como inoficiosos sino en la parte que excedan en un décimo o más de la cantidad disponible por testamento.

Arts. 636, 813, 815, 817, 1.035, 1.037, 1.038, 1.047, 1.048, 1.056 y 1.336 a 1.343 C.C.

Art. 1.045. No han de traerse a colación y partición las mismas cosas donadas, sino su valor al tiempo en que se evalúen los bienes hereditarios.

El aumento o deterioro físico posterior a la donación y aun su pérdida total, casual o culpable, será a cargo y riesgo o beneficio del donatario.

Redactado conforme a la Ley 11/1981, de Reforma del Código civil. Vid. Arts. 818 y 847 C.C.

Art. 1.046. La dote o donación hecha por ambos cónyuges se colacionará por mitad en la herencia de cada uno de ellos. La hecha por uno solo se colacionará en su herencia.

Art. 1.035 C.C.

Art. 1.047. El donatario tomará de menos en la masa hereditaria tanto como ya hubiese recibido, percibiendo sus coherederos el equivalente, en cuanto sea posible, en bienes de la misma naturaleza, especie y calidad.

Arts. 636, 654 a 656, 813, 815, 817, 1.035 y 1.044 C.C.

Art. 1.048. No pudiendo verificarse lo prescrito en el artículo anterior, si los bienes donados fueren inmuebles, los coherederos tendrán derecho a ser igualados en metálico o valores mobiliarios al tipo de cotización; y, no habiendo dinero ni valores cotizables en la herencia, se venderán otros bienes en pública subasta en la cantidad necesaria.

Cuando los bienes donados fueren muebles, los coherederos sólo tendrán derecho a ser igualados en otros muebles de la herencia por el justo precio, a su libre elección.

Arts. 636, 654 a 656, 813, 815, 817, 1.035 y 1.044 C.C.

Art. 1.049. Los frutos e intereses de los bienes sujetos a colación no se deben a la masa hereditaria sino desde el día en que se abra la sucesión.

Para regularlos, se atenderá a las rentas e intereses de los bienes hereditarios de la misma especie que los colacionados.

Arts. 657 y 1.063 C.C.

Art. 1.050. Si entre los coherederos surgiere contienda sobre la obligación de colacionar o sobre los objetos que han de traerse a colación, no por eso dejará de proseguirse la partición, prestando la correspondiente fianza.

Art. 1.045 C.C.

Sección Segunda. De la partición

Vid. arts. 782 y sigs. L.E.C.

Art. 1.051. Ningún coheredero podrá ser obligado a permanecer en la indivisión de la herencia, a menos que el testador prohíba expresamente la división.

Pero, aun cuando la prohíba, la división tendrá siempre lugar mediante alguna de las causas por las cuales se extingue la sociedad.

Arts. 400, 406, 1.700 a 1.708 y 1.965 C.C. Art. 46 de la Ley de Reforma y Desarrollo Agrario, Texto Refundido aprobado por Decreto 118/1973, de 12 de enero (B.O.E. nº 30, de 3 de febrero); arts. 42-6.º y 46 L.H.; 146 R.H.

Art. 1.052. Todo coheredero que tenga la libre administración y disposición de sus bienes, podrá pedir en cualquier tiempo la partición de la herencia.

Por los incapacitados y por los ausentes deberán pedirla sus representantes legítimos.

Arts. 162, 191, 271-4 y 966 C.C.

Art. 1.053. Cualquiera de los cónyuges podrá pedir la partición de la herencia sin intervención del otro.

Redactado conforme a la Ley 14/1975, de Reforma del Código civil. Vid. arts. 66 y 71 C.C.

Art. 1.054. Los herederos bajo condición no podrán pedir la partición hasta que aquélla se cumpla. Pero podrán pedirla los otros coherederos, asegurando competentemente el derecho de los primeros para el caso de cumplirse la condición; y, hasta saberse que ésta ha faltado o no puede ya verificarse, se entenderá provisional la partición.

Arts. 790 a 805 y 966 C.C.

Art. 1.055. Si antes de hacerse la partición muere uno de los coherederos, dejando dos o más herederos, bastará que uno de éstos la pida; pero todos los que intervengan en este último concepto deberán comparecer bajo una sola representación.

Arts. 1.052 C.C.; 782 L.E.C.

Art. 1.056. Cuando el testador hiciere, por acto entre vivos o por última voluntad, la partición de sus bienes, se pasará por ella, en cuanto no perjudique la legítima de los herederos forzosos.

El testador que en atención a la conservación de la empresa o en interés de su familia quiera preservar indivisa una explotación económica o bien mantener el control de una sociedad de capital o grupo de éstas podrá usar de la facultad concedida en este artículo, disponiendo que se pague en metálico su legítima a los demás interesados. A tal efecto, no será necesario que exista metálico suficiente en la herencia para el pago, siendo posible realizar el abono con efectivo extrahereditario y establecer por el testador o por el contador-partidor por él designado aplazamiento, siempre que éste no supere cinco años a contar desde el fallecimiento del testador; podrá ser también de aplicación cualquier otro medio de extinción de las obligaciones. Si no se hubiere establecido la forma de pago, cualquier legitimario podrá exigir su legítima en bienes de la herencia. No será de aplicación a la partición así realizada lo dispuesto en el artículo 843 y en el párrafo primero del artículo 844.

L.S.C.

Arts. 813, 815, 817, 841 a 847, 1.075 y 1.271 C.C.; 35, 41 y 46 de la Ley de Reforma y Desarrollo Agrario, texto refundido aprobado por Decreto 118/1973, de 12 de enero (B.O.E. nº 30, de 3 de febrero); y Ley 19/1995, de 4 de julio, de Modernización de las Explotaciones Agrarias (B.O.E. nº, 159, de 5 de julio).

Art. 1.057. El testador podrá encomendar por acto inter vivos o mortis causa para después de su muerte la simple facultad de hacer la partición a cualquier persona que no sea uno de los coherederos.

No habiendo testamento, contador-partidor en él designado o vacante el cargo, el Secretario judicial o el Notario, a petición de herederos y legatarios que representen, al menos, el 50 por 100 del haber hereditario, y con citación de los demás interesados, si su domicilio fuere conocido, podrá nombrar un contador-partidor dativo, según las reglas que la Ley de Enjuiciamiento Civil y del Notariado establecen para la designación de peritos. La partición así realizada requerirá aprobación del Secretario judicial o del Notario, salvo confirmación expresa de todos los herederos y legatarios.

Lo dispuesto en este artículo y en el anterior se observará aunque entre los coherederos haya alguno sujeto a patria potestad, tutela o curatela; pero el contador-partidor deberá en estos casos inventariar los bienes de la herencia, con citación de los representantes legales o curadores de dichas personas.

Redacción dada por Ley 15/2015, de 2 de julio, de la Jurisdicción Voluntaria (B.O.E. nº. 158 de 3 de julio).

Art. 1.058. Cuando el testador no hubiese hecho la partición, ni encomendado a otro esta facultad, si los herederos fueren mayores y tuvieren la libre administración de sus bienes, podrán distribuir la herencia de la manera que tengan por conveniente.

Arts. 1.061, 1.074, 1.080, 1.081, 1.255 y 1.258 C.C.

Art. 1.059. Cuando los herederos mayores de edad no se entendieren sobre el modo de hacer la partición, quedará a salvo su derecho para que lo ejerciten en la forma prevenida en la Ley de Enjuiciamiento Civil.

Arts. 782 y sigs. L.E.C.

Art. 1.060. Cuando los menores o personas con capacidad modificada judicialmente estén legalmente representados en la partición, no será necesaria la intervención ni la autorización judicial, pero el tutor necesitará aprobación judicial de la partición efectuada. El defensor judicial designado para representar a un menor o persona con capacidad modificada judicialmente en una partición, deberá obtener la aprobación del Juez, si el Secretario judicial no hubiera dispuesto otra cosa al hacer el nombramiento.

Redacción dada por Ley 15/2015, de 2 de julio, de la Jurisdicción Voluntaria (B.O.E. nº. 158 de 3 de julio).

Art. 1.061. En la partición de la herencia se ha de guardar la posible igualdad, haciendo lotes o adjudicando a cada uno de los coherederos cosas de la misma naturaleza, calidad o especie.

Arts. 832, 842 y 1.058 C.C.

Art. 1.062. Cuando una cosa sea indivisible o desmerezca mucho por su división, podrá adjudicarse a uno, a calidad de abonar el exceso en dinero.

Pero bastará que uno solo de los herederos pida su venta en pública subasta, y con admisión de licitadores extraños, para que así se haga.

Arts. 401, 404, 821, 822, 832, 841 a 847 y 1.056 C.C.; y 46 de la Ley de Reforma y Desarrollo Agrario, texto refundido aprobado por Decreto 118/1973, de 12 de enero (B.O.E. nº 30, de 3 de febrero).

Art. 1.063. Los coherederos deben abonarse recíprocamente en la partición las rentas y frutos que cada uno haya percibido de los bienes hereditarios, las impensas útiles y necesarias hechas en los mismos, y los daños ocasionados por malicia o negligencia.

Arts. 453 y 1.049 C.C.

Art. 1.064. Los gastos de partición hechos en interés común de todos los coherederos se deducirán de la herencia; los hechos en interés particular de uno de ellos, serán a cargo del mismo.

Art. 385 C.C.

Art. 1.065. Los títulos de adquisición o pertenencia serán entregados al coheredero adjudicatario de la finca o fincas a que se refieran.

Arts. 1.068 y 1.092 C.C.

Art. 1.066. Cuando el mismo título comprenda varias fincas adjudicadas a diversos coherederos, o una sola que se haya dividido entre dos o más, el título quedará en poder del mayor interesado en la finca o fincas, y se facilitarán a los otros copias fehacientes, a costa del caudal hereditario. Si el interés fuere igual, el título se entregará, a falta de acuerdo, a quien por suerte corresponda.

Siendo original, aquel en cuyo poder quede deberá también exhibirlo a los demás interesados cuando lo pidieren.

Reformado por Ley 11/1990, de 15 de octubre.

Art. 1.067. Si alguno de los herederos vendiere a un extraño su derecho hereditario antes de la partición, podrán todos o cualquiera de los coherederos subrogarse en lugar del comprador, reembolsándole el precio de la compra, con tal que lo verifiquen en término de un mes, a contar desde que esto se les haga saber.

Arts. 1.521 a 1.525 C.C.

Sección Tercera. De los efectos de la partición

Art. 1.068. La partición legalmente hecha confiere a cada heredero la propiedad exclusiva de los bienes que le hayan sido adjudicados.

Arts. 450, 609, 1.065 y 1.092 C.C.; 14 L.H.; 83 R.H.; Ley 19/1995, de 4 de julio, de Modernización de las Explotaciones Agrarias (B.O.E. 5 de julio).

Art. 1.069. Hecha la partición, los coherederos estarán recíprocamente obligados a la evicción y saneamiento de los bienes adjudicados.

Arts. 860 y 1.474 sigs. C.C.

Art. 1.070. La obligación a que se refiere el artículo anterior sólo cesará en los siguientes casos:

1.º Cuando el mismo testador hubiese hecho la partición, a no ser que aparezca, o racionalmente se presuma, haber querido lo contrario, y salva siempre la legítima.

2.º Cuando se hubiese pactado expresamente al hacer la partición.

3.º Cuando la evicción proceda de causa posterior a la partición, o fuere ocasionada por culpa del adjudicatario.

Arts. 675, 1.056 y 1.466 C.C.

Art. 1.071. La obligación recíproca de los coherederos a la evicción es proporcionada a su respectivo haber hereditario: pero, si alguno de ellos resultare insolvente, responderán de su parte los demás coherederos en la misma proporción, deduciéndose la parte correspondiente al que deba ser indemnizado.

Los que pagaren por el insolvente conservarán su acción contra él para cuando mejore de fortuna.

Art. 1.137 C.C.

Art. 1.072. Si se adjudicare como cobrable un crédito, los coherederos no responderán de la insolvencia posterior del deudor hereditario, y sólo serán responsables de su insolvencia al tiempo de hacerse la partición.

Por los créditos calificados de incobrables no hay responsabilidad; pero, si se cobran en todo o en parte, se distribuirá lo percibido proporcionalmente entre los herederos.

Arts. 1.526 a 1.536 C.C.; y 8-1 de la Ley 49/1981, de 24 de diciembre.

Sección Cuarta. De la rescisión de la partición

Art. 1.073. Las particiones pueden rescindirse por las mismas causas que las obligaciones.

Arts. 406, 1.290 a 1.299 y 1.708 C.C.

Art. 1.074. Podrán también ser rescindidas las particiones por causa de lesión en más de la cuarta parte, atendido el valor de las cosas cuando fueron adjudicadas.

Arts. 1.290 y 1.293 C.C.

Art. 1.075. La partición hecha por el difunto no puede ser impugnada por causa de lesión, sino en el caso de que perjudique la legítima de los herederos forzosos o de que aparezca, o racionalmente se presuma, que fue otra la voluntad del testador.

Arts. 1.056 y 1.070, núm. 1º C.C.

Art. 1.076. La acción rescisoria por causa de lesión durará cuatro años, contados desde que se hizo la partición.

Arts. 1.299, 1.434, 1.969 y 1.973 C.C.

Art. 1.077. El heredero demandado podrá optar entre indemnizar el daño o consentir que se proceda a nueva partición.

La indemnización puede hacerse en numerario o en la misma cosa en que resultó el perjuicio.

Si se procede a nueva partición, no alcanzará ésta a los que no hayan sido perjudicados ni percibido más de lo justo.

Arts. 1.106, 1.294 y 1.295 C.C.

Art. 1.078. No podrá ejercitar la acción rescisoria por lesión el heredero que hubiese enajenado el todo o una parte considerable de los bienes inmuebles que le hubieren sido adjudicados.

Art. 1.295 y 1.298 C.C.

Art. 1.079. La omisión de alguno o algunos objetos o valores de la herencia no da lugar a que se rescinda la partición por lesión, sino a que se complete o adicione con los objetos o valores omitidos.

Art. 1.080. La partición hecha con preterición de alguno de los herederos no se rescindirá, a no ser que se pruebe que hubo mala fe o dolo por parte de los otros interesados; pero éstos tendrán la obligación de pagar al preterido la parte que proporcionalmente le corresponda.

Art. 814 C.C.

Art. 1.081. La partición hecha con uno a quien se creyó heredero sin serlo, será nula.

Arts. 6 y 1.300 C.C.

Sección Quinta. Del pago de las deudas hereditarias

Art. 1.082. Los acreedores reconocidos como tales podrán oponerse a que se lleve a efecto la partición de la herencia hasta que se les pague o afiance el importe de sus créditos.

Arts. 782 y sigs. L.E.C.

Art. 1.083. Los acreedores de uno o más coherederos podrán intervenir a su costa en la partición para evitar que ésta se haga en fraude o perjuicio de sus derechos.

Art. 1.034 C.C.

Art. 1.084. Hecha la partición, los acreedores podrán exigir el pago de sus deudas por entero de cualquiera de los herederos que no hubiere aceptado la herencia a beneficio de inventario, o hasta donde alcance su porción hereditaria, en el caso de haberla admitido con dicho beneficio.

En uno y otro caso el demandado tendrá derecho a hacer citar y emplazar a sus coherederos, a menos que por disposición del testador, o a consecuencia de la partición, hubiere quedado él solo obligado al pago de la deuda.

Arts. 859, 1.029 y 1.137 a 1.148 C.C.; 45 L.H.

Art. 1.085. El coheredero que hubiese pagado más de lo que corresponda a su participación en la herencia, podrá reclamar de los demás su parte proporcional.

Esto mismo se observará cuando, por ser la deuda hipotecaria o consistir en cuerpo determinado, la hubiese pagado íntegramente. El adjudicatario, en este caso, podrá reclamar de sus coherederos sólo la parte proporcional, aunque el acreedor le haya cedido sus acciones y sufragándole en su lugar.

Arts. 867, 1.142 a 1.148 y 1.210 C.C.

Art. 1.086. Estando alguna de las fincas de la herencia gravada con renta o carga real perpetua, no se procederá a su extinción, aunque sea redimible, sino cuando la mayor parte de los coherederos lo acordare.

No acordándolo así, o siendo la carga irredimible, se rebajará su valor o capital del de la finca, y ésta pasará con la carga al que le toque en lote o por adjudicación.

Arts. 398, 405, 867, 1.604 a 1.664 y 1.802 a 1.808 C.C.

Art. 1.087. El coheredero acreedor del difunto puede reclamar de los otros el pago de su crédito, deducida su parte proporcional como tal heredero, y sin perjuicio de lo establecido en la sección quinta, capítulo V de este título.

Arts. 1.023-2º, 1.026 a 1.033 y 1.195 a 1.202 C.C.

LIBRO CUARTO
DE LAS OBLIGACIONES Y CONTRATOS

Real Decreto Legislativo 1/2007, de 16 de noviembre, por el que se aprueba el texto refundido de la Ley General para la Defensa de los Consumidores y Usuarios y otras leyes complementarias; Ley 41/1999, de 12 de noviembre, sobre sistemas de pagos y de liquidación de valores; Ley 16/1989, de 17 de julio, de Defensa de la Competencia, reformada por Ley 52/1999, de 28 de diciembre; Ley 16/2011, de 24 de junio, de contratos de Crédito al consumo; R.D. Legislativo 2/2000, de 16 de junio, por el que se aprueba el texto refundido de la Ley de Contratos de las Administraciones Públicas; Ley 7/1996, de 15 de enero, de Ordenación del Comercio Minorista; Ley 7/1998, de 13 de abril, de Condiciones Generales de la Contratación; Ley 28/1998, de 13 de julio, de Venta a Plazos de Bienes Muebles; Arts. 3 y 149 y sigs. Arts. 50 y ss y 244 y sigs. C. de c.; Decreto 1828/1999, de 3 de diciembre, que aprueba el Reglamento del Registro de Condiciones Generales de la Contratación; Real Decreto 1906/1999, de 17 de diciembre, por el que se regula la contratación telefónica o electrónica con condiciones generales en desarrollo del art. 5-3 de la Ley 7/1998, de condiciones generales de la contratación; Ley 3/2000, de 7 de enero, de régimen jurídico de la Protección de las Obtenciones Vegetales; Ley 40/2002, de 14 de noviembre, reguladora del contrato de aparcamiento de vehículos; Ley 34/2002, de 11 de julio, de servicios de la sociedad de la información y comercio electrónico; Ley 59/2003, de 19 de diciembre, de firma electrónica.

Título Primero. De las obligaciones

Capítulo Primero. Disposiciones generales

Art. 1.088. Toda obligación consiste en dar, hacer o no hacer alguna cosa.

Art. 149.1, 8ª C.E.

Art. 1.089. Las obligaciones nacen de la ley, de los contratos y cuasi contratos, y de los actos y omisiones ilícitos o en que intervenga cualquier género de culpa o negligencia.

Arts. 1.090. 1.091, 1.887 a 1901, 1.092, 1.093, 1.902 sigs. C.C.

Art. 1.090. Las obligaciones derivadas de la ley no se presumen. Sólo son exigibles las expresamente determinadas en este Código o en leyes especiales, y se regirán por los preceptos de la ley que las hubiere establecido; y, en lo que ésta no hubiere previsto, por las disposiciones del presente libro.

Art. 1.091. Las obligaciones que nacen de los contratos tienen fuerza de ley entre las partes contratantes, y deben cumplirse al tenor de los mismos.

Arts. 1.089, 1.256 a 1.258, 1.278 C.C.

Art. 1.092. Las obligaciones civiles que nazcan de los delitos o faltas se regirán por las disposiciones del Código Penal.

Vid. C.P.; arts. 100 a 117 L.E.Crim.

Art. 1.093. Las que se deriven de actos u omisiones en que intervenga culpa o negligencia no penadas por la ley, quedarán sometidas a las disposiciones del capítulo II del título XVI de este libro.

Arts. 1.902 a 1.910 C.C.

Capítulo II. De la naturaleza y efecto de las obligaciones

Art. 1.094. El obligado a dar alguna cosa lo está también a conservarla con la diligencia propia de un buen padre de familia.

Arts. 1.104, 1.183, 1.563, 1.625 C.C.

Art. 1.095. El acreedor tiene derecho a los frutos de la cosa desde que nace la obligación de entregarla. Sin embargo, no adquirirá derecho real sobre ella hasta que le haya sido entregada.

Arts. 354 a 357, 1.461 a 1.464, 1.468.2 C.C.

Art. 1.096. Cuando lo que deba entregarse sea una cosa determinada, el acreedor, independientemente del derecho que le otorga el artículo 1.101, puede compeler al deudor a que realice la entrega.

Si la cosa fuere indeterminada o genérica, podrá pedir que se cumpla la obligación a expensas del deudor.

Si el obligado se constituye en mora, o se halla comprometido a entregar una misma cosa a dos o más personas diversas, serán de su cuenta los casos fortuitos hasta que se realice la entrega.

Arts. 1.157, 1.167, 1.182, 1.452.3, 1.568, 1.744 C.C.

Art. 1.097. La obligación de dar cosa determinada comprende la de entregar todos sus accesorios, aunque no hayan sido mencionados.

Arts. 376 a 377 C.C.

Art. 1.098. Si el obligado a hacer alguna cosa no la hiciere, se mandará ejecutar a su costa.

Esto mismo se observará si la hiciere contraviniendo al tenor de la obligación. Además podrá decretarse que se deshaga lo mal hecho.

Art. 1.161 C.C.

Art. 1.099. Lo dispuesto en el párrafo segundo del artículo anterior se observará también cuando la obligación consista en no hacer y el deudor ejecutare lo que le había sido prohibido.

Art. 1.100. Incurren en mora los obligados a entregar o hacer alguna cosa desde que el acreedor les exija judicial o extrajudicialmente el cumplimiento de su obligación.

No será, sin embargo, necesaria la intimación del acreedor para que la mora exista:

1°. Cuando la obligación o la ley lo declaren así expresamente.

2°. Cuando de su naturaleza y circunstancias resulte que la designación de la época en que había de entregarse la cosa o hacerse el servicio, fue motivo determinante para establecer la obligación.

En las obligaciones recíprocas ninguno de los obligados incurre en mora si el otro no cumple o no se allana a cumplir debidamente lo que le incumbe. Desde que uno de los obligados cumple su obligación, empieza la mora para el otro.

Arts. 1.124, 1.628.1 C.C. Vid. Ley 15/2010, de 5 de julio, de modificación de la Ley 3/2004, de 29 de diciembre, por la que se establecen medidas de lucha contra la morosidad en las operaciones comerciales.

Art. 1.101. Quedan sujetos a la indemnización de los daños y perjuicios causados los que en el cumplimiento de sus obligaciones incurrieren en dolo, negligencia o morosidad, y los que de cualquier modo contravinieren al tenor de aquéllas.

Arts. 1.106 a 1.108, 1.568 C.C.

Art. 1.102. La responsabilidad procedente del dolo es exigible en todas las obligaciones. La renuncia de la acción para hacerla efectiva es nula.

Arts. 1.269, 1.301.2, 2º y 1.476 C.C.

Art. 1.103. La responsabilidad que proceda de negligencia es igualmente exigible en el cumplimiento de toda clase de obligaciones; pero podrá moderarse por los Tribunales según los casos.

Art. 1.104. La culpa o negligencia del deudor consiste en la omisión de aquella diligencia que exija la naturaleza de la obligación y corresponda a las circunstancias de las personas, del tiempo y del lugar.

Cuando la obligación no exprese la diligencia que ha de prestarse en su cumplimiento, se exigirá la que correspondería a un buen padre de familia.

Art. 1.105. Fuera de los casos expresamente mencionados en la ley, y de los en que así lo declare la obligación, nadie responderá de aquellos sucesos que no hubieran podido preverse, o que, previstos, fueran inevitables.

Arts. 1.094, 1.182 sigs., 1.575, 1.896 C.C.

Art. 1.106. La indemnización de daños y perjuicios comprende, no sólo el valor de la pérdida que haya sufrido, sino también el de la ganancia que haya dejado de obtener el acreedor, salvas las disposiciones contenidas en los artículos siguientes.

Arts. 1.101, 1.107 y 1.108 C.C.

Art. 1.107. Los daños y perjuicios de que responde el deudor de buena fe son los previstos o que se hayan podido prever al tiempo de constituirse la obligación y que sean consecuencia necesaria de su falta de cumplimiento.

En caso de dolo responderá el deudor de todos los que conocidamente se deriven de la falta de cumplimiento de la obligación.

Arts. 1.101, 1.102 C.C.

Art. 1.108. Si la obligación consistiere en el pago de una cantidad de dinero, y el deudor incurriere en mora, la indemnización de daños y perjuicios, no habiendo pacto en contrario, consistirá en el pago de los intereses convenidos, y a falta de convenio, en el interés legal.

Arts. 1.100, 1.755 4 C.C. Ley de represión de la usura de 23 de Julio de 1908. Ley 24/84 de 29 de Junio, que precisa que el interés legal del dinero se determinará aplicando el tipo básico del Banco de España vigente el día en que comience la mora del deudor, salvo que la Ley de Presupuestos Generales de Estado establezca un tipo diferente.

Art. 1.109. Los intereses vencidos devengan el interés legal desde que son judicialmente reclamados, aunque la obligación haya guardado silencio sobre este punto.

En los negocios comerciales se estará a lo que dispone el Código de Comercio.

Los Montes de Piedad y Cajas de Ahorro se regirán por sus reglamentos especiales.

Arts. 316 a 319, 341 C. de c.; 1.100, 1101, 1.108 C.C.

Art. 1.110. El recibo del capital por el acreedor, sin reserva alguna respecto a los intereses, extingue la obligación del deudor en cuanto a estos.

El recibo del último plazo de un débito, cuando el acreedor tampoco hiciere reservas, extinguirá la obligación en cuanto a los plazos anteriores.

Arts. 1.173 (excepción a esta norma) y 1.621 C.C.

Art. 1.111. Los acreedores, después de haber perseguido los bienes de que esté en posesión el deudor para realizar cuanto se les debe, pueden ejercitar todos los derechos y acciones de éste con el mismo fin, exceptuando los que sean inherentes a su persona; pueden también impugnar los actos que el deudor haya realizado en fraude de su derecho.

Arts. 6.2, 403, 643, 1.001, 1.082, 1.083 sigs., 1.391, 1.4092, 1.911 y 1.920 C.C.; 880, 881 y 890 C. de c.; arts. 71 a 73 L.Con.

Art. 1.112. Todos los derechos adquiridos en virtud de una obligación son transmisibles con sujeción a las leyes, si no se hubiese pactado lo contrario.

Arts. 1.526 a 1.536 C.C.

Capítulo III. De las diversas especies de obligaciones

Sección Primera. De las obligaciones puras y de las condicionales

Art. 1.113. Será exigible desde luego toda obligación cuyo cumplimiento no dependa de un suceso futuro o incierto, o de un suceso pasado, que los interesados ignoren.

También será exigible toda obligación que contenga condición resolutoria, sin perjuicio de los efectos de la resolución.

Arts. 23, 107-10, 142.1 y 2, 143 L.H., 51.6ª, 175. 6ª, 238, 239 R.H.

Art. 1.114. En las obligaciones condicionales la adquisición de los derechos, así como la resolución o pérdida de los ya adquiridos, dependerán del acontecimiento que constituya la condición.

Art. 1.115. Cuando el cumplimiento de la condición dependa de la exclusiva voluntad del deudor, la obligación condicional será nula. Si dependiere de la suerte o de la voluntad de un tercero, la obligación surtirá todos sus efectos con arreglo a las disposiciones de este Código.

Art. 1.256 C.C.

Art. 1.116. Las condiciones imposibles, las contrarias a las buenas costumbres y las prohibidas por la ley anularán la obligación que de ellas dependa.

La condición de no hacer una cosa imposible se tiene por no puesta.

Arts. 45.2, 792, 793.1, 794, 1.184 C.C.

Art. 1.117. La condición de que ocurra algún suceso en un tiempo determinado extinguirá la obligación desde que pasare el tiempo o fuere ya indudable que el acontecimiento no tendrá lugar.

Art. 1.118. La condición de que no acontezca algún suceso en tiempo determinado hace eficaz la obligación desde que pasó el tiempo señalado o sea ya evidente que el acontecimiento no puede ocurrir.

Si no hubiere tiempo fijado, la condición deberá reputarse cumplida en el que verosímilmente se hubiese querido señalar, atendida la naturaleza de la obligación.

Art. 1.119. Se tendrá por cumplida la condición cuando el obligado impidiese voluntariamente su cumplimiento.

Art. 798 C.C.

Art. 1.120. Los efectos de la obligación condicional de dar, una vez cumplida la condición, se retrotraen al día de la constitución de aquélla. Esto no obstante, cuando la obligación imponga recíprocas prestaciones a los interesados, se entenderán compensados unos con otros los frutos e intereses del tiempo en que hubiese estado pendiente la condición.

Si la obligación fuere unilateral, el deudor hará suyos los frutos e intereses percibidos, a menos que por la naturaleza y circunstancias de aquélla deba inferirse que fue otra la voluntad del que la constituyó.

En las obligaciones de hacer y de no hacer los Tribunales determinarán, en cada caso, el efecto retroactivo de la condición cumplida.

Art. 451 a 453 y 1.195 sigs. C.C.

Art. 1.121. El acreedor puede, antes del cumplimiento de las condiciones, ejercitar las acciones procedentes para la conservación de su derecho.

El deudor puede repetir lo que en el mismo tiempo hubiese pagado.

Art. 1.126 C.C.

Art. 1.122. Cuando las condiciones fueren puestas con el intento de suspender la eficacia de la obligación de dar, se observarán las reglas siguientes, en el caso de que la cosa mejore o se pierda o deteriore pendiente la condición:

1ª. Si la cosa se perdió sin culpa del deudor, quedará extinguida la obligación.

2ª. Si la cosa se perdió por culpa del deudor, éste queda obligado al resarcimiento de daños y perjuicios.

Entiéndese que la cosa se pierde cuando perece, queda fuera del comercio o desaparece de modo que se ignora su existencia, o no se puede recobrar.

3ª. Cuando la cosa se deteriora sin culpa del deudor, el menoscabo es de cuenta del acreedor.

4ª. Deteriorándose por culpa del deudor, el acreedor podrá optar entre la resolución de la obligación y su cumplimiento, con la indemnización de perjuicios en ambos casos.

5ª. Si la cosa se mejora por su naturaleza, o por el tiempo, las mejoras ceden en favor del acreedor.

6ª. Si se mejora a expensas del deudor, no tendrá éste otro derecho que el concedido al usufructuario.

Arts. 478, 609, 1.096, 1.104, 1.182, 1.452, 1.896 y 1.897 C.C.

Art. 1.123. Cuando las condiciones tengan por objeto resolver la obligación de dar, los interesados, cumplidas aquéllas, deberán restituirse lo que hubiesen percibido.

En el caso de pérdida, deterioro o mejora de la cosa, se aplicarán al que deba hacer la restitución las disposiciones que respecto al deudor contiene el artículo precedente.

En cuanto a las obligaciones de hacer y no hacer, se observará, respecto a los efectos de la resolución, lo dispuesto en el párrafo segundo del artículo 1.120.

Art. 1.124. La facultad de resolver las obligaciones se entiende implícita en las recíprocas, para el caso de que uno de los obligados no cumpliere lo que le incumbe.

El perjudicado podrá escoger entre exigir el cumplimiento o la resolución de la obligación, con el resarcimiento de daños y abono de intereses en ambos casos. También podrá pedir la resolución, aun después de haber optado por el cumplimiento, cuando éste resultare imposible.

El Tribunal decretará la resolución que se reclame, a no haber causas justificadas que le autoricen para señalar plazo.

Esto se entiende sin perjuicio de los derechos de terceros adquirentes, con arreglo a los artículos 1.295 y 1.298 y a las disposiciones de la Ley Hipotecaria.

Arts. 1.100, 1.101, 1.503, 1.504, 1.505 y 1.568 C.C.; 37 L.H.

Sección Segunda. De las obligaciones a plazo

Art. 1.125. Las obligaciones para cuyo cumplimiento se haya señalado un día cierto, sólo serán exigibles cuando el día llegue.

Entiéndese por día cierto aquel que necesariamente ha de venir, aunque se ignore cuándo.

Si la incertidumbre consiste en si ha de llegar o no el día, la obligación es condicional, y se regirá por las reglas de la sección precedente.

Arts. 1.915 C.C., 60 C. de c., 46 y 91 L.C.Ch. Vid. LJV.

Art. 1.126. Lo que anticipadamente se hubiese pagado en las obligaciones a plazo, no se podrá repetir.

Si el que pagó ignoraba, cuando lo hizo, la existencia del plazo, tendrá derecho a reclamar del acreedor los intereses o los frutos que éste hubiese percibido de la cosa.

Arts. 1.1.21, 1.895 a 1.901 C.C.

Art. 1.127. Siempre que en las obligaciones se designa un término, se presume establecido en beneficio de acreedor y deudor, a no ser que del tenor de aquellas o de otras circunstancias resultara haberse puesto en favor del uno o del otro.

Art. 1.128. Si la obligación no señalare plazo, pero de su naturaleza y circunstancia se dedujere que ha querido concederse al deudor, los Tribunales fijarán la duración de aquél.

También fijarán los Tribunales la duración del plazo cuando éste haya quedado a voluntad del deudor.

Arts. 1.500.2° y 1.581 C.C.

Art. 1.129. Perderá el deudor todo derecho a utilizar el plazo:

1°. Cuando, después de contraída la obligación, resulte insolvente, salvo que garantice la deuda.

2º. Cuando no otorgue al acreedor las garantías a que estuviese comprometido.

3º. Cuando por actos propios hubiese disminuido aquellas garantías después de establecidas, y cuando por caso fortuito desaparecieran, a menos que sean inmediatamente sustituidas por otras nuevas e igualmente seguras.

Art. 1.130. Si el plazo de la obligación está señalado por días a contar desde uno determinado, quedará éste excluido del cómputo, que deberá empezar en el día siguiente.

Art. 5 C.C. y 133 L.E.C.

Sección Tercera. De las obligaciones alternativas

Art. 1.131. El obligado alternativamente a diversas prestaciones debe cumplir por completo una de éstas.

El acreedor no puede ser compelido a recibir parte de una y parte de otra.

Art. 1.157 C.C.

Art. 1.132. La elección corresponde al deudor, a menos que expresamente se hubiese concedido al acreedor.

El deudor no tendrá derecho a elegir las prestaciones imposibles, ilícitas o que no hubieran podido ser objeto de la obligación.

Arts. 1.271 y 1.272 C.C.

Art. 1.133. La elección no producirá efecto sino desde que fuere notificada.

Art. 1.262. 2º C.C.

Art. 1.134. El deudor perderá el derecho de elección cuando de las prestaciones a que alternativamente estuviese obligado, sólo una fuere realizable.

Art. 1.135. El acreedor tendrá derecho a la indemnización de daños y perjuicios cuando por culpa del deudor hubiesen desaparecido todas las cosas que alternativamente fueron objeto de la obligación, o se hubiera hecho imposible el cumplimiento de ésta.

La indemnización se fijará tomando por base el valor de la última cosa que hubiese desaparecido, o el del servicio que últimamente se hubiera hecho imposible.

Arts. 1.101, 1.106 a 1.108 C.C.

Art. 1.136. Cuando la elección hubiere sido expresamente atribuida al acreedor, la obligación cesará de ser alternativa desde el día en que aquélla hubiese sido notificada al deudor.

Hasta entonces las responsabilidades del deudor se regirán por las siguientes reglas:

1ª. Si alguna de las cosas se hubiese perdido por caso fortuito, cumplirá entregando la que el acreedor elija entre las restantes, o la que haya quedado, si una sola subsistiera.

2ª. Si la pérdida de alguna de las cosas hubiese sobrevenido por culpa del deudor, el acreedor podrá reclamar cualquiera de las que subsistan, o el precio de la que, por culpa de aquél, hubiera desaparecido.

3ª. Si todas las cosas se hubiesen perdido por culpa del deudor, la elección del acreedor recaerá sobre su precio.

Las mismas reglas se aplicarán a las obligaciones de hacer o de no hacer, en el caso de que algunas o todas las prestaciones resultaren imposibles.

Arts. 1.104, 1.105, 1.1182 y 1.183 C.C.

Sección Cuarta. De las obligaciones mancomunadas y de las solidarias

Art. 1.137. La concurrencia de dos o más acreedores o de dos o más deudores en una sola obligación no implica que cada uno de aquéllos tenga derecho a pedir, ni cada uno de éstos deba prestar íntegramente las cosas objeto de la misma. Sólo habrá lugar a esto cuando la obligación expresamente lo determine, constituyéndose con el carácter de solidaria.

Art. 1.138. Si del texto de las obligaciones a que se refiere el artículo anterior no resulta otra cosa, el crédito o la deuda se presumirán divididos en tantas partes iguales como acreedores o deudores haya, reputándose créditos o deudas distintos unos de otros.

Art. 1.139. Si la división fuere imposible, sólo perjudicarán al derecho de los acreedores los actos colectivos de éstos y sólo podrá hacerse efectiva la deuda procediendo contra todos los deudores. Si alguno de éstos resultare insolvente, no estarán los demás obligados a suplir su falta.

Art. 1.150 C.C.

Art. 1.140. La solidaridad podrá existir aunque los acreedores y deudores no estén ligados del propio modo y por unos mismos plazos y condiciones.

Art. 1.141. Cada uno de los acreedores solidarios puede hacer lo que sea útil a los demás, pero no lo que les sea perjudicial.

Las acciones ejercitadas contra cualquiera de los deudores solidarios perjudicarán a todos éstos.

Arts. 1.974 y 1.251.3º C.C.

Art. 1.142. El deudor puede pagar la deuda a cualquiera de los acreedores solidarios; pero, si hubiere sido judicialmente demandado por alguno, a éste deberá hacer el pago.

Art. 1.143. La novación, compensación, confusión o remisión de la deuda, hechas por cualquiera de los acreedores solidarios o con cualquiera de los deudores de la misma clase, extinguen la obligación, sin perjuicio de lo dispuesto en el artículo 1.146.

El acreedor que haya ejecutado cualquiera de estos actos, así como el que cobre la deuda, responderá a los demás de la parte que les corresponde en la obligación.

Art. 1.144. El acreedor puede dirigirse contra cualquiera de los deudores solidarios o contra todos ellos simultáneamente. Las reclamaciones entabladas contra uno no serán obstáculo para las que posteriormente se dirijan contra los demás, mientras no resulte cobrada la deuda por completo.

Art. 1.145. El pago hecho por uno de los deudores solidarios extingue la obligación.

El que hizo el pago sólo puede reclamar de sus codeudores la parte que a cada uno corresponda, con los intereses del anticipo.

La falta de cumplimiento de la obligación por insolvencia del deudor solidario será suplida por sus codeudores, a prorrata de la deuda de cada uno.

Art. 1.210.3º C.C.

Art. 1.146. La quita o remisión hecha por el acreedor de la parte que afecte a uno de los deudores solidarios, no libra a éste de su responsabilidad para con los codeudores, en el caso de que la deuda haya sido totalmente pagada por cualquiera de ellos.

Art. 524 C. de c.

Art. 1.147. Si la cosa hubiese perecido o la prestación se hubiese hecho imposible sin culpa de los deudores solidarios, la obligación quedará extinguida.

Si hubiese mediado culpa de parte de cualquiera de ellos, todos serán responsables, para con el acreedor, del precio y de la indemnización de daños y abono de intereses, sin perjuicio de su acción contra el culpable o negligente.

Art. 1.182 C.C.

Art. 1.148. El deudor solidario podrá utilizar, contra las reclamaciones del acreedor, todas las excepciones que se deriven de la naturaleza de la obligación y las que le sean personales. De las que personalmente correspondan a los demás, sólo podrá servirse en la parte de deuda de que éstos fueren responsables.

Arts. 1.824, 1.853 y 1.974 C.C.

Sección Quinta. De las obligaciones divisibles y de las indivisibles

Art. 1.149. La divisibilidad o indivisibilidad de las cosas objeto de las obligaciones en que hay un solo deudor y un solo acreedor no altera ni modifica los preceptos del capítulo II de este título.

Arts. 1.094 a 1.112 C.C.

Art. 1.150. La obligación indivisible mancomunada se resuelve en indemnizar daños y perjuicios desde que cualquiera de los deudores falta a su compromiso. Los deudores que hubiesen estado dispuestos a cumplir los suyos, no contribuirán a la indemnización con más cantidad que la porción correspondiente del precio de la cosa o del servicio en que consistiere la obligación.

Arts. 1.139 y 1.147 C.C.

Art. 1.151. Para los efectos de los artículos que preceden, se reputarán indivisibles las obligaciones de dar cuerpos ciertos y todas aquellas que no sean susceptibles de cumplimiento parcial.

Las obligaciones de hacer serán divisibles cuando tengan por objeto la prestación de un número de días de trabajo, la ejecución de obras por unidades métricas, u otras cosas análogas que por su naturaleza sean susceptibles de cumplimiento parcial.

En las obligaciones de no hacer, la divisibilidad o indivisibilidad se decidirá por el carácter de la prestación en cada caso particular.

Art. 1.169 C.C.

Sección Sexta. De las obligaciones con cláusula penal

Art. 1.152. En las obligaciones con cláusula penal, la pena sustituirá a la indemnización de daños y al abono de intereses en caso de falta de cumplimiento, si otra cosa no se hubiere pactado.

Sólo podrá hacerse efectiva la pena cuando ésta fuere exigible conforme a las disposiciones del presente Código.

Arts. 1.1.06 a 1.1.09 C.C.

Art. 1.153. El deudor no podrá eximirse de cumplir la obligación pagando la pena, sino en el caso de que expresamente le hubiese sido reservado este derecho. Tampoco el acreedor podrá exigir conjuntamente el cumplimiento de la obligación y la satisfacción de la pena, sin que esta facultad le haya sido claramente otorgada.

Art. 56 C. de c.

Art. 1.154. El Juez modificará equitativamente la pena cuando la obligación principal hubiera sido en parte o irregularmente cumplida por el deudor.

Art. 1.103 C.C.

Art. 1.155. La nulidad de la cláusula penal no lleva consigo la de la obligación principal.

La nulidad de la obligación principal lleva consigo la de la cláusula penal.

Art. 1.824 C.C.

Capítulo IV. De la extinción de las obligaciones

Disposiciones generales

Art. 1.156. Las obligaciones se extinguen:

Por el pago o cumplimiento.

Por la pérdida de la cosa debida.

Por la condonación de la deuda.
Por la confusión de los derechos de acreedor y de deudor.
Por la compensación.
Por la novación.

Arts. 1.157 a 1.181 C.C., del pago; arts. 1.182 a 1.186 C.C., sobre la pérdida de la cosa debida; arts. 1.187 a 1.191 C.C., respecto de la condonación; arts. 1.192 a 1.194 C.C., respecto de la confusión; arts. 1.195 a 1.202 C.C., sobre la compensación; y, respecto de la novación, 1.203 a 1.213 C.C.

Sección Primera. Del pago

Art. 1.157. No se entenderá pagada una deuda sino cuando completamente se hubiese entregado la cosa o hecho la prestación en que la obligación consistía.

Arts. 1.094 a 1.099 C.C.

Art. 1.158. Puede hacer el pago cualquiera persona, tenga o no interés en el cumplimiento de la obligación, ya lo conozca y lo apruebe, o ya lo ignore el deudor.

El que pagare por cuenta de otro podrá reclamar del deudor lo que hubiese pagado, a no haberlo hecho contra su expresa voluntad.

En este caso, sólo podrá repetir del deudor aquello en que le hubiera sido útil el pago.

Arts. 1.161, 1.209 sigs. C.C.

Art. 1.159. El que pague en nombre del deudor, ignorándolo éste, no podrá compeler al acreedor a subrogarle en sus derechos.

Arts. 1.209 y 1.210 C.C.

Art. 1.160. En las obligaciones de dar no será válido el pago hecho por quien no tenga la libre disposición de la cosa debida y capacidad para enajenarla. Sin embargo, si el pago hubiere consistido en una cantidad de dinero o cosa fungible, no habrá repetición contra el acreedor que la hubiese gastado o consumido de buena fe.

Arts. 1.094 a 1.097, 1.462 a 1.473 y 1.897 a 1.899 C.C.

Art. 1.161. En las obligaciones de hacer el acreedor no podrá ser compelido a recibir la prestación o el servicio de un tercero, cuando la calidad y circunstancias de la persona del deudor se hubiesen tenido en cuenta al establecer la obligación.

Art. 1.162. El pago deberá hacerse a la persona en cuyo favor estuviese constituida la obligación, o a otra autorizada para recibirla en su nombre.

Art. 1.895 C.C.

Art. 1.163. El pago hecho a una persona incapacitada para administrar sus bienes será válido en cuanto se hubiere convertido en su utilidad.

También será válido el pago hecho a un tercero en cuanto se hubiere convertido en utilidad del acreedor.

Arts. 200 sigs., 1.304 C.C.

Art. 1.164. El pago hecho de buena fe al que estuviere en posesión del crédito, liberará al deudor.

Arts. 1.527, 1.895 a 1.901 C.C.

Art. 1.165. No será válido el pago hecho al acreedor por el deudor después de habérsele ordenado judicialmente la retención de la deuda.

Arts. 1.775 y 1.785 C.C.

Art. 1.166. El deudor de una cosa no puede obligar a su acreedor a que reciba otra diferente, aun cuando fuere de igual o mayor valor que la debida.

Tampoco en las obligaciones de hacer podrá ser sustituido un hecho por otro contra la voluntad del acreedor.

Art. 1.167. Cuando la obligación consista en entregar una cosa indeterminada o genérica, cuya calidad y circunstancias no se hubiesen expresado, el acreedor no podrá exigirla de la calidad superior, ni el deudor entregarla de la inferior.

Art. 1.273 C.C.

Art. 1.168. Los gastos extrajudiciales que ocasione el pago serán de cuenta del deudor. Respecto de los judiciales, decidirá el Tribunal con arreglo a la Ley de Enjuiciamiento civil.

Arts. 581 y sigs. L.E.C.

Art. 1.169. A menos que el contrato expresamente lo autorice, no podrá compelerse al acreedor a recibir parcialmente las prestaciones en que consista la obligación.

Sin embargo, cuando la deuda tuviere una parte líquida y otra ilíquida, podrá exigir el acreedor y hacer el deudor el pago de la primera sin esperar a que se liquide la segunda.

Art. 1.592 C.C.

Art. 1.170. El pago de las deudas de dinero deberá hacerse en la especie pactada, y, no siendo posible entregar la especie, en la moneda de plata u oro que tenga curso legal en España.

La entrega de pagarés a la orden, o letras de cambio u otros documentos mercantiles, sólo producirá los efectos del pago cuando hubiesen sido realizados, o cuando por culpa del acreedor se hubiesen perjudicado.

Entre tanto la acción derivada de la obligación primitiva quedará en suspenso.

Art. 1.754 C.C.; Ley 19/1985, de 16 de julio, Cambiaria y del Cheque; Ley 41/1999, de 12 de noviembre, sobre sistemas de pagos y de liquidación de valores; Ley 19/2003, de 4 de julio, sobre régimen jurídico de los movimientos de capitales y de las transacciones económicas con el exterior; Ley 10/2010, de 28 de abril, de prevención del blanqueo de capitales y de la financiación del terrorismo. Respecto al pago en moneda extranjera, vid. Ley 40/1979 de 10 de Diciembre sobre Régimen jurídico de Control de Cambios, modificada por la Ley Orgánica 10/1983, de 16 de agosto; Real Decreto 1816/1991, de 20 de diciembre, sobre Transacciones Económicas con el Exterior; Real Decreto 2660/1998, de 14 de diciembre, sobre el cambio de moneda extranjera en establecimientos abiertos al público distintos de las entidades de crédito.

Art. 1.171. El pago deberá ejecutarse en el lugar que hubiese designado la obligación.

No habiéndose expresado y tratándose de entregar una cosa determinada, deberá hacerse el pago donde ésta existía en el momento de constituirse la obligación.

En cualquier otro caso, el lugar del pago será el del domicilio del deudor.

Arts. 1.500, 1. 574, 1.615 y 1. 774 C.C.

De la imputación de pagos

Art. 1.172. El que tuviere varias deudas de una misma especie en favor de un solo acreedor, podrá declarar, al tiempo de hacer el pago, a cuál de ellas debe aplicarse.

Si aceptare del acreedor un recibo en que se hiciese la aplicación del pago, no podrá reclamar contra ésta, a menos que hubiera mediado causa que invalide el contrato.

Art. 1.684 C.C.

Art. 1.173. Si la deuda produce interés, no podrá estimarse hecho el pago por cuenta del capital mientras no estén cubiertos los intereses.

Art. 1.110 C.C.

Art. 1.174. Cuando no pueda imputarse el pago según las reglas anteriores, se estimará satisfecha la deuda más onerosa al deudor entre las que estén vencidas.

Si éstas fueren de igual naturaleza y gravamen, el pago se imputará a todas a prorrata.

Del pago por cesión de bienes

Art. 1.175. El deudor puede ceder sus bienes a los acreedores en pago de sus deudas. Esta cesión, salvo pacto en contrario, sólo libera a aquél de responsabilidad por el importe líquido de los bienes cedidos. Los convenios que sobre el efecto de la cesión se celebren entre el deudor y sus acreedores se ajustarán a las disposiciones del título XVII de este libro, y a lo que establece la Ley de Enjuiciamiento civil.

Arts. 1.911 a 1.929 C.C.; arts. 100-3 y 155-4 L. Con.

Del ofrecimiento del pago y de la consignación

RD 467/2006, de 21 de abril, por el que se regulan los depósitos y consignaciones judiciales en metálico, de efectos o valores, modificado por el Real Decreto 1273/2011, de 16 de septiembre.

Art. 1.176. Si el acreedor a quien se hiciere el ofrecimiento de pago conforme a las disposiciones que regulan éste, se negare, de manera expresa o de hecho, sin razón a admitirlo, a otorgar el documento justificativo de haberse efectuado o a la cancelación de la garantía, si la hubiere, el deudor quedará libre de responsabilidad mediante la consignación de la cosa debida.

La consignación por sí sola producirá el mismo efecto cuando se haga estando el acreedor ausente en el lugar en donde el pago deba realizarse, o cuando esté impedido para recibirlo en el momento en que deba hacerse, y cuando varias personas pretendan tener derecho a cobrar, sea el acreedor desconocido, o se haya extraviado el título que lleve incorporada la obligación.

En todo caso, procederá la consignación en todos aquellos supuestos en que el cumplimiento de la obligación se haga más gravoso al deudor por causas no imputables al mismo.

Redacción dada por Ley 15/2015, de 2 de julio, de la Jurisdicción Voluntaria (B.O.E. nº. 158 de 3 de julio).

Art. 1.177. Para que la consignación de la cosa debida libere al obligado, deberá ser previamente anunciada a las personas interesadas en el cumplimiento de la obligación.

La consignación será ineficaz si no se ajusta estrictamente a las disposiciones que regulan el pago.

Arts. 1.157 a 1.175 C.C.

Art. 1.178. La consignación se hará por el deudor o por un tercero, poniendo las cosas debidas a disposición del Juzgado o del Notario, en los términos previstos en la Ley de Jurisdicción Voluntaria o en la legislación notarial.

Redacción dada por Ley 15/2015, de 2 de julio, de la Jurisdicción Voluntaria (B.O.E. nº. 158 de 3 de julio).

Art. 1.179. Los gastos de la consignación, cuando fuere procedente, serán de cuenta del acreedor.

Art. 1.180. La aceptación de la consignación por el acreedor o la declaración judicial de que está bien hecha, extinguirá la obligación y el deudor podrá pedir que se mande cancelar la obligación y la garantía, en su caso.

Mientras tanto, el deudor podrá retirar la cosa o cantidad consignada, dejando subsistente la obligación.

Redacción dada por Ley 15/2015, de 2 de julio, de la Jurisdicción Voluntaria (B.O.E. nº. 158 de 3 de julio).

Art. 1.181. Si, hecha la consignación, el acreedor autorizase al deudor para retirarla, perderá toda preferencia que tuviere sobre la cosa. Los codeudores y fiadores quedarán libres.

Sección Segunda. De la pérdida de la cosa debida

Art. 1.182. Quedará extinguida la obligación que consista en entregar una cosa determinada cuando ésta se perdiere o destruyere sin culpa del deudor y antes de haberse éste constituido en mora.

Art. 1.183. Siempre que la cosa se hubiese perdido en poder del deudor, se presumirá que la pérdida ocurrió por su culpa y no por caso fortuito, salvo prueba en contrario y sin perjuicio de lo dispuesto en el artículo 1.096.

Art. 1.184. También quedará liberado el deudor en las obligaciones de hacer cuando la prestación resultare legal o físicamente imposible.

Art. 1.185. Cuando la deuda de cosa cierta y determinada procediere de delito o falta, no se eximirá el deudor del pago de su precio, cualquiera que hubiese sido el motivo de la pérdida, a menos que, ofrecida por él la cosa al que la debía recibir, éste se hubiese sin razón negado a aceptarla.

Art. 1.186. Extinguida la obligación por la pérdida de la cosa, corresponderán al acreedor todas las acciones que el deudor tuviere contra terceros por razón de ésta.

Sección Tercera. De la condonación de la deuda

Art. 1.187. La condonación podrá hacerse expresa o tácitamente.

Una y otra estarán sometidas a los preceptos que rigen las donaciones inoficiosas. La condonación expresa deberá, además, ajustarse a las formas de la donación.

Arts. 632, 633, 636 y 654 a 656 C.C.

Art. 1.188. La entrega del documento privado justificativo de un crédito, hecha voluntariamente por el acreedor al deudor, implica la renuncia de la acción que el primero tenía contra el segundo.

Si para invalidar esta renuncia se pretendiere que es inoficiosa, el deudor y sus herederos podrán sostenerla probando que la entrega del documento se hizo en virtud del pago de la deuda.

Art. 1.189. Siempre que el documento privado de donde resulte la deuda se hallare en poder del deudor, se presumirá que el acreedor lo entregó voluntariamente, a no ser que se pruebe lo contrario.

Art. 1.190. La condonación de la deuda principal extinguirá las obligaciones accesorias; pero la de éstas dejará subsistente la primera.

Art. 1.191. Se presumirá remitida la obligación accesoria de prenda, cuando la cosa pignorada, después de entregada al acreedor, se hallare en poder del deudor.

Art. 1.850 C.C.

Sección Cuarta. De la confusión de derechos

Art. 1.192. Quedará extinguida la obligación desde que se reúnan en una misma persona los conceptos de acreedor y de deudor.

Se exceptúa el caso en que esta confusión tenga lugar en virtud de título de herencia, si ésta hubiese sido aceptada a beneficio de inventario.

Art. 1.023 y 1.087 C.C.

Art. 1.193. La confusión que recae en la persona del deudor o del acreedor principal, aprovecha a los fiadores. La que se realiza en cualquiera de éstos no extingue la obligación.

Art. 1.848 C.C.

Art. 1.194. La confusión no extingue la deuda mancomunada sino en la porción correspondiente al acreedor o deudor en quien concurran los dos conceptos.

Arts. 1.087, 1.143 y 1.146 C.C.

Sección Quinta. De la compensación

Art. 1.195. Tendrá lugar la compensación cuando dos personas por derecho propio, sean recíprocamente acreedoras y deudoras la una de la otra.

Arts. 408 y 438 L.E.C.; art. 58 L. Con.

Art. 1.196. Para que proceda la compensación, es preciso:

1º Que cada uno de los obligados lo esté principalmente, y sea a la vez acreedor principal del otro.

2º Que ambas deudas consistan en una cantidad de dinero, o, siendo fungibles las cosas debidas, sean de la misma especie y también de la misma calidad, si ésta se hubiese designado.

3º Que las dos deudas estén vencidas.

4º Que sean líquidas y exigibles.

5º Que sobre ninguna de ellas haya retención o contienda promovida por terceras personas y notificada oportunamente al deudor.

Respecto de la regla 5ª, arts. 1.200, 1.754, 1.758, 1.768, 1.780 C.C. y 306 a 310 C.de c.; art. 58 L. Con.

Art. 1.197. No obstante lo dispuesto en el artículo anterior, el fiador podrá oponer la compensación respecto de lo que el acreedor debiere a su deudor principal.

Art. 1853 C.C.

Art. 1.198. El deudor, que hubiere consentido en la cesión de derechos hecha por un acreedor a favor de un tercero, no podrá oponer al cesionario la compensación que le correspondería contra el cedente.

Si el acreedor le hizo saber la cesión y el deudor no la consintió, puede oponer la compensación de las deudas anteriores a ella, pero no la de las posteriores.

Si la cesión se realiza sin conocimiento del deudor, podrá éste oponer la compensación de los créditos anteriores a ella y de los posteriores hasta que hubiese tenido conocimiento de la cesión.

Art. 1.199. Las deudas pagaderas en diferentes lugares pueden compensarse mediante indemnización de los gastos de transporte o cambio al lugar del pago.

Art. 1.171 C.C.

Art. 1.200. La compensación no procederá cuando alguna de las deudas proviniere de depósito o de las obligaciones del depositario o comodatario.

Tampoco podrá oponerse al acreedor por alimentos debidos por título gratuito.

Arts. 151, 1.743 sigs., 1.766 sigs. C.C.

Art. 1.201. Si una persona tuviere contra sí varias deudas compensables, se observará en el orden de la compensación lo dispuesto respecto a la imputación de pagos.

Arts. 1.172 a 1.174 C.C.

Art. 1.202. El efecto de la compensación es extinguir una y otra deuda en la cantidad concurrente, aunque no tengan conocimiento de ella los acreedores y deudores.

Art. 144 L.H. sobre la eficacia respecto de tercero.

Sección Sexta. De la novación

Art. 1.203. Las obligaciones pueden modificarse:

1º Variando su objeto o sus condiciones principales.

2º Sustituyendo la persona del deudor.

3º Subrogando a un tercero en los derechos de acreedor.

Arts. 1.205 y 1.206 respecto de la 2ª hipótesis y 1.209 a 1.213 respecto de la 3ª hipótesis.

Art. 1.204. Para que una obligación quede extinguida por otra que la sustituya, es preciso que así se declare terminantemente, o que la antigua y la nueva sean de todo punto incompatibles.

Art. 1.205. La novación, que consiste en sustituirse un nuevo deudor en lugar del primitivo, puede hacerse sin el conocimiento de éste, pero no sin el consentimiento del acreedor.

Art. 1.206. La insolvencia del nuevo deudor, que hubiese sido aceptado por el acreedor, no hará revivir la acción de éste contra el deudor primitivo, salvo que dicha insolvencia hubiese sido anterior y pública o conocida del deudor al delegar su deuda.

Art. 1.207. Cuando la obligación principal se extinga por efecto de la novación, sólo podrán subsistir las obligaciones accesorias en cuanto aprovechen a terceros que no hubiesen prestado su consentimiento.

Art. 1.208. La novación es nula si lo fuere también la obligación primitiva, salvo que la causa de nulidad sólo pueda ser invocada por el deudor, o que la ratificación convalide los actos nulos en su origen.

Arts. 1.309 a 1311 C.C.

Art. 1.209. La subrogación de un tercero en los derechos del acreedor no puede presumirse fuera de los casos expresamente mencionados en este Código.

En los demás será preciso establecerla con claridad para que produzca efecto.

Arts. 1.158 y 1.159 C.C.

Art. 1.210. Se presumirá que hay subrogación:

1º Cuando un acreedor pague a otro acreedor preferente.

2º Cuando un tercero, no interesado en la obligación, pague con aprobación expresa o tácita del deudor.

3º Cuando pague el que tenga interés en el cumplimiento de la obligación, salvos los efectos de la confusión en cuanto a la porción que le corresponda.

Art. 1.158 y 1.159 C.C.

Art. 1.211. El deudor podrá hacer la subrogación sin consentimiento del acreedor, cuando para pagar la deuda haya tomado prestado el dinero por escritura pública, haciendo constar su propósito en ella, y expresando en la carta de pago la procedencia de la cantidad pagada.

Vid. Ley 2/1994, de 30 de marzo, sobre Subrogación y Modificación de Préstamos Hipotecarios

Art. 1.212. La subrogación transfiere al subrogado el crédito con los derechos a él anexos, ya contra el deudor, ya contra los terceros, sean fiadores o poseedores de las hipotecas.

Art. 1.528 C.C.

Art. 1.213. El acreedor a quien se hubiere hecho un pago parcial, puede ejercitar su derecho por el resto con preferencia al que se hubiere subrogado en su lugar a virtud del pago parcial del mismo crédito.

Capítulo V. De la prueba de las obligaciones

Disposiciones generales

Los arts. 1.214, 1.215, 1.226 y 1.231 a 1.253 han sido derogados por la Disposición Derogatoria Única, 2-1º L.E.C.

Art. 1.214. *Derogado*

Art. 1.215. *Derogado*

Sección Primera. De los documentos públicos

Art. 1.216. Son documentos públicos los autorizados por un Notario o empleado público competente, con las solemnidades requeridas por la ley.

Vid. Arts. 143 y sigs. Reglamento Notarial, aprobado por Decreto de 2 de junio de 1944; R.D. Legislativo 781/1986 Art. 52. 1 otorga al libro de actas de las Entidades locales el carácter de instrumento público y solemne.

Art. 1.217. Los documentos en que intervenga Notario público se regirán por la legislación notarial.

Arts. 143 sigs. R.N.

Art. 1.218. Los documentos públicos hacen prueba, aun contra tercero, del hecho que motiva su otorgamiento y de la fecha de éste.

También harán prueba contra los contratantes y sus causahabientes, en cuanto a las declaraciones que en ellos hubiesen hecho los primeros.

Art. 1.219. Las escrituras hechas para desvirtuar otra escritura anterior entre los mismos interesados, sólo producirán efecto contra terceros cuando el contenido de aquéllas hubiese sido anotado en el registro público competente o al margen de la escritura matriz y del traslado o copia en cuya virtud hubiera procedido el tercero.

Art. 1230 C.C.; art. 178, 1º R.N.

Art. 1.220. Las copias de los documentos públicos de que exista matriz o protocolo, impugnadas por aquellos a quienes perjudiquen, sólo tendrán fuerza probatoria cuando hayan sido debidamente cotejadas.

Si resultare alguna variante entre la matriz y la copia, se estará al contenido de la primera.

Arts. 221 a 250 R.N.; arts. 82 y 83 L.C.Ch.

Art. 1.221. Cuando hayan desaparecido la escritura matriz, el protocolo, o los expedientes originales, harán prueba:

1º Las primeras copias, sacadas por el funcionario público que las autorizara.

2º Las copias ulteriores, libradas por mandato judicial, con citación de los interesados.

3º Las que, sin mandato judicial, se hubiesen sacado en presencia de los interesados y con su conformidad.

A falta de las copias mencionadas, harán prueba cualesquiera otras que tengan la antigüedad de treinta o más años, siempre que hubiesen sido tomadas del original por el funcionario que lo autorizó u otro encargado de su custodia.

Las copias de menor antigüedad, o que estuviesen autorizadas por funcionario público en quien no concurran las circunstancias mencionadas en el párrafo anterior, sólo servirán como un principio de prueba por escrito.

La fuerza probatoria de las copias de copia será apreciada por los Tribunales según las circunstancias.

Arts. 233 R.N.

Art. 1.222. La inscripción, en cualquier registro público, de un documento que haya desaparecido, será apreciada según las reglas de los dos últimos párrafos del artículo precedente.

Art. 1.223. La escritura defectuosa, por incompetencia del Notario o por otra falta en la forma, tendrá el concepto de documento privado, si estuviese firmada por los otorgantes.

Art. 1.224. Las escrituras de reconocimiento de un acto o contrato nada prueban contra el documento en que éstos hubiesen sido consignados, si por exceso u omisión se apartaren de él, a menos que conste expresamente la novación del primero.

De los documentos privados

Art. 1.225. El documento privado, reconocido legalmente, tendrá el mismo valor que la escritura pública entre los que lo hubiesen suscrito y sus causahabientes.

Arts. 45 a 49 del C.de c.

Art. 1.226. *Derogado*

Art. 1.227. La fecha de un documento privado no se contará respecto de terceros sino desde el día en que hubiese sido incorporado o inscrito en un registro público, desde la muerte de cualquiera de los que le firmaron, o desde el día en que se entregase a un funcionario público por razón de su oficio.

Art. 1.228. Los asientos, registros y papeles privados únicamente hacen prueba contra el que los ha escrito en todo aquello que conste con claridad; pero el que quiera aprovecharse de ellos habrá de aceptarlos en la parte que le perjudiquen.

Art. 1.229. La nota escrita o firmada por el acreedor a continuación, al margen o al dorso de una escritura que obre en su poder, hace prueba en todo lo que sea favorable al deudor.

Lo mismo se entenderá de la nota escrita o firmada por el acreedor al dorso, al margen o a continuación del duplicado de un documento o recibo que se halle en poder del deudor.

En ambos casos, el deudor que quiera aprovecharse de lo que le favorezca, tendrá que pasar por lo que le perjudique.

Art. 1.230. Los documentos privados hechos para alterar lo pactado en escritura pública, no producen efecto contra tercero.

Arts. 1.219, 1224 C.C.

Sección Segunda. De la confesión

Art. 1.231. *Derogado*

Art. 1.232. *Derogado*

Art. 1.233. *Derogado*

Art. 1.234. *Derogado*

Art. 1.235. *Derogado*

Art. 1.236. *Derogado*

Art. 1.237. *Derogado*

Art. 1.238. *Derogado*

Art. 1.239. *Derogado*

Sección Tercera. De la inspección personal del Juez

Art. 1.240. *Derogado*

Art. 1.241. *Derogado*

Sección Cuarta. De la prueba de peritos

Art. 1.242. *Derogado*

Art. 1.243. *Derogado*

Sección Quinta. De la prueba de testigos

Art. 1.244. *Derogado*

Art. 1.245. *Derogado*

Art. 1.246. *Derogado*

Art. 1.247. *Derogado*

Art. 1.248. *Derogado*

Sección Sexta. De las presunciones

Art. 1.249. *Derogado*

Art. 1.250. *Derogado*

Art. 1.251. *Derogado*

Art. 1.252. *Derogado*

Art. 1.253. *Derogado*

Título II. De los contratos

Real Decreto Legislativo 1/2007, de 16 de noviembre, por el que se aprueba el texto refundido de la Ley General para la Defensa de los Consumidores y Usuarios y otras leyes complementarias; **Ley 41/1999, de 12 de noviembre, sobre sistemas de pagos y de liquidación de valores;** Ley 16/1989, de 17 de julio, de Defensa de la Competencia, reformada por Ley 52/1999, de 28 de diciembre; Ley 16/2011, de 24 de junio, de contratos de Crédito al consumo; Ley 7/1996, de 15 de enero, de Ordenación del Comercio Minorista; Ley 7/1998, de 13 de abril, de Condiciones Generales de la Contratación; Ley 28/1998, de 13 de julio, de Venta a Plazos de Bienes Muebles; Ley 40/2002, de 14 de noviembre, reguladora del contrato de aparcamiento de vehículos; Ley 12/1992, de 27 de mayo, sobre Contrato de Agencia; Ley 60/2003, de 23 de diciembre, de Arbitraje; Ley 34/2002, de 11 de julio, de servicios de la sociedad de la información y comercio electrónico; Ley 59/2003, de 19 de diciembre, de firma electrónica; Real Decreto Legislativo 1/2010, de 2 de julio, por el que se aprueba el texto refundido de la Ley de Sociedades de Capital; **Ley 50/1980, de 8 de octubre, de Contrato de Seguro;** arts. 50 y ss y 244 y sigs. C. de c.; Decreto 1828/1999, de 3 de diciembre, que aprueba el Reglamento del Registro de Condiciones Generales de la Contratación; Real Decreto 1906/1999, de 17 de diciembre, por el que se regula la contratación telefónica o electrónica con condiciones generales en desarrollo del art. 5-3 de la Ley 7/1998, de condiciones generales de la contratación; Ley 3/2000, de 7 de enero, de régimen jurídico de la Protección de las Obtenciones Vegetales; **Ley 29/2002, de 30 de diciembre. Primera Ley del Código Civil de Cataluña;** Leyes 7 a 9, 17 y 488 y sigs. C.D.N.; R.D. Legislativo 2/2000, de 16 de junio, por el que se aprueba el texto refundido de la Ley de Contratos de las Administraciones Públicas; **Ley 30/2007, de 30 de octubre, de Contratos del Sector Público.**

Capítulo Primero. Disposiciones generales

Art. 1.254. El contrato existe desde que una o varias personas consienten en obligarse, respecto de otra u otras, a dar alguna cosa o prestar algún servicio.

Arts. 50 a 63 C.de c. Téngase en cuenta respecto de la contratación de las Corporaciones Locales R.D. Legislat. 781/1986, de 18 de Abril, Arts. 111 a 125.

Art. 1.255. Los contratantes pueden establecer los pactos, cláusulas y condiciones que tengan por conveniente, siempre que no sean contrarios a las leyes, a la moral ni al orden público.

Arts. 38 y 51 C.E.; arts. 1.116, 1.257 y 1328C.C. Vid. Real Decreto Legislativo 1/2007, de 16 de noviembre, por el que se aprueba el texto refundido de la Ley General para la Defensa de los Consumidores y Usuarios y otras leyes complementarias; Ley 16/2011, de 24 de junio, de Contratos de Crédito al Consumo; Ley 7/1996, de 15 de enero, de Ordenación del Comercio Minorista; Ley 7/1998, de 13 de abril, de Condiciones Generales de la Contratación

Art. 1.256. La validez y el cumplimiento de los contratos no pueden dejarse al arbitrio de uno de los contratantes.

Arts. 1.115, 1.124, 1.449, 1.594 y 1.733 C.C.; arts. 68 y sigs. L.C.U.

Art. 1.257. Los contratos sólo producen efecto entre las partes que los otorgan y sus herederos; salvo, en cuanto a éstos, el caso en que los derechos y obligaciones que proceden del contrato no sean transmisibles, o por su naturaleza o por pacto, o por disposición de la ley.

Si el contrato contuviere alguna estipulación en favor de un tercero, éste podrá exigir su cumplimiento siempre que hubiese hecho saber su aceptación al obligado antes de que haya sido aquélla revocada.

Arts. 619, 641, 642, 659, 1.091, 1.112, 1.766 y 1.803 C.C. Arts. 176, 2º y 178, 3 RN.

Art. 1.258. Los contratos se perfeccionan por el mero consentimiento, y desde entonces obligan, no sólo al cumplimiento de lo expresamente pactado, sino también a todas las consecuencias que, según su naturaleza, sean conformes a la buena fe, al uso y a la ley.

Arts. 1.254, 1.262 C.C. y 57 del C.de c.; arts. 61 y 65 y 80 y sigs. LCU

Art. 1.259. Ninguno puede contratar a nombre de otro sin estar por éste autorizado o sin que tenga por la ley su representación legal.

El contrato celebrado a nombre de otro por quién no tenga su autorización o representación legal será nulo, a no ser que lo ratifique la persona a cuyo nombre se otorgue antes de ser revocado por la parte contratante.

Arts. 1.888 a 1.894 C.C.

Art. 1.260. No se admitirá juramento en los contratos. Si se hiciere, se tendrá por no puesto.

Capítulo II. De los requisitos esenciales para la válidez de los contratos

Disposición general

Art. 1.261. No hay contrato sino cuando concurren los requisitos siguientes:

1º. Consentimiento de los contratantes.

2º. Objeto cierto que sea materia del contrato.

3º. Causa de la obligación que se establezca.

Arts. 1.262 a 1. 270 C.C. respecto del consentimiento; 1.271 a 1.273 C.C. sobre el objeto; 1. 274 a 1.277 C.C. sobre la causa. Arts. 59 y sigs. L.C.U.

Sección Primera. Del consentimiento

Art. 1.262. El consentimiento se manifiesta por el concurso de la oferta y de la aceptación sobre la cosa y la causa que han de constituir el contrato.

Hallándose en lugares distintos el que hizo la oferta y el que la aceptó, hay consentimiento desde que el oferente conoce la aceptación o desde que, habiéndosela remitido el aceptante, no pueda ignorarla sin faltar a la buena fe. El contrato, en tal caso, se presume celebrado en el lugar en que se hizo la oferta.

En los contratos celebrados mediante dispositivos automáticos hay consentimiento desde que se manifiesta la aceptación.

Redactado por la Ley 34/2002, de 11 de julio, de servicios de la sociedad de la información y de comercio electrónico.

Art. 1.263. No pueden prestar consentimiento:

1.º Los menores no emancipados, salvo en aquellos contratos que las leyes les permitan realizar por sí mismos o con asistencia de sus representantes, y los relativos a bienes y servicios de la vida corriente propios de su edad de conformidad con los usos sociales.

2.º Los que tienen su capacidad modificada judicialmente, en los términos señalados por la resolución judicial.

Redacción dada por Ley 26/2015, de 28 de julio, de modificación del sistema de protección a la infancia y a la adolescencia (B.O.E. nº. 180, de 29 de julio).
Arts. 46, 200, 222, 286, 294, 323, 1.329, 1.330, 1.459, 1.716, 1.914 C.C.

Art. 1.264. Lo previsto en el artículo anterior se entiende sin perjuicio de las prohibiciones legales o de los requisitos especiales de capacidad que las leyes puedan establecer.

Redacción dada por Ley 26/2015, de 28 de julio, de modificación del sistema de protección a la infancia y a la adolescencia (B.O.E. nº. 180, de 29 de julio).

Art. 1.265. Será nulo el consentimiento prestado por error, violencia, intimidación o dolo.

Arts. 1.266 C.C. para el error, 1.267 y 1.268 C.C. para la violencia y la intimidación y 1.269 y 1.270 C.C. para el dolo.

Art. 1.266. Para que el error invalide el consentimiento, deberá recaer sobre la sustancia de la cosa que fuere objeto del contrato, o sobre aquellas condiciones de la misma que principalmente hubiesen dado motivo a celebrarlo.

El error sobre la persona sólo invalidará el contrato cuando la consideración a ella hubiere sido la causa principal del mismo.

El simple error de cuenta sólo dará lugar a su corrección.

Arts. 63, 673, 743, 7671.301 y 73, 4º C.C.

Art. 1.267. Hay violencia cuando para arrancar el consentimiento se emplea una fuerza irresistible.

Hay intimidación cuando se inspira a uno de los contratantes el temor racional y fundado de sufrir un mal inminente y grave en su persona o bienes, o en la persona o bienes de su cónyuge, descendientes o ascendientes.

Para calificar la intimidación debe atenderse a la edad y a la condición de la persona.

El temor de desagradar a las personas a quienes se debe sumisión y respeto no anulará el contrato.

Reformado por Ley 11/1990, de 15 de octubre. Art. 172 C.P.

Art. 1.268. La violencia o intimidación anularán la obligación, aunque se hayan empleado por un tercero que no intervenga en el contrato.

Art. 1.301 CC. El párrafo tercero ha sido reformado por la Ley 11/1990, de 15 de octubre.

Art. 1.269. Hay dolo cuando, con palabras o maquinaciones insidiosas de parte de uno de los contratantes, es inducido el otro a celebrar un contrato que, sin ellas, no hubiera hecho.

Arts. 1.102 y 1.301 C.C.

Art. 1.270. Para que el dolo produzca la nulidad de los contratos, deberá ser grave y no haber sido empleado por las dos partes contratantes.

El dolo incidental sólo obliga al que lo empleó a indemnizar daños y perjuicios.

Arts. 1.484 a 1.499 C.C.

Sección Segunda. Del objeto de los contratos

Art. 1.271. Pueden ser objeto de contrato todas las cosas que no estén fuera del comercio de los hombres, aun las futuras.

Sobre la herencia futura no se podrá, sin embargo, celebrar otros contratos que aquéllos cuyo objeto sea practicar entre vivos la división de un caudal y otras disposiciones particionales, conforme a lo dispuesto en el artículo 1.056.

Pueden ser igualmente objeto de contrato todos los servicios que no sean contrarios a las leyes o a las buenas costumbres.

Párrafo segundo redacción dada por la derogada Ley 7/2003, de 1 de abril de la Sociedad Limitada Nueva Empresa, que modificó la también derogada Ley 2/1995, de 23 de marzo, de Sociedad de Responsabilidad Limitada. Arts. 816, 1.255, 1.813 y 1.814 C.C.

Art. 1.272. No podrán ser objeto de contrato las cosas o servicios imposibles.

Art. 1.182 y sigs. C.C.

Art. 1.273. El objeto de todo contrato debe ser una cosa determinada en cuanto a su especie. La indeterminación en la cantidad no será obstáculo para la existencia del contrato, siempre que sea posible determinarla sin necesidad de nuevo convenio entre los contratantes.

Art. 1.167 C.C.

Sección Tercera. De la causa de los contratos

Art. 1.274. En los contratos onerosos se entiende por causa, para cada parte contratante, la prestación o promesa de una cosa o servicio por la otra parte; en los remuneratorios, el servicio o beneficio que se remunera, y en los de pura beneficencia, la mera liberalidad del bienhechor.

Art. 618 C.C.

Art. 1.275. Los contratos sin causa, o con causa ilícita, no producen efecto alguno. Es ilícita la causa cuando se opone a las leyes o a la moral.

Arts. 767, 792, 1.116 y 1.305 C.C.

Art. 1.276. La expresión de una causa falsa en los contratos dará lugar a la nulidad, si no se probase que estaban fundados en otra verdadera y lícita.

Arts. 628, 767, 814, 1.219 y 1.301 C.C.

Art. 1.277. Aunque la causa no se exprese en el contrato, se presume que existe y que es lícita mientras el deudor no pruebe lo contrario.

Art. 1.214 C.C.

Capítulo III. De la eficacia de los contratos

Art. 1.278. Los contratos serán obligatorios, cualquiera que sea la forma en que se hayan celebrado, siempre que en ellos concurran las condiciones esenciales para su validez.

Arts. 645, 1.454, 1.479, 1. 483, 1.486, 1.818 y 1.819 C.C. Art. 51 C.de c. 99 y 164 de la Ley Cambiaria y del Cheque.

Art. 1.279. Si la ley exigiere el otorgamiento de escritura u otra forma especial para hacer efectivas las obligaciones propias de un contrato, los contratantes podrán compelerse recíprocamente a llenar aquella forma desde que hubiese intervenido el consentimiento y demás requisitos necesarios para su validez.

Arts. 63 y sigs. L.C.U.

Art. 1.280. Deberán constar en documento público:

1º. Los actos y contratos que tengan por objeto la creación, transmisión, modificación o extinción de derechos reales sobre bienes inmuebles.

2º. Los arrendamientos de estos mismos bienes por seis o más años, siempre que deban perjudicar a tercero.

3º. Las capitulaciones matrimoniales y sus modificaciones.

4º. La cesión, repudiación y renuncia de los derechos hereditarios o de los de la sociedad conyugal.

5º. El poder para contraer matrimonio, el general para pleitos y los especiales que deban presentarse en juicio; el poder para administrar bienes, y cualquier otro que tenga por objeto un acto redactado o que deba redactarse en escritura pública, o haya de perjudicar a tercero.

6º. La cesión de acciones o derechos procedentes de un acto consignado en escritura pública.

También deberán hacerse constar por escrito, aunque sea privado, los demás contratos en que la cuantía de las prestaciones de uno o de los dos contratantes exceda de 1.500 pesetas.

Capítulo IV. De la interpretación de los contratos

Art. 1.281. Si los términos de un contrato son claros y no dejan duda sobre la intención de los contratantes se estará al sentido literal de sus cláusulas.

Si las palabras parecieren contrarias a la intención evidente de los contratantes, prevalecerá ésta sobre aquéllas.

Art. 3 C.C.; arts. 80 y sigs. L.C.U.

Art. 1.282. Para juzgar de la intención de los contratantes, deberá atenderse principalmente a los actos de éstos, coetáneos y posteriores al contrato.

Art. 1.283. Cualquiera que sea la generalidad de los términos de un contrato, no deberán entenderse comprendidos en él cosas distintas y casos diferentes de aquellos sobre que los interesados se propusieron contratar.

Art. 1.258 C.C.

Art. 1.284. Si alguna cláusula de los contratos admitiere diversos sentidos, deberá entenderse en el más adecuado para que produzca efecto.

Art. 1.285. Las cláusulas de los contratos deberán interpretarse las unas por las otras, atribuyendo a las dudosas el sentido que resulte del conjunto de todas.

Art. 1.286. Las palabras que puedan tener distintas acepciones serán entendidas en aquella que sea más conforme a la naturaleza y objeto del contrato.

Arts. 346 y 347 C.C.

Art. 1.287. El uso o la costumbre del país se tendrán en cuenta para interpretar las ambigüedades de los contratos, supliendo en éstos la omisión de cláusulas que de ordinario suelen establecerse.

Art. 1.288. La interpretación de las cláusulas oscuras de un contrato no deberá favorecer a la parte que hubiese ocasionado la oscuridad.

Arts. 80 y sigs. L.C.U.

Art. 1.289. Cuando absolutamente fuere imposible resolver las dudas por las reglas establecidas en los artículos precedentes, si aquéllas recaen sobre circunstancias accidentales del contrato, y éste fuere gratuito, se resolverán en favor de la menor transmisión de derechos e intereses. Si el contrato fuere oneroso, la duda se resolverá en favor de la mayor reciprocidad de intereses.

Si las dudas de cuya resolución se trata en este artículo recayesen sobre el objeto principal del contrato, de suerte que no pueda venirse en conocimiento de cuál fue la intención o voluntad de los contratantes, el contrato será nulo.

Arts. 1.261 y 1.271 C.C. y 59 C. de c.

Capítulo V. De la rescisión de los contratos

Art. 1.290. Los contratos válidamente celebrados pueden rescindirse en los casos establecidos por la ley.

Arts. 406, 1.073, 1.335 y 1.708 C.C.; Leyes 19 y 489 C.D.N.; arts. 71 y sigs. L.Con.

Art. 1.291. Son rescindibles:

1º. Los contratos que pudieren celebrar los tutores sin autorización judicial, siempre que las personas a quienes representan hayan sufrido lesión en más de la cuarta parte del valor de las cosas que hubiesen sido objeto de aquéllos.

2º. Los celebrados en representación de los ausentes, siempre que éstos hayan sufrido la lesión a que se refiere el número anterior.

3º. Los celebrados en fraude de acreedores, cuando éstos no puedan de otro modo cobrar lo que se les deba.

4º. Los contratos que se refieran a cosas litigiosas, cuando hubiesen sido celebrados por el demandado sin conocimiento y aprobación de las partes litigantes o de la Autoridad judicial competente.

5º. Cualesquiera otros en que especialmente lo determine la ley.

Núm. 1º: Arts. 271, 272 y 304 C.C. Tras la Ley 13/1983, de 24 de octubre, ha sido suprimido el consejo de familia cuyas funciones desempeña actualmente al Juez.
Núm. 2º: Art. 1.296 C.C.
Núm. 3º: Arts. 643, 1.111, 1.297 y 1.298 C.C.; Ley 22 C.D.N.
Núm. 4º: Arts. 1.165 y 1.785 C.C.; 150 L.Con.
Núm. 5º: Arts. 1.074, 1.391, 1.433, 1.469, 1.479, 1.483, 1.486, 1.556, 1.558, 1.652, 1.818 y 1.819 C.C.; Leyes 499 a 507 C.D.N.

Art. 1.292. Son también rescindibles los pagos hechos en estado de insolvencia por cuenta de obligaciones a cuyo cumplimento no podía ser compelido el deudor al tiempo de hacerlos.

Arts. 1.111, 1.113 y 1.125 C.C.; arts. 71 y sigs. L.Con.

Art. 1.293. Ningún contrato se rescindirá por lesión, fuera de los casos mencionados en los números 1º. y 2º. del artículo 1.291.

Art. 1.290 C.C.

Art. 1.294. La acción de rescisión es subsidiaria; no podrá ejercitarse sino cuando el perjudicado carezca de todo otro recurso legal para obtener la reparación del perjuicio.

Arts. 1.111 y 1.291 núm. 3º C.C.

Art. 1.295. La rescisión obliga a la devolución de las cosas que fueron objeto del contrato con sus frutos, y del precio con sus intereses; en consecuencia, sólo podrá llevarse a efecto cuando el que la haya pretendido pueda devolver aquello a que por su parte estuviese obligado.

Tampoco tendrá lugar la rescisión cuando las cosas, objeto del contrato, se hallaren legalmente en poder de terceras personas que no hubiesen procedido de mala fe.

En este caso podrá reclamarse la indemnización de perjuicios al causante de la lesión.

Arts. 451 sigs. 464, 1.078, 1.289 y 1.303 C.C.; 34 y 37 L.H.; Ley 506 C.D.N.

Art. 1.296. La rescisión de que trata el número 2º del artículo 1.291 no tendrá lugar respecto de los contratos celebrados con autorización judicial.

Art. 1.297. Se presumen celebrados en fraude de acreedores todos aquellos contratos por virtud de los cuales el deudor enajenare bienes a título gratuito.

También se presumen fraudulentas las enajenaciones a título oneroso, hechas por aquellas personas contra las cuales se hubiese pronunciado antes sentencia condenatoria en cualquier instancia o expedido mandamiento de embargo de bienes.

Arts. 643, 1.111 y 1.259 C.c,; 37 L.H.

Art. 1.298. El que hubiese adquirido de mala fe las cosas enajenadas en fraude de acreedores, deberá indemnizar a éstos de los daños y perjuicios que la enajenación les hubiese ocasionado, siempre que por cualquier causa le fuere imposible devolverlas.

Arts. 1.295 y 1.434 C.C.; 37 L.H.

Art. 1.299. La acción para pedir la rescisión dura cuatro años.

Para las personas sujetas a tutela y para los ausentes, los cuatro años no empezarán hasta que hayan cesado la incapacidad de los primeros, o sea conocido el domicilio de los segundos.

Arts. 1.076 y 1.434 C.C.; Leyes 33 y 504 C.D.N.

Capítulo VI. De la nulidad de los contratos

Art. 1.300. Los contratos en que concurran los requisitos que expresa el artículo 1.261 pueden ser anulados, aunque no haya lesión para los contratantes, siempre que adolezcan de alguno de los vicios que los invalidan con arreglo a la ley.

Arts. 73, 4 y 5, 673, 767, 814, 862, 997, 1.265, 1.322 y 1.335 C.C.; arts. 83 y sigs. L.C.U.

Art. 1.301. La acción de nulidad sólo durará cuatro años.

Este tiempo empezará a correr:

En los casos de intimidación o violencia, desde el día en que éstas hubiesen cesado.

En los de error, o dolo, o falsedad de la causa, desde la consumación del contrato.

Cuando la acción se refiere a los contratos celebrados por los menores o incapacitados, desde que salieren de tutela.

Si la acción se dirigiese a invalidar actos o contratos realizados por uno de los cónyuges sin consentimiento del otro, cuando éste consentimiento fuere necesario, desde el día de la disolución de la sociedad conyugal o del matrimonio salvo que antes hubiese tenido conocimiento suficiente de dicho acto o contrato.

Arts. 76, 293, 323, 1.299, 1.322 C.C. y 93, 4º R.H.

Art. 1.302. Pueden ejercitar la acción de nulidad de los contratos los obligados principal o subsidiariamente en virtud de ellos. Las personas capaces no podrán, sin embargo, alegar la incapacidad de aquellos con quienes contrataron; ni los que causaron la intimidación o violencia, o emplearon el dolo o produjeron el error, podrán fundar su acción en éstos vicios del contrato.

Arts. 1.208, 1.268, 1.270, 1.311, 1.312, 1.824, 1.853 C.C.

Art. 1.303. Declarada la nulidad de una obligación, los contratantes deben restituirse recíprocamente las cosas que hubiesen sido materia del contrato, con sus frutos, y el precio con los intereses, salvo lo que se dispone en los artículos siguientes.

Arts. 451 a 458, 464, 1.108, 1.294, 1.295, 1.298 y 1.896 C.C. Art. 34 L.H.

Art. 1.304. Cuando la nulidad proceda de la incapacidad de uno de los contratantes, no está obligado el incapaz a restituir sino en cuanto se enriqueció con la cosa o precio que recibiera.

Art. 1.305. Cuando la nulidad provenga de ser ilícita la causa u objeto del contrato, si el hecho constituye un delito o falta común a ambos contratantes, carecerán de toda acción entre sí, y se procederá contra ellos, dándose, además, a las cosas o precio que hubiesen sido materia de contrato, la aplicación prevenida en el Código penal respecto a los efectos o instrumentos del delito o falta.

Esta disposición es aplicable al caso en que sólo hubiere delito o falta de parte de uno de los contratantes; pero el no culpado podrá reclamar lo que hubiese dado, y no estará obligado a cumplir lo que hubiera prometido.

Arts. 110 y sigs. y 128 C.P.

Art. 1.306. Si el hecho en que consiste la causa torpe no constituyere delito ni falta, se observarán las reglas siguientes:

1ª. Cuando la culpa esté de parte de ambos contratantes, ninguno de ellos podrá repetir lo que hubiera dado a virtud del contrato, ni reclamar el cumplimiento de lo que el otro hubiese ofrecido.

2ª. Cuando esté de parte de un sólo contratante, no podrá éste repetir lo que hubiese dado a virtud del contrato, ni pedir el cumplimiento de lo que se le hubiera ofrecido. El otro, que fuera extraño a la causa torpe, podrá reclamar lo que hubiera dado, sin obligación de cumplir lo que hubiera ofrecido.

Art. 1.307. Siempre que el obligado por la declaración de nulidad a la devolución de la cosa no pueda devolverla por haberse perdido, deberá restituir los frutos percibidos y el valor que tenía la cosa cuando se perdió, con los intereses desde la misma fecha.

Arts. 1.112, 1.182, 1.314 y 1.896 C.C.

Art. 1.308. Mientras uno de los contratantes no realice la devolución de aquello a que en virtud de la declaración de nulidad esté obligado, no puede el otro ser compelido a cumplir por su parte lo que le incumba.

Art. 1.100 C.C.

Art. 1.309. La acción de nulidad queda extinguida desde el momento en que el contrato haya sido confirmado válidamente.

Art. 1.310. Sólo son confirmables los contratos que reúnan los requisitos expresados en el artículo 1.261.

Art. 1.311. La confirmación puede hacerse expresa o tácitamente. Se entenderá que hay confirmación tácita cuando, con conocimiento de la causa de nulidad y habiendo ésta cesado, el que tuviese derecho a invocarla ejecutase un acto que implique necesariamente la voluntad de renunciarlo.

Art. 1.312. La confirmación no necesita el concurso de aquel de los contratantes a quien no correspondiese ejercitar la acción de nulidad.

Art. 1.313. La confirmación purifica al contrato de los vicios de que adoleciera desde el momento de su celebración.

Art. 1.314. También se extinguirá la acción de nulidad de los contratos cuando la cosa, objeto de éstos se hubiese perdido por dolo o culpa del que pudiera ejercitar aquélla.

Si la causa de la acción fuere la incapacidad de alguno de los contratantes, la pérdida de la cosa no será obstáculo para que la acción prevalezca, a menos que hubiese ocurrido por dolo o culpa del reclamante después de haber adquirido la capacidad.

Arts. 1.182, 1.183, 1.302 y 1.309 C.C.

Título III. Del régimen económico matrimonial

(Redactado conforme a la Ley 11/1981, de 13 de mayo, de reforma del Código civil).
Art. 9-3 C.C.; Disp. Trans. 10ª Ley 11/1981, de 13 de mayo, de reforma del Código civil. Arts. 85 a 96 R.H.

Vid. Ley 3/1992, de 1 de julio de Derecho Civil Foral del País Vasco (L.D.C.P.V.), arts. 93 a 111; Ley 25/2010, de 29 de julio, del libro segundo del Código civil de Cataluña, relativo a la persona y la familia (C.C.C.) arts. 231-1 y sigs.; Compilación del Derecho Civil de las Islas Baleares (Decreto Legislativo 79/1990, de 6 de septiembre, por el que se aprueba el texto refundido) (C.D.B.), arts. 3 a 5 y 66 a 68; Código del Derecho Foral de Aragón (Decreto Legislativo 1/2011, de 22 de marzo, del Gobierno de Aragón, por el que se aprueba, con el título de "Código del Derecho Foral de Aragón", el Texto Refundido de las Leyes civiles aragonesas) (C.D.A.), arts. 183 y sigs.; Compilación del Derecho Civil Foral de Navarra (Ley 1/1973, de 1 de marzo) (C.D.N.), Leyes 75 y sigs.; Ley 4/1995, de 24 de mayo, de Derecho civil de Galicia (L.D.C.G.), arts. 112 a 116; Ley (de la Generalitat Valenciana) 10/2007, de 20 de marzo, de la Generalitat, de Régimen Económico Matrimonial Valenciano.

Capítulo Primero. Disposiciones generales

Art. 1.315. El régimen económico del matrimonio será el que los cónyuges estipulen en capitulaciones matrimoniales, sin otras limitaciones que las establecidas en este Código.

Arts. 1.325 a 1.335 C.C.; arts. 12 y 22 C. de c.

Art. 1.316. A falta de capitulaciones o cuando éstas sean ineficaces, el régimen será el de la sociedad de gananciales.

Arts. 1.325 a 1.335 y 1.344 a 1.410 C.C.

Art. 1.317. La modificación del régimen económico matrimonial realizada durante el matrimonio no perjudicará en ningún caso los derechos ya adquiridos por terceros.

Arts. 1.325, 1.331 y 1.332 C.C.

Art. 1.318. Los bienes de los cónyuges están sujetos al levantamiento de las cargas del matrimonio.

Cuando uno de los cónyuges incumpliere su deber de contribuir al levantamiento de estas cargas, el Juez, a instancia del otro, dictará las medidas cautelares que estime convenientes a fin de asegurar su cumplimiento y los anticipos necesarios o proveer a las necesidades futuras.

Cuando un cónyuge carezca de bienes propios suficientes, los gastos necesarios causados en litigios que sostenga contra el otro cónyuge sin mediar mala fe o temeridad, o contra tercero si redundan en provecho de la familia, serán a cargo del caudal común y, faltando éste, se sufragarán a costa de los bienes propios del otro cónyuge cuando la posición económica de éste impida al primero, por imperativo de la Ley de Enjuiciamiento civil, la obtención del beneficio de justicia gratuita.

Arts. 103-3.ª y 1.438. Vid. Ley 1/1996, de 10 de enero de asistencia jurídica gratuita.

Art. 1.319. Cualquiera de los cónyuges podrá realizar los actos encaminados a atender las necesidades ordinarias de la familia, encomendadas a su cuidado, conforme al uso del lugar y a las circunstancias de la misma.

De las deudas contraídas en el ejercicio de esta potestad responderán solidariamente los bienes comunes y los del cónyuge que contraiga la deuda y, subsidiariamente, los del otro cónyuge.

El que hubiere aportado caudales propios para satisfacción de tales necesidades tendrá derecho a ser reintegrado de conformidad con su régimen matrimonial.

Arts. 1.365-1.º, 1.369 y 1.440-2 C.C.

Art. 1.320. Para disponer de los derechos sobre la vivienda habitual y los muebles de uso ordinario de la familia, aunque tales derechos pertenezcan a uno solo de los cónyuges, se requerirá el consentimiento de ambos o, en su caso, autorización judicial.

La manifestación errónea o falsa del disponente sobre el carácter de la vivienda no perjudicará al adquirente de buena fe.

Disposición transitoria 10 de la Ley 11/1981, de Reforma C.C.; arts. 7 y 12 L.A.U. (1994); 91 y 144-5 R.H.

Art. 1.321. Fallecido uno de los cónyuges, las ropas, el mobiliario y enseres que constituyan el ajuar de la vivienda habitual común de los esposos se entregarán al que sobreviva, sin computárselo en su haber.

No se entenderán comprendidos en el ajuar las alhajas, objetos artísticos, históricos y otros de extraordinario valor.

Arts. 1.346-7.º C.C.

Art. 1.322. Cuando la ley requiera para un acto de administración o disposición que uno de cónyuges actúe con el consentimiento del otro, los realizados sin él y que no hayan sido expresa o tácitamente confirmados podrán ser anulados a instancia del cónyuge cuyo consentimiento se haya omitido o de sus herederos.

No obstante, serán nulos los actos a título gratuito sobre bienes comunes si falta, en tales casos, el consentimiento del otro cónyuge.

Arts. 71, 1.300 a 1.314, 1.377 y 1.388 C.C.; art. 93 R.H.

Art. 1.323. Los cónyuges podrán transmitirse por cualquier título bienes y derechos y celebrar entre sí toda clase de contratos

Redacción dada por la Ley 13/2005, de 1 de julio, por la que se modifica el Código civil en materia de derecho a contraer matrimonio.

Art. 1.324. Para probar entre cónyuges que determinados bienes son propios de uno de ellos, será bastante la confesión del otro, pero tal confesión por sí sola no perjudicará a los herederos forzosos del confesante, ni a los acreedores, sean de la comunidad o de cada uno de los cónyuges.

Arts. 1.238, 1.355, 1.361 y 1.441 C.C.; y 95 R.H.

Capítulo II. De las capitulaciones matrimoniales

Vid. Ley 3/1992, de 1 de julio de Derecho Civil Foral del País Vasco (L.D.C.P.V.), arts. 93 a 111; Ley 25/2010, de 29 de julio, del libro segundo del Código civil de Cataluña, relativo a la persona y la familia (C.C.C.) arts. 231-1 y sigs.; Compilación del Derecho Civil de las Islas Baleares (Decreto Legislativo 79/1990, de 6 de septiembre, por el que se aprueba el texto refundido) (C.D.B.), arts. 3 a 5 y 66 a 68; Código del Derecho Foral de Aragón (Decreto Legislativo 1/2011, de 22 de marzo, del Gobierno de Aragón, por el que se aprueba, con el título de "Código del Derecho Foral de Aragón", el Texto Refundido de las Leyes civiles aragonesas) (C.D.A.), arts. 183 y sigs.; Compilación del Derecho Civil Foral de Navarra (Ley 1/1973, de 1 de marzo) (C.D.N.), Leyes 75 y sigs.; Ley 4/1995, de 24 de mayo, de Derecho civil de Galicia (L.D.C.G.), arts. 112 a 116; Ley (de la Generalitat Valenciana) 10/2007, de 20 de marzo, de la Generalitat, de Régimen Económico Matrimonial Valenciano.

Art. 1.325. En capitulaciones matrimoniales podrán los otorgantes estipular, modificar o sustituir el régimen económico de su matrimonio o cualesquiera otras disposiciones por razón del mismo.

Arts. 831, 1.315, 1.317, 1.331, 1.332, 1.338, 1.341, 1.392-4.º y 1.435-2.º C.C.; 186 y 266 R.R.C. Arts. 12 y 22 C. de c. y 87, 92 y 93 R.R.M.

Art. 1.326. Las capitulaciones matrimoniales podrán otorgarse antes y después de celebrado el matrimonio.

Arts. 1.329, 1.334 y 1.341 C.C.

Art. 1.327. Para su validez, las capitulaciones habrán de constar en escritura pública.

Arts. 1.280-3.º C.C.

Art. 1.328. Será nula cualquier estipulación contraria a las Leyes o a las buenas costumbres o limitativa de la igualdad de derechos que corresponda a cada cónyuge.

Arts. 14 y 32 C.E.

Art. 1.329. El menor no emancipado que con arreglo a la Ley pueda casarse podrá otorgar capitulaciones, pero necesitará el concurso y consentimiento de sus padres o tutor, salvo que se limite a pactar el régimen de separación o el de participación.

Redactado conforme Ley Orgánica 1/1996, de 15 de enero, de Protección Jurídica del Menor. Arts. 46-1.º, 48, 1.338 y 1.411 a 1.444 C.C.

Art. 1.330. El incapacitado judicialmente sólo podrá otorgar capitulaciones matrimoniales con la asistencia de sus padres, tutor o curador.

Redactado conforme Ley Orgánica 1/1996, de 15 de enero, de Protección Jurídica del Menor.

Art. 1.331. Para que sea válida la modificación de las capitulaciones matrimoniales deberá realizarse con la asistencia y concurso de las personas que en éstas intervinieron como otorgantes si vivieren y la modificación afectare a derechos concedidos por tales personas.

Arts. 1.280-3.º,1.317 y 1.325 C.C.

Art. 1.332. La existencia de pactos modificativos de anteriores capitulaciones se indicará mediante nota en la escritura que contenga la anterior estipulación y el Notario lo hará constar en las copias que expida.

Arts. 1.280-3.º, 1.317 y 1.325 C.C.; 266 R.R.C.

Art. 1.333. En toda inscripción de matrimonio en el Registro Civil se hará mención, en su caso, de las capitulaciones matrimoniales que se hubieren otorgado, así como de los pactos, resoluciones judiciales y demás hechos que modifiquen el régimen económico del matrimonio. Si aquéllas o éstos afectaren a inmuebles, se tomará razón en el Registro de la Propiedad, en la forma y a los efectos previstos en la Ley Hipotecaria.

Arts. 102 y 1.436 C.C.; 77 L.R.C.; 264 y 265 R.R.C.; 26 L.H.; 75 R.H.; 21-9.º C. de c.; y 76-7.º y 78 a 81 del R.R.M.

Art. 1.334. Todo lo que se estipule en capitulaciones bajo el supuesto de futuro matrimonio quedará sin efecto en el caso de no contraerse en el plazo de un año.

Arts. 42, 43, 1.326 y 1.342 C.C.; 75 y 77-2 R.H.

Art. 1.335. La invalidez de las capitulaciones matrimoniales se regirá por las reglas generales de los contratos. Las consecuencias de la anulación no perjudicarán a terceros de buena fe.

Arts. 1.295, 1.298 y 1.300 a 1.314 y 1.317 C.C.; y 75 R.H.

Capítulo III. De las donaciones por razón de matrimonio

Art. 1.336. Son donaciones por razón de matrimonio las que cualquier persona hace, antes de celebrarse, en consideración al mismo y en favor de uno o de los dos esposos.

Art. 1.337. Estas donaciones se rigen por las reglas ordinarias en cuanto no se modifiquen por los artículos siguientes.

Arts. 618 a 656 C.C.

Art. 1.338. El menor no emancipado que con arreglo a la Ley pueda casarse, también puede en capitulaciones matrimoniales o fuera de ellas, hacer donaciones por razón de su matrimonio, con la autorización de sus padres o del tutor. Para aceptarlas, se estará a lo dispuesto en el título II del libro III de este Código.

Redactado por Ley 1/1996, de 15 de enero. Arts. 46-1.º, 48, 323, 625 a 633, 1.325 y 1.329 C.C.

Art. 1.339. Los bienes donados conjuntamente a los esposos pertenecerán a ambos en pro indiviso ordinario y por partes iguales, salvo que el donante haya dispuesto otra cosa.

Arts. 392 sigs. y 637 C.C.

Art. 1.340. El que diere o prometiere por razón de matrimonio sólo estará obligado a saneamiento por evicción o vicios ocultos si hubiere actuado con mala fe.

Arts. 638 y 1.474 a 1.483 C.C.

Art. 1.341. Por razón de matrimonio los futuros esposos podrán donarse bienes presentes.

Igualmente podrán donarse antes del matrimonio en capitulaciones bienes futuros, sólo para el caso de muerte, y en la medida marcada por las disposiciones referentes a la sucesión testada.

Arts. 620, 635 y 1.271-1 C.C.

Art. 1.342. Quedarán sin efecto las donaciones por razón de matrimonio si no llegara a contraerse en el plazo de un año.

Arts. 1.334 C.C.

Art. 1.343. Estas donaciones serán revocables por las causas comunes, excepto la supervivencia o superveniencia de hijos.

En las otorgadas por terceros, se reputará incumplimiento de cargas, además de cualesquiera otras específicas a que pudiera haberse subordinado la donación, la anulación del matrimonio por cualquier causa, la separación y el divorcio si al cónyuge donatario le fueren imputables, según la sentencia, los hechos que los causaron.

En las otorgadas por los contrayentes, se reputará incumplimiento de cargas, además de las específicas, la anulación del matrimonio si el donatario hubiere obrado de mala fe. Se estimará ingratitud, además de los supuestos legales, el que el donatario incurra en causa de desheredación del artículo 855 o le sea imputable, según la sentencia, la causa de separación o divorcio.

Arts. 73, 82, 86 y 644 a 653 C.C.

Capítulo IV. De la sociedad de gananciales

Sección Primera. Disposiciones generales

Art. 1.344. Mediante la sociedad de gananciales se hacen comunes para los cónyuges las ganancias o beneficios obtenidos indistintamente por cualquiera de ellos, que les serán atribuidos por mitad al disolverse aquella.

Redacción dada por la Ley 13/2005, de 1 de julio, por la que se modifica el Código civil en materia de derecho a contraer matrimonio.

Art. 1.345. La sociedad de gananciales empezará en el momento de la celebración del matrimonio o, posteriormente, al tiempo de pactarse en capitulaciones.

Arts. 1.316 C.C.

Sección Segunda. De los bienes privativos y comunes

Art. 1.346. Son privativos de cada uno de los cónyuges:

1.º Los bienes y derechos que le pertenecieran al comenzar la sociedad.

2.º Los que adquiera después por título gratuito.

3.º Los adquiridos a costa o en sustitución de bienes privativos.

4.º Los adquiridos por derecho de retracto perteneciente a uno solo de los cónyuges.

5.º Los bienes y derechos patrimoniales inherentes a la persona y los no transmisibles inter vivos.

6.º El resarcimiento por daños inferidos a la persona de uno de los cónyuges o a sus bienes privativos.

7.º Las ropas y objetos de uso personal que no sean de extraordinario valor.

8.º Los instrumentos necesarios para el ejercicio de la profesión u oficio, salvo cuando éstos sean parte integrante o pertenencias de un establecimiento o explotación de carácter común.

Los bienes mencionados en los apartados 4.º y 8.º no perderán su carácter de privativos por el hecho de que su adquisición se haya realizado con fondos comunes; pero, en este caso, la sociedad será acreedora del cónyuge propietario por el valor satisfecho.

Arts. 1.321, 1.324, 1.353, 1.357, 1.361 y 1.406 C.C.; 95 R.H.

Art. 1.347. Son bienes gananciales:

1.º Los obtenidos por el trabajo o la industria de cualquiera de los cónyuges.

2.º Los frutos, rentas o intereses que produzcan tanto los bienes privativos como los gananciales.

3.º Los adquiridos a título oneroso a costa del caudal común, bien se haga la adquisición para la comunidad, bien para uno solo de los esposos.

4.º Los adquiridos por derecho de retracto de carácter ganancial, aun cuando lo fueran con fondos privativos, en cuyo caso la sociedad será deudora del cónyuge por el valor satisfecho.

5.º Las Empresas y establecimientos fundados durante la vigencia de la sociedad por uno cualquiera de los cónyuges a expensas de los bienes comunes. Si a la formación de la Empresa o establecimiento concurren capital privativo y capital común, se aplicará lo dispuesto en el artículo 1.354.

Arts. 1.324, 1.348 a 1.351, 1.355, 1.361 y 1.381 C.C.

Art. 1.348. Siempre que pertenezca privativamente a uno de los cónyuges una cantidad o crédito pagadero en cierto número de años, no serán gananciales las sumas que se cobren en los plazos vencidos durante el matrimonio, sino que se estimarán capital de uno u otro cónyuge, según a quien pertenezca el crédito.

Redacción dada por la Ley 13/2005, de 1 de julio, por la que se modifica el Código civil en materia de derecho a contraer matrimonio.

Art. 1.349. El derecho de usufructo o de pensión, perteneciente a uno de los cónyuges, formará parte de sus bienes propios; pero los frutos, pensiones o intereses devengados durante el matrimonio serán gananciales.

Arts. 1.347-2.º y 1.381 C.C.

Art. 1.350. Se reputarán gananciales las cabezas de ganado que al disolverse la sociedad excedan del número aportado por cada uno de los cónyuges con carácter privativo.

Arts. 357 y 1.347-2.º C.C.

Art. 1.351. Las ganancias obtenidas por cualquiera de los cónyuges en el juego o las procedentes de otras causas que eximan de la restitución pertenecerán a la sociedad de gananciales.

Redacción dada por la Ley 13/2005, de 1 de julio, por la que se modifica el Código civil en materia de derecho a contraer matrimonio.

Art. 1.352. Las nuevas acciones u otros títulos o participaciones sociales suscritos como consecuencia de la titularidad de otros privativos serán también privativos. Asimismo lo serán las cantidades obtenidas por la enajenación del derecho a suscribir.

Si para el pago de la suscripción se utilizaren fondos comunes o se emitieran las acciones con cargo a los beneficios, se reembolsará el valor satisfecho.

Art. 1.354 C.C.

Art. 1.353. Los bienes donados o dejados en testamento a los cónyuges conjuntamente y sin especial designación de partes, constante la sociedad, se entenderán gananciales, siempre que la liberalidad fuere aceptada por ambos y el donante o testador no hubiere dispuesto lo contrario.

Arts. 637, 675, 995 y 1.339 C.C.; y 93-1 R.H.

Art. 1.354. Los bienes adquiridos mediante precio o contraprestación, en parte ganancial y en parte privativo, corresponderán pro indiviso a la sociedad de gananciales y al cónyuge o cónyuges en proporción al valor de las aportaciones respectivas.

Arts. 392 sigs., 1.347-5.º, 1.352, 1.357 y 1.358 C.C.

Art. 1.355. Podrán los cónyuges, de común acuerdo, atribuir la condición de gananciales a los bienes que adquieran a título oneroso durante el matrimonio, cualquiera que sea la procedencia del precio o contraprestación y la forma y plazos en que se satisfaga.

Si la adquisición se hiciere en forma conjunta y sin atribución de cuotas, se presumirá su voluntad favorable al carácter ganancial de tales bienes.

Arts. 1.324, 1.361, 1.370 y 1.441 C.C.

Art. 1.356. Los bienes adquiridos por uno de los cónyuges, constante la sociedad, por precio aplazado, tendrán naturaleza ganancial si el primer desembolso tuviera tal carácter, aunque los plazos restantes se satisfagan con dinero privativo. Si el primer desembolso tuviere carácter privativo, el bien será de esta naturaleza.

Arts. 1.370 C.C.; y 95 R.H.

Art. 1.357. Los bienes comprados a plazos por uno de los cónyuges antes de comenzar la sociedad tendrán siempre carácter privativo, aun cuando la totalidad o parte del precio aplazado se satisfaga con dinero ganancial.

Se exceptúan la vivienda y ajuar familiares, respecto de los cuales se aplicará el artículo 1.354.

Arts. 1.320 y 1.370 C.C.; 91 y 95 R.H.

Art. 1.358. Cuando conforme a este Código los bienes sean privativos o gananciales, con independencia de la procedencia del caudal con que la adquisición se realice, habrá de reembolsarse el valor satisfecho a costa, respectivamente, del caudal común o del propio, mediante el reintegro de su importe actualizado al tiempo de la liquidación.

Art. 1.354 C.C.

Art. 1.359. Las edificaciones, plantaciones y cualesquiera otras mejoras que se realicen en los bienes gananciales y en los privativos tendrán el carácter correspondiente a los bienes que afecten, sin perjuicio del reembolso del valor satisfecho.

No obstante, si la mejora hecha en bienes privativos fuese debida a la inversión de fondos comunes o a la actividad de cualquiera de los cónyuges, la sociedad será acreedora del aumento del valor que los bienes tengan como consecuencia de la mejora, al tiempo de la disolución de la sociedad o de la enajenación del bien mejorado.

Art. 358 C.C.

Art. 1.360. Las mismas reglas del artículo anterior se aplicarán a los incrementos patrimoniales incorporados a una explotación, establecimiento mercantil u otro género de empresa.

Art. 1.361. Se presumen gananciales los bienes existentes en el matrimonio mientras no se pruebe que pertenecen privativamente a uno de los dos cónyuges.

Redacción dada por la Ley 13/2005, de 1 de julio, por la que se modifica el Código civil en materia de derecho a contraer matrimonio.

Sección Tercera. De las cargas y obligaciones de la sociedad de gananciales

Art. 1.362. Serán de cargo de la sociedad de gananciales los gastos que se originen por alguna de las siguientes causas:

1.º El sostenimiento de la familia, la alimentación y educación de los hijos comunes y las atenciones de previsión acomodadas a los usos y a las circunstancias de la familia.

La alimentación y educación de los hijos de uno solo de los cónyuges correrá a cargo de la sociedad de gananciales cuando convivan en el hogar familiar. En caso contrario, los gastos derivados de estos conceptos serán sufragados por la sociedad de gananciales, pero darán lugar a reintegro en el momento de la liquidación.

2.º La adquisición, tenencia y disfrute de los bienes comunes.

3.º La administración ordinaria de los bienes privativos de cualquiera de los cónyuges.

4.º La explotación regular de los negocios o el desempeño de la profesión, arte u oficio de cada cónyuge.

Arts. 39-2 C.E.; 110, 149, 1.318, 1.365, 1.368 y 1.382 C.C.

Art. 1.363. Serán también de cargo de la sociedad las cantidades donadas o prometidas por ambos cónyuges de común acuerdo, cuando no hubiesen pactado que hayan de satisfacerse con los bienes privativos de uno de ellos en todo o en parte.

Art. 1.364. El cónyuge que hubiere aportado bienes privativos para los gastos o pagos que sean de cargo de la sociedad tendrá derecho a ser reintegrado del valor a costa del patrimonio común.

Art. 1.319-3 C.C.

Art. 1.365. Los bienes gananciales responderán directamente frente al acreedor de las deudas contraídas por un cónyuge:

1.º En el ejercicio de la potestad doméstica o de la gestión o disposición de gananciales, que por ley o por capítulos le corresponda.

2.º En el ejercicio ordinario de la profesión, arte u oficio o en la administración ordinaria de los propios bienes. Si uno de los cónyuges fuera comerciante, se estará a lo dispuesto en el Código de Comercio.

Redacción dada por la Ley 13/2005, de 1 de julio, por la que se modifica el Código civil en materia de derecho a contraer matrimonio.

Art. 1.366. Las obligaciones extracontractuales de un cónyuge, consecuencia de su actuación en beneficio de la sociedad conyugal o en el ámbito de la administración de los bienes, serán de la responsabilidad y cargo de aquélla, salvo si fuesen debidas a dolo o culpa grave del cónyuge deudor.

Arts. 1902 sigs. y 1.911 C.C.

Art. 1.367. Los bienes gananciales responderán en todo caso de las obligaciones contraídas por los dos cónyuges conjuntamente o por uno de ellos con el consentimiento expreso del otro.

Art. 71 C.C.

Art. 1.368. También responderán los bienes gananciales de las obligaciones contraídas por uno solo de los cónyuges en caso de separación de hecho para atender a los gastos de sostenimiento, previsión y educación de los hijos que estén a cargo de la sociedad de gananciales.

Art. 1.362-1.º C.C.

Art. 1.369. De las deudas de un cónyuge que sean, además, deudas de la sociedad responderán también solidariamente los bienes de ésta.

Arts. 1.137 sigs. C.C.

Art. 1.370. Por el precio aplazado del bien ganancial adquirido por un cónyuge sin el consentimiento del otro responderá siempre el adquirido, sin perjuicio de la responsabilidad de otros bienes según las reglas de este Código.

Arts. 1.355 a 1.357 C.C.

Art. 1.371. Lo perdido y pagado durante el matrimonio por alguno de los cónyuges en cualquier clase de juego no disminuirá su parte respectiva de los gananciales siempre que el importe de aquella pérdida pudiere considerarse moderada con arreglo al uso y circunstancias de la familia.

Art. 1.351 C.C.

Art. 1.372. De lo perdido y no pagado por alguno de los cónyuges en los juegos en que la ley concede acción para reclamar lo que se gane responden exclusivamente los bienes privativos del deudor.

Arts. 1.351 y 1.798 C.C.

Art. 1.373. Cada cónyuge responde con su patrimonio personal de las deudas propias y, si sus bienes privativos no fueran suficientes para hacerlas efectivas, el acreedor podrá pedir el embargo de bienes gananciales, que será inmediatamente notificado al otro cónyuge y éste podrá exigir que en la traba se sustituyan los bienes comunes por la parte que ostenta el cónyuge deudor en la sociedad conyugal, en cuyo caso el embargo llevará consigo la disolución de aquélla.

Si se realizase la ejecución sobre bienes comunes, se reputará que el cónyuge deudor tiene recibido a cuenta de su participación el valor de aquéllos al tiempo en que los abone con otros caudales propios o al tiempo de liquidación de la sociedad conyugal.

Arts. 1.344, 1.393 y 1.396 a 1.398 C.C.; 144 R.H.

Art. 1.374. Tras la disolución a que se refiere el artículo anterior se aplicará el régimen de separación de bienes, salvo que, en el plazo de tres meses, el cónyuge del deudor opte en documento público por el comienzo de una nueva sociedad de gananciales.

Arts. 1.435 a 1.444 C.C.

Sección Cuarta. De la administración de la sociedad de gananciales

Art. 1.375. En defecto de pacto en capitulaciones, la gestión y disposiciones de los bienes gananciales corresponde conjuntamente a los cónyuges, sin perjuicio de lo que se determina en los artículos siguientes.

Arts. 66, 71 y 1.328 C.C.; 93-2, 93-4, 94 y 96 R.H.; Ley 19/1995, de 4 de julio, de Modernización de las Explotaciones Agrarias (B.O.E. de 5 de julio).

Art. 1.376. Cuando en la realización de actos de administración fuere necesario el consentimiento de ambos cónyuges y uno se hallare impedido para prestarlo, o se negare injustificadamente a ello, podrá el Juez suplirlo si encontrare fundada la petición.

Arts. 71 y 200 C.C.; disposición transitoria 10 de la Ley 11/1981.

Art. 1.377. Para realizar actos de disposición a título oneroso sobre bienes gananciales se requerirá el consentimiento de ambos cónyuges.

Si uno lo negare o estuviere impedido para prestarlo, podrá el Juez autorizar uno o varios actos dispositivos cuando lo considere de interés para la familia. Excepcionalmente acordará las limitaciones o cautelas que estime convenientes.

Redacción dada por Ley 15/2015, de 2 de julio, de la Jurisdicción Voluntaria (B.O.E. nº. 158 de 3 de julio).

Art. 1.378. Serán nulos los actos a título gratuito si no concurre el consentimiento de ambos cónyuges. Sin embargo, podrá cada uno de ellos realizar con los bienes gananciales liberalidades de uso.

Arts. 71, 1.322 y 1.423 C.C.; 93-3 y 94-4 R.H.

Art. 1.379. Cada uno de los cónyuges podrá disponer por testamento de la mitad de los bienes gananciales.

Art. 1.380. La disposición testamentaria de un bien ganancial producirá todos sus efectos si fuere adjudicado a la herencia del testador. En caso contrario se entenderá legado el valor que tuviera al tiempo del fallecimiento.

Arts. 399 y 858 a 891 C.C.

Art. 1.381. Los frutos y ganancias de los patrimonios privativos y las ganancias de cualquiera de los cónyuges forman parte del haber de la sociedad y están sujetos a las cargas y responsabilidades de la sociedad de gananciales. Sin embargo, cada cónyuge, como administrador de su patrimonio privativo, podrá a este solo efecto disponer de los frutos y productos de sus bienes.

Art. 1.347 C.C.

Art. 1.382. Cada cónyuge podrá, sin el consentimiento del otro, pero siempre con su conocimiento, tomar como anticipo el numerario ganancial que le sea necesario, de acuerdo con los usos y circunstancias de la familia, para el ejercicio de su profesión o la administración ordinaria de sus bienes.

Art. 1.362 C.C.

Art. 1.383. Deben los cónyuges informarse recíproca y periódicamente sobre la situación y rendimientos de cualquier actividad económica suya.

Art. 1.393 C.C.

Art. 1.384. Serán válidos los actos de administración de bienes y los de disposición de dinero o títulos valores realizados por el cónyuge a cuyo nombre figuren o en cuyo poder se encuentren.

Arts. 448 y 1.376 C.C.

Art. 1.385. Los derechos de crédito, cualquiera que sea su naturaleza, serán ejercitados por aquel de los cónyuges a cuyo nombre aparezcan constituidos.

Cualquiera de los cónyuges podrá ejercitar la defensa de los bienes y derechos comunes por vía de acción o de excepción.

Art. 1.164 C.C.

Art. 1.386. Para realizar gastos urgentes de carácter necesario, aun cuando sean extraordinarios, bastará el consentimiento de uno solo de los cónyuges.

Art. 1.387. La administración y disposición de los bienes de la sociedad de gananciales se transferirá por ministerio de la ley al cónyuge que sea tutor o representante legal de su consorte.

Arts. 71, 184 y 234 C.C.; y 96-2 R.H.

Art. 1.388. Los Tribunales podrán conferir la administración a uno solo de los cónyuges cuando el otro se encontrare en imposibilidad de prestar consentimiento o hubiere abandonado la familia o existiere separación de hecho.

Arts. 184, 234, 291, 1.393 y 1.394 C.C.; vid. C.P.

Art. 1.389. El cónyuge en quien recaiga la administración en virtud de lo dispuesto en los dos artículos anteriores tendrá para ello plenas facultades, salvo que el Juez, cuando lo considere de interés para la familia, establezca cautelas o limitaciones.

En todo caso, para realizar actos de disposición sobre inmuebles, establecimientos mercantiles, objetos preciosos o valores mobiliarios, salvo el derecho de suscripción preferente, necesitará autorización judicial.

Redacción dada por Ley 15/2015, de 2 de julio, de la Jurisdicción Voluntaria (B.O.E. nº. 158 de 3 de julio).

Art. 1.390. Si como consecuencia de un acto de administración o de disposición llevado a cabo por uno solo de los cónyuges hubiere éste obtenido un beneficio o lucro exclusivo para él u ocasionado dolosamente un daño a la sociedad, será deudor a la misma por su importe, aunque el otro cónyuge no impugne cuando proceda la eficacia del acto.

Arts. 1.322, 1.397-2.º y 1.424 C.C.

Art. 1.391. Cuando el cónyuge hubiere realizado un acto en fraude de los derechos de su consorte será, en todo caso, de aplicación lo dispuesto en el artículo anterior y, además, si el adquirente hubiere procedido de mala fe, el acto será rescindible.

Arts. 1.291 sigs., 1.393-2.º, 1.397-2.º, 1.424, 1.433 y 1.444 C.C.

Sección Quinta. De la disolución y liquidación de la sociedad de gananciales

Arts. 806 y sigs. L.E.C.

Art. 1.392. La sociedad de gananciales concluirá de pleno derecho:

1.º Cuando se disuelva el matrimonio.

2.º Cuando sea declarado nulo.

3.º Cuando se acuerde la separación legal de los cónyuges.

4.º Cuando los cónyuges convengan un régimen económico distinto en la forma prevenida en este Código.

Redacción dada por Ley 15/2015, de 2 de julio, de la Jurisdicción Voluntaria (B.O.E. nº. 158 de 3 de julio).

Art. 1.393. También concluirá por decisión judicial la sociedad de gananciales, a petición de uno de los cónyuges, en alguno de los casos siguientes:

1.º Haber sido el otro cónyuge judicialmente incapacitado, ausente o en quiebra o concurso de acreedores, o condenado por abandono de familia.

Para que el Juez acuerde la disolución bastará que el cónyuge que la pidiere presente la correspondiente resolución judicial.

2.º Venir el otro cónyuge realizando por sí solo actos dispositivos o de gestión patrimonial que entrañen fraude, daño o peligro para los derechos del otro en la sociedad.

3.º Llevar separado de hecho más de un año por acuerdo mutuo o por abandono del hogar.

4.º Incumplir grave y reiteradamente el deber de informar sobre la marcha y rendimientos de sus actividades económicas.

En cuanto a la disolución de la sociedad por el embargo de la parte de uno de los cónyuges por deudas propias, se estará a lo especialmente dispuesto en este Código.

Arts. 189, 200, 1.373, 1.374, 1.383, 1.388, 1.391, 1.442 y 1.913 sigs. C.C.; 806 y sigs. L.E.C.; 880 C. de c.; Vid. LJV.y C.P.

Art. 1.394. Los efectos de la disolución prevista en el artículo anterior se producirán desde la fecha en que se acuerde. De seguirse pleito sobre la concurrencia de la causa de disolución, iniciada la tramitación del mismo, se practicará inventario, y el Juez adoptará las medidas necesarias para la administración del caudal, requiriéndose licencia judicial para todos los actos que excedan de la administración ordinaria.

Arts. 103 C.C.; y Disp. Trans. 10ª Ley 11/1981.

Art. 1.395. Cuando la sociedad de gananciales se disuelva por nulidad del matrimonio y uno de los cónyuges hubiera sido declarado de mala fe, podrá el otro optar por la liquidación del régimen matrimonial según las normas de esta Sección o por las disposiciones relativas al régimen de participación, y el contrayente de mala fe no tendrá derecho a participar en las ganancias obtenidas por su consorte.

Arts. 79, 85, 95 y 1.411 sigs. C.C.

Art. 1.396. Disuelta la sociedad se procederá a su liquidación, que comenzará por un inventario del activo y pasivo de la sociedad.

Arts. 90, 91 y 95 C.C.

Art. 1.397. Habrán de comprenderse en el activo:

1.º Los bienes gananciales existentes en el momento de la disolución.

2.º El importe actualizado del valor que tenían los bienes al ser enajenados por negocio ilegal o fraudulento si no hubieran sido recuperados.

3.º El importe actualizado de las cantidades pagadas por la sociedad que fueran de cargo sólo de un cónyuge y en general las que constituyen créditos de la sociedad contra éste.

Arts. 1.390, 1.391 y 1.424 C.C.

Art. 1.398. El pasivo de la sociedad estará integrado por las siguientes partidas:

1.ª Las deudas pendientes a cargo de la sociedad.

2.ª El importe actualizado del valor de los bienes privativos cuando su restitución deba hacerse en metálico por haber sido gastados en interés de la sociedad.

Igual regla se aplicará a los demás deterioros producidos en dichos bienes por su uso en beneficio de la sociedad.

3.ª El importe actualizado en las cantidades que, habiendo sido pagadas por uno solo de los cónyuges, fueran de cargo de la sociedad y, en general, las que constituyan créditos de los cónyuges contra la sociedad.

Art. 1.358 C.C.

Art. 1.399. Terminado el inventario se pagarán en primer lugar las deudas de la sociedad, comenzando por las alimenticias que, en cualquier caso, tendrán preferencia.

Respecto de las demás, si el caudal inventariado no alcanzase para ello, se observará lo dispuesto para la concurrencia y prelación de créditos.

Arts. 1.911 a 1.929 C.C.

Art. 1.400. Cuando no hubiere metálico suficiente para el pago de las deudas podrán ofrecerse con tal fin adjudicaciones de bienes gananciales, pero si cualquier partícipe o acreedor lo pide se procederá a enajenarlos y pagar con su importe.

Art. 1.401. Mientras no se hayan pagado por entero las deudas de la sociedad, los acreedores conservarán sus créditos contra el cónyuge deudor. El cónyuge no deudor responderá con los bienes que le hayan sido adjudicados, si se hubiere formulado debidamente inventario judicial o extrajudicial.

Si como consecuencia de ello resultare haber pagado uno de los cónyuges mayor cantidad de la que le fuere imputable, podrá repetir contra el otro.

Art. 1.402. Los acreedores de la sociedad de gananciales tendrán en su liquidación los mismos derechos que le reconocen las Leyes en la partición y liquidación de las herencias.

Arts. 1.082 a 1.087 C.C.

Art. 1.403. Pagadas las deudas y cargas de la sociedad se abonarán las indemnizaciones y reintegros debidos a cada cónyuge hasta donde alcance el caudal inventariado, haciendo las compensaciones que correspondan cuando el cónyuge sea deudor de la sociedad.

Arts. 1.195 a 1.202 C.C.

Art. 1.404. Hechas las deducciones en el caudal inventariado que prefijan los artículos anteriores, el remanente constituirá el haber de la sociedad de gananciales, que se dividirá por mitad entre los cónyuges o sus respectivos herederos.

Redacción dada por la Ley 13/2005, de 1 de julio, por la que se modifica el Código civil en materia de derecho a contraer matrimonio.

Art. 1.405. Si uno de los cónyuges resultare en el momento de la liquidación acreedor personal del otro, podrá exigir que se le satisfaga su crédito adjudicándole bienes comunes, salvo que el deudor pague voluntariamente.

Art. 1.426 C.C.

Art. 1.406. Cada cónyuge tendrá derecho a que se incluyan con preferencia en su haber, hasta donde éste alcance:

1.º Los bienes de uso personal no incluidos en el número 7 del artículo 1.346.

2.º La explotación económica que gestione efectivamente.

3.º El local donde hubiese venido ejerciendo su profesión.

4.º En caso de muerte del otro cónyuge, la vivienda donde tuviese la residencia habitual.

Art. 1.407. En los casos de los números 3 y 4 del artículo anterior podrá el cónyuge pedir, a su elección, que se le atribuyan los bienes en propiedad o que se constituya sobre ellos a su favor un derecho de uso o habitación. Si el valor de los bienes o el derecho superara al del haber del cónyuge adjudicatario, deberá éste abonar la diferencia en dinero.

Arts. 523 a 529 y 839 C.C.

Art. 1.408. De la masa común de bienes se darán alimentos a los cónyuges o, en su caso, al sobreviviente y a los hijos mientras se haga la liquidación del caudal inventariado y hasta que se les entregue su haber; pero se les rebajarán de éste en la parte que excedan de los que les hubiese correspondido en razón de frutos y rentas.

Arts. 142 sigs. y 964 C.C. Reglamento (CE) nº 4/2009 del Consejo, de 18 de diciembre de 2008, relativo a la competencia, la ley aplicable, el reconocimiento y la ejecución de las resoluciones y la cooperación en materia de obligaciones de alimentos

Art. 1.409. Siempre que haya de ejecutarse simultáneamente la liquidación de gananciales de dos o más matrimonios contraídos por una misma persona para determinar el capital de cada sociedad se admitirá toda clase de pruebas en defecto de inventarios. En caso de duda se atribuirán los gananciales a las diferentes sociedades proporcionalmente, atendiendo al tiempo de su duración y a los bienes e ingresos de los respectivos cónyuges.

Art. 1.410. En todo lo no previsto en este capítulo sobre formación de inventario, reglas sobre tasación y ventas de bienes, división del caudal, adjudicaciones a los partícipes y demás que no se halle expresamente determinado, se observará lo establecido para la partición y liquidación de la herencia.

Arts. 1.051 a 1.087 C.C.

Capítulo V. Del régimen de participación

Vid. Ley 25/2010, de 29 de julio, del libro segundo del Código civil de Cataluña, relativo a la persona y la familia (C.C.C.)

Art. 1.411. En el régimen de participación cada uno de los cónyuges adquiere derecho a participar en las ganancias obtenidas por su consorte durante el tiempo en que dicho régimen haya estado vigente.

Arts. 95 y 1.395 C.C.

Art. 1.412. A cada cónyuge le corresponde la administración, el disfrute y la libre disposición tanto de los bienes que le pertenecían en el momento de contraer matrimonio como de los que pueda adquirir después por cualquier título.

Arts. 1.344, 1.423, 1.424 y 1.437 C.C.

Art. 1.413. En todo lo no previsto en este capítulo se aplicarán, durante la vigencia del régimen de participación, las normas relativas al de separación de bienes.

Arts. 1.435 a 1.444 C.C.

Art. 1.414. Si los casados en régimen de participación adquirieran conjuntamente algún bien o derecho, les pertenece en pro indiviso ordinario.

Arts. 392 sigs., 1.339 y 1.354 C.C.; y 90-2 R.H.

Art. 1.415. El régimen de participación se extingue en los casos prevenidos para la sociedad de gananciales, aplicándose lo dispuesto en los artículos 1.394 y 1.395.

Arts. 1.392 y 1.393 C.C.

Art. 1.416. Podrá pedir un cónyuge la terminación del régimen de participación cuando la irregular administración del otro comprometa gravemente sus intereses.

Art. 1.393-2.º C.C.

Art. 1.417. Producida la extinción se determinarán las ganancias por las diferencias entre los patrimonios inicial y final de cada cónyuge.

Art. 1.418. Se estimará constituido el patrimonio inicial de cada cónyuge:

1.º Por los bienes y derechos que le pertenecieran al empezar el régimen.

2.º Por los adquiridos después a título de herencia, donación o legado.

Art. 1.419. Se deducirán las obligaciones del cónyuge al empezar el régimen y, en su caso, las sucesorias o las cargas inherentes a la donación o legado, en cuanto no excedan de los bienes heredados o donados.

Art. 1.420. Si el pasivo fuese superior al activo no habrá patrimonio inicial.

Art. 1.421. Los bienes constitutivos del patrimonio inicial se estimarán según el estado y valor que tuvieran al empezar el régimen o, en su caso, al tiempo en que fueron adquiridos.

El importe de la estimación deberá actualizarse el día en que el régimen haya cesado.

Art. 1.422. El patrimonio final de cada cónyuge estará formado por los bienes y derechos de que sea titular en el momento de la terminación del régimen, con deducción de las obligaciones todavía no satisfechas.

Art. 1.423. Se incluirá en el patrimonio final el valor de los bienes que uno de los cónyuges hubiese dispuesto a título gratuito sin el consentimiento de su consorte, salvo si se tratase de liberalidades de uso.

Arts. 1.378 C.C.; y 90-3 R.H.

Art. 1.424. La misma regla se aplicará respecto de los actos realizados por uno de los cónyuges en fraude de los derechos del otro.

Arts. 1.390, 1.391, 1.397-2.º, 1.433 y 1.434 C.C.

Art. 1.425. Los bienes constitutivos del patrimonio final se estimarán según el estado y valor que tuvieren en el momento de la terminación del régimen y los enajenados gratuita o fraudulentamente, conforme al estado que tenían el día de la enajenación y por el valor que hubieran tenido si se hubiesen conservado hasta el día de la terminación.

Art. 1.426. Los créditos que uno de los cónyuges tenga frente al otro, por cualquier título, incluso por haber atendido o cumplido obligaciones de aquél, se computarán también en el patrimonio final del cónyuge acreedor y se deducirán del patrimonio del cónyuge deudor.

Art. 1.405 C.C.

Art. 1.427. Cuando la diferencia entre los patrimonios final e inicial de uno y otro cónyuge arroje resultado positivo, el cónyuge cuyo patrimonio haya experimentado menor incremento percibirá la mitad de la diferencia entre su propio incremento y el del otro cónyuge.

Art. 1.428. Cuando únicamente uno de los patrimonios arroje resultado positivo, el derecho de la participación consistirá, para el cónyuge no titular de dicho patrimonio, en la mitad de aquel incremento.

Art. 1.429. Al constituirse el régimen podrá pactarse una participación distinta de la que establecen los dos artículos anteriores, pero deberá regir por igual y en la misma proporción respecto de ambos patrimonios y en favor de ambos cónyuges.

Arts. 66 y 1.328 C.C.

Art. 1.430. No podrá convenirse una participación que no sea por mitad si existen descendientes no comunes.

Art. 1.431. El crédito de participación deberá ser satisfecho en dinero. Si mediaren dificultades graves para el pago inmediato, el Juez podrá conceder aplazamiento, siempre que no exceda de tres años y que la deuda y sus intereses legales queden suficientemente garantizados.

Art. 1.432. El crédito de participación podrá pagarse mediante la adjudicación de bienes concretos, por acuerdo de los interesados o si lo concediese el Juez a petición fundada del deudor.

Art. 1.433. Si no hubiese bienes en el patrimonio deudor para hacer efectivo el derecho de participación en ganancias, el cónyuge acreedor podrá impugnar las enajenaciones que hubieren sido hechas a título gratuito sin su consentimiento y aquellas que hubieren sido realizadas en fraude de sus derechos.

Arts. 1.291-5.º, 1.391, 1.423 y 1.424 C.C.

Art. 1.434. Las acciones de impugnación a que se refiere el artículo anterior caducarán a los dos años de extinguido el régimen de participación y no se darán contra los adquirentes a título oneroso y de buena fe.

Arts. 1.295 y 1.391 C.C.

Capítulo VI. Del régimen de separación de bienes

Vid. Ley 25/2010, de 29 de julio, del libro segundo del Código civil de Cataluña, relativo a la persona y la familia (C.C.C.); Compilación del Derecho Civil de las Islas Baleares (Decreto Legislativo 79/1990, de 6 de septiembre, por el que se aprueba el texto refundido) (C.D.B.); Compilación del Derecho Civil Foral de Navarra (Ley 1/1973, de 1 de marzo) (C.D.N.); Ley (de la Generalitat Valenciana) 10/2007, de 20 de marzo, de la Generalitat, de Régimen Económico Matrimonial Valenciano.

Art. 1.435. Existirá entre los cónyuges separación de bienes:

1.º Cuando así lo hubiesen convenido.

2.º Cuando los cónyuges hubieren pactado en capitulaciones matrimoniales que no regirá entre ellos la sociedad de gananciales, sin expresar las reglas por las que hayan de regirse sus bienes.

3.º Cuando se extinga, constante matrimonio, la sociedad de gananciales o el régimen de participación, salvo que por voluntad de los interesados fuesen sustituidos por otro régimen distinto.

Arts. 1.373, 1,374, 1.393 y 1.416 C.C.

Art. 1.436. La demanda de separación de bienes y la sentencia firme en que se declare se deberán anotar e inscribir, respectivamente, en el Registro de la Propiedad que corresponda, si recayere sobre bienes inmuebles. La sentencia firme se anotará también en el Registro Civil.

Arts. 77 L.R.C.; y 264 R.R.C.

Art. 1.437. En el régimen de separación pertenecerán a cada cónyuge los bienes que tuviese en el momento inicial del mismo y los que después adquiera por cualquier título. Asimismo corresponderá a cada uno la administración, goce y libre disposición de tales bienes.

Arts. 102-2.º, 106 y 1.412 C.C.; 90-2 R.H.

Art. 1.438. Los cónyuges contribuirán al sostenimiento de las cargas del matrimonio. A falta de convenio lo harán proporcionalmente a sus respectivos recursos económicos. El trabajo para la casa será computado como contribución a las cargas y dará derecho a obtener una compensación que el Juez señalará, a falta de acuerdo, a la extinción del régimen de separación.

Arts. 97-4.º y 1.318 C.C.

Art. 1.439. Si uno de los cónyuges hubiese administrado o gestionado bienes o intereses del otro, tendrá las mismas obligaciones y responsabilidades que un mandatario, pero no tendrá obligación de rendir cuentas de los frutos percibidos y consumidos, salvo cuando se demuestre que los invirtió en atenciones distintas del levantamiento de las cargas del matrimonio.

Arts. 1.718 a 1.729 C.C.

Art. 1.440. Las obligaciones contraídas por cada cónyuge serán de su exclusiva responsabilidad.

En cuanto a las obligaciones contraídas en el ejercicio de la potestad doméstica ordinaria responderán ambos cónyuges en la forma determinada en los artículos 1.319 y 1.438 de este Código.

Art. 1.441. Cuando no sea posible acreditar a cuál de los cónyuges pertenece algún bien o derecho, corresponderá a ambos por mitad.

Arts. 392 sigs., 1.324 y 1.355 C.C.

Art. 1.442. Declarado un cónyuge en concurso, serán de aplicación las disposiciones de la legislación concursal.

Redacción dada por Ley 15/2015, de 2 de julio, de la Jurisdicción Voluntaria (B.O.E. nº. 158 de 3 de julio).
Vid. art. 77, 78 y 79 LC.

Art. 1.443. La separación de bienes decretada no se alterará por la reconciliación de los cónyuges en caso de separación personal o por la desaparición de cualquiera de las demás causas que la hubiesen motivado.

Arts. 82 y 84 C.C.

Art. 1.444. No obstante lo dispuesto en el artículo anterior, los cónyuges pueden acordar en capitulaciones que vuelvan a regir las mismas reglas que antes de la separación de bienes.

Harán constar en las capitulaciones los bienes que cada uno aporte de nuevo y se considerarán éstos privativos, aunque, en todo o en parte, hubieren tenido carácter ganancial antes de la liquidación practicada por causa de la separación.

Arts. 1.325 sigs. C.C.

Título IV. Del contrato de compra y venta

Vid., Real Decreto Legislativo 1/2007, de 16 de noviembre, por el que se aprueba el texto refundido de la Ley General para la Defensa de los Consumidores y Usuarios y otras leyes complementarias; Convención de las Naciones Unidas sobre los contratos de compraventa internacional de mercaderías (Convenio de Viena) de 11 de abril de 1980 (ratificado el 17 de julio de 1990); Ley 7/1996, de 15 de enero, de Ordenación del Comercio Minorista; Ley 28/1998, de 13 de julio, de venta a plazos de bienes muebles; R.D. 2556/1985 de 27 de Diciembre respecto de la compraventa de productos agrarios.; Sobre la compraventa mercantil Vid. Arts. 325 a 345 C.de c. Leyes 563 a 584 C.D.N.; Ley 34/2002, de 11 de julio, de servicios de la sociedad de la información y de comercio electrónico. Real Decreto-ley 31/1978, de 31 de octubre, sobre política de viviendas de protección oficial, desarrollado por el Real Decreto 3148/1978, de 10 de noviembre; Decreto 2114/1968, de 24 julio, por el que se aprueba el Reglamento para la aplicación de la Ley sobre Viviendas de Protección Oficial, texto refundido aprobado por Decretos 2131/1963, de 24 de julio, y 3964/1964, de 3 de diciembre. Vid. Legislación sobre vivienda de la Comunidades Autónomas. Vid. arts. 5, 26-4 y 6, 28-2 y 38 L.P.H.E., y arts. 40 a 44 de su Reglamento (R.D. 111/1986, de 10 de enero).

Capítulo Primero. De la naturaleza y forma de este contrato

Art. 1.445. Por el contrato de compra y venta uno de los contratantes se obliga a entregar una cosa determinada y el otro a pagar por ella un precio cierto, en dinero o signo que lo represente.

Arts. 1.450 sobre la naturaleza consensual del contrato; 609, 1.462 a 1.473 respecto de la entrega de la cosa; 1.094 a 1.097, 1.271 y 1.272, y 1.460, sobre el objeto del contrato; 1.445 a 1.449 respecto del precio.

Art. 1.446. Si el precio de la venta consistiera parte en dinero y parte en otra cosa, se calificará el contrato por la intención manifiesta de los contratantes. No constando ésta, se tendrá por permuta, si el valor de la cosa dada en parte del precio excede al del dinero o su equivalente; y por venta en el caso contrario.

Arts. 1.282, 1.538 a 1.541 C.C.

Art. 1.447. Para que el precio se tenga por cierto bastará que lo sea con referencia a otra cosa cierta, o que se deje su señalamiento al arbitrio de persona determinada.

Si ésta no pudiere o no quisiere señalarlo, quedará ineficaz el contrato.

Art. 1 L.Arbr.

Art. 1.448. También se tendrá por cierto el precio en la venta de valores, granos, líquidos y demás cosas fungibles, cuando se señale el que la cosa vendida tuviera en determinado día, bolsa o mercado, o se fije un tanto mayor o menor que el precio del día, bolsa o mercado, con tal que sea cierto.

Art. 1.449. El señalamiento del precio no podrá nunca dejarse al arbitrio de uno de los contratantes.

Arts. 1.115, 1.256 y 1.690 C.C.

Art. 1.450. La venta se perfeccionará entre comprador y vendedor y será obligatoria para ambos, si hubieren convenido en la cosa objeto del contrato y en el precio, aunque ni la una ni el otro se hayan entregado.

Arts. 609, 1.095, 1.254, 1.258 y 1.278 C.C.

Art. 1.451. La promesa de vender o comprar, habiendo conformidad en la cosa y en el precio, dará derecho a los contratantes para reclamar recíprocamente el cumplimiento del contrato.

Siempre que no pueda cumplirse la promesa de compra y venta, regirá para vendedor y comprador, según los casos, lo dispuesto acerca de las obligaciones y contratos en el presente libro.

Art. 1.452. El daño o provecho de la cosa vendida, después de perfeccionado el contrato, se regulará por lo dispuesto en los artículos 1.096 y 1.182.

Esta regla se aplicará a la venta de cosas fungibles, hecha aisladamente y por un solo precio, o sin consideración a su peso, número o medida.

Si las cosas fungibles se vendieren por un precio fijado con relación al peso, número o medida, no se imputará el riesgo al comprador hasta que se hayan pesado, contado o medido, a no ser que éste se haya constituido en mora.

Arts. 331 a 334 del C. de c.

Art. 1.453. La venta hecha a calidad de ensayo o prueba de la cosa vendida, y la venta de las cosas que es costumbre gustar o probar antes de recibirlas, se presumirán hechas siempre bajo condición suspensiva.

Arts. 1.114 y 1.112 C.C., 328 C. de c.

Art. 1.454. Si hubiesen mediado arras o señal en el contrato de compra y venta, podrá rescindirse el contrato allanándose el comprador a perderlas, o el vendedor a devolverlas duplicadas.

Art. 343 C. de c.

Art. 1.455. Los gastos de otorgamiento de escrituras serán de cuenta del vendedor, y los de la primera copia y los demás posteriores a la venta serán de cuenta del comprador, salvo pacto en contrario.

Art. 1.465 C.C.

Art. 1.456. La enajenación forzosa por causa de utilidad pública se regirá por lo que establezcan las leyes especiales.

Art. 33.3 C.E. y Ley de expropiación forzosa de 16 de Diciembre de 1954 y su Reglamento de 26 de Abril de 1957.

Capítulo II. De la capacidad para comprar o vender

Art. 1.457. Podrán celebrar el contrato de compra y venta todas las personas a quienes este Código autoriza para obligarse, salvo las modificaciones contenidas en los artículos siguientes.

Vid. Arts. 162, 200, 323 y 1.254 C.C.

Art. 1.458. Los cónyuges podrán venderse bienes recíprocamente.

Redacción dada por la Ley 13/2005, de 1 de julio, por la que se modifica el Código civil en materia de derecho a contraer matrimonio.

Art. 1.459. No podrán adquirir por compra aunque sea en subasta pública o judicial, por sí ni por persona alguna intermedia:

1º. Los que desempeñen algún cargo tutelar, los bienes de la persona o personas que estén bajo su guarda o protección.

2º. Los mandatarios, los bienes de cuya administración o enajenación estuviesen encargados.

3º. Los albaceas, los bienes confiados a su cargo.

4º. Los empleados públicos, los bienes del Estado, de los Municipios, de los pueblos y de los establecimientos también públicos, de cuya administración estuviesen encargados.

Esta disposición regirá para los Jueces y peritos que de cualquier modo intervinieren en la venta.

5º. Los Magistrados, Jueces, individuos del Ministerio fiscal, Secretarios de Tribunales y Juzgados y Oficiales de justicia, los bienes y derechos que estuviesen en litigio ante el Tribunal, en cuya jurisdicción o territorio ejercieran sus respectivas funciones, extendiéndose esta prohibición al acto de adquirir por cesión.

Se exceptuará de esta regla el caso en que se trate de acciones hereditarias entre coherederos, o de cesión en pago de créditos, o de garantía de los bienes que posean.

La prohibición contenida en este número 5º. comprenderá a los Abogados y Procuradores respecto a los bienes y derechos que fueren objeto de un litigio en que intervengan por su profesión y oficio.

Redactado número 1º conforme Ley Orgánica 1/1996, de 15 de enero, de Protección Jurídica del Menor. Arts. 139 del Regt. Notarial, 96 del C. de c. Vid. Arts. 221.3º, 27 y 271. 2º C.C. Hipótesis 2ª Vid. Art. 267 C. de c. Hipótesis 4ª Vid. Arts. 88.2, de la Ley reguladora de las Bases del Régimen Local de 2 de Abril de 1985, y 111 sigs. del Texto refundido aprobado por R.D. Legislat. 781/1986 de 18 de Abril. Sobre el supuesto 5º Vid. Arts. 389 a 397 de la L.O.P.J.

Capítulo III. De los efectos del contrato de compra y venta cuando se ha perdido la cosa vendida

Art. 1.460. Si al tiempo de celebrarse la venta se hubiese perdido en su totalidad la cosa objeto de la misma, quedará sin efecto el contrato.

Pero si se hubiese perdido sólo en parte, el comprador podrá optar entre desistir del contrato o reclamar la parte existente, abonando su precio en proporción al total convenido.

Arts. 1.182, 1.183 C.C.

Capítulo IV. De las obligaciones del vendedor

Sección Primera. Disposición general

Art. 1.461. El vendedor está obligado a la entrega y saneamiento de la cosa objeto de la venta.

Arts. 1.462 a 1.473 y 1.474 a 1.499 C.C. Arts. 114 y sigs. L.C.U.

Sección Segunda. De la entrega de la cosa vendida

Art. 1.462. Se entenderá entregada la cosa vendida cuando se ponga en poder y posesión del comprador.

Cuando se haga la venta mediante escritura pública, el otorgamiento de ésta equivaldrá a la entrega de la cosa objeto del contrato, si de la misma escritura no resultare o se dedujere claramente lo contrario.

Arts. 609, 632, 1.095 a 1.097 C.C. Ley 5/2006, de 10 de mayo, del Libro Quinto del Código Civil de Cataluña, relativo a los derechos reales.

Art. 1.463. Fuera de los casos que expresa el artículo precedente, la entrega de los bienes muebles se efectuará: por la entrega de las llaves del lugar o sitio donde se hallan almacenados o guardados; y por el solo acuerdo o conformidad de los contratantes, si la cosa vendida no puede trasladarse a poder del comprador en el instante de la venta, o si este la tenía ya en su poder por algún otro motivo.

Art. 1.464. Respecto de los bienes incorporales, regirá lo dispuesto en el párrafo segundo del artículo 1462. En cualquier otro caso en que éste no tenga aplicación, se entenderá por entrega el hecho de poner en poder del comprador los títulos de pertenencia, o el uso que haga de su derecho el mismo comprador, consintiéndolo el vendedor.

Art. 1.465. Los gastos para la entrega de la cosa vendida serán de cuenta del vendedor, y los de su transporte o traslación de cargo del comprador, salvo el caso de estipulación especial.

Art. 338 C.de.c.

Art. 1.466. El vendedor no estará obligado a entregar la cosa vendida, si el comprador no le ha pagado el precio o no se ha señalado en el contrato un plazo para el pago.

Art. 1.467. Tampoco tendrá obligación el vendedor de entregar la cosa vendida cuando se haya convenido en un aplazamiento o término para el pago, si después de la venta se descubre que el comprador es insolvente, de tal suerte que el vendedor corre inminente riesgo de perder el precio.

Se exceptúa de esta regla el caso en que el comprador afiance pagar en el plazo convenido.

Art. 1.129.1º C.C.

Art. 1.468. El vendedor deberá entregar la cosa vendida en el estado en que se hallaba al perfeccionarse el contrato.

Todos los frutos pertenecerán al comprador desde el día en que se perfeccionó el contrato.

Arts. 1.095 a 1.097, 1.450 y 1.519 C.C.

Art. 1.469. La obligación de entregar la cosa vendida comprende la de poner en poder del comprador todo lo que exprese el contrato; mediante las reglas siguientes:

Si la venta de bienes inmuebles se hubiese hecho con expresión de su cabida, a razón de un precio por unidad de medida o número, tendrá obligación el vendedor de entregar al comprador, si éste lo exige, todo cuanto se haya expresado en el contrato; pero si esto no fuere posible, podrá el comprador optar entre una rebaja proporcional del precio o la rescisión del contrato, siempre que, en este ultimo caso, no baje de la décima parte de la cabida la disminución de la que se le atribuyera al inmueble.

Lo mismo se hará, aunque resulte igual cabida, si alguna parte de ella no es de la calidad expresada en el contrato.

La rescisión, en este caso, sólo tendrá lugar a voluntad del comprador, cuando el menos valor de la cosa vendida exceda de la décima parte del precio convenido.

Art. 1.470. Si, en el caso del artículo precedente, resultare mayor cabida o número en el inmueble que los expresados en el contrato, el comprador tendrá la obligación de pagar el exceso de precio si la mayor cabida o número no pasa de la vigésima parte de los señalados en el mismo contrato; pero, si excedieren de dicha vigésima parte, el comprador podrá optar entre satisfacer el mayor valor del inmueble, o desistir del contrato.

Art. 1.471. En la venta de un inmueble hecha por precio alzado y no a razón de un tanto por unidad de medida o número, no tendrá lugar el aumento o disminución del mismo, aunque resulte mayor o menor cabida o número de los expresados en el contrato.

Esto mismo tendrá lugar cuando sean dos o más fincas las vendidas por un solo precio; pero, si, además de expresarse los linderos, indispensables en toda enajenación de inmuebles, se designaren en el contrato su cabida o número, el vendedor estará obligado a entregar todo lo que se comprenda dentro de los mismos linderos, aun cuando exceda de la cabida o número expresados en el contrato; y, si no pudiere, sufrirá una disminución en el precio, proporcional a lo que falte de cabida o número, a no ser que el contrato quede anulado por no conformarse el comprador con que se deje de entregar lo que se estipuló.

Art. 1.472. Las acciones que nacen de los tres artículos anteriores prescribirán a los seis meses, contados desde el día de la entrega.

Art. 1.473. Si una misma cosa se hubiese vendido a diferentes compradores, la propiedad se transferirá a la persona que primero haya tomado posesión de ella con buena fe, si fuere mueble.

Si fuere inmueble, la propiedad pertenecerá al adquirente que antes la haya inscrito en el Registro.

Cuando no haya inscripción, pertenecerá la propiedad a quien de buena fe sea primero en la posesión; y, faltando ésta, a quien presente título de fecha más antigua, siempre que haya buena fe.

Arts. 434, 445, 464, 606, 609 C.C., 17, 24, 25, 34, 37 y 38 L.H.

Sección Tercera. Del saneamiento

Art. 1.474. En virtud del saneamiento a que se refiere el artículo 1461, el vendedor responderá al comprador:

1º. De la posesión legal y pacífica de la cosa vendida.

2º. De los vicios o defectos ocultos que tuviere.

Arts. 638, 1.069 a 1.071, 1.529, 1.532, 1.553, 1.540, 1.643, 1.681 C.C. Art. 345 del C.de c. Arts. 114 y sigs. L.C.U.

1º. Del saneamiento en caso de evicción

Art. 1.475. Tendrá lugar la evicción cuando se prive al comprador, por sentencia firme y en virtud de un derecho anterior a la compra, de todo o parte de la cosa comprada.

El vendedor responderá de la evicción aunque nada se haya expresado en el contrato.

Los contratantes, sin embargo, podrán aumentar, disminuir o suprimir esta obligación legal del vendedor.

Art. 1.480 C.C.

Art. 1.476. Será nulo todo pacto que exima al vendedor de responder de la evicción, siempre que hubiere mala fe de su parte.

Art. 1.477. Cuando el comprador hubiese renunciado el derecho al saneamiento para el caso de evicción, llegado que sea éste, deberá el vendedor entregar únicamente el precio que tuviere la cosa vendida al tiempo de la evicción, a no ser que el comprador hubiese hecho la renuncia con conocimiento de los riesgos de la evicción y sometiéndose a sus consecuencias.

Art. 1.478. Cuando se haya estipulado el saneamiento o cuando nada se haya pactado sobre este punto, si la evicción se ha realizado, tendrá el comprador derecho a exigir del vendedor:

1º. La restitución del precio que tuviere la cosa vendida al tiempo de la evicción, ya sea mayor o menor que el de la venta.

2º. Los frutos o rendimientos, si se le hubiere condenado a entregarlos al que le haya vencido en juicio.

3º. Las costas del pleito que haya motivado la evicción, y, en su caso, las del seguido con el vendedor para el saneamiento.

4º. Los gastos del contrato, si los hubiese pagado el comprador.

5º. Los daños e intereses y los gastos voluntarios o de puro recreo u ornato, si se vendió de mala fe.

Arts. 1.101, 1.106 y 1.107 C.C.

Art. 1.479. Si el comprador perdiere, por efecto de la evicción, una parte de la cosa vendida de tal importancia con relación al todo que sin dicha parte no la hubiera comprado, podrá exigir la rescisión del contrato; pero con la obligación de devolver la cosa sin más gravámenes que los que tuviese al adquirirla.

Esto mismo se observará cuando se vendiesen dos o más cosas conjuntamente por un precio alzado, o particular para cada una de ellas, si constase claramente que el comprador no habría comprado la una sin la otra.

Art. 1.480. El saneamiento no podrá exigirse hasta que haya recaído sentencia firme, por la que se condene al comprador a la pérdida de la cosa adquirida o de parte de la misma.

Art. 1.475, 1º C.C.

Art. 1.481. El vendedor estará obligado al saneamiento que corresponda, siempre que resulte probado que se le notificó la demanda de evicción a instancia del comprador. Faltando la notificación, el vendedor no estará obligado al saneamiento.

Art. 1.482. El comprador demandado solicitará, dentro del término que la ley de Enjuiciamiento Civil señala para contestar a la demanda, que ésta se notifique al vendedor o vendedores en el plazo más breve posible.

La notificación se hará como la misma ley establece para emplazar a los demandados.

El término de contestación para el comprador quedará en suspenso ínterin no expiren los que para comparecer y contestar a la demanda se señalen al vendedor o vendedores, que serán los mismos plazos que determina para todos los demandados la expresada ley de Enjuiciamiento Civil, contados desde la notificación establecida por el párrafo primero de este artículo.

Si los citados de evicción no comparecieren en tiempo y forma, continuará, respecto del comprador, el término para contestar a la demanda.

Art. 1.483. Si la finca vendida estuviese gravada, sin mencionarlo la escritura, con alguna carga o servidumbre no aparente, de tal naturaleza que deba presumirse no la habría adquirido el comprador si la hubiera conocido, podrá pedir la rescisión del contrato, a no ser que prefiera la indemnización correspondiente.

Durante un año, a contar desde el otorgamiento de la escritura, podrá el comprador ejercitar la acción rescisoria, o solicitar la indemnización.

Transcurrido el año, sólo podrá reclamar la indemnización dentro de un período igual, a contar desde el día en que haya descubierto la carga o servidumbre.

Arts. 1.106, 1.107 C.C.

2º. Del saneamiento por los defectos o gravámenes ocultos de la cosa vendida

Art. 1.484. El vendedor estará obligado al saneamiento por los defectos ocultos que tuviere la cosa vendida, si la hacen impropia para el uso a que se la destina, o si disminuyen de tal modo este uso que, de haberlos conocido el comprador, no la habría adquirido o habría dado menos precio por ella; pero no será responsable de los defectos manifiestos o que estuvieren a la vista, ni tampoco de los que no lo estén, si el comprador es un perito que, por razón de su oficio o profesión, debía fácilmente conocerlos.

Arts. 1.265, 1.266 C.C.; 336 y 342 C.de c.
Vid. Disposición Adicional Quinta (Saneamiento por vicios o defectos ocultos) de la Ley 37/2003, de 17 de noviembre, del Ruido; arts. 114 y sigs. L.C.U.

Art. 1.485. El vendedor responde al comprador del saneamiento por los vicios o defectos ocultos de la cosa vendida, aunque los ignorase.

Esta disposición no regirá cuando se haya estipulado lo contrario, y el vendedor ignorara los vicios o defectos ocultos de lo vendido.

Arts. 1.103 C.C.

Art. 1.486. En los casos de los dos artículos anteriores, el comprador podrá optar entre desistir del contrato, abonándosele los gastos que pagó, o rebajar una cantidad proporcional del precio, a juicio de peritos.

Si el vendedor conocía los vicios o defectos ocultos de la cosa vendida y no los manifestó al comprador, tendrá éste la misma opción y además se le indemnizará de los daños y perjuicios, si optare por la rescisión.

Vid. 1.490 C.C.

Art. 1.487. Si la cosa vendida se perdiere por efecto de los vicios ocultos, conociéndolos el vendedor, sufrirá éste la pérdida, y deberá restituir el precio y abonar los gastos del contrato, con los daños y perjuicios. Si no los conocía, debe sólo restituir el precio y abonar los gastos del contrato que hubiese pagado el comprador.

Art. 1.488. Si la cosa vendida tenía algún vicio oculto al tiempo de la venta, y se pierde después por caso fortuito o por culpa del comprador, podrá éste reclamar del vendedor el precio que pagó, con la rebaja del valor que la cosa tenía al tiempo de perderse.

Si el vendedor obró de mala fe, deberá abonar al comprador los daños e intereses.

Arts. 1.102, 1.104, 1.107 y 1.182 C.C.

Art. 1.489. En las ventas judiciales nunca habrá lugar a la responsabilidad por daños y perjuicios; pero si a todo lo demás dispuesto en los artículos anteriores.

Art. 1.490. Las acciones que emanan de lo dispuesto en los cinco artículos precedentes se extinguirán a los seis meses, contados desde la entrega de la cosa vendida.

Art. 1.491. Vendiéndose dos o más animales juntamente, sea en un precio alzado, sea señalándolo a cada uno de ellos, el vicio redhibitorio de cada uno dará solamente lugar a su redhibición, y no a la de los otros; a no ser que aparezca que el comprador no habría comprado el sano o sanos sin el vicioso.

Se presume esto último cuando se compra un tiro, yunta, pareja o juego, aunque se haya señalado un precio separado a cada uno de los animales que lo componen.

Art. 1.492. Lo dispuesto en el artículo anterior respecto de la venta de animales se entiende igualmente aplicable a la de otras cosas.

Art. 1.493. El saneamiento por los vicios ocultos de los animales y ganados no tendrá lugar en las ventas hechas en feria o en pública subasta, ni en la de caballerías enajenadas, como de desecho, salvo el caso previsto en el artículo siguiente.

Arts. 81 a 87 C. de c.

Art. 1.494. No serán objeto del contrato de venta los ganados y animales que padezcan enfermedades contagiosas. Cualquier contrato que se hiciera respecto de ellos será nulo.

También será nulo el contrato de venta de los ganados y animales, si, expresándose en el mismo contrato el servicio o uso para que se adquieren, resultaren inútiles para prestarlo.

Art. 1.495. Cuando el vicio oculto de los animales, aunque se haya practicado reconocimiento facultativo, sea de tal naturaleza que no basten los conocimientos periciales para su descubrimiento, se reputará redhibitorio.

Pero si el profesor, por ignorancia o mala fe, dejara de descubrirlo o manifestarlo, será responsable de los daños y perjuicios.

Art. 1.496. La acción redhibitoria que se funde en los vicios o defectos de los animales, deberá interponerse dentro de cuarenta días, contados desde el de su entrega al comprador, salvo que, por el uso en cada localidad, se hallen establecidos mayores o menores plazos.

Esta acción en las ventas de animales sólo se podrá ejercitar respecto de los vicios y defectos de los mismos que estén determinados por la ley o por los usos locales.

Art. 1.497. Si el animal muriese a los tres días de comprado, será responsable el vendedor, siempre que la enfermedad que ocasionó la muerte existiera antes del contrato, a juicio de los facultativos.

Art. 1.498. Resuelta la venta, el animal deberá ser devuelto en el estado en que fue vendido y entregado, siendo responsable el comprador de cualquier deterioro debido a su negligencia, y que no proceda del vicio o defecto redhibitorio.

Art. 1.295 C.C.

Art. 1.499. En las ventas de animales y ganados con vicios redhibitorios, gozará también el comprador de la facultad expresada en el artículo 1.486; pero deberá usar de ella dentro del mismo término que para el ejercicio de la acción redhibitoria queda respectivamente señalado.

Capítulo V. De las obligaciones del comprador

Art. 1.500. El comprador está obligado a pagar el precio de la cosa vendida en el tiempo y lugar fijados por el contrato.

Si no se hubieren fijado, deberá hacerse el pago en el tiempo y lugar en que se haga la entrega de la cosa vendida.

Art. 1.171 C.C., 339 C. de c.

Art. 1.501. El comprador deberá intereses por el tiempo que medie entre la entrega de la cosa y el pago del precio, en los tres casos siguientes:

1º. Si así se hubiere convenido.

2º. Si la cosa vendida y entregada produce fruto o renta.

3º. Si se hubiese constituido en mora, con arreglo al artículo 1.100.

Art. 341 C. de c.

Art. 1.502. Si el comprador fuere perturbado en la posesión o dominio de la cosa adquirida, o tuviere fundado temor de serlo por una acción reivindicatoria o hipotecaria, podrá suspender el pago del precio hasta que el vendedor haya hecho cesar la perturbación o el peligro, a no ser que afiance la devolución del precio en su caso, o se haya estipulado que, no obstante cualquiera contingencia de aquella clase, el comprador estará obligado a verificar el pago.

Art. 1.503. Si el vendedor tuviere fundado motivo para temer la pérdida de la cosa inmueble vendida y el precio, podrá promover inmediatamente la resolución de la venta.

Si no existiere este motivo, se observará lo dispuesto en el artículo 1.124.

Arts. 1.295 y 1.298 C.C.

Art. 1.504. En la venta de bienes inmuebles, aun cuando se hubiera estipulado que por falta de pago del precio en el tiempo convenido tendrá lugar de pleno derecho la resolución del contrato, el comprador podrá pagar, aun después de expirado el término, ínterin no haya sido requerido judicialmente o por acta notarial. Hecho el requerimiento, el Juez no podrá concederle nuevo término.

Aer. 1.124 C.C.; art. 59 R.H.

Art. 1.505. Respecto de los bienes muebles, la resolución de la venta tendrá lugar de pleno derecho, en interés del vendedor, cuando el comprador, antes de vencer el término fijado para la entrega de la cosa, no se haya presentado a recibirla, o, presentándose, no haya ofrecido al mismo tiempo el precio, salvo que para el pago de éste se hubiese pactado mayor dilación.

Capítulo VI. De la resolución de la venta

Art. 1.506. La venta se resuelve por las misma causas que todas las obligaciones, y además por las expresadas en los capítulos anteriores, y por el retracto convencional o por el legal.

Arts. 1.124, 1.156 y 1.507 sigs. C.C.

Sección Primera. Del retracto convencional

Art. 249-7º L.E.C.; Ley 5/2006, de 10 de mayo, del Libro Quinto del Código civil de Cataluña, relativo a los derechos reales.

Art. 1.507. Tendrá lugar el retracto convencional cuando el vendedor se reserve el derecho de recuperar la cosa vendida, con obligación de cumplir lo expresado en el artículo 1.518 y lo demás que se hubiese pactado.

Arts. 2.1º, 23 L.H. y 177 R.H.

Art. 1.508. El derecho de que trata el artículo anterior durará, a falta de pacto expreso, cuatro años contados desde la fecha del contrato.

En caso de estipulación, el plazo no podrá exceder de diez años.

Art. 1.509. Si el vendedor no cumple lo prescrito en el artículo 1.518, el comprador adquirirá irrevocablemente el dominio de la cosa vendida.

Art. 1.510. El vendedor podrá ejercitar su acción contra todo poseedor que traiga su derecho del comprador, aunque en el segundo contrato no se haya hecho mención del retracto convencional; salvo lo dispuesto en la ley Hipotecaria respecto de terceros.

Arts. 37, 38, 107. 7º, 8º y 10º L.H.

Art. 1.511. El comprador sustituye al vendedor en todos sus derechos y acciones.

Art. 107. 8º L.H.

Art. 1.512. Los acreedores del vendedor no podrán hacer uso del retracto convencional contra el comprador, sino después de haber hecho excusión en los bienes del vendedor.

Arts. 1.111, 1.831 y 1.832 C.C.

Art. 1.513. El comprador con pacto de retroventa de una parte de finca indivisa que adquiera la totalidad de la misma en el caso del artículo 404, podrá obligar al vendedor a redimir el todo, si éste quiere hacer uso del retracto.

Art. 1.514. Cuando varios, conjuntamente y en un solo contrato, vendan una finca indivisa con pacto de retro, ninguno de ellos podrá ejercitar este derecho más que por su parte respectiva.

Lo mismo se observará si el que ha vendido por sí solo una finca ha dejado varios herederos, en cuyo caso cada uno de éstos sólo podrá redimir la parte que hubiese adquirido.

Art. 1.515. En los casos del artículo anterior, el comprador podrá exigir de todos los vendedores o coherederos que se pongan de acuerdo sobre la redención de la totalidad de la cosa vendida; y, si así no lo hicieren, no se podrá obligar al comprador al retracto parcial.

Art. 1.516. Cada uno de los copropietarios de una finca indivisa, que hubiese vendido separadamente su parte, podrá ejercitar, con la misma separación, el derecho de retracto por su porción respectiva, y el comprador no podrá obligarle a redimir la totalidad de la finca.

Art. 1.517. Si el comprador dejare varios herederos, la acción de retracto no podrá ejercitarse contra cada uno sino por su parte respectiva, ora se halle indivisa, ora se haya distribuido entre ellos.

Pero, si se ha dividido la herencia, y la cosa vendida se ha adjudicado a uno de los herederos, la acción de retracto podrá intentarse contra él por el todo.

Art. 1.518. El vendedor no podrá hacer uso del derecho de retracto sin reembolsar al comprador el precio de la venta, y además:

1º. Los gastos del contrato, y cualquier otro pago legítimo hecho para la venta.

2º. Los gastos necesarios y útiles hechos en la cosa vendida.

Arts. 1.509 y 1.525 C.C.

Art. 1.519. Cuando al celebrarse la venta hubiese en la finca frutos manifiestos o nacidos, no se hará abono ni prorrateo de los que haya al tiempo del retracto.

Si no los hubo al tiempo de la venta, y los hay al del retracto, se prorratearán entre el retrayente y el comprador, dando a éste la parte correspondiente al tiempo que poseyó la finca en el último año, a contar desde la venta.

Art. 1.520. El vendedor que recobre la cosa vendida, la recibirá libre de toda carga o hipoteca impuesta por el comprador, pero estará obligado a pasar por los arriendos que éste haya hecho de buena fe, y según costumbre del lugar en que radique.

Arts. 1.572 C.C. y 175 del R.H.

Sección Segunda. Del retracto legal

Art. 249-7º L.E.C.; Ley 5/2006, de 10 de mayo, del Libro Quinto del Código civil de Cataluña, relativo a los derechos reales.

Art. 1.521. El retracto legal es el derecho de subrogarse, con las mismas condiciones estipuladas en el contrato, en lugar del que adquiere una cosa por compra o dación en pago.

Art. 1.522. El copropietario de una cosa común podrá usar del retracto en el caso de enajenarse a un extraño la parte de todos los demás condueños o de alguno de ellos.

Cuando dos o más copropietarios quieran usar del retracto, sólo podrán hacerlo a prorrata de la porción que tengan en la cosa común.

Art. 396 C.C.

Art. 1.523. También tendrán el derecho de retracto los propietarios de las tierras colindantes cuando se trate de la venta de una finca rústica cuya cabida no exceda de una hectárea.

El derecho que se refiere el párrafo anterior no es aplicable a las tierras colindantes que estuvieren separadas por arroyos, acequias, barrancos, caminos y otras servidumbres aparentes en provecho de otras fincas.

Si dos o más colindantes usan del retracto al mismo tiempo, será preferido el que de ellos sea dueño de la tierra colindante de menor cabida; y si las dos la tuvieran igual, el que primero lo solicite.

Art. 27, Ley 19/1995, de 4 de julio de modernización de las explotaciones agrarias.

Art. 1.524. No podrá ejercitarse el derecho de retracto legal sino dentro de nueve días contados desde la inscripción en el Registro, y en su defecto, desde que el retrayente hubiera tenido conocimiento de la venta.

El retracto de comuneros excluye el de colindantes.

STC 54/1994, de 24 de febrero (B.O.E. 17 de marzo de 1994); art. 1.638 C.C.; arts. 25 L.A.U. (1994).

Art. 1.525. En el retracto legal tendrá lugar lo dispuesto en los artículos 1.511 y 1.518.

Capítulo VII. De la transmisión de créditos y demás derechos incorporales

Art. 1.526. La cesión de un crédito, derecho o acción no surtirá efecto contra tercero sino desde que su fecha deba tenerse por cierta en conformidad a los artículos 1.218 y 1.227.

Si se refiere a un inmueble, desde la fecha de su inscripción en el Registro.

Arts. 272.7º, 347, 348, 1.280. 6º C.C., 8 L.H.M., 149 a 152 L.H., 176, 242 a 244 R.H.

Art. 1.527. El deudor, que antes de tener conocimiento de la cesión satisfaga al acreedor, quedará libre de la obligación.

Art. 1.157, 1.164, 1.198 y 1.842 C.C.; Art. 151 L.H.

Art. 1.528. La venta o cesión de un crédito comprende la de todos los derechos accesorios, como la fianza, hipoteca, prenda o privilegio.

Art. 1.529. El vendedor de buena fe responderá de la existencia y legitimidad del crédito al tiempo de la venta, a no ser que se haya vendido como dudoso; pero no de la solvencia del deudor, a menos de haberse estipulado expresamente, o de que la insolvencia fuese anterior y pública.

Aún en estos casos solo responderá del precio recibido y de los gastos expresados en el número 1.º del artículo 1.518.

El vendedor de mala fe responderá siempre del pago de todos los gastos y de los daños y perjuicios.

Art. 1.530. Cuando el cedente de buena fe se hubiese hecho responsable de la solvencia del deudor, y los contratantes no hubieran estipulado nada sobre la duración de la responsabilidad, durará ésta sólo un año, contado desde la cesión del crédito, si estaba ya vencido el plazo.

Si el crédito fuere pagadero en término o plazo todavía no vencido, la responsabilidad cesará un año después del vencimiento.

Si el crédito consistiere en una renta perpetua, la responsabilidad se extinguirá a los diez años, contados desde la fecha de la cesión.

Art. 1.531. El que venda una herencia sin enumerar las cosas de que se compone, sólo estará obligado a responder de su cualidad de heredero.

Art. 1.271, 1.280. 4º, 1.474 sigs. C.C.

Art. 1.532. El que venda alzadamente o en globo la totalidad de ciertos derechos, rentas o productos, cumplirá con responder de la legitimidad del todo en general; pero no estará obligado al saneamiento de cada una de las partes de que se componga, salvo en el caso de evicción del todo o de la mayor parte.

Art. 1.533. Si el vendedor se hubiese aprovechado de algunos frutos o hubiese percibido alguna cosa de la herencia que vendiere, deberá abonarlos al comprador, si no se hubiese pactado lo contrario.

Art. 1.534. El comprador deberá, por su parte, satisfacer al vendedor todo lo que éste haya pagado por las deudas y cargas de la herencia y por los créditos que tenga contra la misma, salvo pacto en contrario.

Art. 1.535. Vendiéndose un crédito litigioso, el deudor tendrá derecho a extinguirlo, reembolsando al cesionario el precio que pagó, las costas que se le hubiesen ocasionado y los intereses del precio desde el día en que éste fue satisfecho.

Se tendrá por litigioso un crédito desde que se conteste a la demanda relativa al mismo.

El deudor podrá usar de su derecho dentro de nueve días, contados desde que el cesionario le reclame el pago.

Arts. 1.165, 1.196. 5º, 1.291.4, 1.785 C.C.

Art. 1.536. Se exceptúan de lo dispuesto en el artículo anterior la cesión o ventas hechas:

1º. A un coheredero o condueño del derecho cedido.

2º. A un acreedor en pago de su crédito.

3º. Al poseedor de una finca sujeta al derecho litigioso que se ceda.

Capítulo VIII. Disposición general

Art. 1.537. Todo lo dispuesto en este título se entiende con sujeción a lo que respecto de bienes inmuebles se determina en la ley Hipotecaria.

Arts. 37, 107. 7º y 8º L.H.

Título V. De la permuta

Art. 1.538. La permuta es un contrato por el cual cada uno de los contratantes se obliga a dar una cosa para recibir otra.

Arts. 1.446 C.C., 346 C. de c.; Ley 23/2001, de 31 de diciembre, de cesión de finca o de edificabilidad a cambio de construcción futura, de Cataluña.

Art. 1.539. Si uno de los contratantes hubiese recibido la cosa que se le prometió en permuta, y acreditase que no era propia del que la dio, no podrá ser obligado a entregar la que él ofreció en cambio, y cumplirá con devolver la que recibió.

Arts. 1.101, 1.124, 1.445, 1.447, 1.451, 1.466, 1.502 y 1.771 C.C.

Art. 1.540. El que pierda por evicción la cosa recibida en permuta, podrá optar entre recuperar la que dio en cambio, o reclamar la indemnización de daños y perjuicios; pero sólo podrá usar del derecho a recuperar la cosa que él entregó mientras ésta subsista en poder del otro permutante, y sin perjuicio de los derechos adquiridos entretanto sobre ella con buena fe por un tercero.

Arts. 1.475 a 1.483 C.C.

Art. 1.541. En todo lo que no se halle especialmente determinado en este título, la permuta se regirá por las disposiciones concernientes a la venta.

Arts. 1.445 a 1.537 C.C.

Título VI. Del contrato de arrendamiento

Capítulo Primero. Disposiciones generales

Art. 1.542. El arrendamiento puede ser de cosas, o de obras o servicios.

Vid. Art. 1.655 C.C. y Leyes 588 a 596 C.D.N.
Los arrendamientos rústicos se rigen por la Ley 49/2003, de 26 de noviembre, de arrendamientos rústicos (B.O.E. 27 de noviembre de 2003); los arrendamientos urbanos se rigen por la Ley 29/1994, de 24 de noviembre (B.O.E. 25 de noviembre de 1994) y, en cuanto ésta deja subsistente por la L.A.U. de 1964 con la modificación del R.D.-L 2/1985, de 30 de abril. Para la viviendas de protección oficial, vid. R.D.-L 31/1978, de 31 de octubre y R.D. 3.148/1978, de 10 de noviembre. En general, los contratos de trabajo se rigen por el Estatuto de los Trabajadores de 10 de marzo de 1980 (B.O.E. 14 de marzo de 1980). Vid. Ley 6/1989, de 15 de diciembre, de la *Generalitat Valenciana*, sobre arrendamientos históricos.

Art. 1.543. En el arrendamiento de cosas, una de las partes se obliga a dar a la otra el goce o uso de una cosa por tiempo determinado y precio cierto.

Arts. 1.112, 1.257, 1.447 y 1.665 C.C.

Art. 1.544. En el arrendamiento de obras o servicios, una de las partes se obliga a ejecutar una obra o a prestar a la otra un servicio por precio cierto.

Art. 1.583 a 1.603 C.C.

Art. 1.545. Los bienes fungibles que se consumen con el uso no pueden ser materia de este contrato.

Arts. 337 C.C.

Capítulo II. De los arrendamientos de fincas rústicas y urbanas

Sección Primera. Disposiciones generales

Art. 1.546. Se llama arrendador al que se obliga a ceder el uso de la cosa, ejecutar la obra o prestar el servicio; y arrendatario al que adquiere el uso de la cosa o el derecho a la obra o servicio que se obliga a pagar.

Art. 1.547. Cuando hubiese comenzado la ejecución de un contrato de arrendamiento verbal y faltare la prueba del precio convenido, el arrendatario devolverá al arrendador la cosa arrendada, abonándole, por el tiempo que la haya disfrutado, el precio que se regule.

Arts. 1273, 1280 y 1289 C.C.; art. 37 L.A.U. (1994).

Art. 1.548. Los padres o tutores, respecto de los bienes de los menores o incapacitados, y los administradores de bienes que no tengan poder especial, no podrán dar en arrendamiento las cosas por término que exceda de seis años.

Redactado por Ley 14/1975, de reforma C.C.; art. 9-3 L.A.R. y 166 y 272, 4.º C.C. Vid. L.A.U. (1994).

Art. 1.549. Con relación a terceros, no surtirán efecto los arrendamientos de bienes raíces que no se hallen debidamente inscritos en el Registro de la propiedad.

Arts. 1280.2 y 1571 C.C.; arts. 2 y 32 a 38 L.H.; arts. 22 L.A.R. y 14 y 29 L.A.U. (1994).

Art. 1.550. Cuando en el contrato de arrendamiento de cosas no se prohíba expresamente, podrá el arrendatario subarrendar en todo o en parte la cosa arrendada, sin perjuicio de su responsabilidad al cumplimiento del contrato para con el arrendador.

Arts. 10 a 22 y 114 L.A.U. (1964); arts. 8, 17 y 35 L.A.U. (1994); art. 23 L.A.R.

Art. 1.551. Sin perjuicio de su obligación para con el subarrendador, queda el subarrendatario obligado a favor del arrendador por todos los actos que se refieran al uso y conservación de la cosa arrendada en la forma pactada entre el arrendador y el arrendatario.

Art. 16 L.A.U. (1964) y 8 L.A.U. (1994); art. 23 L.A.R.

Art. 1.552. El subarrendatario queda también obligado para con el arrendador por el importe del precio convenido en el subarriendo que se halle debiendo al tiempo del requerimiento, considerando no hechos los pagos adelantados, a no haberlos verificado con arreglo a la costumbre.

Arts. 15 L.A.U. (1964) y 8 L.A.U. (1994); art. 23 L.A.R.

Art. 1.553. Son aplicables al contrato de arrendamiento las disposiciones sobre saneamiento contenidas en el título de la compraventa.

En los casos en que proceda la devolución del precio, se hará la disminución proporcional al tiempo que el arrendatario haya disfrutado de la cosa.

Arts. 1.474 a 1.499 C.C.

Sección Segunda. De los derechos y obligaciones del arrendador y del arrendatario

Art. 1.554. El arrendador está obligado:

1º. A entregar al arrendatario la cosa objeto del contrato

2º. A hacer en ella durante el arrendamiento todas las reparaciones necesarias a fin de conservarla en estado de servir para el uso a que ha sido destinada.

3º. A mantener al arrendatario en el goce pacífico del arrendamiento por todo el tiempo del contrato.

Arts. 500, 502, 1.474 y 1.571 C.C.; arts. 107 y 115 L.A.U. (1964); arts. 2, 9 y 21 a 26 L.A.U. (1994); arts. 17 y sigs. L.A.R.

Art. 1.555. El arrendatario está obligado:

1º. A pagar el precio del arrendamiento en los términos convenidos.

2º. A usar de la cosa arrendada como un diligente padre de familia, destinándola al uso pactado; y, en defecto de pacto, al que se infiera de la naturaleza de la cosa arrendada según la costumbre de la tierra.

3º. A pagar los gastos que ocasione la escritura del contrato.

Arts. 1.171, 1.258, 1.547 y 1.966 C.C.; arts. 111 y 114-7 L.A.U. (1964); 17 y 27 L.A.U. (1994); arts. 17 y sigs. 75 L.A.R.

Art. 1.556. Si el arrendador o el arrendatario no cumplieren las obligaciones expresadas en los artículos anteriores, podrán pedir la rescisión del contrato y la indemnización de daños y perjuicios, o sólo esto último, dejando el contrato subsistente.

Arts. 1.101 y 1.124 C.C.; arts. 114 y 115 L.A.U. (1964); 26 a 28 y 35 L.A.U. (1994); y 25 y 26 L.A.R.

Art. 1.557. El arrendador no puede variar la forma de la cosa arrendada.

Arts. 489 y 1.554 C.C.; arts. 21, 22 y 26 L.A.U. (1994); y 8 L.A.R.

Art. 1.558. Si durante el arrendamiento es necesario hacer alguna reparación urgente en la cosa arrendada que no pueda diferirse hasta la conclusión del arriendo, tiene el arrendatario obligación de tolerar la obra, aunque le sea muy molesta, y aunque durante ella se vea privado de una parte de la finca.

Si la reparación dura más de cuarenta días, debe disminuirse el precio del arriendo a proporción del tiempo y de la parte de la finca de que el arrendatario se vea privado.

Si la obra es de tal naturaleza que hace inhabitable la parte que el arrendatario y su familia necesitan para su habitación, puede éste rescindir el contrato.

Arts. 500 y 502 C.C.; arts. 110 L.A.U. (1964); 21, 22 y 26 L.A.U. (1994); y 18 L.A.R.

Art. 1.559. El arrendatario está obligado a poner en conocimiento del propietario, en el más breve plazo posible, toda usurpación o novedad dañosa que otro haya realizado o abiertamente prepare en la cosa arrendada.

También está obligado a poner en conocimiento del dueño, con la misma urgencia, la necesidad de todas las reparaciones comprendidas en el número 2.º del artículo 1.554.

En ambos casos será responsable el arrendatario de los daños y perjuicios que por su negligencia se ocasionaren al propietario.

Arts. 446, 501 y 511 C.C.; arts. 21 y 20 L.A.U. (1994).

Art. 1.560. El arrendador no está obligado a responder de la perturbación de mero hecho que un tercero causare en el uso de la finca arrendada; pero el arrendatario tendrá acción directa contra el perturbador.

No existe perturbación de hecho cuando el tercero, ya sea la Administración, ya un particular, ha obrado en virtud de un derecho que le corresponde.

Art. 446 C.C.

Art. 1.561. El arrendatario debe devolver la finca, al concluir el arriendo, tal como la recibió, salvo lo que hubiese perecido o se hubiera menoscabado por el tiempo o por causa inevitable.

Arts. 1.094 y 1.105 C.C. y 8 L.A.R.

Art. 1.562. A falta de expresión del estado de la finca al tiempo de arrendarla, la ley presume que el arrendatario la recibió en buen estado, salvo prueba en contrario.

Art. 1.563. El arrendatario es responsable del deterioro o pérdida que tuviere la cosa arrendada a no ser que pruebe haberse ocasionado sin culpa suya.

Arts. 1.101, 1.182 y 1.183 C.C.; art. 27 L.A.U. (1994).

Art. 1.564. El arrendatario es responsable del deterioro causado por las personas de su casa.

Arts. 1.783, 1.784, 1.903 y 1.910 C.C.; arts. 111 L.A.U. (1964).

Art. 1.565. Si el arrendamiento se ha hecho por tiempo determinado, concluye el día prefijado sin necesidad de requerimiento.

Arts. 1.569, 1.577, 1.581 y 1.656 C.C.; arts. 56 a 94 L.A.U. (1964); 9, 10, 13 y 14 L.A.U. (1994); 9 R.D-L 2/1985; y 12 L.A.R.

Art. 1.566. Si al terminar el contrato permanece el arrendatario disfrutando quince días de la cosa arrendada con aquiescencia del arrendador, se entiende que hay tácita reconducción por el tiempo que establecen los artículos 1.577 y 1.581, a menos que haya precedido requerimiento.

Arts. 10, 27 y 28 L.A.U. (1994); y 12 L.A.R.

Art. 1.567. En el caso de la tácita reconducción, cesan respecto de ella las obligaciones otorgadas por un tercero para la seguridad del contrato principal.

Art. 1.204 y 1.207 C.C.

Art. 1.568. Si se pierde la cosa arrendada o alguno de los contratantes falta al cumplimiento de lo estipulado, se observará respectivamente lo dispuesto en los artículos 1.182 y 1.183 y en los 1.101 y 1.124.

Arts. 118 L.A.U. (1964); 21 y 28 L.A.U. (1994); 24 a 26 L.A.R.

Art. 1.569. El arrendador podrá desahuciar judicialmente al arrendatario por alguna de las causas siguientes:

1ª. Haber expirado el término convencional o el que se fija para la duración de los arrendamiento en los artículos 1.577 y 1.581.

2ª. Falta de pago en el precio convenido.

3ª. Infracción de cualquiera de las condiciones estipuladas en el contrato.

4ª. Destinar la cosa arrendada a usos o servicios no pactados que la hagan desmerecer; o no sujetarse en su uso a lo que se ordena en el número 2.º del artículo 1.555.

Arts. 1.101, 1.124, 1.555 y 1.556 C.C.; arts. 114 a 119 L.A.U. (1964); 27,y 28, L.A.U. (1994); 24 L.A.R.

Art. 1.570. Fuera de los casos mencionados en el artículo anterior, tendrá el arrendatario derecho a aprovechar los términos establecidos en los artículos 1.577 y 1.581.

Art. 1.571. El comprador de una finca arrendada tiene derecho a que termine el arriendo vigente al verificarse la venta, salvo pacto en contrario y los dispuesto en la ley Hipotecaria.

Si el comprador usare de este derecho, el arrendatario podrá exigir que se le deje recoger los frutos de la cosecha que corresponda al año agrícola corriente y que el vendedor le indemnice los daños y perjuicios que se le causen.

Arts. 1.280 y 1.549 C.C.; arts. 2 L.H. y 13 R.H.; art. 57 L.A.U. (1964); 14 y 25 y Disp. Ad. 2ª L.A.U. (1994); 22 L.A.R.

Art. 1.572. El comprador con pacto de retraer no puede usar de la facultad de desahuciar al arrendatario hasta que haya concluido el plazo para usar del retracto.

Arts. 1.508 y 1.571 C.C.; arts. 47 a 55 C.C.; 13, 14, 25, 29 y 31 L.A.U. (1994).

Art. 1.573. El arrendatario tendrá, respecto de las mejoras útiles y voluntarias, el mismo derecho que se concede al usufructuario.

Arts. 487, 488 y 502 C.C.; arts. 110 a 112 L.A.U. (1964); 19, 22, 23 y 30 L.A.U. (1994); 21 L.A.R.

Art. 1.574. Si nada se hubiere pactado sobre el lugar y tiempo de pago del arrendamiento, se estará, en cuanto al lugar, a lo dispuesto en el artículo 1.171; y, en cuanto al tiempo, a la costumbre de la tierra.

Arts. 17 L.A.U. (1994) y 14 L.A.R.

Sección Tercera. Disposiciones generales para los arrendamientos de predios rústicos

Vid. Ley 49/2003, de 26 de noviembre, de arrendamientos rústicos (B.O.E. 27 de noviembre de 2003).

Art. 1.575. El arrendatario no tendrá derecho a rebaja de la renta por esterilidad de la tierra arrendada o por pérdida de frutos proveniente de casos fortuitos ordinarios; pero si, en caso de pérdida de más de la mitad de frutos por casos fortuitos extraordinarios e imprevistos, salvo siempre el pacto especial en contrario.

Entiéndese por casos fortuitos extraordinarios: el incendio, guerra, peste, inundación insólita, langosta, terremoto u otro igualmente desacostumbrado, y que los contratantes no hayan podido racionalmente prever.

Art. 1.105 C.C.

Art. 1.576. Tampoco tiene el arrendatario derecho a rebaja de la renta cuando los frutos se han perdido después de estar separados de su raíz o tronco.

Arts. 451 a 456 C.C.

Art. 1.577. El arrendamiento de un predio rústico, cuando no se fija su duración, se entiende hecho por todo el tiempo necesario para la recolección de los frutos que toda la finca arrendada diere en un año o pueda dar por una vez, aunque pasen dos o más años para obtenerlos.

El de tierras labrantías, divididas en dos o más hojas, se entiende por tantos años cuantas sean éstas.

Arts. 480, 1.565 y 1.566 C.C.; art. 12 L.A.R.

Art. 1.578. El arrendatario saliente debe permitir al entrante el uso del local y demás medios necesarios para las labores preparatorias del año siguiente; y, recíprocamente, el entrante tiene obligación de permitir al colono saliente lo necesario para la recolección y aprovechamiento de los frutos, todo con arreglo a la costumbre del pueblo.

Art. 1.579. El arrendamiento por aparcería de tierras de labor, ganados de cría o establecimientos fabriles e industriales, se regirá por las disposiciones relativas al contrato de sociedad y por las estipulaciones de las partes, y, en su defecto, por la costumbre de la tierra.

Arts. 28 a 32 L.A.R.; y la Ley catalana 24/1984, de 28 de noviembre, sobre contratos de integración. (B.O.E. de 16 de enero de 1985).

Sección Cuarta. Disposiciones especiales para el arrendamiento de predios urbanos

Art. 1.580. En defecto de pacto especial, se estará a la costumbre del pueblo para las reparaciones de los predios urbanos que deban ser de cuenta del propietario. En caso de duda se entenderán de cargo de éste.

Arts. 107 a 113 y 115-2ª L.A.U. (1964); 21 a 24, 27 y 30 L.A.U. (1994).

Art. 1.581. Si no se hubiese fijado plazo al arrendamiento, se entiende hecho por años cuando se ha fijado un alquiler anual, por meses cuando es mensual, por días cuando es diario.

En todo caso cesa el arrendamiento, sin necesidad de requerimiento especial, cumplido el término.

Arts. 1.565 y 1.566 C.C.; arts. 56 a 94 L.A.U. (1964) y 9 L.A.U. (1994).

Art. 1.582. Cuando el arrendador de una casa, o de parte de ella, destinada a la habitación de una familia, o de una tienda, o almacén, o establecimiento industrial, arrienda también los muebles, el arrendamiento de éstos se entenderá por el tiempo que dure el de la finca arrendada.

Arts. 43 a 46 L.A.U. (1964) y 2 y 7 L.A.U. (1994).

Capítulo III. Del arrendamiento de obras y servicios

Sección Primera. Del servicio de criados y trabajadores asalariados

Art. 1.583. Puede contratarse esta clase de servicio sin tiempo fijo, por tiempo cierto, o para una obra determinada. El arrendamiento hecho por toda la vida es nulo.

Arts. 1.255, 1.271 y 1.272 C.C.

Art. 1.584. El criado doméstico destinado al servicio personal de su amo, o de la familia de éste, por tiempo determinado, puede despedirse y ser despedido antes de expirar el término; pero, si el amo despide al criado sin justa causa, debe indemnizarle pagándole el salario devengado y el de quince días más.

El amo será creído, salvo prueba en contrario:

1º. Sobre el tanto del salario del sirviente doméstico.

2º. Sobre el pago de los salarios devengados en el año corriente.

Art. 2, disposición adicional 2ª y disposición final 4ª del E.T.

Art. 1.585. Además de los prescrito en los artículos anteriores, se observará acerca de los amos y sirvientes lo que determinen las leyes y reglamentos especiales.

Art. 1.586. Los criados de labranza, menestrales, artesanos y demás trabajadores asalariados por cierto término para cierta obra, no pueden despedirse ni ser despedidos antes del cumplimiento del contrato, sin justa causa.

Arts. 49 a 57 del E.T.

Art. 1.587. La despedida de los criados, menestrales, artesanos y demás trabajadores asalariados, a que se refieren los artículos anteriores, da derecho para desposeerles de la herramienta y edificios que ocuparen por razón de su cargo.

Arts. 430, 431, 441, 444 y 460.4 C.C.

Sección Segunda. De las obras por ajuste o precio alzado

Vid. Ley 38/1999, de 5 de noviembre, de Ordenación de la Edificación (B.O.E. 6 de noviembre).

Art. 1.588. Puede contratarse la ejecución de una obra convieniendo en que el que la ejecute ponga solamente su trabajo o su industria, o que también suministre el material.

Art. 1.589. Si el que contrató la obra se obligó a poner el material, debe sufrir la pérdida en el caso de destruirse la obra antes de ser entregada, salvo si hubiese habido morosidad en recibirla.

Compárese con el art. 1.452 C.C.

Art. 1.590. El que se ha obligado a poner solo su trabajo o industria, no puede reclamar ningún estipendio si se destruye la obra antes de haber sido entregada, a no ser que haya habido morosidad para recibirla, o que la destrucción haya provenido de la mala calidad de los materiales, con tal que haya advertido oportunamente esta circunstancia al dueño.

Art. 358 sigs. C.C.

Art. 1.591. El contratista de un edificio que se arruinase por vicios de la construcción, responde de los daños y perjuicios si la ruina tuviere lugar dentro de diez años, contados desde que concluyó la construcción; igual responsabilidad, y por el mismo tiempo, tendrá el arquitecto que la dirigiere, si se debe la ruina a vicio del suelo o de la dirección.

Si la causa fuere la falta del contratista a las condiciones del contrato, la acción de indemnización durará quince años.

Arts. 1.484, 1.553, 1.909, 1.930, 1.938 y 1.964 C.C. Arts. 17 y sigs. L.O.E.

Art. 1.592. El que se obliga a hacer una obra por piezas o por medida, puede exigir del dueño que la reciba por partes y que la pague en proporción. Se presume aprobada y recibida la parte satisfecha.

Arts. 1.469 y 1.472 C.C.

Art. 1.593. El arquitecto o contratista que se encarga por un ajuste alzado de la construcción de un edificio u otra obra en vista de un plano convenido con el propietario del suelo, no puede pedir aumento de precio aunque se haya aumentado el de los jornales o materiales; pero podrá hacerlo cuando se haya hecho algún cambio en el plano que produzca aumento de obra, siempre que hubiese dado su autorización el propietario.

Arts. 1.258, 1.445 y 1543 C.C.

Art. 1.594. El dueño puede desistir, por su sola voluntad, de la construcción de la obra aunque se haya empezado, indemnizando al contratista de todos sus gastos, trabajo y utilidad que pudiera obtener de ella.

Art. 1.256 C.C.

Art. 1.595. Cuando se ha encargado cierta obra a una persona por razón de sus cualidades personales, el contrato se rescinde por la muerte de esa persona.

En este caso el propietario debe abonar a los herederos del constructor, a proporción del precio convenido, el valor de la parte de obra ejecutada y de los materiales preparados, siempre que de estos materiales reporte algún beneficio.

Lo mismo se entenderá si el que contrató la obra no puede acabarla por alguna causa independiente de su voluntad.

Arts. 1.161 y 1.742 C.C.

Art. 1.596. El contratista es responsable del trabajo ejecutado por las personas que ocupare en la obra.

Art. 1.597. Los que ponen su trabajo y materiales en una obra ajustada alzadamente por el contratista, no tienen acción contra el dueño de ella sino hasta la cantidad que éste adeude a aquél cuando se hace la reclamación.

Arts. 1550 a 1552, 1.922.1 y 1.923.3 C.C.

Art. 1.598. Cuando se conviniere que la obra se ha de hacer a satisfacción del propietario, se entiende reservada la aprobación, a falta de conformidad, al juicio pericial correspondiente.

Si la persona que ha de aprobar la obra es un tercero, se estará a lo que éste decida.

Art. 1.453 C.C.

Art. 1.599. Si no hubiere pacto o costumbre en contrario, el precio de la obra deberá pagarse al hacerse la entrega.

Art. 1.600. El que ha ejecutado una obra en cosa mueble tiene el derecho de retenerla en prenda hasta que se le pague.

Arts. 453, 1.730, 1.780 y 1.858 C.C.

Sección Tercera. De los transportes por agua y tierra, tanto de personas como de cosas

Art. 1.601. Los conductores de efectos por tierra o por agua están sujetos, en cuanto a la guarda y conservación de las cosas que se les confían, a las mismas obligaciones que respecto a los posaderos se determinan en los artículos 1.783 y 1.784.

Lo dispuesto en este artículo se entiende sin perjuicio de lo que respecto a transportes por mar y tierra establece el Código de Comercio.

Vid. Real Decreto Legislativo 1/2007, de16 de noviembre, por el que se aprueba el texto refundido de la Ley General para la Defensa de los Consumidores y Usuarios y otras leyes complementarias, donde se regula en contrato de viaje combinado (Libro IV, arts. 150 y sigs).

Art. 1.602. Responden igualmente los conductores de la pérdida y de las averías de las cosas que reciben, a no ser que prueben que la pérdida o la avería ha provenido de caso fortuito o de fuerza mayor.

Art. 1.603. Lo dispuesto en estos artículos se entiende sin perjuicio de lo que prevengan las leyes y los reglamentos especiales.

Vid. Ley 16/1987, de 30 de julio, de Ordenación de los Transportes Terrestres; Ley 39/2003, de 17 de noviembre, del Sector Ferroviario.

Título VII. De los censos

Vid. Ley 5/2006, de 10 de mayo, del Libro Quinto del Código civil de Cataluña, relativo a los derechos reales; arts. 542 y sigs. C.D.N.; arts. 55 y sigs. C.D.B.

Capítulo Primero. Disposiciones generales

Art. 1.604. Se constituye el censo cuando se sujetan algunos bienes inmuebles al pago de un canon o rédito anual en retribución de un capital que se recibe en dinero, o del dominio pleno o menos pleno que se transmite de los mismos bienes.

Arts. 334 núm. 10 C.C. y 2.2 de la L.H. En Cataluña, Ley 5/2006, de 10 de mayo, del Libro Quinto del Código civil de Cataluña, relativo a los derechos reales; en Navarra, Leyes 542 y sigs. C.D.N.; en Baleares, arts. 55 y sigs. C.D.B.

Art. 1.605. Es enfitéutico el censo cuando una persona cede a otra el dominio útil de una finca, reservándose el directo y el derecho a percibir del enfiteuta una pensión anual en reconocimiento de este mismo dominio.

Arts. 596, 867 y 1.628 a 1.656 C.C. Vid., para Cataluña, Ley 5/2006, de 10 de mayo, del Libro Quinto del Código civil de Cataluña, relativo a los derechos reales.

Art. 1.606. Es consignativo el censo, cuando el censatario impone sobre un inmueble de su propiedad el gravamen del canon o pensión que se obliga a pagar al censualista por el capital que de éste recibe en dinero.

Arts. 1.657 a 1.660 C.C.

Art. 1.607. Es reservativo el censo, cuando una persona cede a otra el pleno dominio de un inmueble, reservándose el derecho a percibir sobre el mismo inmueble una pensión anual que deba pagar el censatario.

Arts. 1.661 a 1.664 C.C.

Art. 1.608. Es de la naturaleza del censo que la cesión del capital o de la cosa inmueble sea perpetua o por tiempo indefinido; sin embargo, el censatario podrá redimir el censo a su voluntad aunque se pacte lo contrario, siendo esta disposición aplicable a los censos que hoy existen.

Puede, no obstante, pactarse que la redención del censo no tenga lugar durante la vida del censualista o de una persona determinada, o que no pueda redimirse en cierto número de años, que no excederá de veinte en el consignativo, ni de sesenta en el reservativo y enfitéutico.

Arts. 1.086, 1.651, 1.658 y 1.662 C.C. y 148 de la L.H.

Art. 1.609. Para llevar a efecto la redención, el censatario deberá avisarlo al censualista con un año de antelación, o anticiparle el pago de una pensión anual.

Art. 1.610. Los censos no pueden redimirse parcialmente sino en virtud de pacto expreso.

Tampoco podrán redimirse contra la voluntad del censualista, sin estar al corriente el pago de las pensiones.

Arts. 1.514 a 1.517 C.C.

Art. 1.611. Para la redención de los censos constituidos antes de la promulgación de este Código, si no fuere conocido el capital, se regulará éste por la cantidad que resulte, computada la pensión al 3 por cien.

Si la pensión se paga en frutos, se estimarán éstos, para determinar el capital, por el precio medio que hubiesen tenido en el último quinquenio.

Los dispuesto en este artículo no será aplicable a los foros, subforos, derechos de superficie y cualesquiera otros gravaménes semejantes, en los cuales el principio de la redención de los dominios será regulado por una ley especial.

En cumplimiento de lo preceptuado se publicó el Real Decreto de 25 de junio de 1926, desarrollado por el Reglamento de 3 de agosto del mismo año; derogados ambos por la disposición final 3ª de la Ley 147/1963, de 2 de diciembre, que aprueba la Compilación de Derecho Civil Especial de Galicia, la cual a su vez queda derogada por la Ley 4/1995, de 24 de mayo, de Derecho civil de Galicia.

Art. 1.612. Los gastos que se ocasionen para la redención y liberación del censo serán de cuenta del censatario, salvo los que se causen por oposición temeraria, a juicio de los Tribunales.

Art. 1.613. La pensión o canon de los censos se determinará por las partes al otorgar el contrato.

Podrá consistir en dinero o frutos.

Arts. 1.629, 1.657 y 1.663 C.C.

Art. 1.614. Las pensiones se pagarán en los plazos convenidos; y, a falta de convenio, si consisten en dinero, por años vencidos a contar desde la fecha del contrato; y, si en frutos, al fin de la respectiva recolección.

Art. 1.615. Si no se hubiere designado en el contrato el lugar en que hayan de pagarse las pensiones, se cumplirá esta obligación en el que radique la finca gravada con el censo, siempre que el censualista o su apoderado tuvieren su domicilio en el término municipal del mismo pueblo. No teniéndolo, y sí el censatario, en el domicilio de éste se hará el pago.

Art. 1.616. El censualista, al tiempo de entregar el recibo de cualquier pensión, puede obligar al censatario a que le dé un resguardo en el que conste haberse hecho el pago.

Art. 1.617. Pueden transmitirse a título oneroso o lucrativo las fincas gravadas con censos, y lo mismo el derecho a percibir la pensión.

Arts. 1.636, 1637 y 1.644. Compárese con los arts. 480 y 525 C.C.

Art. 1.618. No pueden dividirse entre dos o más personas las fincas gravadas con censo sin el consentimiento expreso del censualista, aunque se adquieran a título de herencia.

Cuando el censualista permita la división, se designará con su consentimiento la parte del censo con que quedará gravada cada porción, constituyéndose tantos censos distintos cuantas sean las porciones en que se divida la finca.

Arts. 400, 405, 867 y 1.086 C.C.

Art. 1.619. Cuando se intenta adjudicar la finca gravada con censo a varios herederos, y el censualista no preste su consentimiento para la división, se pondrá a licitación entre ellos.

A falta de conformidad, o no ofreciéndose por alguno de los interesados el precio de tasación, se venderá la finca con la carga, repartiéndose el precio entre los herederos.

Arts. 404 C.C.

Art. 1.620. Son prescriptibles tanto el capital como las pensiones de los censos, conforme a lo que se dispone en el título XVIII de este libro.

Arts. 1.963, 1.966 y 1.970 C.C.

Art. 1.621. A pesar de lo dispuesto en el artículo 1.110, será necesario el pago de dos pensiones consecutivas para suponer satisfechas todas las anteriores.

Art. 1.622. El censatario está obligado a pagar las contribuciones y demás impuestos que afecten a la finca acensuada.

Al verificar el pago de la pensión podrá descontar de ella la parte de los impuestos que corresponda al censualista.

Arts. 504 y 505 C.C.

Art. 1.623. Los censos producen acción real sobre la finca gravada. Además de la acción real podrá el censualista ejercitar la personal para el pago de las pensiones atrasadas, y de los daños e intereses cuando hubiere lugar a ello.

Art. 1.659 C.C. y 116 de la L.H.

Art. 1.624. El censatario no podrá pedir el perdón o reducción de la pensión por esterilidad accidental de la finca, ni por la pérdida de sus frutos.

Arts. 1.091, 1.575 y 1.576 C.C.

Art. 1.625. Si por fuerza mayor o caso fortuito se pierde o inutiliza totalmente la finca gravada con censo, quedará éste extinguido, cesando el pago de la pensión.

Si se pierde sólo en parte, no se eximirá el censatario de pagar la pensión, a no ser que prefiera abandonar la finca al censualista.

Interviniendo culpa del censatario, quedará sujeto, en ambos casos, al resarcimiento de daños y perjuicios.

Arts. 1.101 y 1.575 C.C.

Art. 1.626. En el caso del párrafo primero del artículo anterior, si estuviere asegurada la finca, el valor del seguro quedará afecto al pago del capital del censo y de las pensiones vencidas, a no ser que el censatario prefiera invertirlo en reedificar la finca, en cuyo caso revivirá el censo con todos sus efectos, incluso el pago de las pensiones no satisfechas. El censualista podrá exigir del censatario que asegure la inversión del valor del seguro en la reedificación de la finca.

Arts. 517 y 518 C.C.

Art. 1.627. Si la finca gravada con censo fuere expropiada por causa de utilidad pública, su precio estará afecto al pago del capital del censo y de las pensiones vencidas, quedando éste extinguido.

La precedente disposición es también aplicable al caso en que la expropiación forzosa sea solamente de parte de la finca, cuando su precio baste para cubrir el capital del censo.

Si no bastare, continuará gravando el censo sobre el resto de la finca, siempre que su precio sea suficiente para cubrir el capital censual y un 25 por cien más del mismo. En otro caso estará obligado el censatario a sustituir con otra garantía la parte expropiada, o a redimir el censo, a su elección, salvo lo dispuesto para el enfitéutico en el artículo 1.631.

Arts. 519, 1.631 y 1.659 C.C.

Capítulo II. Del censo enfitéutico

Sección Primera. Disposiciones relativas a la enfiteusis

Art. 1.628. El censo enfitéutico sólo puede establecerse sobre bienes inmuebles y en escritura pública.

Arts. 1.279, 1.280 y 1.605 C.C.

Art. 1.629. Al constituirse el censo enfitéutico se fijará en el contrato, bajo pena de nulidad, el valor de la finca y la pensión anual que haya de satisfacerse.

Art. 1.630. Cuando la pensión consista en una cantidad determinada de frutos, se fijarán en el contrato su especie y calidad.

Si consiste en una parte alícuota de los que produzca la finca, a falta de pacto expreso sobre la intervención que haya de tener el dueño directo, deberá el enfiteuta darle aviso previo, o a su representante, del día en que se proponga comenzar la recolección de cada clase de frutos, a fin de que pueda, por sí mismo o por medio de su representante, presenciar todas las operaciones hasta percibir la parte que le corresponda.

Dado el aviso, el enfiteuta podrá levantar la cosecha, aunque no concurra el dueño directo ni su representante o interventor.

Art. 1.631. En el caso de expropiación forzosa se estará a lo dispuesto en el párrafo primero del artículo 1.627, cuando sea expropiada toda la finca.

Si sólo lo fuere en parte, se distribuirá el precio de lo expropiado entre el dueño directo y el útil, recibiendo aquél la parte del capital del censo que proporcionalmente corresponda a la parte expropiada, según el valor que se dio a toda la finca al constituirse el censo o que haya servido de tipo para la redención, y el resto corresponderá al enfiteuta.

En este caso continuará el censo sobre el resto de la finca, con la correspondiente reducción en el capital y las pensiones, a no ser que el enfiteuta opte por la redención total o por el abandono a favor del dueño directo.

Cuando, conforme a lo pactado, deba pagarse laudemio, el dueño directo percibirá lo que por este concepto le corresponda sólo de la parte del precio que pertenezca al enfiteuta.

Arts. 1.644 y 1.646 C.C.

Art. 1.632. El enfiteuta hace suyos los productos de la finca y de sus accesiones.

Tiene los mismo derechos que corresponderían al propietario en los tesoros y minas que se descubran en la finca enfitéutica.

Arts. 353 a 358 C.C.

Art. 1.633. Puede el enfiteuta disponer del predio enfitéutico y de sus accesiones, tanto por actos entre vivos como de última voluntad, dejando a salvo los derechos del dueño directo, y con sujeción a lo que establecen los artículos que siguen.

Art. 480 C.C.

Art. 1.634. Cuando la pensión consiste en una parte alícuota de los frutos de la finca enfitéutica, no podrá imponerse servidumbre ni otra carga que disminuya los productos sin consentimiento expreso del dueño directo.

Art. 596 C.C.

Art. 1.635. El enfiteuta podrá donar o permutar libremente la finca, poniéndolo en conocimiento del dueño directo.

Art. 480 C.C.

Art. 1.636. Corresponden recíprocamente al dueño directo y al útil el derecho de tanteo y el de retracto, siempre que vendan o den en pago su respectivo dominio sobre la finca enfitéutica.

Esta disposición no es aplicable a las enajenaciones forzosas por causa de utilidad pública.

Arts. 1.521 C.C.; arts. 47 a 55 L.A.U. (1964) y 25 L.A.U. (1994).

Art. 1.637. Para los efectos del artículo anterior, el que trate de enajenar el dominio de una finca enfitéutica deberá avisarlo al otro condueño, declarándole el precio definitivo que se le ofrezca, o en que pretenda enajenar su dominio.

Dentro de los veinte días siguientes al del aviso, podrá el condueño hacer uso del derecho de tanteo, pagando el precio indicado. Si no lo verifica, perderá este derecho y podrá llevarse a efecto la enajenación.

Art. 1.638. Cuando el dueño directo, o el enfiteuta en su caso, no haya hecho uso del derecho de tanteo a que se refiere el artículo anterior, podrá utilizar el de retracto para adquirir la finca por el precio de la enajenación.

En este caso deberá utilizarse el retracto dentro de los nueve días útiles siguientes al del otorgamiento de la escritura de venta. Si ésta se ocultare, se contará dicho término desde la inscripción de la misma en el Registro de la Propiedad.

Se presume la ocultación cuando no se presenta la escritura en el Registro dentro de los nueve días siguientes al de su otorgamiento.

Independientemente de la presunción, la ocultación puede probarse por los demás medios legales.

Art. 1.524 C.C.

Art. 1.639. Si se hubiere realizado la enajenación sin el previo aviso que ordena el artículo 1.637, el dueño directo, y en su caso el útil, podrán ejercitar la acción de retracto en todo tiempo hasta que transcurra un año, contado desde que la enajenación se inscriba en el Registro de la Propiedad.

Art. 1.524 C.C.

Art. 1.640. En las ventas judiciales de fincas enfitéuticas, el dueño directo y el útil, en sus casos respectivos, podrán hacer uso del derecho de tanteo dentro del término fijado en los edictos para el remate, pagando el precio que sirva de tipo para la subasta y del de retracto dentro de los nueve días útiles siguientes al del otorgamiento de la escritura.

En este caso no será necesario el aviso previo que exige el artículo 1.637.

Art. 1.521 C.C.

Art. 1.641. Cuando sean varias las fincas enajenadas sujetas a un mismo censo, no podrá utilizarse el derecho de tanteo ni el de retracto respecto de unas con exclusión de las otras.

Art. 1.642. Cuando el dominio directo o el útil pertenezca pro indiviso a varias personas, cada una de ellas podrá hacer uso del derecho de retracto con sujeción a las reglas establecidas para el de comuneros, y con preferencia el dueño directo, si se hubiese enajenado parte del dominio útil; o el enfiteuta, si la enajenación hubiese sido del dominio directo.

Arts. 1.522 a 1.524 C.C.

Art. 1.643. Si el enfiteuta fuere perturbado en su derecho por un tercero que dispute el dominio directo o la validez de la enfiteusis, no podrá reclamar la correspondiente indemnización del dueño directo, si no le cita de evicción conforme a lo prevenido en el artículo 1.481.

Art. 1.644. En las enajenaciones a título oneroso de fincas enfitéuticas sólo se pagará laudemio al dueño directo cuando se haya estipulado expresamente en el contrato de enfiteusis.

Si al pactarlo no se hubiera señalado cantidad fija, ésta consistirá en el 2 por 100 del precio de la enajenación.

En las enfiteusis anteriores a la promulgación de este Código, que estén sujetas al pago de laudemio, aunque no se haya pactado, seguirá esta prestación en la forma acostumbrada, pero no excederá del 2 por 100 del precio de la enajenación cuando no se haya contratado expresamente otra mayor.

Art. 1.631 C.C.

Art. 1.645. La obligación de pagar el laudemio corresponde al adquirente, salvo pacto en contrario.

Art. 1.646. Cuando el enfiteuta hubiese obtenido del dueño directo licencia para la enajenación o le hubiese dado el aviso previo que previene el artículo 1.637, no podrá el dueño directo reclamar, en su caso, el pago del laudemio sino dentro del año siguiente al día en que se inscriba la escritura en el Registro de la Propiedad. Fuera de dichos casos, esta acción estará sujeta a la prescripción ordinaria.

Arts. 1.930, 1.938 y 1.964 C.C.

Art. 1.647. Cada veintinueve años podrá el dueño directo exigir el reconocimiento de su derecho por el que se encuentre en posesión de la finca enfitéutica.

Los gastos del reconocimiento serán de cuenta del enfiteuta, sin que pueda exigírsele ninguna otra prestación por este concepto.

Art. 1.963 C.C.

Art. 1.648. Caerá en comiso la finca, y el dueño directo podrá reclamar su devolución:

1°. Por falta de pago de la pensión durante tres años consecutivos.

2°. Si el enfiteuta no cumple la condición estipulada en el contrato o deteriora gravemente la finca.

Art. 1.649. En el caso primero del artículo anterior, para que el dueño directo pueda pedir el comiso, deberá requerir de pago al enfiteuta judicialmente o por medio de Notario; y, si no paga dentro de los treinta días siguientes al requerimiento, quedará expedito el derecho de aquél.

Arts. 1.124 y 1.504 C.C.

Art. 1.650. Podrá el enfiteuta librarse del comiso en todo caso, redimiendo el censo y pagando las pensiones vencidas dentro de los treinta días siguientes al requerimiento de pago o al emplazamiento de la demanda.

Del mismo derecho podrán hacer uso los acreedores del enfiteuta hasta los treinta días siguientes al en que el dueño directo haya recobrado el pleno dominio.

Art. 1.651. La redención del censo enfitéutico consistirá en la entrega en metálico, y de una vez, al dueño directo del capital que se hubiese fijado como valor de la finca al tiempo de constituirse el censo, sin que pueda exigirse ninguna otra prestación, a menos que haya sido estipulada.

Art. 1.652. En el caso de comiso, o en el de rescisión por cualquiera causa del contrato de enfiteusis, el dueño directo deberá abonar las mejoras que hayan aumentado el valor de la finca, siempre que este aumento subsista al tiempo de devolverla.

Si ésta tuviese deterioros por culpa o negligencia del enfiteuta, serán compensables con las mejoras, y en lo que no basten quedará el enfiteuta obligado personalmente a su pago, y lo mismo al de las pensiones vencidas y no prescritas.

Arts. 487, 488 y 1.573 C.C.

Art. 1.653. A falta de herederos testamentarios descendientes, ascendientes, cónyuge supérstite y parientes dentro del sexto grado del último enfiteuta, volverá la finca al dueño directo en el estado en que se halle, si no dispuso de ella el enfiteuta en otra forma.

La referencia al grado debe entenderse modificada por el tenor del art. 954 C.C. (4º grado) a la luz del RDL. de 13 de enero de 1928, de reforma C.C.

Art. 1.654. Queda suprimido para lo sucesivo el contrato de subenfiteusis.

Sección Segunda. De los foros y otros contratos análogos al de enfiteusis

Art. 1.655. Los foros y cualesquiera otros gravámenes de naturaleza análoga que se establezcan desde la promulgación de este Código, cuando sean por tiempo indefinido, se regirán por las disposiciones establecidas para el censo enfitéutico en la sección que precede.

Si fueren temporales o por tiempo limitado, se estimarán como arrendamientos y se regirán por las disposiciones relativas a este contrato.

Arts. 8 de la L.H. y 69 a 74 del R.H.

Art. 1.656. El contrato en cuya virtud el dueño del suelo cede su uso para plantar viñas por el tiempo que vivieren las primeras cepas, pagándole el cesionario una renta o pensión anual en frutos o en dinero, se regirá por las reglas siguientes:

1ª. Se tendrá por extinguido a los cincuenta años de la concesión, cuando en ésta no se hubiese fijado expresamente otro plazo.

2ª. También quedará extinguido por muerte de las primeras cepas, o por quedar infructíferas las dos terceras partes de las plantadas.

3ª. El cesionario o colono puede hacer renuevos y mugrones durante el tiempo del contrato.

4ª. No pierde su carácter este contrato por la facultad de hacer otras plantaciones en el terreno concedido, siempre que sea su principal objeto la plantación de viñas.

5ª. El cesionario puede transmitir libremente su derecho a título oneroso o gratuito, pero sin que pueda dividirse el uso de la finca, a no consentirlo expresamente su dueño.

6ª. En las enajenaciones a título oneroso, el cedente y el cesionario tendrán recíprocamente los derechos de tanteo y de retracto, conforme a lo prevenido para la enfiteusis, y con la obligación de darse el aviso previo que se ordena en el artículo 1.637.

7ª. El colono o cesionario puede dimitir o devolver la finca al cedente cuando le convenga, abonando los deterioros causados por su culpa.

8ª. El cesionario no tendrá derecho a las mejoras que existan en la finca al tiempo de la extinción del contrato, siempre que sean necesarias o hechas en cumplimiento de lo pactado.

En cuanto a las útiles y voluntarias, tampoco tendrá derecho a su abono, a no haberlas ejecutado con consentimiento por escrito del dueño del terreno, obligándose a abonarlas. En este caso se abonarán dichas mejoras por el valor que tengan al devolver la finca.

9ª. El cedente podrá hacer uso de la acción de desahucio por cumplimiento del término del contrato.

10ª. Cuando después de terminado el plazo de los cincuenta años o el fijado expresamente por los interesados, continuare el cesionario en el uso y aprovechamiento de la finca por consentimiento tácito del cedente, no podrá aquel ser desahuciado sin el aviso previo que éste deberá darle con un año de antelación para la conclusión del contrato.

Regla 5ª: arts. 480, 525, 1.617 y 1.633 C.C.
Regla 7ª: arts. 1.127 y 1.555 C.C.; arts. 56 y 57 de la L.A.U. (1964); arts. 9, 11 y 12 L.A.U. (1994).
Regla 8ª: arts. 487, 488, 1.573 y 1.652 C.C.
Regla 9ª: art. 1.569 C.C.
Regla 10ª: arts. 1.565 a 1.567 C.C.

Capítulo III. Del censo consignativo

Art. 1.657. Cuando se pacte el pago en frutos de la pensión del censo consignativo, deberá fijarse la especie, cantidad y calidad de los mismos, sin que pueda consistir en una parte alícuota de los que produzca la finca acensuada.

Art. 1.606 C.C.

Art. 1.658. La redención del censo consignativo consistirá en la devolución al censualista, de una vez y en metálico, del capital que hubiese entregado para constituir el censo.

Art. 1.659. Cuando se proceda por acción real contra la finca acensuada para el pago de pensiones, si lo que reste del valor de la misma no fuera suficiente para cubrir el capital del censo y un 25 por 100 más del mismo, podrá el censualista obligar al censatario a que, a su elección, redima el censo o complete la garantía, o abandone el resto de la finca a favor de aquél.

Art. 1.660. También podrá el censualista hacer uso del derecho establecido en el artículo anterior en los demás casos en que el valor de la finca sea insuficiente para cubrir el capital del censo y un 25 por 100 más, si concurre alguna de las circunstancias siguientes:

1ª. Que haya disminuido el valor de la finca por culpa o negligencia del censatario.

En tal caso éste será además responsable de los daños y perjuicios.

2ª. Que haya dejado de pagar la pensión por dos años consecutivos.

3ª. Que el censatario haya sido declarado en quiebra, concurso o insolvencia.

Capítulo IV. Del censo reservativo

Art. 1.661. No puede constituirse válidamente el censo reservativo sin que preceda la valoración de la finca por estimación conforme de las partes o por justiprecio de peritos.

Art. 1.607 C.C.

Art. 1.662. La redención de este censo se verificará entregando el censatario al censualista, de una vez y en metálico, el capital que se hubiese fijado conforme al artículo anterior.

Art. 1.663. La disposición del artículo 1.657 es aplicable al censo reservativo.

Art. 1.664. En los casos previstos en los artículos 1.659 y 1.660, el deudor del censo reservativo sólo podrá ser obligado a redimir el censo, o a que abandone la finca a favor del censualista.

Título VIII. De la sociedad

Real Decreto Legislativo 1/2010, de 2 de julio, por el que se aprueba el texto refundido de la Ley de Sociedades de Capital; Ley 27/1999, de 16 de julio, de Cooperativas.

Capítulo Primero. Disposiciones generales

Art. 1.665. La sociedad es un contrato por el cual dos o más personas se obligan a poner en común dinero, bienes o industria, con ánimo de partir entre sí las ganancias.

Arts. 35 a 39 C.C. y 116 del C de C.

Art. 1.666. La sociedad debe tener un objeto lícito, y establecerse en interés común de los socios.

Cuando se declare la disolución de una sociedad ilícita, las ganancias se destinarán a los establecimientos de beneficencia del domicilio de la sociedad, y, en su defecto, a los de la provincia.

Arts. 1.255, 1.258, 1.271 a 1.273 y 1.305 C.C.

Art. 1.667. La sociedad civil se podrá constituir en cualquiera forma, salvo que se aportaren a ella bienes inmuebles o derechos reales, en cuyo caso será necesaria la escritura pública.

Arts. 1.278 a 1.280 C.C. y 119 del C. de c.

Art. 1.668. Es nulo el contrato de sociedad, siempre que se aporten bienes inmuebles, si no se hace un inventario de ellos, firmado por las partes, que deberá unirse a la escritura.

Art. 1.669. No tendrán personalidad jurídica las sociedades cuyos pactos se mantengan secretos entre los socios, y en que cada uno de éstos contrate en su propio nombre con los terceros.

Esta clase de sociedades se regirá por las disposiciones relativas a la comunidad de bienes.

Arts. 392 a 406 C.C. y 116 del C. de c.

Art. 1.670. Las sociedades civiles, por el objeto a que se consagren, pueden revestir todas las formas reconocidas por el Código de Comercio. En tal caso, les serán aplicables sus disposiciones en cuanto no se opongan a las del presente Código.

Art. 1.700 C.C.; arts. 116 a 238 del C. de c. En relación a las formas que pueden revestir las sociedades, art. 122 del C. de c.; arts. 1 y 2 LSC.

Art. 1.671. La sociedad es universal o particular.

Art. 1.672. La sociedad universal puede ser de todos los bienes presentes, o de todas las ganancias.

Art. 1.673. La sociedad de todos los bienes presentes es aquella por la cual las partes ponen en común todos los que actualmente les pertenecen, con ánimo de partirlos entre sí, como igualmente todas las ganancias que adquieran con ellos.

Art. 1.674. En la sociedad universal de todos los bienes presentes, pasan a ser propiedad común de los socios los bienes que pertenecían a cada uno, así como todas las ganancias que adquieran con ellos.

Puede también pactarse en ella la comunicación recíproca de cualesquiera otras ganancias; pero no pueden comprenderse los bienes que los socios adquieran posteriormente por herencia, legado o donación, aunque sí sus frutos.

Art. 1.271.2 C.C.

Art. 1.675. La sociedad universal de ganancias comprende todo lo que adquieran los socios por su industria o trabajo mientras dure la sociedad.

Los bienes muebles o inmuebles que cada socio posee al tiempo de la celebración del contrato, continúan siendo de dominio particular, pasando sólo a la sociedad el usufructo.

Arts. 334 a 336 C.C.

Art. 1.676. El contrato de sociedad universal, celebrado sin determinar su especie, sólo constituye la sociedad universal de ganancias.

Art. 1.316 C.C.

Art. 1.677. No pueden contraer sociedad universal entre sí las personas a quien está prohibido otorgarse recíprocamente alguna donación o ventaja.

Arts. 221 y 752 C.C.

Art. 1.678. La sociedad particular tiene únicamente por objeto cosas determinadas, su uso, o sus frutos, o una empresa señalada, o el ejercicio de una profesión o arte.

Art. 1.323 C.C.

Capítulo II. De las obligaciones de los socios

Sección Primera. De las obligaciones de los socios entre sí

Art. 1.679. La sociedad comienza desde el momento mismo de la celebración del contrato, si no se ha pactado otra cosa.

Art. 1.680. La sociedad dura por el tiempo convenido; a falta de convenio, por el tiempo que dure el negocio que haya servido exclusivamente de objeto a la sociedad, si aquél por su naturaleza tiene una duración limitada; y en cualquier otro caso, por toda la vida de los asociados, salvo la facultad que se les reserva en el artículo 1.700 y lo dispuesto en el artículo 1.704.

Arts. 221 y 223 del C. de c.

Art. 1.681. Cada uno es deudor a la sociedad de lo que ha prometido aportar a ella.

Queda también sujeto a la evicción en cuanto a las cosas ciertas y determinadas que haya aportado a la sociedad, en los mismos casos y de igual modo que lo está el vendedor respecto del comprador.

Arts. 1094 a 1.097, 1.474 a 1.483 y 1.532 C.C. También arts. 218.4 del C. de c.; arts. 58 y sigs. LSC

Art. 1.682. El socio que se ha obligado a aportar una suma en dinero y no la ha aportado, es de derecho deudor de los intereses desde el día en que debió aportarla, sin perjuicio de indemnizar además los daños que hubiese causado.

Lo mismo tiene lugar respecto a las sumas que hubiese tomado de la caja social, principiando a contarse los intereses desde el día en que las tomó para su beneficio particular.

Arts. 1.095, 1.100 y 1.108 C.C., 218 del C. de c.

Art. 1.683. El socio industrial debe a la sociedad las ganancias que durante ella haya obtenido en el ramo de industria que sirve de objeto a la misma.

Art. 1.684. Cuando un socio autorizado para administrar cobra una cantidad exigible, que le era debida en su propio nombre, de una persona que debía a la sociedad otra cantidad también exigible, debe imputarse lo cobrado en los dos créditos a proporción de su importe, aunque hubiese dado el recibo por cuenta de sólo su haber; pero, si lo hubiere dado por cuenta del haber social, se imputará todo en éste.

Lo dispuesto en este artículo se entiende sin perjuicio de que el deudor pueda usar de la facultad que se le concede en el artículo

1.172, en el sólo caso de que el crédito personal del socio le sea más oneroso.

Art. 1.685. El socio que ha recibido por entero su parte en un crédito social sin que hayan cobrado la suya los demás socios, queda obligado, si el deudor cae después en insolvencia, a traer a la masa social lo que recibió, aunque hubiera dado el recibo por sola su parte.

Art. 1.686. Todo socio debe responder a la sociedad de los daños y perjuicios que ésta haya sufrido por culpa del mismo y no puede compensarlos con los beneficios que por su industria le haya proporcionado.

Art. 144 del C. de c.

Art. 1.687. El riesgo de las cosas ciertas y determinadas, no fungibles, que se aportan a la sociedad para que sólo sean comunes su uso y sus frutos, es del socio propietario.

Si las cosas aportadas son fungibles, o no pueden guardarse sin que se deterioren, o si se aportaron para ser vendidas, el riesgo es de la sociedad. También lo será, a falta de pacto especial, el de las cosas aportadas con estimación hecha en el inventario, y en este caso la reclamación se limitará al precio en que fueron tasadas.

Arts. 1.452, 1.589 y 1.590 C.C.

Art. 1.688. La sociedad responde a todo socio de las cantidades que haya desembolsado por ella y del interés correspondiente; también le responde de las obligaciones que con buena fe haya contraído para los negocios sociales y de los riesgos inseparables de su dirección.

Art. 142 del C. de c.

Art. 1.689. Las pérdidas y ganancias se repartirán en conformidad a lo pactado. Si sólo se hubiera pactado la parte de cada uno en las ganancias, será igual su parte en las pérdidas.

A falta de pacto, la parte de cada socio en las ganancias y pérdidas debe ser proporcionada a lo que haya aportado. El socio que lo fuere solo de industria tendrá una parte igual a la del que menos haya aportado. Si además de su industria hubiere aportado capital, recibirá también la parte proporcional que por él le corresponda.

Arts. 140 y 141 del C. de c., 90 y sigs. y 272 y sigs. LSC; 57 y sigs. L.Coop.

Art. 1.690. Si los socios se han convenido en confiar a un tercero la designación de la parte de cada uno en las ganancias y pérdidas, solamente podrá ser impugnada la designación hecha por él cuando evidentemente haya faltado a la equidad. En ningún caso podrá reclamar el socio que haya principiado a ejecutar la decisión del tercero, o que no la haya impugnado en el término de tres meses, contados desde que le fue conocida.

La designación de pérdidas y ganancias, no puede ser encomendada a uno de los socios.

Arts. 7, 1.256, 1.691 y 1.708 C.C.

Art. 1.691. Es nulo el pacto que excluye a uno o más socios de toda parte en las ganancias o en las pérdidas.

Sólo el socio de industria puede ser eximido de toda responsabilidad en las pérdidas.

Arts. 1.255 y 1.689 C.C. y 141 del C. de c.

Art. 1.692. El socio, nombrado administrador en el contrato social, puede ejercer todos los actos administrativos sin embargo de la oposición de sus compañeros, a no ser que proceda de mala fe; y su poder es irrevocable sin causa legítima.

El poder otorgado después del contrato, sin que en este se hubiera acordado conferirlo, puede revocarse en cualquier tiempo.

Arts. 1.732 y 1.733 C.C. y 132 del C. de c.

Art. 1.693. Cuando dos o más socios han sido encargados de la administración social sin determinarse sus funciones, o sin haberse expresado que no podrán obrar los unos sin el consentimiento de los otros, cada uno puede ejercer todos los actos de administración separadamente; pero cualquiera de ellos puede oponerse a las operaciones del otro antes de que éstas hayan producido efecto legal.

Art. 1.694. En el caso de haberse estipulado que los socios administradores no hayan de funcionar los unos sin el consentimiento de los otros, se necesita el concurso de todos para la validez de los actos, sin que pueda alegarse la ausencia o imposibilidad de alguno de ellos, salvo si hubiere peligro inminente de un daño grave o irreparable para la sociedad.

Art. 1.695. Cuando no se haya estipulado el modo de administrar, se observarán las reglas siguientes:

1ª. Todos los socios se considerarán apoderados, y lo que cualquiera de ellos hiciere por sí solo, obligará a la sociedad; pero cada uno podrá oponerse a las operaciones de los demás antes que hayan producido efecto legal.

2ª. Cada socio puede servirse de las cosas que componen el fondo social según costumbre de la tierra, con tal que no lo haga contra el interés de la sociedad, o de tal modo que impida el uso a que tienen derecho sus compañeros.

3ª. Todo socio puede obligar a los demás a costear con él los gastos necesarios para la conservación de las cosas comunes.

4ª. Ninguno de los socios puede, sin el consentimiento de los otros, hacer novedad en los bienes inmuebles sociales, aunque alegue que es útil a la sociedad.

Arts. 394, 395 y 397 C.C.

Art. 1.696. Cada socio puede por sí solo asociarse un tercero en su parte; pero el asociado no ingresará en la sociedad sin el consentimiento unánime de los socios, aunque aquél sea administrador.

Arts. 239 a 243 del C. de c.

Sección Segunda. De las obligaciones de los socios para con un tercero

Art. 1.697. Para que la sociedad quede obligada con un tercero por los actos de uno de los socios, se requiere:

1º. Que el socio haya obrado en su carácter de tal, por cuenta de la sociedad.

2º. Que tenga poder para obligar a la sociedad en virtud de un mandato expreso o tácito.

3º. Que haya obrado dentro de los límites que le señala su poder o mandato.

Arts. 1.714 y 1.715 C.C.

Art. 1.698. Los socios no quedan obligados solidariamente respecto de las deudas de la sociedad; y ninguno puede obligar a los otros por un acto personal, si no le han conferido poder para ello.

La sociedad no queda obligada respecto a tercero por actos que un socio haya realizado en su propio nombre o sin poder de la sociedad para ejecutarlo; pero queda obligada para con el socio en cuanto dichos actos hayan redundado en provecho de ella.

Los dispuesto en este artículo se entiende sin perjuicio de lo establecido en la regla 1.ª del artículo 1.695.

Arts. 1.137 sigs., 1.163, 1.257, 1.717 y 1.911 C.C., 127, 134, 148 y 237 del C. de c.

Art. 1.699. Los acreedores de la sociedad son preferentes a los acreedores de cada socio sobre los bienes sociales. Sin perjuicio de este derecho, los acreedores particulares de cada socio pueden pedir el embargo y remate de la parte de éste en el fondo social.

Arts. 1.926 a 1.929 C.C.

Capítulo III. De los modos de extinguirse la sociedad

Art. 1.700. La sociedad se extingue:

1º. Cuando expira el término por que fue constituida.

2º. Cuando se pierde la cosa, o se termina el negocio que le sirve de objeto.

3º. Por la muerte, insolvencia, incapacitación o declaración de prodigalidad de cualquiera de los socios, y en el caso previsto en el artículo 1.699.

4º. Por voluntad de cualquiera de los socios, con sujeción a lo dispuesto en los artículos 1.705 y 1.707.

Se exceptúan de lo dispuesto en los números 3.º y 4.º de este artículo las sociedades a que se refiere el artículo 1.670, en los casos en que deban subsistir con arreglo al Código de Comercio.

Redactado número 3º conforme Ley Orgánica 1/1996, de 15 de enero, de Protección Jurídica del Menor.; arts. 1.680 y 1.704 C.C., 218 a 238 del C. de c.: arts. 360 a 400 LSC

Art. 1.701. Cuando la cosa específica, que un socio haya prometido aportar a la sociedad, perece antes de efectuada la entrega, su pérdida produce la disolución de la sociedad.

También se disuelve la sociedad en todo caso por la pérdida de la cosa, cuando, reservándose su propiedad el socio que la aporta, sólo ha transferido a la sociedad el uso o goce de la misma.

Pero no se disuelve la sociedad por la pérdida de la cosa cuando ésta ocurre después que la sociedad ha adquirido la propiedad de ella.

Arts. 1.460, 1.681 y 1.682 C.C.

Art. 1.702. La sociedad constituida por tiempo determinado puede prorrogarse por consentimiento de todos los socios.

El consentimiento puede ser expreso o tácito, y se justificará por los medios ordinarios.

Art. 223 del C. de c.

Art. 1.703. Si la sociedad se prorroga después de expirado el término, se entiende que se constituye una nueva sociedad. Si se prorroga antes de expirado el término, continua la sociedad primitiva.

Art. 1.700 C.C.

Art. 1.704. Es válido el pacto de que, en el caso de morir uno de los socios, continúe la sociedad entre los que sobrevivan. En este caso el heredero del que haya fallecido solo tendrá derecho a que se haga la partición, fijándola en el día de la muerte de su causante; y no participará de los derechos y obligaciones ulteriores, sino en cuanto sean una consecuencia necesaria de lo hecho antes de aquel día.

Si el pacto fuere que la sociedad ha de continuar con el heredero, será guardado, sin perjuicio de lo que se determina en el número 4.º del artículo 1.700.

Arts. 1.680 y 1.700 C.C.; arts. 143 y 222 del C. de c.

Art. 1.705. La disolución de la sociedad por la voluntad o renuncia de uno de los socios únicamente tiene lugar cuando no se haya señalado término para su duración, o no resulta éste de la naturaleza del negocio.

Para que la renuncia surta efecto, debe ser hecha de buena fe en tiempo oportuno; además debe ponerse en conocimiento de los otros socios.

Art. 224 del C. de c.

Art. 1.706. Es de mala fe la renuncia cuando el que la hace se propone apropiarse para sí solo el provecho que debía ser común. En este caso el renunciante no se libra para con sus socios, y éstos tienen facultad para excluirle de la sociedad.

Se reputa hecha en tiempo inoportuno la renuncia, cuando, no hallándose las cosas íntegras, la sociedad está interesada en que se dilate su disolución. En este caso continuará la sociedad hasta la terminación de los negocios pendientes.

Arts. 224 y 225 del C. de c.

Art. 1.707. No puede un socio reclamar la disolución de la sociedad que, ya sea por disposición del contrato, ya por la naturaleza del negocio, ha sido constituida por tiempo determinado, a no intervenir justo motivo, como el de faltar uno de los compañeros a sus obligaciones, el de inhabilitarse para los negocios sociales, u otro semejante, a juicio de los Tribunales.

Art. 1.708. La partición entre socios se rige por las reglas de la de las herencias, así en su forma como en las obligaciones que de ella resultan. Al socio de industria no puede aplicarse ninguna parte de los bienes aportados, sino sólo sus frutos y los beneficios, conforme a lo dispuesto en el artículo 1.689, a no haberse pactado expresamente lo contrario.

Arts. 1.051 a 1.087 y 1.691 C.C.

Título IX. Del mandato

Sobre la comisión mercantil, arts. 244 a 302 del C. de c., también: el R.D. de 30 de diciembre de 1.977, (B.O.E. de 13 de febrero de 1978 que aprueba el Estatuto General de los Colegios de Agentes Comerciales; el R.D. de 1 de marzo de 1985, (B.O.E. de 15 de agosto) que regula la actividad de los representantes de comercio, y el R.D. de 1 de agosto de 1985, (B.O.E. de 15 de agosto) que regula la relación laboral de carácter especial de las personas que intervengan en operaciones mercantiles por cuenta de uno o más empresarios. Vid. Ley 12/1992, de 27 de mayo, sobre Contrato de Agencia (L.C.A.).

Capítulo Primero. De la naturaleza, forma y especies del mandato

Art. 1.709. Por el contrato de mandato se obliga una persona a prestar algún servicio o hacer alguna cosa, por cuenta o encargo de otra.

Arts. 1.011, 1.259, 1.544, 1.583 y 1.888 a 1.894 C.C.; arts. 244, 281 y 292 del C. de c.

Art. 1.710. El mandato puede ser expreso o tácito.

El expreso puede darse por instrumento público o privado y aún de palabra.

La aceptación puede ser también expresa o tácita, deducida esta última de los actos del mandatario.

Arts. 1.280.5 y 1.892 C.C.

Art. 1.711. A falta de pacto en contrario, el mandato se supone gratuito.

Esto no obstante, si el mandatario tiene por ocupación el desempeño de servicios de la especie a que se refiera el mandato, se presume la obligación de retribuirlo.

Arts. 908, 1.250, 1.740 y 1.760 C.C.; art. 277 del C. de c.

Art. 1.712. El mandato es general o especial.

El primero comprende todos los negocios del mandante.

El segundo uno o más negocios determinados.

Art. 1.713. El mandato, concebido en términos generales, no comprende más que los actos de administración.

Para transigir, enajenar, hipotecar o ejecutar cualquier otro acto de riguroso dominio, se necesita mandato expreso.

La facultad de transigir no autoriza para comprometer en árbitros o amigables componedores.

Art. 139 L.H.; art. 2 L. Arbr.

Art. 1.714. El mandatario no puede traspasar los límites del mandato.

Arts. 1.725 a 1.727 C.C.

Art. 1.715. No se consideran traspasados los límites del mandato si fuese cumplido de una manera más ventajosa para el mandante que la señalada por éste.

Art. 1.716. El menor emancipado puede ser mandatario; pero el mandante sólo tendrá acción contra él en conformidad a lo dispuesto respecto a las obligaciones de los menores.

Arts. 323, 1.300 a 1.304 y 1.717 C.C.

Art. 1.717. Cuando el mandatario obra en su propio nombre, el mandante no tiene acción contra las personas con quienes el mandatario ha contratado, ni éstas tampoco contra el mandante.

En este caso el mandatario es el obligado directamente en favor de la persona con quien ha contratado, como si el asunto fuera personal suyo. Exceptúase el caso en que se trate de cosas propias del mandante.

Lo dispuesto en este artículo se entiende sin perjuicio de las acciones entre mandante y mandatario.

Arts. 1.259 y 1.725 C.C. y 246 a 252 del C. de c.

Capítulo II. De las obligaciones del mandatario

Art. 1.718. El mandatario queda obligado por la aceptación a cumplir el mandato, y responde de los daños y perjuicios que, de no ejecutarlo, se ocasionen al mandante.

Debe también acabar el negocio que ya estuviese comenzado al morir el mandante, si hubiere peligro en la tardanza.

Arts. 1.101, 1.106, 1.737 y 1.738 C.C. y 252 del C. de c.

Art. 1.719. En la ejecución del mandato ha de arreglarse el mandatario a las instrucciones del mandante.

A falta de ellas, hará todo lo que, según la naturaleza del negocio, haría un buen padre de familia.

Arts. 1.104 y 1.258 C.C., 254 a 256 del C. de c.

Art. 1.720. Todo mandatario está obligado a dar cuenta de sus operaciones y a abonar al mandante cuanto haya recibido en virtud del mandato, aun cuando lo recibido no se debiera al segundo.

Art. 263 del C. de c. Vid. C.P.

Art. 1.721. El mandatario puede nombrar sustituto si el mandante no se lo ha prohibido; pero responde de la gestión del sustituto:

1º. Cuando no se le dio facultad para nombrarlo.

2º. Cuando se le dio esta facultad, pero sin designar la persona, y el nombrado era notoriamente incapaz o insolvente.

Lo hecho por el sustituto nombrado contra la prohibición del mandante será nulo.

Arts. 261, 262 y 296 del C. de c.

Art. 1.722. En los casos comprendidos en los dos números del artículo anterior puede además el mandante dirigir su acción contra el sustituto.

Art. 1.723. La responsabilidad de dos o más mandatarios, aunque hayan sido instituidos simultáneamente, no es solidaria, si no se ha expresado así.

Arts. 1.137 y 1.731 C.C.

Art. 1.724. El mandatario debe intereses de las cantidades que aplicó a usos propios desde el día en que lo hizo, y de las que quede debiendo después de fenecido el mandato, desde que se haya constituido en mora.

Arts. 1.100, 1.108, 1.109 y 1.770 C.C.

Art. 1.725. El mandatario que obre en concepto de tal no es responsable personalmente a la parte con quien contrata sino cuando se obliga a ello expresamente o traspasa los límites del mandato sin darle conocimiento suficiente de sus poderes.

Art. 247 del C. de c.

Art. 1.726. El mandatario es responsable, no solamente del dolo, sino también de la culpa, que deberá estimarse con más o menos rigor por los Tribunales según que el mandato haya sido o no retribuido.

Arts. 1.101 a 1.104 C.C.

Capítulo III. De las obligaciones del mandante

Art. 1.727. El mandante debe cumplir todas las obligaciones que el mandatario haya contraído dentro de los límites del mandato.

En lo que el mandatario se haya excedido, no queda obligado el mandante sino cuando lo ratifica expresa o tácitamente.

Arts. 1.259, 1.714, 1.715 y 1.892 C.C., 253 y 254 del C. de c.

Art. 1.728. El mandante debe anticipar al mandatario, si éste lo pide, las cantidades necesarias para la ejecución del mandato.

Si el mandatario las hubiera anticipado, debe reembolsarlas el mandante, aunque el negocio no haya salido bien, con tal que esté exento de culpa el mandatario.

El reembolso comprenderá los intereses de la cantidad anticipada, a contar desde el día en que se hizo la anticipación.

Arts. 250 y 251 de C. de c.

Art. 1.729. Debe también el mandante indemnizar al mandatario de todos los daños y perjuicios que le haya causado el cumplimiento del mandato, sin culpa ni imprudencia del mismo mandatario.

Art. 1.730. El mandatario podrá retener en prenda las cosas que son objeto del mandato hasta que el mandante realice la indemnización y reembolso de que tratan los dos artículos anteriores.

Arts. 453, 502, 522, 1.600, 1.747, 1.780 y 1.866 C.C.; 276 del C. de c.

Art. 1.731. Sin dos o más personas han nombrado un mandatario para un negocio común, le quedan obligadas solidariamente para todos los efectos del mandato.

Arts. 1.144 a 1.148 y 1.723 C.C.

Capítulo IV. De los modos de acabarse el mandato

Art. 1.732. El mandato se acaba:

1.° Por su revocación.

2.° Por renuncia o incapacitación del mandatario.

3.° Por muerte, declaración de prodigalidad o por concurso o insolvencia del mandante o del mandatario.

El mandato se extinguirá, también, por la incapacitación sobrevenida del mandante a no ser que en el mismo se hubiera dispuesto su continuación o el mandato se hubiera dado para el caso de incapacidad del mandante apreciada conforme a lo dispuesto por éste. En estos casos, el mandato podrá terminar por resolución judicial dictada al constituirse el organismo tutelar o posteriormente a instancia del tutor.

Redactado conforme Ley 41/2003, de 18 de noviembre, de protección patrimonial de las personas con discapacidad y de modificación del Código Civil, de la Ley de Enjuiciamiento Civil y de la Normativa Tributaria con esta finalidad (B.O.E. 19 de noviembre de 2003). Vid. Arts. 23 y sigs. L.C.A.

Art. 1.733. El mandante puede revocar el mandato a su voluntad, y compeler al mandatario a la devolución del documento en que conste el mandato.

Art. 279 del C. de c.

Art. 1.734. Cuando el mandato se haya dado para contratar con determinadas personas, su revocación no puede perjudicar a éstas si no se les ha hecho saber.

Art. 1.738 C.C., 21.4 y 291 del C. de c.

Art. 1.735. El nombramiento de nuevo mandatario para el mismo negocio produce la revocación del mandato anterior desde el día en que se hizo saber al que lo había recibido, salvo lo dispuesto en el artículo que precede.

Art. 1.736. El mandatario puede renunciar al mandato poniéndolo en conocimiento del mandante. Si éste sufriera perjuicios por la renuncia, deberá indemnizarle de ellos el mandatario, a menos que funde su renuncia en la imposibilidad de continuar desempeñando el mandato sin grave detrimento suyo.

Art. 1.737. El mandatario, aunque renuncie al mandato con justa causa, debe continuar su gestión hasta que el mandante haya podido tomar las disposiciones necesarias para ocurrir a esta falta.

Art. 1.738. Lo hecho por el mandatario, ignorando la muerte del mandante u otra cualquiera de las causas que hacen cesar el mandato, es válido y surtirá todos sus efectos respecto a los terceros que hayan contratado con él de buena fe.

Art. 1.739. En el caso de morir el mandatario, deberán sus herederos ponerlo en conocimiento del mandante y proveer entre tanto a lo que las circunstancias exijan en interés de éste.

Título X. Del préstamo

El préstamo mercantil se regula en los arts. 311 a 324 del C. de c. A su vez, los arts. 320 a 324 de dicho Código («De los préstamos con garantía de efectos o valores públicos») han sido redactados de nuevo por la Ley de 28 de julio de 1988, sobre Mercado de Valores. (Disposición adicional 4ª). Ley, de 23 de julio de 1908, de represión de la usura.

DISPOSICIÓN GENERAL

Art. 1.740. Por el contrato de préstamo, una de las partes entrega a la otra, o alguna cosa no fungible para que use de ella por cierto tiempo y se la devuelva, en cuyo caso se llama comodato, o dinero u otra cosa fungible, con condición de volver otro tanto de la misma especie y calidad, en cuyo caso conserva simplemente el nombre de préstamo.

El comodato es esencialmente gratuito.

El simple préstamo puede ser gratuito o con pacto de pagar interés.

Arts. 337, 1.753 a 1.757 y 1.768 C.C.

Capítulo Primero. Del comodato

Sección Primera. De la naturaleza del comodato

Art. 1.741. El comodante conserva la propiedad de la cosa prestada. El comodatario adquiere el uso de ella, pero no los frutos; si interviene algún emolumento que haya de pagar el que adquiere el uso, la convención deja de ser comodato.

Arts. 1.543, 1.545 y 1.768 C.C.

Art. 1.742. Las obligaciones y derechos que nacen del comodato pasan a los herederos de ambos contrayentes, a no ser que el préstamo se haya hecho en contemplación a la persona del comodatario, en cuyo caso los herederos de éste no tienen derecho a continuar en el uso de la cosa prestada.

Arts. 1.257 y 1.595 C.C.

Sección Segunda. De las obligaciones del comodatario

Art. 1.743. El comodatario está obligado a satisfacer los gastos ordinarios que sean de necesidad para el uso y conservación de la cosa prestada.

Art. 1.744. Si el comodatario destina la cosa a un uso distinto de aquel para que se prestó, o la conserva en su poder por más tiempo del convenido, será responsable de su pérdida, aunque ésta sobrevenga por caso fortuito.

Arts. 457, 1.096, 1.101, 1.105 y 1.182 C.C.; vid. C.P.

Art. 1.745. Si la cosa prestada se entregó con tasación y se pierde, aunque sea por caso fortuito, responderá el comodatario del precio, a no haber pacto en que expresamente se le exima de responsabilidad.

Arts. 1.105 y 1.182 C.C.

Art. 1.746. El comodatario no responde de los deterioros que sobrevengan a la cosa prestada por el solo efecto del uso y sin culpa suya.

Art. 1.104 C.C.

Art. 1.747. El comodatario no puede retener la cosa prestada a pretexto de lo que el comodante le deba, aunque sea por razón de expensas.

Arts. 453, 502, 522, 1.600, 1.730, 1.780 y 1.866 C.C.

Art. 1.748. Todos los comodatarios a quienes se presta conjuntamente una cosa responden solidariamente de ella, al tenor de lo dispuesto en esta sección.

Arts. 1.137 a 1.148 C.C.

Sección Tercera. De las obligaciones del comodante

Art. 1.749. El comodante no puede reclamar la cosa prestada sino después de concluido el uso para que la prestó. Sin embargo, si antes de estos plazos tuviere el comodante urgente necesidad de ella, podrá reclamar la restitución.

Art. 1.750. Si no se pactó la duración del comodato ni el uso a que había de destinarse la cosa prestada, y éste no resulta determinado por la costumbre de la tierra, puede el comodante reclamarla a su voluntad.

En caso de duda, incumbe la prueba al comodatario.

Art. 1.751. El comodante debe abonar los gastos extraordinarios causados durante el contrato para la conservación de la cosa prestada, siempre que el comodatario lo ponga en su conocimiento antes de hacerlos, salvo cuando fueren tan urgentes que no pueda esperarse el resultado del aviso sin peligro.

Arts. 453, 454, 1.554.2, 1.558 y 1.559 C.C.

Art. 1.752. El comodante que, conociendo los vicios de la cosa prestada, no los hubiere hecho saber al comodatario, responderá a éste de los daños que por aquella causa hubiese sufrido.

Arts. 1.484 a 1.499 C.C.

Capítulo II. Del simple préstamo

Art. 1.753. El que recibe en préstamo dinero u otra cosa fungible, adquiere su propiedad, y está obligado a devolver al acreedor otro tanto de la misma especie y calidad.

Arts. 1.166, 1.171 y 1.740 C.C., 311 sigs. C. de c., y Ley de Represión de la Usura, de 23 de julio de 1908.

Art. 1.754. La obligación del que toma dinero a préstamo se regirá por lo dispuesto en el artículo 1.170 de este Código.

Si lo prestado es otra cosa fungible, o una cantidad de metal no amonedado, el deudor debe una cantidad igual a la recibida y de la misma especie y calidad, aunque sufra alteración en su precio.

Art. 312 del C. de c.

Art. 1.755. No se deberán intereses sino cuando expresamente se hubiesen pactado.

Arts. 1.108 y 1.109 C.C., 314 y 315 del C. de c., Ley de 23 de julio de 1908, de represión de la usura.

Art. 1.756. El prestatario que ha pagado intereses sin estar estipulados, no puede reclamarlos ni imputarlos al capital.

Art. 1.895 C.C.

Art. 1.757. Los establecimientos de préstamos sobre prendas quedan además sujetos a los Reglamentos que les conciernen.

Art. 15 de la Ley de 23 de julio de 1908, de represión de la usura, Real Decreto de 12 de junio de 1909, por el que se aprueba el Reglamento sobre casas de préstamos y establecimientos similares y el Decreto de 14 de marzo de 1933, modificado por Decreto 3.330/1962, de 13 de diciembre, por el que se aprueba el Estatuto de las Cajas Generales de Ahorro Popular con o sin Monte de Piedad.

Título XI. Del depósito

El depósito mercantil se regula en los arts. 303 a 310 del C. de c.; Ley 40/2002, de 14 de noviembre, reguladora del contrato de aparcamiento de vehículos

Capítulo Primero. Del depósito en general y de sus diversas especies

Art. 1.758. Se constituye el depósito desde que uno recibe la cosa ajena con la obligación de guardarla y de restituirla.

Arts. 1.766, 1.771 y 1.775 C.C., y 303 sigs. del C. de c.

Art. 1.759. El depósito puede constituirse judicial o extrajudicialmente.

Arts. 1.762 sigs. y 1.785 a 1.789 C.C.

Capítulo II. Del depósito propiamente dicho

Sección Primera. De la naturaleza y esencia del contrato de depósito

Art. 1.760. El depósito es un contrato gratuito, salvo pacto en contrario.

Arts. 1.711 y 1.740 C.C., 304 del C. de c.

Art. 1.761. Sólo pueden ser objeto del depósito las cosas muebles.

Art. 1.762. El depósito extrajudicial es necesario o voluntario.

Arts. 1.763 sigs. y 1.781 a 1.784 C.C.

Sección Segunda. Del depósito voluntario

Art. 1.763. Depósito voluntario es aquel en que se hace la entrega por la voluntad del depositante. También puede realizarse el depósito por dos o más personas, que se crean con derecho a la cosa depositada, en un tercero, que hará la entrega en su caso a la que corresponda.

Art. 1.764. Si una persona capaz de contratar acepta el depósito hecho por otra incapaz, queda sujeta a todas las obligaciones del depositario, y puede ser obligada a la devolución por el tutor, curador o administrador de la persona que hizo el depósito, o por ésta misma, si llega a tener capacidad.

Art. 1.765. Si el depósito ha sido hecho por una persona capaz en otra que no lo es, sólo tendrá el depositante acción para reivindicar la cosa depositada mientras exista en poder del depositario, o a que éste le abone la cantidad en que se hubiese enriquecido con la cosa o con el precio.

Sección Tercera. De las obligaciones del depositario

Art. 1.766. El depositario está obligado a guardar la cosa y restituirla, cuando le sea pedida, al depositante, o a sus causahabientes, o a la persona que hubiese sido designada en el contrato. Su responsabilidad, en cuanto a la guarda y la pérdida de la cosa, se regirá por lo dispuesto en el título 1.º de este libro.

Arts. 1.769, 1.770 y 1.775 C.C., 306 del C. de c. Vid. C.P.

Art. 1.767. El depositario no puede servirse de la cosa depositada sin permiso expreso del depositante.

En caso contrario, responderá de los daños y perjuicios.

Art. 1.101 C.C.

Art. 1.768. Cuando el depositario tiene permiso para servirse o usar de la cosa depositada, el contrato pierde el concepto de depósito y se convierte en préstamo o comodato.

El permiso no se presume, debiendo probarse su existencia.

Art. 309 del C. de c.

Art. 1.769. Cuando la cosa depositada se entrega cerrada y sellada, debe restituirla el depositario en la misma forma, y responderá de los daños y perjuicios si hubiese sido forzado el sello o cerradura por su culpa.

Se presume la culpa en el depositario, salva la prueba en contrario.

En cuanto al valor de lo depositado, cuando la fuerza sea imputable al depositario, se estará a la declaración del depositante, a no resultar prueba en contrario.

Art. 1.770. La cosa depositada será devuelta con todos sus productos y accesiones.

Consistiendo el depósito en dinero, se aplicará al depositario lo dispuesto respecto al mandatario en el artículo 1.724.

Art. 1.771. El depositario no puede exigir que el depositante pruebe ser propietario de la cosa depositada.

Sin embargo, si llega a descubrir que la cosa ha sido hurtada y quién es su verdadero dueño, debe hacer saber a éste el depósito.

Si el dueño, a pesar de esto, no reclama en el término de un mes, quedará libre de toda responsabilidad el depositario, devolviendo la cosa depositada a aquel de quien la recibió.

Art. 1.772. Cuando sean dos o más los depositantes, si no fueren solidarios y la cosa admitiere división, no podrá pedir cada uno de ellos más que su parte.

Cuando haya solidaridad, o la cosa no admita división, regirá lo dispuesto en los artículos 1.141 y 1142 de este Código.

Art. 1.773. Cuando el depositante pierde, después de hacer el depósito, su capacidad para contratar, no puede devolverse el depósito sino a los que tengan la administración de sus bienes y derechos.

Art. 1.163 C.C.

Art. 1.774. Cuando al hacerse el depósito se designó lugar para la devolución, el depositario debe llevar a él la cosa depositada; pero los gastos que ocasione la traslación serán de cargo del depositante.

No habiéndose designado lugar para la devolución, deberá ésta hacerse en el que se halle la cosa depositada, aunque no sea el mismo en que se hizo el depósito, con tal que no haya intervenido malicia de parte del depositario.

Art. 1.171 C.C.

Art. 1.775. El depósito debe ser restituido al depositante cuando lo reclame, aunque en el contrato se haya fijado un plazo o tiempo determinado para la devolución.

Esta disposición no tendrá lugar cuando judicialmente haya sido embargado el depósito en poder del depositario, o se haya notificado a éste la oposición de un tercero a la restitución o traslación de la cosa depositada.

Art. 1.776. El depositario que tenga justos motivos para no conservar el depósito, podrá, aun antes del término designado, restituirlo al depositante; y, si éste lo resiste, podrá obtener del Juez su consignación.

Art. 1.777. El depositario que por fuerza mayor hubiese perdido la cosa depositada y recibido otra en su lugar, estará obligado a entregar ésta al depositante.

Art. 1.766 C.C.

Art. 1.778. El heredero del depositario que de buena fe haya vendido la cosa que ignoraba ser depositada, sólo está obligado a restituir el precio que hubiese recibido o a ceder sus acciones contra el comprador en el caso de que el precio no se le haya pagado.

Art. 442 y 1.897 C.C.

Sección Cuarta. De las obligaciones del depositante

Art. 1.779. El depositante está obligado a reembolsar al depositario los gastos que haya hecho para la conservación de la cosa depositada y a indemnizarle de todos los perjuicios que se le hayan seguido del depósito.

Art. 1.780. El depositario puede retener en prenda la cosa depositada hasta el completo pago de lo que se le deba por razón del depósito.

Arts. 453, 1.600, 1.730 y 1.866 C.C.

Sección Quinta. Del depósito necesario

Art. 1.781. Es necesario el depósito:

1º Cuando se hace en cumplimiento de una obligación legal.

2º Cuando tiene lugar con ocasión de alguna calamidad, como incendio, ruina, saqueo, naufragio u otros semejantes.

Arts. 1.089 y 1.090 C.C.

Art. 1.782. El depósito comprendido en el número 1º. del artículo anterior se regirá por las disposiciones de la ley que lo establezca, y, en su defecto, por las del depósito voluntario.

El comprendido en el número 2º. se regirá por las reglas del depósito voluntario.

Art. 1.783. Se reputa también depósito necesario el de los efectos introducidos por los viajeros en las fondas y mesones. Los fondistas o mesoneros responden de ellos como tales depositarios, con tal de que se hubiese dado conocimiento a los mismos, o a sus dependientes, de los efectos introducidos en su casa, y que los viajeros por su parte observen las prevenciones que dichos posaderos o sus sustitutos les hubiesen hecho sobre cuidado y vigilancia de los efectos.

Art. 1.601 C.C.

Art. 1.784. La responsabilidad a que se refiere el artículo anterior comprende los daños hechos en los efectos de los viajeros, tanto por los criados o dependientes de los fondistas o mesoneros, como por los extraños; pero no los que provengan de robo a mano armada, o sean ocasionados por otro suceso de fuerza mayor.

Arts. 1.101 a 1.105 y 1.903 C.C.

Capítulo III. Del secuestro

Art. 1.785. El depósito judicial o secuestro tiene lugar cuando se decreta el embargo o el aseguramiento de bienes litigiosos.

Arts. 1.165, 1.291.4 y 1.535 C.C.

Art. 1.786. El secuestro puede tener por objeto así los bienes muebles como los inmuebles.

Art. 1.761 C.C.

Art. 1.787. El depositario de los bienes u objetos secuestrados no puede quedar libre de su encargo hasta que se termine la controversia que lo motivó, a no ser que el Juez lo ordenare por consentir en ello todos los interesados o por otra causa legítima.

Art. 1.788. El depositario de bienes secuestrados está obligado a cumplir respecto de ellos todas las obligaciones de un buen padre de familia.

Arts. 1.094, 1.766 y 1.789 C.C.

Art. 1.789. En lo que no se hallare dispuesto en este Código, el secuestro judicial se regirá por las disposiciones de la Ley de Enjuiciamiento Civil.

Arts. 626 y sigs. L.E.C. Vid. Real-Decreto 34/1988, de 21 d e enero, regulador de los pagos, depósitos y consignaciones judiciales y la Orden de 5 de junio de 1992.

Título XII. De los contratos aleatorios o de suerte

Capítulo Primero. Disposición general

Art. 1.790. Por el contrato aleatorio, una de las partes, o ambas recíprocamente, se obligan a dar o hacer alguna cosa en equivalencia de lo que la otra parte ha de dar o hacer para el caso de un acontecimiento incierto, o que ha de ocurrir en tiempo indeterminado.

Capítulo II. Del contrato de alimentos

Capítulo íntegramente redactado conforme Ley 41/2003, de 18 de noviembre, de protección patrimonial de las personas con discapacidad y de modificación del Código Civil, de la Ley de Enjuiciamiento Civil y de la Normativa Tributaria con esta finalidad (B.O.E. 19 de noviembre de 2003).

Art. 1.791. Por el contrato de alimentos una de las partes se obliga a proporcionar vivienda, manutención y asistencia de todo tipo a una persona durante su vida, a cambio de la transmisión de un capital en cualquier clase de bienes y derechos.

Art. 1.792. De producirse la muerte del obligado a prestar los alimentos o de concurrir cualquier circunstancia grave que impida la pacífica convivencia de las partes, cualquiera de ellas podrá pedir que la prestación de alimentos convenida se pague mediante la pensión actualizable a satisfacer por plazos anticipados que para esos eventos hubiere sido prevista en el contrato o, de no haber sido prevista, mediante la que se fije judicialmente.

Art. 1.793. La extensión y calidad de la prestación de alimentos serán las que resulten del contrato y, a falta de pacto en contrario, no dependerá de las vicisitudes del caudal y necesidades del obligado ni de las del caudal de quien los recibe.

Art. 1.794. La obligación de dar alimentos no cesará por las causas a que se refiere el artículo 152, salvo la prevista en su apartado primero.

Art. 1.795. El incumplimiento de la obligación de alimentos dará derecho al alimentista sin perjuicio de lo dispuesto en el artículo 1792, para optar entre exigir el cumplimiento, incluyendo el abono de los devengados con anterioridad a la demanda. o la resolución del contrato, con aplicación. en ambos casos, de las reglas generales de las obligaciones recíprocas.

En caso de que el alimentista opte por la resolución, el deudor de los alimentos deberá restituir inmediatamente los bienes que recibió por el contrato, y, en cambio, el juez podrá, en atención a las circunstancias, acordar que la restitución que, con respeto de lo que dispone el artículo siguiente, corresponda al alimentista quede total o parcialmente aplazada, en su beneficio, por el tiempo y con las garantías que se determinen.

Art. 1.796. De las consecuencias de la resolución del contrato, habrá de resultar para el alimentista, cuando menos, un superávit suficiente para constituir, de nuevo, una pensión análoga por el tiempo que le quede de vida.

Art. 1.797. Cuando los bienes o derechos que se transmitan a cambio de los alimentos sean registrables, podrá garantizarse frente a terceros el derecho del alimentista con el pacto inscrito en el que se dé a la falta de pago el carácter de condición resolutoria explícita, además de mediante el derecho de hipoteca regulado en el artículo 157 de la Ley Hipotecaria.

Capítulo III. Del juego y de la apuesta

Art. 1.798. La ley no concede acción para reclamar lo que se gana en un juego de suerte, envite o azar; pero el que pierde no puede repetir lo que haya pagado voluntariamente, a no ser que hubiese mediado dolo, o que fuera menor, o estuviera inhabilitado para administrar sus bienes.

Arts. 1.371 y 1.372 C.C. Ley 13/2011, de 27 de mayo, de regulación del juego. Sobre aspectos penales, administrativos y fiscales de los juegos: Real Decreto-ley 16/1977, de 25 de febrero, por el que se regulan los Aspectos Penales, Administrativos y Fiscales de los Juegos de Suerte, Envite o Azar y Apuestas (B.O.E. de 7 de marzo). Sobre Apuestas Mutuas Deportivas Benéficas, Real Decreto 815/1988, de 15 de Julio, por el que se modifica la Distribución de las apuestas mutuas deportivas benéficas.

Art. 1.799. Lo dispuesto en el artículo anterior respecto del juego es aplicable a las apuestas.

Se consideran prohibidas las apuestas que tienen analogía con los juegos prohibidos.

Art. 1.800. No se consideran prohibidos los juegos que contribuyen al ejercicio del cuerpo, como son los que tienen por objeto adiestrarse en el manejo de las armas, las carreras a pie o a caballo, las de carros, el juego de pelota y otros de análoga naturaleza.

Art. 1.801. El que pierde en un juego o apuesta de los no prohibidos queda obligado civilmente.

La Autoridad judicial puede, sin embargo, no estimar la demanda cuando la cantidad que se cruzó en el juego o en la apuesta sea excesiva, o reducir la obligación en lo que excediere de los usos de un buen padre de familia.

Arts. 1.371 y 1.372 C.C.

Capítulo IV. De la renta vitalicia

Art. 1.802. El contrato aleatorio de renta vitalicia obliga al deudor a pagar una pensión o rédito anual durante la vida de una o más personas determinadas por un capital en bienes muebles o inmuebles, cuyo dominio se le transfiere desde luego con la carga de la pensión.

Arts. 1.604 y 1.606 C.C. y 157 de la L.H.; Vid. Ley 6/2000, de 19 de junio, de prestaciones periódicas, de Cataluña.

Art. 1.803. Puede constituirse la renta sobre la vida del que da el capital, sobre la de un tercero o sobre la de varias personas.

También puede constituirse a favor de aquella o aquellas personas sobre cuya vida se otorga, o a favor de otra u otras personas distintas.

Art. 1.804. Es nula la renta constituida sobre la vida de una persona muerta a la fecha del otorgamiento, o que en el mismo tiempo se halle padeciendo una enfermedad que llegue a causar su muerte dentro de los veinte días siguientes a aquella fecha.

Art. 1.805. La falta de pago de las pensiones vencidas no autoriza al perceptor de la renta vitalicia a exigir el reembolso del capital ni a volver a entrar en la posesión del predio enajenado; sólo tendrá derecho a reclamar judicialmente el pago de las rentas atrasadas y el aseguramiento de las futuras.

Art. 1.806. La renta correspondiente al año en que muere el que la disfruta, se pagará en proporción a los días que hubiese vivido; si debía satisfacerse por plazos anticipados, se pagará el importe total del plazo que durante su vida hubiese empezado a correr.

Art. 1.807. El que constituye a título gratuito una renta sobre sus bienes, puede disponer, al tiempo del otorgamiento, que no estará sujeta dicha renta a embargo por obligaciones del pensionista.

Art. 1.808. No puede reclamarse la renta sin justificar la existencia de la persona sobre cuya vida esté constituida.

Título XIII. De las transacciones y compromisos

Capítulo Primero. De las transacciones

Art. 1.809. La transacción es un contrato por el cual las partes, dando, prometiendo o reteniendo cada una alguna cosa, evitan la provocación de un pleito o ponen término al que había comenzado.

Art. 1.810. Para transigir sobre los bienes y derechos de los hijos bajo la patria potestad se aplicarán las mismas reglas que para enajenarlos.

Art. 166 C.C.

Art. 1.811. El tutor no puede transigir sobre los derechos de la persona que tiene en guarda sino en la forma prescrita en el presente Código.

Art. 271.3 C.C.

Art. 1.812. Las corporaciones que tengan personalidad jurídica sólo podrán transigir en la forma y con los requisitos que necesiten para enajenar sus bienes.

Art. 38 C.C.

Art. 1.813. Se puede transigir sobre la acción civil proveniente de un delito; pero no por eso se extinguirá la acción pública para la imposición de la pena legal.

Art. 1.305 C.C.; 106 y 107 L.E.Crim.

Art. 1.814. No se puede transigir sobre el estado civil de las personas, ni sobre las cuestiones matrimoniales, ni sobre alimentos futuros.

Arts. 151 y 1.271 C.C.; art. 2 L. Arb.

Art. 1.815. La transacción no comprende sino los objetos expresados determinadamente en ella, o que, por una inducción necesaria de sus palabras, deban reputarse comprendidos en la misma.

La renuncia general de derechos se entiende sólo de los que tienen relación con la disputa sobre que ha recaído la transacción.

Art. 1.816. La transacción tiene para las partes la autoridad de la cosa juzgada; pero no procederá la vía de apremio sino tratándose del cumplimiento de la transacción judicial.

Arts. 1.203 a 1.213 y 1.252 C.C., 144 de la L.H. y 517 y sigs. L.E.C. Vid. LJV.

Art. 1.817. La transacción en que intervenga error, dolo, violencia o falsedad de documentos, está sujeta a lo dispuesto en el artículo 1.265 de este Código.

Sin embargo, no podrá una de las partes oponer el error de hecho a la otra siempre que ésta se haya apartado por la transacción de un pleito comenzado.

Art. 1.818. El descubrimiento de nuevos documentos no es causa para anular o rescindir la transacción, si no ha habido mala fe.

Arts. 1.300 sigs. C.C.

Art. 1.819. Si estando decidido un pleito por sentencia firme se celebrase transacción sobre él por ignorar la existencia de la sentencia firme alguna de las partes interesadas, podrá ésta pedir que se rescinda la transacción.

La ignorancia de una sentencia que pueda revocarse, no es causa para atacar la transacción.

Capítulo II. De los compromisos

Ley 60/2003, de 23 de diciembre de arbitraje (B.O.E. 26 de diciembre de 2003).

Art. 1.820. Sin contenido.

Art. 1.821. Sin contenido.

Título XIV. De la fianza

Capítulo Primero. De la naturaleza y extensión de la fianza

Art. 1.822. Por la fianza se obliga uno a pagar o cumplir por un tercero, en el caso de no hacerlo éste.

Si el fiador se obligare solidariamente con el deudor principal, se observará lo dispuesto en la sección cuarta, capítulo 3.º, título 1.º, de este libro.

Arts. 1.137 a 1.148 y 1.831 C.C. Sobre fianza mercantil: arts. 439 a 442 del C. de c.

Art. 1.823. La fianza puede ser convencional, legal o judicial, gratuita o a título oneroso.

Puede también constituirse, no sólo a favor del deudor principal, sino al del otro fiador, consintiéndolo, ignorándolo y aún contradiciéndolo éste.

Art. 1.824. La fianza no puede existir sin una obligación válida.

Puede, no obstante, recaer sobre una obligación cuya nulidad pueda ser reclamada a virtud de una excepción puramente personal del obligado, como la de la menor edad.

Exceptúase de la disposición del párrafo anterior el caso de préstamo hecho al hijo de familia.

Arts. 200 sigs. 1.208 y 1.302 C.C.

Art. 1.825. Puede también prestarse fianza en garantía de deudas futuras, cuyo importe no sea aún conocido; pero no se podrá reclamar contra el fiador hasta que la deuda sea líquida.

Art. 1.826. El fiador puede obligarse a menos, pero no a más que el deudor principal, tanto en la cantidad como en lo oneroso de las condiciones.

Si se hubiera obligado a más, se reducirá su obligación a los límites de la del deudor.

Art. 1.827. La fianza no se presume: debe ser expresa y no puede extenderse a más de lo contenido en ella.

Si fuere simple o indefinida, comprenderá, no sólo la obligación principal, sino todos sus accesorios, incluso los gastos del juicio, entendiéndose, respecto de éstos, que no responderá sino de los que se hayan devengado después que haya sido requerido el fiador para el pago.

Art. 1.828. El obligado a dar fiador debe presentar persona que tenga capacidad para obligarse y bienes suficientes para responder de la obligación que garantiza. El fiador se entenderá sometido a la jurisdicción del Juez del lugar donde esta obligación deba cumplirse.

Art. 1.829. Si el fiador viniere al estado de insolvencia, puede el acreedor pedir otro que reúna las cualidades exigidas en el artículo anterior. Exceptúase el caso de haber exigido y pactado el acreedor que se le diera por fiador una persona determinada.

Capítulo II. De los efectos de la fianza

Sección Primera. De los efectos de la fianza entre el fiador y el acreedor

Art. 1.830. El fiador no puede ser compelido a pagar al acreedor sin hacerse antes excusión de todos los bienes del deudor.

Arts. 1.111 y 1.856 C.C. Vid. Art. 160 L. Con.

Art. 1.831. La excusión no tiene lugar:

1º. Cuando el fiador haya renunciado expresamente a ella.

2º. Cuando se haya obligado solidariamente con el deudor.

3º. En el caso de quiebra o concurso del deudor.

4º. Cuando éste no pueda ser demandado judicialmente dentro del Reino.

Art. 6.2, 1.137 a 1.148 y 1.911 a 1.920 C.C.

Art. 1.832. Para que el fiador pueda aprovecharse del beneficio de la excusión, debe oponerlo al acreedor luego que éste le requiera para el pago, y señalarle bienes del deudor realizables dentro del territorio español, que sean suficientes para cubrir el importe de la deuda.

Art. 1.833. Cumplidas por el fiador todas las condiciones del artículo anterior, el acreedor negligente en la excusión de los bienes señalados es responsable, hasta donde ellos alcancen, de la insolvencia del deudor que por aquel descuido resulte.

Art. 1.834. El acreedor podrá citar al fiador cuando demande al deudor principal, pero quedará siempre a salvo el beneficio de excusión, aunque se de sentencia contra los dos.

Art. 1.835. La transacción hecha por el fiador con el acreedor no surte efecto para con el deudor principal.

La hecha por éste tampoco surte efecto para con el fiador, contra su voluntad.

Arts. 1.207 y 1.816 C.C.

Art. 1.836. El fiador de un fiador goza del beneficio de excusión, tanto respecto del fiador como del deudor principal.

Art. 1.856 C.C.

Art. 1.837. Siendo varios los fiadores de un mismo deudor y por una misma deuda, la obligación a responder de ella se divide entre todos. El acreedor no puede reclamar a cada fiador sino la parte que le corresponde satisfacer, a menos que se haya estipulado expresamente la solidaridad.

El beneficio de división contra los cofiadores cesa en los mismos casos y por las mismas causas que el de excusión contra el deudor principal.

Arts. 1.137 y 1.138 C.C.

Sección Segunda. De los efectos de la fianza entre el deudor y el fiador

Art. 1.838. El fiador que paga por el deudor debe ser indemnizado por éste.

La indemnización comprende:

1º. La cantidad total de la deuda.

2º. Los intereses legales de ella desde que se haya hecho saber el pago al deudor, aunque no los produjese para el acreedor.

3º. Los gastos ocasionados al fiador después de poner éste en conocimiento del deudor que ha sido requerido para el pago.

4º. Los daños y perjuicios, cuando procedan.

La disposición de este artículo tiene lugar aunque la fianza se haya dado ignorándolo el deudor.

Arts. 1.159 y 1.209 a 1.213 C.C.

Art. 1.839. El fiador se subroga por el pago en todos los derechos que el acreedor tenía contra el deudor.

Si ha transigido con el acreedor, no puede pedir al deudor más de lo que realmente haya pagado.

Art. 1.840. Si el fiador paga sin ponerlo en noticia del deudor, podrá éste hacer valer contra él todas las excepciones que hubiera podido oponer al acreedor al tiempo de hacerse el pago.

Art. 1.841. Si la deuda era a plazo y el fiador la pagó antes de su vencimiento, no podrá exigir reembolso del deudor hasta que el plazo venza.

Art. 1.126 C.C.

Art. 1.842. Si el fiador ha pagado sin ponerlo en noticia del deudor, y éste, ignorando el pago, lo repite por su parte, no queda al primero recurso alguno contra el segundo, pero sí contra el acreedor.

Arts. 1.840 y 1.895 a 1.901 C.C.

Art. 1.843. El fiador, aún antes de haber pagado, puede proceder contra el deudor principal:

1º. Cuando se ve demandado judicialmente para el pago.

2º. En caso de quiebra, concurso o insolvencia.

3º. Cuando el deudor se ha obligado a relevarle de la fianza en un plazo determinado, y este plazo ha vencido.

4º. Cuando la deuda ha llegado a hacerse exigible, por haber cumplido el plazo en que debe satisfacerse.

5º. Al cabo de diez años, cuando la obligación principal no tiene término fijo para su vencimiento, a menos que sea de tal naturaleza que no pueda extinguirse sino en un plazo mayor de los diez años.

En todos estos casos la acción del fiador tiende a obtener relevación de la fianza o una garantía que lo ponga a cubierto de los procedimientos del acreedor y del peligro de insolvencia en el deudor.

Sección Tercera. De los efectos de la fianza entre los cofiadores

Art. 1.844. Cuando son dos o más los fiadores de un mismo deudor y por una misma deuda, el que de ellos la haya pagado podrá reclamar de cada uno de los otros la parte que proporcionalmente le corresponda satisfacer.

Si alguno de ellos resultara insolvente, la parte de éste recaerá sobre todos en la misma proporción.

Para que pueda tener lugar la disposición de este artículo, es preciso que se haya hecho el pago en virtud de demanda judicial, o hallándose el deudor principal en estado de concurso o quiebra.

Arts. 1.145 y 1.837 C.C.

Art. 1.845. En el caso del artículo anterior podrán los cofiadores oponer al que pagó las mismas excepciones que habrían correspondido al deudor principal contra el acreedor y que no fueren puramente personales del mismo deudor.

Arts. 1.111, 1.148, 1.840 y 1.853 C.C.

Art. 1.846. El subfiador, en caso de insolvencia del fiador por quien se obligó, queda responsable a los cofiadores en los mismos términos que lo estaba el fiador.

Capítulo III. De la extincion de la fianza

Art. 1.847. La obligación del fiador se extingue al mismo tiempo que la del deudor, y por las mismas causas que las demás obligaciones.

Arts. 1.156 sigs. 1.181 y 1.193 C.C.

Art. 1.848. La confusión que se verifica en la persona del deudor y en la del fiador cuando uno de ellos hereda al otro, no extingue la obligación del subfiador.

Arts. 1.192 a 1.194 C.C.

Art. 1.849. Si el acreedor acepta voluntariamente un inmueble, u otros cualesquiera efectos en pago de la deuda, aunque después los pierda por evicción, queda libre el fiador.

Arts. 1.156, 1.175 y 1.842 C.C.

Art. 1.850. La liberación hecha por el acreedor a uno de los fiadores sin el consentimiento de los otros, aprovecha a todos hasta donde alcance la parte del fiador a quien se ha otorgado.

Arts. 1.143, 1.146, 1.837 y 1.844 C.C.

Art. 1.851. La prórroga concedida al deudor por el acreedor sin el consentimiento del fiador extingue la fianza.

Arts. 1.203 y 1.204 C.C.

Art. 1.852. Los fiadores, aunque sean solidarios, quedan libres de su obligación siempre que por algún hecho del acreedor no puedan quedar subrogados en los derechos, hipotecas y privilegios del mismo.

Art. 1.853. El fiador puede oponer al acreedor todas las excepciones que competan al deudor principal y sean inherentes a la deuda; más no las que sean puramente personales del deudor.

Arts. 1.148, 1.824 y 1.845 C.C.

Capítulo IV. De la fianza legal y judicial

Art. 1.854. El fiador que haya de darse por disposición de la ley o de providencia judicial, debe tener las cualidades prescritas en el artículo 1.828.

Art. 1.855. Si el obligado a dar fianza en los casos del artículo anterior no la hallase, se le admitirá en su lugar una prenda o hipoteca que se estime bastante para cubrir su obligación.

Art. 1.856. El fiador judicial no puede pedir la excusión de bienes del deudor principal.

El subfiador, en el mismo caso, no puede pedir ni la del deudor ni la del fiador.

Arts. 1.830, 1.831 y 1.836 C.C.

Título XV. De los contratos de prenda, hipoteca y anticresis

Capítulo Primero. Disposiciones comunes a la prenda y a la hipoteca

Art. 1.857. Son requisitos esenciales de los contratos de prenda e hipoteca:

1º. Que se constituya para asegurar el cumplimiento de una obligación principal.

2º. Que la cosa pignorada o hipotecada pertenezca en propiedad al que la empeña o hipoteca.

3º. Que las personas que constituyan la prenda o hipoteca tengan la libre disposición de sus bienes, o en caso de no tenerla, se hallen legalmente autorizadas al efecto.

Las terceras personas extrañas a la obligación principal pueden asegurar ésta pignorando o hipotecando sus propios bienes.

Arts. 154, 166, 200, 222, 271, 272, 286, 294, 323, 324 C.C. También, arts. 104 y sigs. L.H. y 1 y sigs., y 12 y sigs. L.H.M.; Ley 5/2006, de 10 de mayo, del Libro Quinto del Código civil de Cataluña, relativo a los derechos reales.

Art. 1.858. Es también de esencia de estos contratos que, vencida la obligación principal, puedan ser enajenadas las cosas en que consiste la prenda o hipoteca para pagar al acreedor.

Art. 1.872.1 C.C.

Art. 1.859. El acreedor no puede apropiarse las cosas dadas en prenda o hipoteca, ni disponer de ellas.

Arts. 1.858, 1.869, 1.870 y 1.872 C.C.

Art. 1.860. La prenda y la hipoteca son indivisibles, aunque la deuda se divida entre los causahabientes del deudor o del acreedor.

No podrá, por tanto, el heredero del deudor que haya pagado parte de la deuda pedir que se extinga proporcionalmente la prenda o la hipoteca mientras la deuda no haya sido satisfecha por completo.

Tampoco podrá el heredero del acreedor que recibió su parte de la deuda devolver la prenda ni cancelar la hipoteca en perjuicio de los demás herederos que no hayan sido satisfechos.

Se exceptúa de estas disposiciones el caso en que, siendo varias las cosas dadas en hipoteca o en prenda, cada una de ellas garantice solamente una porción determinada del crédito.

El deudor, en este caso, tendrá derecho a que se extinga la prenda o la hipoteca a medida que satisfaga la parte de deuda de que cada cosa responda especialmente.

Arts. 122 a 125 de la L.H.

Art. 1.861. Los contratos de prenda e hipoteca pueden asegurar toda clase de obligaciones, ya sean puras, ya estén sujetas a condición suspensiva o resolutoria.

Arts. 1.113 sigs. y 1.271 C.C., 105 L.H.

Art. 1.862. La promesa de constituir prenda o hipoteca sólo produce acción personal entre los contratantes, sin perjuicio de la responsabilidad criminal en que incurriere el que defraudase a otro ofreciendo en prenda o hipoteca como libres las cosas que sabía estaban gravadas, o fingiéndose dueño de las que no le pertenecen.

Arts. 1.451, 1.473 y 1.483 C.C. Vid.C.P.

Capítulo II. De la prenda

Vid. Ley 5/2006, de 10 de mayo, del Libro Quinto del Código civil de Cataluña, relativo a los derechos reales; Leyes 468 sigs. C.D.N.; y arts. 52 sigs. L.H.M.

Art. 1.863. Además de los requisitos exigidos en el artículo 1.857, se necesita, para constituir el contrato de prenda, que se ponga en posesión de ésta al acreedor, o a un tercero de común acuerdo.

Art. 1.864. Pueden darse en prenda todas las cosas muebles que están en el comercio, con tal que sean susceptibles de posesión.

Arts. 437, 1.271 y 1.272 C.C.

Art. 1.865. No surtirá efecto la prenda contra tercero si no consta por instrumento público la certeza de la fecha.

Arts. 1.216, 1.227, 1.278, 1.279 y 1.280 C.C.

Art. 1.866. El contrato de prenda da derecho al acreedor para retener la cosa en su poder o en el de la tercera persona a quien hubiese sido entregada, hasta que se le pague el crédito.

Si mientras el acreedor retiene la prenda, el deudor contrajese con él otra deuda exigible antes de haberse pagado la primera, podrá aquél prorrogar la retención hasta que se le satisfagan ambos créditos, aunque no se hubiese estipulado la sujeción de la prenda a la seguridad de la segunda deuda.

Art. 1.858 C.C.

Art. 1.867. El acreedor debe cuidar de la cosa dada en prenda con la diligencia de un buen padre de familia; tiene derecho al abono de los gastos hechos para su conservación, y responde de su pérdida o deterioro conforme a las disposiciones de este Código.

Arts. 1.094 a 1.096 C.C.

Art. 1.868. Si la prenda produce intereses, compensará el acreedor los que perciba con los que se le deben; y si no se le deben, o en cuanto excedan de los legítimamente debidos, los imputará al capital.

Art. 1.869. Mientras no llegue el caso de ser expropiado de la cosa dada en prenda, el deudor sigue siendo dueño de ella.

Esto no obstante, el acreedor podrá ejercitar las acciones que competan al dueño de la cosa pignorada para reclamarla o defenderla contra tercero.

Art. 446 C.C.

Art. 1.870. El acreedor no podrá usar la cosa dada en prenda sin autorización del dueño, y si lo hiciere o abusare de ella en otro concepto, puede el segundo pedir que se la constituya en depósito.

Art. 1.859 C.C.

Art. 1.871. No puede el deudor pedir la restitución de la prenda contra la voluntad del acreedor mientras no pague la deuda y sus intereses, con las expensas en su caso.

Art. 1.872. El acreedor a quien oportunamente no hubiese sido satisfecho su crédito, podrá proceder por ante Notario a la enajenación de la prenda. Esta enajenación habrá de hacerse precisamente en subasta pública y con citación del deudor y del dueño de la prenda en su caso. Si en la primera subasta no hubiere sido enajenada la prenda, podrá celebrarse una segunda con iguales formalidades; y, si tampoco diere resultado, podrá el acreedor hacerse dueño de la prenda. En este caso estará obligado a dar carta de pago de la totalidad de su crédito.

Si la prenda consistiere en valores cotizables, se venderán en la forma prevenida por el Código de Comercio.

Arts. 197 y 323 del C. de c.

Art. 1.873. Respecto a los Montes de Piedad y demás establecimientos públicos, que por instituto o profesión prestan sobre prendas, se observarán las leyes y reglamentos especiales que les conciernan y subsidiariamente las disposiciones de este título.

Art. 15 de la Ley de 23 de junio de 1908, sobre represión de la usura; R.D. de 12 de junio de 1909, por el que se aprueba el Reglamento sobre cajas de préstamos y establecimientos similares, y D. de 14 de marzo de 1933, por el que se aprueba el Estatuto de las Cajas Generales de Ahorro Popular con o sin Monte de Piedad (sucesivamente modificado). Ley 13/1985, de 25 de mayo, de coeficientes de inversión, recursos propios y obligaciones de información de los intermediarios financieros, modificada por Ley 36/2007, de 16 de noviembre. Ley 13/1994, de 1 de junio, de Autonomía del Banco de España.

Capítulo III. De la hipoteca

Vid. Arts. 1 y sigs. y 12 y sigs. L.H.M.

Art. 1.874. Sólo podrán ser objeto del contrato de hipoteca:

1º. Los bienes inmuebles.

2º. Los derechos reales enajenables con arreglo a las leyes, impuestos sobre bienes de aquella clase.

Arts. 106 a 108 L.H. y 12 L.H.M.

Art. 1.875. Además de los requisitos exigidos en el artículo 1.857, es indispensable, para que la hipoteca quede válidamente constituida, que el documento en que se constituya sea inscrito en el Registro de la Propiedad.

Las personas a cuyo favor establece hipoteca la ley, no tienen otro derecho que el de exigir el otorgamiento e inscripción del documento en que haya de formalizarse la hipoteca, salvo lo que dispone la Ley Hipotecaria en favor del Estado, las provincias y los pueblos, por el importe de la última anualidad de los tributos, así como los aseguradores por el premio del seguro.

Arts. 145, 158, 193 a 197 L.H. y 3 L.H.M.

Art. 1.876. La hipoteca sujeta directa e inmediatamente los bienes sobre que se impone, cualquiera que sea su poseedor, al cumplimiento de la obligación para cuya seguridad fue constituida.

Arts. 104 L.H. y 15 L.H.M.

Art. 1.877. La hipoteca se extiende a las accesiones naturales, a las mejoras, a los frutos pendientes y rentas no percibidas al vencer la obligación, y al importe de las indemnizaciones concedidas o debidas al propietario por los aseguradores de los bienes hipotecados, o en virtud de expropiación por causa de utilidad pública, con las declaraciones, ampliaciones y limitaciones establecidas por la ley, así en el caso de permanecer la finca en poder del que la hipotecó, como en el de pasar a manos de un tercero.

Arts. 109 a 113 L.H. y 215 del R.H.; arts. 40 a 42 L.C.S.

Art. 1.878. El crédito hipotecario puede ser enajenado o cedido a un tercero en todo o en parte, con las formalidades exigidas por la Ley.

Arts. 149 a 152 L.H. y 175.4, 176 y 242 a 244 del R.H.

Art. 1.879. El acreedor podrá reclamar del tercer poseedor de los bienes hipotecados el pago de la parte de crédito asegurada con los que el último posee, en los términos y con las formalidades que la ley establece.

Arts. 126 y 127 L.H y 81 L.H.M.

Art. 1.880. La forma, extensión y efectos de la hipoteca, así como lo relativo a su constitución, modificación y extinción y a lo demás que no haya sido comprendido en este capítulo, queda sometido a las prescripciones de la Ley Hipotecaria, que continua vigente.

Capítulo IV. De la anticresis

Art. 1.881. Por la anticresis el acreedor adquiere el derecho de percibir los frutos de un inmueble de su deudor, con la obligación de aplicarlos al pago de los intereses, si se debieren, y después al del capital de su crédito.

Art. 1.882. El acreedor, salvo pacto en contrario, está obligado a pagar las contribuciones y cargas que pesen sobre la finca.

Lo está asimismo a hacer los gastos necesarios para su conservación y reparación.

Se deducirán de los frutos las cantidades que emplee en uno y otro objeto.

Arts. 356, 500, 503 y 504 C.C.

Art. 1.883. El deudor no puede readquirir el goce del inmueble sin haber pagado antes enteramente lo que debe a su acreedor.

Pero éste, para librarse de las obligaciones que le impone el artículo anterior, puede siempre obligar al deudor a que entre de nuevo en el goce de la finca, salvo pacto en contrario.

Arts. 453, 1.857.1, 1.886 y 1.871 C.C.

Art. 1.884. El acreedor no adquiere la propiedad del inmueble por falta de pago de la deuda dentro del plazo convenido.

Todo pacto en contrario será nulo. Pero el acreedor en este caso podrá pedir, en la forma que previene la Ley de Enjuiciamiento Civil, el pago de la deuda o la venta del inmueble.

Arts. 517 y sigs. y 538 y sigs. L.E.C.

Art. 1.885. Los contratantes pueden estipular que se compensen los intereses de la deuda con los frutos de la finca dada en anticresis.

Art. 1.868 C.C.

Art. 1.886. Son aplicables a este contrato el último párrafo del artículo 1.857, el párrafo segundo del artículo 1.866, y los artículos 1.860 y 1.861.

Título XVI. De las obligaciones que se contraen sin convenio

Capítulo Primero. De los cuasi contratos

Art. 1.887. Son cuasi contratos los hechos lícitos y puramente voluntarios, de los que resulta obligado su autor para con un tercero y a veces una obligación recíproca para los interesados.

Art. 1.089 C.C.

Sección Primera. De la gestión de negocios ajenos

Art. 1.888. El que se encarga voluntariamente de la agencia o administración de los negocios de otro, sin mandato de éste, está obligado a continuar su gestión hasta el término del asunto y sus incidencias, o a requerir al interesado para que le sustituya en la gestión, si se hallase en estado de poder hacerlo por sí.

Arts. 1.259, 1.718, 1.736 y 1.737 C.C.

Art. 1.889. El gestor oficioso debe desempeñar su encargo con toda la diligencia de un buen padre de familia, e indemnizar los perjuicios que por su culpa o negligencia se irroguen al dueño de los bienes o negocios que gestione.

Los Tribunales, sin embargo, podrán moderar la importancia de la indemnización según las circunstancias del caso.

Arts. 1.719 y 1.726 C.C.

Art. 1.890. Si el gestor delegare en otra persona todos o algunos de los deberes de su cargo, responderá de los actos del delegado, sin perjuicio de la obligación directa de éste para con el propietario del negocio.

La responsabilidad de los gestores, cuando fueren dos o más, será solidaria.

Arts. 1.721 a 1.723 C.C.

Art. 1.891. El gestor de negocios responderá del caso fortuito cuando acometa operaciones arriesgadas que el dueño no tuviese costumbre de hacer, o cuando hubiese pospuesto el interés de éste al suyo propio.

Art. 1.892. La ratificación de la gestión por parte del dueño del negocio produce los efectos del mandato expreso.

Arts. 1.259, 1.310 a 1.314, 1.710, 1.712 y 1.727 C.C.

Art. 1.893. Aunque no hubiese ratificado expresamente la gestión ajena, el dueño de bienes o negocios que aproveche las ventajas de la misma será responsable de las obligaciones contraídas en su interés, e indemnizará al gestor los gastos necesarios y útiles que hubiese hecho y los perjuicios que hubiese sufrido en el desempeño de su cargo

La misma obligación le incumbirá cuando la gestión hubiera tenido por objeto evitar algún perjuicio inminente y manifiesto, aunque de ella no resultase provecho alguno.

Arts. 1.715 y 1.727 C.C.

Art. 1.894. Cuando, sin conocimiento del obligado a prestar alimentos, los diese un extraño, éste tendrá derecho a reclamarlos de aquél, a no constar que los dio por oficio de piedad y sin ánimo de reclamarlos.

Los gastos funerarios proporcionados a la calidad de la persona y a los usos de la localidad deberán ser satisfechos, aunque el difunto no hubiese dejado bienes, por aquellos que en vida habrían tenido la obligación de alimentarle.

Sección Segunda. Del cobro de lo indebido

Art. 1.895. Cuando se recibe alguna cosa que no había derecho a cobrar, y que por error ha sido indebidamente entregada, surge la obligación de restituirla.

Arts. 1.085, 1.126, 1.158, 1.162, 1.163, 1.165, 1.756, 1.798 y 1.842 C.C.

Art. 1.896. El que acepta un pago indebido, si hubiera procedido de mala fe, deberá abonar el interés legal cuando se trate de capitales, o los frutos percibidos o debidos percibir cuando la cosa recibida los produjere.

Además responderá de los menoscabos que la cosa haya sufrido por cualquier causa, y de los perjuicios que se irrogaren al que la entregó, hasta que la recobre. No se prestará el caso fortuito cuando hubiese podido afectar del mismo modo a las cosas hallándose en poder del que las entregó.

Art. 1.897. El que de buena fe hubiera aceptado un pago indebido de cosa cierta y determinada, sólo responderá de las desmejoras o pérdidas de ésta y de sus accesiones, en cuanto por ellas se hubiese enriquecido. Si la hubiese enajenado, restituirá el precio o cederá la acción para hacerlo efectivo.

Arts. 457 y 1.778 C.C.

Art. 1.898. En cuanto al abono de mejoras y gastos hechos por el que indebidamente recibió la cosa, se estará a lo dispuesto en el título V del libro segundo.

Arts. 430 a 465 C.C.

Art. 1.899. Queda exento de la obligación de restituir el que, creyendo de buena fe que se hacía el pago por cuenta de un crédito legítimo y subsistente, hubiese inutilizado el título, o dejado prescribir la acción, o abandonado las prendas, o cancelado las garantías de su derecho. El que pagó indebidamente sólo podrá dirigirse contra el verdadero deudor o los fiadores respecto de los cuales la acción estuviese viva.

Art. 1.900. La prueba del pago incumbe al que pretende haberlo hecho. También corre a su cargo la del error con que lo realizó, a menos que el demandado negare haber recibido la cosa que se le reclame. En este caso, justificada por el demandante la entrega, queda relevado de otra prueba. Esto no limita el derecho del demandado para acreditar que le era debido lo que se supone que recibió.

Art. 1.214 C.C.

Art. 1.901. Se presume que hubo error en el pago cuando se entregó cosa que nunca se debió o que ya estaba pagada; pero aquel a quien se pida la devolución puede probar que la entrega se hizo a título de liberalidad o por otra causa justa.

Arts. 1.276, 1.277 y 1.798 C.C.

Capítulo II. De las obligaciones que nacen de culpa o negligencia

Art. 1.902. El que por acción u omisión causa daño a otro, interviniendo culpa o negligencia, está obligado a reparar el daño causado.

Arts. 1.089, 1.093, 1.101 a 1.104, 1.962.2 y 1.968 C.C.
Real Decreto Legislativo 1/2007, de16 de noviembre, por el que se aprueba el texto refundido de la Ley General para la Defensa de los Consumidores y Usuarios y otras leyes complementarias, que contiene la regulación de la responsabilidad por producto defectuoso (Libro III, arts. 128 y sigs.).

Art. 1.903. La obligación que impone el artículo anterior es exigible, no sólo por los actos u omisiones propios, sino por los de aquellas personas de quienes se debe responder.

Los padres son responsables de los daños causados por los hijos que se encuentren bajo su guarda.

Los tutores lo son de los perjuicios causados por los menores o incapacitados que están bajo su autoridad y habitan en su compañía.

Lo son igualmente los dueños o directores de un establecimiento o empresa respecto de los perjuicios causados por sus dependientes en el servicio de los ramos en que los tuvieran empleados, o con ocasión de sus funciones.

Las personas o entidades que sean titulares de un Centro docente de enseñanza no superior responderán por los daños y perjuicios que causen sus alumnos menores de edad durante los períodos de tiempo en que los mismos se hallen bajo el control o vigilancia del profesorado del Centro, desarrollando actividades escolares o extraescolares y complementarias.

La responsabilidad de que trata este artículo cesará cuando las personas en él mencionadas prueben que emplearon toda la diligencia de un buen padre de familia para prevenir el daño.

Art. 154 sigs. C.C.; 106 y 121 de la C.E. y 120 y sigs, L.R.J.A.P. El párrafo 5.º ha sido suprimido por la Ley 1/1991, y ha dado nueva redacción al párrafo sexto.

Art. 1.904. El que paga el daño causado por sus dependientes puede repetir de éstos lo que hubiese satisfecho.

Cuando se trate de Centros docentes de enseñanza no superior, sus titulares podrán exigir de los profesores las cantidades satisfechas, si hubiesen incurrido en dolo o culpa grave en el ejercicio de sus funciones que fuesen causa del daño.

Arts. 1.591 y 1.593 C.C. Nueva redacción dada por la Ley 1/1991.

Art. 1.905. El poseedor de un animal, o el que se sirve de él, es responsable de los perjuicios que causare, aunque se le escape o extravíe. Sólo cesará esta responsabilidad en el caso de que el daño proviniera de fuerza mayor o de culpa del que lo hubiese sufrido.

Art. 465 C.C.

Art. 1.906. El propietario de una heredad de caza responderá del daño causado por ésta en las fincas vecinas, cuando no haya hecho lo necesario para impedir su multiplicación o cuando haya dificultado la acción de los dueños de dichas fincas para perseguirla.

Vid. Ley de Caza de 4 de abril de 1970 y su Reglamento (Decreto 506/1971, de 25 de marzo), arts. 33 y 35, respectivamente. Vid. Las diferentes leyes de caza de las Comunidades Autónomas.

Art. 1.907. El propietario de un edificio es responsable de los daños que resulten de la ruina de todo o parte de él, si ésta sobreviniere por falta de las reparaciones necesarias.

Arts. 389, 391 y 1.909 C.C.

Art. 1.908. Igualmente responderán los propietarios de los daños causados:

1º. Por la explosión de máquinas que no hubiesen sido cuidadas con la debida diligencia, y la inflamación de sustancias explosivas que no estuviesen colocadas en lugar seguro y adecuado.

2º. Por los humos excesivos, que sean nocivos a las personas o a las propiedades.

3º. Por la caída de árboles colocados en sitios de tránsito, cuando no sea ocasionada por fuerza mayor.

4º. Por las emanaciones de cloacas o depósitos de materias infectantes, construidos sin las precauciones adecuadas al lugar en que estuviesen.

Arts. 45, 46, 53.3 C.E. Ley 42/2007, de 13 de diciembre, del Patrimonio Natural y de la Biodiversidad. (B.O.E.. núm. 299, de 14 de diciembre de 2007); Real Decreto Legislativo 1/2008, de 11 de enero, por el que se aprueba el texto refundido de la Ley de Evaluación de Impacto Ambiental de proyectos; Ley 34/2007, de 15 de noviembre, de calidad del aire y protección de la atmósfera. (B.O.E.. núm. 275, de 16 de noviembre de 2007); **Ley 22/1988, de 28 de julio, de Costas;** Real Decreto Legislativo 2/2011, de 5 de septiembre, por el que se aprueba el Texto Refundido de la Ley de Puertos del Estado y de la Marina Mercante; Ley 12/2011, de 27 de mayo, sobre responsabilidad civil por daños nucleares o producidos por materiales radiactivos (en vacatio legis); Ley 25/1964, de 29 de abril, sobre Energía Nuclear.

Art. 1.909. Si el daño de que tratan los dos artículos anteriores resultare por defecto de construcción, el tercero que lo sufra sólo podrá repetir contra el arquitecto, o, en su caso, contra el constructor, dentro del tiempo legal.

Art. 1.591 C.C.

Art. 1.910. El cabeza de familia que habita una casa o parte de ella, es responsable de los daños causados por las cosas que se arrojaren o cayeren de la misma.

Título XVII. De la concurrencia y prelación de créditos

Capítulo Primero. Disposiciones generales

Art. 1.911. Del cumplimiento de las obligaciones responde el deudor con todos sus bienes, presentes y futuros.

***Art. 1.912**. Derogado*

Derogado por la Ley 22/2003, de 9 de julio, Concursal.

Art. 1.913. *Derogado*

Derogado por la Ley 22/2003, de 9 de julio, Concursal.

Art. 1.914. *Derogado*

Derogado por la Ley 22/2003, de 9 de julio, Concursal.

Art. 1.915. *Derogado*

Derogado por la Ley 22/2003, de 9 de julio, Concursal.

Art. 1.916. *Derogado*

Derogado por la Ley 22/2003, de 9 de julio, Concursal.

Art. 1.917. *Derogado*

Derogado por la Ley 22/2003, de 9 de julio, Concursal.

Art. 1.918. *Derogado*

Derogado por la Ley 22/2003, de 9 de julio, Concursal.

Art. 1.919. *Derogado*

Derogado por la Ley 22/2003, de 9 de julio, Concursal.

Art. 1.920. *Derogado*

Derogado por la Ley 22/2003, de 9 de julio, Concursal.

Capítulo II. De la clasificación de créditos

Art. 1.921. Los créditos se clasificarán, para su graduación y pago, por el orden y en los términos que en este capítulo se establecen.

En caso de concurso, la clasificación y graduación de los créditos se regirá por lo establecido en la Ley Concursal.

Párrafo segundo introducido por la Ley 22/2003, de 9 de julio, Concursal.

Art. 1.922. Con relación a determinados bienes muebles del deudor, gozan de preferencia:

1º. Los créditos por construcción, reparación, conservación o precio de venta de bienes muebles que estén en poder del deudor, hasta donde alcance el valor de los mismos.

2º. Los garantizados con prenda que se halle en poder del acreedor, sobre la cosa empeñada y hasta donde alcance su valor.

3º. Los garantizados con fianza de efectos o valores, constituida en establecimiento público o mercantil, sobre la fianza y por el valor de los efectos de la misma.

4º. Los créditos por transporte, sobre los efectos transportados, por el precio del mismo, gastos y derechos de conducción y conservación, hasta la entrega y durante treinta días después de ésta.

5º. Los de hospedaje, sobre los muebles del deudor existentes en la posada.

6º. Los créditos por semillas y gastos de cultivo y recolección anticipados al deudor, sobre los frutos de la cosecha para que sirvieron.

7º. Los créditos por alquileres y rentas de un año, sobre los bienes muebles del arrendatario existentes en la finca arrendada y sobre los frutos de la misma.

Si los bienes muebles sobre que recae la preferencia hubieren sido sustraídos, el acreedor podrá reclamarlos de quien los tuviese, dentro del término de treinta días contados desde que ocurrió la sustracción.

Art. 1.923. Con relación a determinados bienes inmuebles y derechos reales del deudor, gozan de preferencia:

1º. Los créditos a favor del Estado, sobre los bienes de los contribuyentes, por el importe de la última anualidad vencida y no pagada, de los impuestos que graviten sobre ellos.

2º. Los créditos de los aseguradores, sobre los bienes asegurados, por los premios del seguro de dos años; y, si fuere el seguro mutuo, por los dos últimos dividendos que se hubiesen repartido.

3º. Los créditos hipotecarios y los refaccionarios, anotados e inscritos en el Registro de la Propiedad, sobre los bienes hipotecados o que hubiesen sido objeto de la refacción.

4º. Los créditos preventivamente anotados en el Registro de la Propiedad, en virtud de mandamiento judicial, por embargos, secuestros o ejecución de sentencias, sobre los bienes anotados, y sólo en cuanto a créditos posteriores.

5º. Los refaccionarios no anotados ni inscritos, sobre los inmuebles a que la refacción se refiera, y sólo respecto a otros créditos distintos de los expresados en los cuatro números anteriores.

Art. 1.924. Con relación a los demás bienes muebles e inmuebles del deudor, gozan de preferencia:

1º. Los créditos a favor de la provincia o del municipio, por los impuestos de la última anualidad vencida y no pagada, no comprendidos en el artículo 1.923, número 1º.

2º. Los devengados:

A) Derogado

Derogado por la Ley 22/2003, de 9 de julio, Concursal.

B) Por los funerales del deudor, según el uso del lugar, y también los de su cónyuge y los de sus hijos constituidos bajo su patria potestad, si no tuviesen bienes propios.

C) Por gastos de la última enfermedad de las mismas personas, causados en el último año, contado hasta el día del fallecimiento.

D) Por los salarios y sueldos de los trabajadores por cuenta ajena y del servicio doméstico correspondientes al último año.

E) Por las cuotas correspondientes a los regímenes obligatorios de subsidios, seguros sociales y mutualismo laboral por el mismo período de tiempo que señala el apartado anterior, siempre que no tengan reconocida mayor preferencia con arreglo al artículo precedente.

F) Por anticipaciones hechas al deudor, para sí y su familia constituida bajo su autoridad, en comestibles, vestido o calzado, en el mismo período de tiempo.

G) Derogado

Derogado por la Ley 22/2003, de 9 de julio, Concursal.

3º. Los créditos que sin privilegio especial consten:

A) En escritura pública.

B) En sentencia firme, si hubiesen sido objeto de litigio.

Estos créditos tendrán preferencia entre sí por el orden de antigüedad de las fechas de las escrituras y de las sentencias.

Art. 1.925. No gozarán de preferencia los créditos de cualquiera otra clase, o por cualquiera otro título no comprendidos en los artículos anteriores.

Capítulo III. De la prelación de créditos

Art. 1.926. Los créditos que gozan de preferencia con relación a determinados bienes muebles, excluyen a todos los demás hasta donde alcance el valor del mueble a que la preferencia se refiere.

Si concurren dos o más respecto a determinados muebles, se observarán, en cuanto a la prelación para su pago, las reglas siguientes:

1ª. El crédito pignoraticio excluye a los demás hasta donde alcance el valor de la cosa dada en prenda.

2ª. En el caso de la fianza, si estuviere ésta legítimamente constituida a favor de más de un acreedor, la prelación entre ellos se determinará por el orden de fechas de la prestación de la garantía.

3ª. Los créditos por anticipo de semillas, gastos de cultivo y recolección, serán preferidos a los de alquileres y rentas sobre los frutos de la cosecha para que aquéllos sirvieron.

4ª. En los demás casos el precio de los muebles se distribuirá a prorrata entre los créditos que gocen de especial preferencia con relación a los mismos.

Arts. 10-1 y 66 L.H.M.

Art. 1.927. Los créditos que gozan de preferencia con relación a determinados bienes inmuebles o derechos reales, excluyen a todos los demás por su importe hasta donde alcance el valor del inmueble o derecho real a que la preferencia se refiera.

Si concurrieren dos o más créditos respecto a determinados inmuebles o derechos reales, se observarán, en cuanto a su respectiva prelación, las reglas siguientes:

1ª. Serán preferidos, por su orden, los expresados en los números 1º. y 2º. del artículo 1.923 a los comprendidos en los demás números del mismo.

2ª. Los hipotecarios y refaccionarios, anotados o inscritos, que se expresan en el número 3º. del citado artículo 1.923 y los comprendidos en el número 4º. del mismo, gozarán de prelación entre sí por el orden de antigüedad de las respectivas inscripciones o anotaciones en el Registro de la Propiedad.

3ª. Los refaccionarios no anotados ni inscritos en el Registro a que se refiere el número 5º. del artículo 1.923, gozarán de prelación entre sí por el orden inverso de su antigüedad.

Art. 1.928. El remanente del caudal del deudor, después de pagados los créditos que gocen de preferencia con relación a determinados bienes, muebles o inmuebles, se acumulará a los bienes libres que aquél tuviere para el pago de los demás créditos.

Los que, gozando de preferencia con relación a determinados bienes, muebles o inmuebles, no hubiesen sido totalmente satisfechos con el importe de éstos, lo serán, en cuanto al déficit, por el orden y en el lugar que les corresponda según su respectiva naturaleza.

Art. 1.929. Los créditos que no gocen de preferencia con relación a determinados bienes, y los que la gozaren, por la cantidad no realizada, o cuando hubiesen prescrito el derecho a la preferencia, se satisfarán conforme a las reglas siguientes:

1ª. Por el orden establecido en el artículo 1.924.

2ª. Los preferentes por fechas, por el orden de éstas, y los que la tuviesen común, a prorrata.

3ª. Los créditos comunes a que se refiere el artículo 1.925, sin consideración a sus fechas.

Título XVIII. De la prescripción

Vid. Ley 29/2002, de 30 de diciembre, Primera Ley del Código civil de Cataluña; Ley 5/2006, de 10 de mayo, del Libro Quinto del Código civil de Cataluña, relativo a los derechos reales. Art. 518 L.E.C.

Capítulo Primero. Disposiciones generales

Art. 1.930. Por la prescripción se adquieren, de la manera y con las condiciones determinadas en la ley, el dominio y demás derechos reales.

También se extinguen del propio modo por la prescripción los derechos y las acciones, de cualquier clase que sean.

Arts. 609, 1.940 a 1.960, 1.961 a 1.975 C.C.

Art. 1.931. Pueden adquirir bienes o derechos por medio de la prescripción las personas capaces para adquirirlos por los demás modos legítimos.

Arts. 443, 1.263, 1.457 C.C.

Art. 1.932. Los derechos y acciones se extinguen por la prescripción en perjuicio de toda clase de personas, inclusas las jurídicas, en los términos prevenidos por la ley.

Queda siempre a salvo a las personas impedidas de administrar sus bienes el derecho para reclamar contra sus representantes legítimos, cuya negligencia hubiese sido causa de la prescripción.

Art. 1.933. La prescripción ganada por un copropietario o comunero aprovecha a los demás.

Arts. 450, 548 C.C.

Art. 1.934. La prescripción produce sus efectos jurídicos a favor y en contra de la herencia antes de haber sido aceptada y durante el tiempo concedido para hacer inventario y para deliberar.

Arts. 440, 442 y 989, 1.010 a 1.034 C.C.

Art. 1.935. Las personas con capacidad para enajenar pueden renunciar la prescripción ganada; pero no el derecho de prescribir para lo sucesivo.

Entiéndese tácitamente renunciada la prescripción cuando la renuncia resulta de actos que hacen suponer el abandono del derecho adquirido.

Arts. 6.2, 1.457 C.C.

Art. 1.936. Son susceptibles de prescripción todas las cosas que están en el comercio de los hombres.

Arts. 1.271 sigs. C.C.

Art. 1.937. Los acreedores, y cualquiera otra persona interesada en hacer valer la prescripción, podrán utilizarla a pesar de la renuncia expresa o tácita del deudor o propietario.

Arts. 6.2, 1.101, 1.111, 1.935 C.C.

Art. 1.938. Las disposiciones del presente título se entienden sin perjuicio de lo que en este Código o en leyes especiales se establezca respecto a determinados casos de prescripción.

Art. 1.939. La prescripción comenzada antes de la publicación de este Código se regirá por las leyes anteriores al mismo; pero si desde que fuere puesto en observancia transcurriese todo el tiempo en él exigido para la prescripción, surtirá ésta su efecto, aunque por dichas leyes anteriores se requiriese mayor lapso de tiempo.

Capítulo II. De la prescripción del dominio y demás derechos reales

Art. 1.940. Para la prescripción ordinaria del dominio y demás derechos reales se necesita poseer las cosas con buena fe y justo título por el tiempo determinado en la ley.

Arts. 1.941 a 1.948 respecto del concepto de la posesión; 1.955 a 1.958 sobre el tiempo legal de posesión, respecto de la buena fe: 1950, 1.951, 433 y 434, sobre el justo título 1.952 a 1.954 C.C. Ley 5/2006, de 10 de mayo, del Libro Quinto del Código Civil de Cataluña, relativo a los derechos reales.

Art. 1.941. La posesión ha de ser en concepto de dueño, pública, pacífica y no interrumpida.

Arts. 430, 441, 444, 447 a 449 C.C.

Art. 1.942. No aprovechan para la posesión los actos de carácter posesorio, ejecutados en virtud de licencia o por mera tolerancia del dueño.

Arts. 444, 447 y 448 C.C.

Art. 1.943. La posesión se interrumpe, para los efectos de la prescripción, natural o civilmente.

Arts. 433 a 436, 450, 451, 459 y 466 C.C.

Art. 1.944. Se interrumpe naturalmente la posesión cuando por cualquier causa se cesa en ella por más de un año.

Arts. 460.4º, 466 y 1.968.1º C.C.

Art. 1.945. La interrupción civil se produce por la citación judicial hecha al poseedor, aunque sea por mandato de Juez incompetente.

Arts. 1.947, 1.973 C.C. y 944 del C. de c.

Art. 1.946. Se considerará no hecha y dejará de producir interrupción la citación judicial:

1º. Si fuere nula por falta de solemnidades legales.

2º. Si el actor desistiere de la demanda o dejare caducar la instancia.

3º. Si el poseedor fuere absuelto de la demanda.

Art. 1.947. También se produce interrupción civil por el acto de conciliación, siempre que dentro de dos meses celebrado se presente ante el Juez la demanda sobre posesión o dominio de la cosa cuestionada.

Vid. LJV.

Art. 1.948. Cualquier reconocimiento expreso o tácito que el poseedor hiciere del derecho del dueño, interrumpe asimismo la posesión.

***Art. 1.949**. Contra un título inscrito en el Registro de la Propiedad no tendrá lugar la prescripción ordinaria del dominio o derechos reales en perjuicio de tercero, sino en virtud de otro título igualmente inscrito, debiendo empezar a correr el tiempo desde la inscripción del segundo.*

La Sentencia del Tribunal Supremo nº 841/2013, de 21/1/2014, ha declarado que el art. 1.949 CC está derogado: "Sobre ello consideramos que el artículo 1949 del Código Civil ha sido derogado por el artículo 36, apartados I y II, de la Ley Hipotecaria de 1946 que regula los distintos supuestos de usucapión contra tabulas ." *(Tol 4102054).*

Art. 1.950. La buena fe del poseedor consiste en la creencia de que la persona de quien recibió la cosa era dueño de ella, y podía transmitir su dominio.

Arts. 433 a 436 C.C.

Art. 1.951. Las condiciones de la buena fe exigidas para la posesión en los artículos 433, 434, 435 y 436 de este Código, son igualmente necesarias para la determinación de aquel requisito en la prescripción del dominio y demás derechos reales.

Art. 1.952. Entiéndese por justo título el que legalmente baste para transferir el dominio o derecho real de cuya prescripción se trate.

Art. 1.953. El título para la prescripción ha de ser verdadero y válido.

Arts. 6.3, 1.276, 1.300 C.C.

Art. 1.954. El justo título debe probarse; no se presume nunca.

Arts. 448, 464, 1.249, 1.253 C.C., 35 L.H.

Art. 1.955. El dominio de los bienes muebles se prescribe por la posesión no interrumpida de tres años con buena fe.

También se prescribe el dominio de las cosas muebles por la posesión no interrumpida de seis años, sin necesidad de ninguna otra condición.

En cuanto al derecho del dueño para reivindicar la cosa mueble perdida o de que hubiese sido privado ilegalmente, así como respecto a las adquiridas en venta pública, en Bolsa, feria o mercado, o de comerciante legalmente establecido y dedicado habitualmente al tráfico de objetos análogos, se estará a lo dispuesto en el artículo 464 de este Código.

Arts. 464. 1, 1.962 C.C., 85, 86, 324 y 545.1 del C. de c.

Art. 1.956. Las cosas muebles hurtadas o robadas no podrán ser prescritas por los que las hurtaron o robaron, ni por los cómplices o encubridores, a no haber prescrito el delito o falta, o su pena, y la acción para exigir la responsabilidad civil, nacida del delito o falta.

Arts. 441, 442, 444, 446, 460, 464 y 1.962 C.C.; vid. C.P. y arts. 112, 115 y 116 L.E.Crim.

Art. 1.957. El dominio y demás derechos reales sobre bienes inmuebles se prescriben por la posesión durante diez años entre presentes y veinte entre ausentes, con buena fe y justo título.

Arts. 1.962 C.C.; 112, 115 y 116 L.E.Crim.

Art. 1.958. Para los efectos de la prescripción se considera ausente el que reside en el extranjero o en Ultramar.

Si parte del tiempo estuvo presente y parte ausente, cada dos años de ausencia se reputarán como uno para completar los diez de presente.

La ausencia que no fuere de un año entero y continuo, no se tomará en cuenta para el cómputo.

Art. 1.959. Se prescriben también el dominio y demás derechos reales sobre los bienes inmuebles por su posesión no interrumpida durante treinta años, sin necesidad de título ni de buena fe, y sin distinción entre presentes y ausentes, salvo la excepción determinada en el artículo 539.

Arts. 36 L.H.

Art. 1.960. En la computación del tiempo necesario para la prescripción se observarán las reglas siguientes:

1ª. El poseedor actual puede completar el tiempo necesario para la prescripción, uniendo al suyo el de su causante.

2ª. Se presume que el poseedor actual, que lo hubiera sido en época anterior, ha continuado siéndolo durante el tiempo intermedio, salvo prueba en contrario.

3ª. El día en que comienza a contarse el tiempo se tiene por entero; pero el último debe cumplirse en su totalidad.

Arts. 440, 442, 459 C.C.

Capítulo III. De la prescripción de las acciones

Art. 1.961. Las acciones prescriben por el mero lapso del tiempo fijado por la ley.

Arts. 1.930. 2,1. 965 C.C., 88 y 157 L.C.Ch.

Art. 1.962. Las acciones reales sobre bienes muebles prescriben a los seis años de perdida la posesión, salvo que el poseedor haya ganado por menos término el dominio, conforme al artículo 1.955, y excepto los casos de extravío y venta pública, y los de hurto o robo, en que se estará a lo dispuesto en el párrafo tercero del mismo artículo citado.

Arts. 460. 4º, 464, 1.965 C.C.

Art. 1.963. Las acciones reales sobre bienes inmuebles prescriben a los treinta años.

Entiéndese esta disposición sin perjuicio de lo establecido para la adquisición del dominio o derechos reales por prescripción.

Arts. 1.957 a 1.960 C.C.

Art. 1.964. 1. La acción hipotecaria prescribe a los veinte años.

2. Las acciones personales que no tengan plazo especial prescriben a los cinco años desde que pueda exigirse el cumplimiento de la obligación. En las obligaciones continuadas de hacer o no hacer, el plazo comenzará cada vez que se incumplan.

Redacción dada por la Disposición Final Primera de la Ley 42/2015, de 5 de octubre, de reforma de la Ley 1/2000, de 7 de enero, de Enjuiciamiento Civil (BOE núm. 239, de 6 de octubre de 2015). Ha entrado en vigor el 7 de octubre de 2015.

La Disposición Transitoria Quinta de la citada Ley 42/2015 establece el régimen de prescripción aplicable a las relaciones ya existentes en los siguientes términos: "El tiempo de prescripción de las acciones personales que no tengan señalado término especial de prescripción, nacidas antes de la fecha de entrada en vigor de esta Ley, se regirá por lo dispuesto en el artículo 1939 del Código Civil".

Art. 1.965. No prescribe entre coherederos, condueños o propietarios de fincas colindantes la acción para pedir la partición de la herencia, la división de la cosa común o el deslinde de las propiedades contiguas.

Arts. 384, 400 y 1.051 sigs. C.C.

Art. 1.966. Por el transcurso de cinco años prescriben las acciones para exigir el cumplimiento de las obligaciones siguientes:

1ª. La de pagar pensiones alimenticias.

2ª. La de satisfacer el precio de los arriendos, sean éstos de fincas rústicas o de fincas urbanas.

3ª. La de cualesquiera otros pagos que deban hacerse por años o en plazos más breves.

Art. 1.967. Por el transcurso de tres años prescriben las acciones para el cumplimiento de las obligaciones siguientes:

1ª. La de pagar a los jueces, Abogados, Registradores, Notarios, Escribanos, peritos, agentes y curiales sus honorarios y derechos, y los gastos y desembolsos que hubiesen realizado en el desempeño de sus cargos u oficios en los asuntos a que las obligaciones se refieran.

2ª. La de satisfacer a los farmacéuticos las medicinas que suministraron; a los Profesores y maestros sus honorarios y estipendios por la enseñanza que dieron, o por el ejercicio de su profesión, arte u oficio.

3ª. La de pagar a los menestrales, criados y jornaleros el importe de sus servicios, y el de los suministros o desembolsos que hubiesen hecho concernientes a los mismos.

4ª. La de abonar a los posaderos la comida y habitación, y a los mercaderes el precio de los géneros vendidos a otros que no lo sean, o que siéndolo se dediquen a distinto tráfico.

El tiempo para la prescripción de las acciones a que se refieren los tres párrafos anteriores se contará desde que dejaron de prestarse los respectivos servicios.

Arts. 88 L.C.Ch.

Art. 1.968. Prescriben por el transcurso de un año:

1º. La acción para recobrar o retener la posesión.

2º. La acción para exigir la responsabilidad civil por injuria o calumnia, y por las obligaciones derivadas de la culpa o negligencia de que se trata en el artículo 1.902, desde que lo supo el agraviado.

Arts. 460. 4º, 652, 1.483, 1.646 y 1.813 C.C.; arts. 128 y siga. L.C.U.; vid. C.P.

Art. 1.969. El tiempo para la prescripción de toda clase de acciones, cuando no haya disposición especial que otra cosa determine, se contará desde el día en que pudieron ejercitarse.

Art. 1.970. El tiempo para la prescripción de las acciones, que tiene por objeto reclamar el cumplimiento de obligaciones de capital con interés o renta, corre desde el último pago de la renta o del interés.

Lo mismo se entiende respecto al capital del censo consignativo.

En los censos enfitéutico y reservativo se cuenta asimismo el tiempo de la prescripción desde el último pago de la pensión o renta.

Arts. 1.620 y 1.623 C.C.

Art. 1.971. El tiempo de la prescripción de las acciones para exigir el cumplimiento de obligaciones declaradas por sentencia, comienza desde que la sentencia quedó firme.

Arts. 245. 3 L.O.P.J.

Art. 1.972. El término de la prescripción de las acciones para exigir rendición de cuentas corre desde el día en que cesaron en sus cargos los que debían rendirlas.

El correspondiente a la acción por el resultado de las cuentas, desde la fecha en que fue éste reconocido por conformidad de las partes interesadas.

Art. 279 C.C.

Art. 1.973. La prescripción de las acciones se interrumpe por su ejercicio ante los Tribunales, por reclamación extrajudicial del acreedor y por cualquier acto de reconocimiento de la deuda por el deudor.

Arts. 1.943 a 1.948 C.C., 88 y 158 L.C.Ch.

Art. 1.974. La interrupción de la prescripción de acciones en las obligaciones solidarias aprovecha o perjudica por igual a todos los acreedores y deudores.

Esta disposición rige igualmente respecto a los herederos del deudor en toda clase de obligaciones.

En las obligaciones mancomunadas, cuando el acreedor no reclame de uno de los deudores más que la parte que le corresponda, no se interrumpe por ello la prescripción respecto a los otros codeudores.

Arts. 1.139,1.143, 1.146, 1.150, 1.148 y 1.933 C.C.

Art. 1.975. La interrupción de la prescripción contra el deudor principal por reclamación judicial de la deuda, surte efecto también contra su fiador; pero no perjudicará a éste la que se produzca por reclamaciones extrajudiciales del acreedor o reconocimientos privados del deudor.

DISPOSICIÓN FINAL

Art. 1.976. Quedan derogados todos los cuerpos legales, usos y costumbres que constituyen el derecho civil común en todas las materias que son objeto de este Código, y quedarán sin fuerza y vigor, así en su concepto de leyes directamente obligatorias, como en el de derecho supletorio. Esta disposición no es aplicable a las leyes que en este Código se declaran subsistentes.

DISPOSICIONES TRANSITORIAS

Las variaciones introducidas por este Código, que perjudiquen derechos adquiridos según la legislación civil anterior, no tendrán efecto retroactivo.

Para aplicar la legislación que corresponda, en los casos que no están expresamente determinados en el Código, se observarán las reglas siguientes:

1ª. Se regirán por la legislación anterior al Código los derechos nacidos, según ella, de hechos realizados bajo su régimen, aunque el Código los regule de otro modo o no los reconozca. Pero si el derecho apareciere declarado por primera vez en el Código, tendrá efecto desde luego, aunque el hecho que lo origine se verificara bajo la legislación anterior, siempre que no perjudique a otro derecho adquirido, de igual origen.

2ª. Los actos y contratos celebrados bajo el régimen de la legislación anterior, y que sean válidos con arreglo a ella, surtirán todos sus efectos según la misma, con las limitaciones establecidas en estas reglas. En su consecuencia, serán válidos los testamentos aunque sean mancomunados, los poderes para testar y las memorias testamentarias que se hubiesen otorgado o escrito antes de regir el Código, y producirán su efecto las cláusulas ad cautelam, los fideicomisos para aplicar los bienes según instrucciones reservadas del testador, y cualesquiera otros permitidos por la legislación precedente; pero la revocación o modificación de estos actos o de cualquiera de las cláusulas contenidas en ellos no podrá verificarse, después de regir el Código, sino testando con arreglo al mismo.

3ª. Las disposiciones del Código que sancionan con penalidad civil o privación de derechos actos u omisiones que carecían de sanción en las leyes anteriores, no son aplicables al que, cuando éstas se hallaban vigentes, hubiese incurrido en la omisión o ejecutado el acto prohibido por el Código.

Cuando la falta esté también penada por la legislación anterior, se aplicará la disposición más benigna.

4ª. Las acciones y los derechos nacidos y no ejercitados antes de regir el Código subsistirán con la extensión y en los términos que les reconociera la legislación precedente; pero sujetándose, en cuanto a su ejercicio, duración y procedimientos para hacerlos valer, a lo dispuesto en el Código. Si el ejercicio del derecho o de la acción se hallara pendiente de procedimientos oficiales empezados bajo la legislación anterior, y éstos fuesen diferentes de los establecidos por el Código, podrán optar los interesados por unos o por otros.

5ª. Quedan emancipados y fuera de la patria potestad los hijos que hubiesen cumplido veintitrés años al empezar a regir el Código; pero si continuaren viviendo en la casa y a expensas de sus padres, podrán éstos conservar el usufructo, la administración y los demás derechos que estén disfrutando sobre los bienes de su peculio, hasta el tiempo en que los hijos deberían salir de la patria potestad según la legislación anterior.

6ª. El padre que voluntariamente hubiese emancipado a un hijo, reservándose algún derecho sobre sus bienes adventicios, podrá continuar disfrutándolo hasta el tiempo en que el hijo debería salir de la patria potestad con arreglo a la legislación anterior.

7ª. Los padres, las madres y los abuelos que se hallen ejerciendo la curatela de sus descendientes, no podrán retirar las fianzas que tengan constituidas, ni ser obligados a constituirlas si no las hubieran prestado, ni a completarlas si resultaren insuficientes las prestadas.

8ª. Los tutores y curadores nombrados bajo el régimen de la legislación anterior y con sujeción a ella conservarán su cargo, pero sometiéndose, en cuanto a su ejercicio, a las disposiciones del Código.

Esta regla es también aplicable a los poseedores y a los administradores interinos de bienes ajenos, en los casos en que la ley los establece.

9ª. Las tutelas y curatelas, cuya constitución definitiva esté pendiente de la resolución de los Tribunales al empezar a regir el Código, se constituirán con arreglo a la legislación anterior, sin perjuicio de lo dispuesto en la regla que precede.

10ª. Los jueces y los fiscales municipales no procederán de oficio al nombramiento de los Consejos de familia sino respecto a los menores cuya tutela no estuviere aún definitivamente constituida al empezar a regir el Código. Cuando el tutor o curador hubiere comenzado ya a ejercer su cargo, no se procederá al nombramiento del Consejo hasta que lo solicite alguna de las personas que deban formar parte de él, o el mismo tutor o curador existente; y entre tanto quedará en suspenso el nombramiento del protutor.

11ª. Los expedientes de adopción, los de emancipación voluntaria y los de dispensa de ley pendientes ante el Gobierno o los Tribunales, seguirán su curso con arreglo a la legislación anterior, a menos que los padres o solicitantes de la gracia desistan de seguir este procedimiento y prefieran el establecido en el Código.

12ª. Los derechos a la herencia del que hubiese fallecido, con testamento o sin él, antes de hallarse en vigor el Código, se regirán por la legislación anterior. La herencia de los fallecidos después, sea o no con testamento, se adjudicará y repartirá con arreglo al código; pero cumpliendo, en cuanto éste lo permita, las disposiciones testamentarias. Se respetarán, por lo tanto, las legítimas, las mejoras y los legados; pero reduciendo su cuantía, si de otro modo no se pudiera dar a cada partícipe en la herencia lo que le corresponda según el Código.

13ª. Los casos no comprendidos directamente en las disposiciones anteriores, se resolverán aplicando los principios que le sirven de fundamento.

DISPOSICIONES ADICIONALES

1ª. El Presidente del Tribunal Supremo y los de las Audiencias territoriales elevarán al Ministerio de Gracia y Justicia, al fin de cada año, una Memoria, en la que, refiriéndose a los negocios de que hayan conocido durante el mismo las Salas de lo civil, señalen las deficiencias y dudas que hayan encontrado al aplicar este Código. En ella harán constar detalladamente las cuestiones y puntos de derecho controvertidos y los artículos u omisiones del Código que han dado ocasión a las dudas del Tribunal.

2ª. El Ministro de Gracia y Justicia pasará estas Memorias y un ejemplar de la Estadística civil del mismo año a la Comisión general de Codificación.

3ª. En vista de estos datos, de los progresos realizados en otros países que sean utilizables en el nuestro, y de la jurisprudencia del Tribunal Supremo, la Comisión de Codificación formulará y elevará al Gobierno cada diez años las reformas que convengan introducir.

4ª. La referencia que a personas con discapacidad se realiza en los artículos 756, 822 y 1041, se entenderá hecha al concepto definido en la Ley de protección patrimonial de las personas con discapacidad y de

Modificación del Código Civil, de la Ley de Enjuiciamiento Civil y de la Normativa Tributaria con esta finalidad.

Disposición introducida por la Ley 41/2003, de 18 de noviembre, de protección patrimonial de las personas con discapacidad y de modificación del Código Civil, de la Ley de Enjuiciamiento Civil y de la Normativa Tributaria con esta finalidad (B.O.E. 19 de noviembre de 2003).

ÍNDICE ANALÍTICO

A

B

D

E

F

G

H

I

J

L

M

N

O

Q

R

S

T

U

V

Y

Z